牧爱堂编

（清）赵吉士 著 郝 平 点校

商务印书馆
The Commercial Press

2017年·北京

图书在版编目（CIP）数据

牧爱堂编 /（清）赵吉士著；郝平点校. —北京：商务印书馆，2017
ISBN 978-7-100-14060-7

Ⅰ.①牧… Ⅱ.①赵… ②郝… Ⅲ.①判例－汇编－中国－清代 Ⅳ.①D929.49

中国版本图书馆CIP数据核字（2017）第134623号

权利保留，侵权必究。

牧爱堂编

（清）赵吉士　著
郝　平　点校

商　务　印　书　馆　出　版
（北京王府井大街36号　邮政编码 100710）
商　务　印　书　馆　发　行
三河市尚艺印装有限公司印刷
ISBN 978－7－100－14060－7

2017年4月第1版	开本 710×1000　1/16
2017年4月第1次印刷	印张 25　1/2

定价：98.00元

出版前言

赵吉士（1628—1706），字天羽，又字恒夫，号渐岸，又号寄园，清初休宁县（今属安徽省黄山市）旧市村人。幼年寄籍杭州，顺治八年（1651）中举，康熙七年（1668）谒选山西交城县知县。在任五年，政绩卓著。莅任伊始，修葺城池、选练乡勇、严格保甲，最终彻底平定了盘踞深山、滋扰地方多年的山寇。累官至户部给事中，晚年任国子监学正，寓居北京宣武门外的寄园，以诗文和考据自娱。《清史稿》有传。

赵氏性好古，工诗文，主要著述有《寄园寄所寄》、《万青阁全集》、《林卧遥集》、《续表忠记》、《牧爱堂编》等。此外，还主持编纂了《徽州府志》、《交城县志》。赵氏著述近年多次影印或整理出版：其中《寄园寄所寄》，清末及民国已有刊本流传，近年则有齐鲁书社《四库全书存目丛书》影印本（1995），上海古籍出版社的《续修四库全书》影印本（1996），以及黄山书社的《徽学研究资料辑刊》点校整理本（2008）。《万青阁全集》，则有齐鲁书社的《四库全书存目丛书》本（1997），以及上海古籍出版社的《清代诗文集汇编》本（2010）。《续表忠记》，有（台湾）成文出版社的《明代传记丛刊》本（1971），后明文书局再版（1991）；还有齐鲁书社《四库全书存目丛书》本（1997），以及北京出版社的《四库禁毁书丛刊》本（1997）。《林卧遥集》，有齐鲁书社的《四库全书存目丛书补编》本（1997）。

《牧爱堂编》则鲜见刊本，少为人知。《牧爱堂编》是清康熙七年（1668）至十二年（1673）间赵吉士任交城知县时的公文书牍总集，共十二卷，收录39类内容，约20余万字。《牧爱堂编》作为赵吉士治理交城五年的工作总结，有以下几方面的价值：

首先，《牧爱堂编》包含丰富的社会史文献。农田水利方面，如第一、二卷中的《开凿龙门渠碑记》、《开龙门渠祭山神文》、《祭水神文》、《开龙门渠祭高离山文》记载兴修水利的情况；而第十卷中的《一件永禁卖水积弊以平人心示》、《一件按亩分水示》、《一件照区分水按日轮灌立案永遵以均河利事》则涉及水资源分配方面的文献。民间信仰方面，如关于当地的狐突信仰崇拜，第一、二卷《募修狐大夫庙疏》、《祭狐大夫突祈雨文》等即为相关记载。工商业发展方面，如第十二卷《一件执结文状事》、第五卷《一件事情宪禁事》涉及对当时皮货从业者的征税及管理等情况；第九卷《为疏通盐引事》则述及当时山西私贩土盐的情况。城市环境治理方面，如第九卷《如禁约事》一文，针对当时毛皮产业对环境的污染问题，提出浚湖植柳、筑堤养鱼、禁止泡皮排污等措施；《一件种柳事》，则直言"欲为尔地树百年之人，先为此方蓄十年之木，他日浓荫夹道，绿影满城……"此外，《牧爱堂编》中大量的民事、刑事案件中，还包含丰富的有关家庭、婚姻、民俗等方面的文献，限于篇幅，此处不便一一枚举。

其次，《牧爱堂编》收入甚为丰富的法制史文献。赵吉士任知县期间的审判活动史料，包括赵吉士本人的题奏及详文，以及其上司官吏的批语、驳语、判语等，生动地记载了当时发生的各类纠纷、犯罪活动和司法审判的情况，为正确地认识古代的司法制度、审判程序、司法文书种类及行移程式，以及刑事和民事案件的审理等提供了宝贵的一手资料，对于中国法制史尤其是中国古代司法研究具有重要参考价值。也正是因此，杨一凡先生在新近编纂的《历代判牍案例新编》中收入了《牧爱堂编》中赵吉士断案的往来公文。

最后，《牧爱堂编》是赵吉士作为山西基层地方官员居官生活的真实写照。内中不仅记载了赵氏治理地方、审判案件、剿除山寇、兴修水利等方面的事功，还收入赵氏任知县期间与各级官吏、当地士绅的诗文交往以及书信，对于今人了解当时的官场生态以及基层官员的内心世界有着重要的意义。如《清史稿》中赵吉士入《循吏传》，可见其行为对于后世官吏为官有垂范作用，而1957年国务院法制局法制史研究室编《中国法制史参考书目简介》（法律出版社）一书也将《牧爱堂编》与《牧令书》、《牧令书辑要》、《牧令刍言》、《牧令须知》一起列为古代地方官为官指南类书籍。

如上所述，《牧爱堂编》对于社会史、法制史等方面的研究具有重要的史料价值，亦足见其有进一步整理以广流传之必要。清康熙十二年，《牧爱堂编》在山西交城初刻，流传不广，至清嘉庆年间，"已历年久远，向来刻板多有残缺不存者，苟不仍其旧书而补修之，是将赵子之心、之迹之久而渐湮也"。（嘉庆补修版《牧爱堂编》卷首王鸿文《序》）嘉庆十五年，王鸿文曾修补旧板，重新印刷。康熙初刻本现在已经难以见到，嘉庆补修本也非常稀见，幸而山西大学图书馆藏有此本。本书的点校即以山西大学图书馆的藏本为底本。此外，《万青阁全集》也收录了《牧爱堂编》的大部分文章，但次序有所调整，其中不乏文字润色改动之处，非复《牧爱堂编》原貌，所以此次点校，并未用《万青阁全集》的相关文本参校。山西大学图书馆藏本漶漫残缺之处，则依据《万青阁全集》补正。由于没有其他的本子比对，此次点校以标点为主，不做校勘。《牧爱堂编》是一部自刻本的文集，刊刻质量不高，刻本的舛误之处和异体字极多，笔者直接改正，并未加注释，这是需要说明的。此外，为了让读者进一步了解赵吉士其人，笔者特将朱彝尊的《朝议大夫户科给事中降补国子监学正赵君墓志铭》、《清史列传·赵吉士传》以及《清史稿·赵吉士传》辑录出来，附在《牧爱堂编》正文之后，方便大家阅读。

限于点校者的学识及水平，点校过程中出现一些问题在所难免，冀望方家指正。

郝平
2016年5月于山西大学

序

忆去年春，赵子天羽谒选得交城。客有谓予者曰："以赵子之文学丰采，荫映海内，虑无不为石渠金马重而乃为令，又赵子试上等，应受郡李。李与令级虽平，体貌悬甚，而赵子奉新令甲改授，得无有违情拂志，遂生骚屑不平之感乎？"又曰："赵子少年豪俊，交游最广，所至车盖侯门如织，今即为令，亦应得吴楚间通都大邑，有文物声名，足以恣其鼓舞发摅之用，而乃就太行山邑，得无有傲情放志，遂著蹇然不屑之态乎？"又曰："赵子才负四应，天下何事足以当其意者，蕞尔交城，固枳棘之栖也，得无逞其一往之气，击断刳割，或涉于泛驾者乎？"予曰："否也。赵子量远，远则不以目前所不足者自隘，赵子学静，静则不以一己所有余者自恃。赵子正未可测也。"后数月，客从晋来，谓予曰："赵子固不以令也而轻易之也。赵子固不以交城也而鄙夷之也。"予曰："何以征之？"客曰："赵子至邑，即集其父老子弟于庭，殷勤恳恻，求其疾苦，而谋所兴革，次第举民输租。至者虽穷乡僻处之农，从未见县城官署，皆得从容阶下，自言其情以讼；至者即孩稚妇妪，必解颜下气，不厌委曲，察真伪，民乐而亲之，以为凡令兹者，龊龊从阘，置勿论已，若英妙颖发，率尊严如神，伍佰震呼辟除，小民先怵惕喘汗莫能达，胥吏反得借威福为奸蠹，今似此是与民揭云雾而睹青天也。又莅任有公费计里，听云'例也'；征租有羡余以备耗，亦云'例也'。牙侩各分日应薪、米、盐、蔬以及布帛，价十给五，中又有分蚀之者，亦无不云'例也'。凡此举民所甘心趣赴，恬不惊怪，安固，然赵子一旦划革，若恐浼焉。民以为作吏者方将强民所不愿以困民也，歌之曰：赵公齿，漱汾水。又开浚渠利，躬自相度形势高下，远近利害，为民设千百年计，以与雨旸平。嗟夫，吏之传舍其官也久矣。又至邑，辄共城隍神，誓毋以苞苴贻神羞，及五月告旱，甫祷神祠，雨随车下，三日沾足，岁用稔，盖赵子之与神相信也深矣。以故流移尽复，夜犬不吠，于是聚学校士子，偕之讲析经义，示之师承，训以作文，勿为俗囿。月有课，季有试，士风丕振，不翅文翁之治西蜀，吴公之守河南也。至于决狱通敏而莠民悉薙，执法严一而蠹胥悉祛，皆余事耳。盖赵子之不轻易其令，不鄙夷其民如此。"予闻之，笑曰："予向者固尝言赵子之量远而学静也，奚俟今日哉。方今晋中大吏皆以丰沛勋臣用，明无所不达，廉无所不亲。为令者，易于见守，易于见才，赵子旦夕登荐牍循吏名彻帝座矣！"客又曰："人非始之之难也，而终之之难。赵子勤于始也，得无怠厥终乎？"予曰："向固谓赵子量远而学静也，岂有远与静者而终始之虑哉？行与院中，同待漏矣。"客以为然，遂揽笔述之为序以寄。时康熙八年四月朔三日，淮南龚鼎孳拜题。

叙　言

恒夫先生治交五载，寇乱诘奸，教养备至，蔚然称大治。大中丞达公上其功于朝，奉特旨议叙，后不为例。煌煌旷典，人皆荣之。余曰："繇今日以观恒夫，诚可贺，繇受任来，迹其励志捐躯，出交民于刀兵水旱，以有今日也，则毛发有不寒，而股有不为之栗否？"夫人才有全有偏，能为剑者不必能为琴；造父之御不必兼绳卫之射，才限之矣。古贤君听琴瑟思志义之臣，聆鼓鼙思将帅之臣，闻钟磬则思久封疆之臣。是三臣者，国之宝也。然当其拊髀以思，谓："得一已堪佐理，安望兼之者乎？"余与恒夫交二十载矣，始偕侍御道南胡公晤于姑蔑，日赋咏棋酒为欢。恒夫年未请缨，雄文夺纛，侠概不可一世，纵谈当世务，指顾风生，道南心之，顾余曰："异日斡造化机而卷舒在手，必吾同门赵子也。"戊申春，余游燕山，再晤恒夫于峨眉寺啸旅轩，适梓《两尊人双寿赠言》成，亟索余诗补入。未几，以郡李改授交城令，而余亦偕及门泓庭王子楚行，不相闻问。五年，迄癸丑，余客纯（屯）留，距交四百里，闻太夫人讣，策蹇卢川，申炙絮之奠。会恒夫已晋秩版曹，摧痛转剧，对余鸣咽。但孺子泣而已。余亦涕出失声，已执手相慰唁，久之，恒夫曰："不孝待罪晋地，骇驽机，伏虎尾，春冰濒危者数矣。赖大中丞弘推置之怀，曲垂诱廸，俾下吏洵，少展辟肘，不然皮骨久靡碎。即今日哀毁余生，安复望耶？"余熟察恒夫寝处，苦次，饭浆水，茹瓜蔬，形容枯瘠，方寸忽忽，如先日强起视事外，一切笔墨都废。旧所镌《牧爱堂编》数卷，系始任时业，乃以岁簿牍详案，洎往来赠答诸文，悉散滂填委不复理，门下诸君子远来襄事，汇茸成帙，窃相语曰："师治吾晋，无一事不可法，无一语不可训，业有成编，曷续广之，以表式将来，俾一片苦心热血咸禀为玉律金科，寔我周行，以当尸祝，不亦善乎？"遂付剞氏，而问余一言叙其概，余唯唯谢不敏。然余观替人着能声载在史册者，廉隅饬矣，而御侮或不足；岂弟颂矣，而击断或非所长；能御侮矣，击断矣，或顾忌絷束中怀疑阻，弗克骋。恒夫初莅交，一切耗羡陋例划革悉尽，清积逋，平累都，均城守，端士习，奉己严洁，而政教一尚宽和。每断狱，立与剖决，面定案词，判其曲直。受责者，无不叹服去。至荅地方利病，必详陈端委，纤屑洞达，当事鉴其诚，所请必遂，如斩蠹逐旗。复厂凿山皆创行惊俗之举，而呼应如臂指标影，治化益蒸蒸义，古所称志义之臣非欤。其待山寇也，示以威信，初劝徕慰抚之，不矜声色，恒如无事。然至沉机神算，瞬息倚伏，俾狙而莫予忌，卒之鱼腭兽骇，罔知所措，盖默范围数百里山径无遁形，遂操券而获，不愧古名将方略。繇是境内平，而全晋胥赖。宁宇封疆之寄，无大是者，奚止一令长任耶？昔章文懿功著旗常，一生以不得临武为恨，刘忠宣欲得一亲民之职，不愿骤躐京堂。恒夫之宰交也，师保而干城，循良而将帅，为令之荣于斯已极。不知两先生视此又当如何叹羡耳？抑闻之大器不器。恒夫萃数人之长，为时全才，奢取诸造物，而莫为概限，经纬弘通，诚不世出之奇，为当事叹奖而倚信之，乐嘉与以有成也固宜，是堪上应当宁拊髀思矣！余促装匆匆，辄翻阅兹编，深叹其本末综贯，经术闳深，且复心剿形瘵，不顾身家利害，措民衽席而敉之刀兵水旱之余，至今披其文，追维曩事，犹为之毛寒股栗不能自已。藉非恃有卵翼之者，岂易奏鸿功而荷圣天子特达之知哉？异时服阕赴部，应黜管商卑烈，控马鞭箠如杨本庵少保，伸绌为赢，使国家不可一日无此人，固恒夫素裕之略，请以是编为嚆矢矣！敬为之序。时康熙癸丑仲夏日，甬水年家眷弟李文缵昭武甫顿首拜撰并书。

又 序

余读《牧爱堂》一书,而知赵子,信非常人也。盖本其胸中之所蕴,而发之为文章,施之为事业。其体则甚备也,其用则甚宏也。循是而行,夫岂独为区区一邑治哉!惟是历年久远,向来刻板多有残缺不存者,苟不仍其旧而补修之,是将使赵子之心、之迹至久而渐湮也。爰采其遗书,详悉而搜阅之。其有残缺者,计卷而重付之梓,是固藉以志余向往之深,而赵子之心、之迹、之寄于是书者,亦将藉以垂诸不朽也。嘉庆十五年仲春,粤东王鸿文撰。

总目

牧爱堂编·艺文 / 1

艺文卷之一 / 3

艺文卷之二 / 45

艺文卷之三 / 59

艺文卷之四 / 75

牧爱堂编·详文 / 115

详文卷之五 / 117

详文卷之六 / 165

详文卷之七 / 205

详文卷之八 / 239

牧爱堂编·告谕 / 277

告谕卷之九 / 279

告谕卷之十 / 305

牧爱堂编·参语 / 333

参语卷之十一 / 335

参语卷之十二 / 357

跋 / 391

后　记 / 393

牧爱堂编·艺文

自　叙

　　柳柳州云："气烦则虑乱，视壅则志滞。君子必有游息之物，高明之具，使之清宁和平，恒若有余，然后理达而事成。"天下职务之琐细繁多者，极于令而止。簿书之纷纭，词讼之听断，冠盖之往来，即有游息之物，高明之具，安所用其心哉！交，岩邑，四方贤士大夫过无虚日，粮逋而人好讼，顾安所得游息之物，高明之具，因时以为文章乎？然亦稍幸吾气之不甚烦，视之不甚壅也。若夫所谓清宁和平，恒若有余，以几于理达而事成，其然哉，其然哉！恒夫赵吉士识。

牧爱堂编

艺文卷之一

序

重修《交志》序

　　方域广而时代遥，建置沿革，疆里分合之殊，樊然其不一也。世阅世，人阅人，其间治乱得失，往迹新猷，可法可垂之成效甚多，不有纪载，后何述焉。《周礼》：职方氏掌天下之籍。秦丞相府图书周知郡国险要厄塞，户口多寡，强弱之数。班史志地里，兼及民风俗尚。后代方隅郡邑，或记山川，或记风土，或记先贤耆旧，至今犹有传者。逮故明而一统有全志，下及府州县卫，莫不修定志书，发凡起例，要皆综古人记载之体而备书之。存故实以俟来者，俾为政者有所考据，具悉兴除厘治之要务，民各安其俗而乐其生，用使长理而不乱，志之有裨于治也大矣。交邑属古晋阳，为省会西南岩邑。地居四塞五原之间，民仍忧深思远之意。旧《志》修于历城周君，迄今七十余年，无继而缉之者。余愧非史才且寡识也，然既承乏令兹土，老成未谢，轶事可稽，敢复因陋就简，以逸所传闻？交虽一邑，其（《交城县志》作：岂。下简称《志》）能违天时，逆地利，倍往制，拂人情，以为治乎？吾考天文，吾得以省灾祥，顺四时之序，以导吾民；吾考地利，吾得以辨土性，则三壤之宜，以养吾民；吾考建置、食货，吾得以察古今，鉴得失，因时损益，以利吾民。至于官政有考，某（《志》作：谁）无闻，某（《志》作：谁）贤以传，吾因以自励。选举人物有考，吾将以为为善者劝，为不肖者慕；艺文有考，吾得以见世道人心之升降与政事之治忽，《志》之修举，又乌可已哉！邑绅武公以洛宰擢秋垣，所纂《洛志》与公奏议并传，家居益不忘学，悯邑乘阙轶，留心采揽久矣。余与互相质正，考订参稽，遴诸生能文者八人襄事焉。始于康熙己酉仲春，历八月而告竣。于是交邑之往迹新猷（《志》作：往事陈迹），粲然垂诸简册。余因之有所感矣，邑志古史之遗文之切于治者也，承平则修明，乱则湮废，故明之季，盗起秦关，蹂三晋，民救死扶伤之不给，吏治日偷，何暇问图籍事？我（《志》此处多一"皇"字）朝混一天下，除乱救民，登元元于衽席，恤甲之治成矣。然长吏碌碌，奉簿书期会，急催科，防草窃，日凛凛（《志》作：廪廪）焉，恐挂令之章程，不遑彬彬于文治。余大惧岁（《志》作：发）往事湮，久则莫可考述也。夫稽古成书，黼藻润色，其事必在民安物阜之日，经久道化成之余。今余莅职甫匝岁，虽黾勉（《志》作：拮据）从事，百务渐举，未（《志》作：未）敢云利毕兴、害毕去也！而幸逢圣朝治（《志》作：改）化之翔洽，沭（沐）制府抚公清惠慈祥之（《志》，无此字）施重，以方伯宪长诸大人君子仁恩轶于往昔，风声播于遐迩，虽以余之驽钝，不致陨越，获免于罪戾。庶几狱讼简，耕桑兴，弦诵起，无复遁赋草窃之习，足烦司上者之隐忧，不及是时歌舞太平之盛，修举废坠，成纪载以示来者，余何以自安于心哉！余亦为其必（《志》作：也）不可已者而已。皇朝亿万斯年久安长治，则继我而令交者，以时嗣为纂述，无俾阙轶焉，是余所深望也夫。（《志》中尚有"康熙己酉冬日，赵吉士题于交署之卧琴轩"一句）

《交城县志》凡例

志亦史也。史之体，以垂警戒，以明道法，不避忌讳，《春秋》托始于隐桓，而日食星陨不废书于二公之世；《纲鉴》首册武乙暴雷之震，大书不讳。《三国·后主传》云："蜀无史官（职），故灾祥靡闻"，然则彼岂为观者悦目计哉！至如龙门进黄老，兰台讥之；蔚宗惜武帝遗佛书，后史又讥之。知其讥之为是，而躬自蹈之，亦使后人而复讥今人耶？史以天事纪人事，故鲁以《春秋》名史。今旧《志》阙天文，广览郡邑各《志》，皆然。又以分野属地理，不知天上所分十二野系星辰纬度，得之仰观，非关俯察，且有地理、人事而无天文，是二才之道有时而缺也。今邑《志》首载诸图，即以天文为第一卷，而列分野于《天文考》中，以辨所辖。因以祥异附占验后，盖使读者开卷有得，时深恐惧修省之思焉。古迹丘墓确应属地理，仙释不能外人物而成，予附仙释于人物后，以示放闲，盖亦史氏不进异端之意。此外，为建置，为食货，为官政，为选举，为艺文，分六十二条，统以八卷书之，杂志可不立耳。至卷末复载《列宪爵里》者，一时督抚藩臬俱简勋旧，而主试特差词臣，有晋至今得所未有，予修志而躬逢其盛，是又不可以无考也。予不敢以志视志，而以史视志。以史视志，即当以《春秋》为宗，以班马为法。诸志失体，必为识者所讥。予之编是目也，岂好立异于诸志耶？

一、编辑杂采《周礼》、《左传》、《二十一史》、《文献通考》、《山西通志》、《武备志》、《一统志》诸书及得于碑碣之记载，考之详者，录之。

一、纪事统以八纲，分以六十二目。目系于纲，间有附属烦焉者无取尔。其体仍旧，其损益变置，则余窃取之矣。

一、纲目各冠小叙，以发旧志论述所未尽，无可论者略之，仍以旧论先焉，示有继也。

一、建置有关治理，虽废必书，爱礼存羊，以俟来者。

一、宦迹久著及有长足录者，则详注于本名之下，人物选举亦然，不没其善也。至于孝义贞烈有未经奏闻而为当事旌奖者，概录以维风教。

一、艺文凡有系于邑事，并录之。条议载其有关军民者，不敢概及，旧志所无，今采入者，十之六。旧志所有，今删去者，十之三。盖以其文也，故录之。载之不文，不如其已也。

胡质明诗集序

辛卯冬，予与胡子质明及道南公车北上，时方揣摩闱中业，然每至山川奇胜及古人陈迹处，予三人未尝不赋诗。惟质明呻哦精思，往往堕马不觉也。既道南获隽去，持斧两淮，进秩京卿，功名日盛，而予与质明屡蹭蹬长安，同寓峨眉僧舍，闲步慈仁寺中，古松晴雪，层阁峭风，每每相对，会心于文字之外，虽不遇不以介意也。别四载，而质明遨游四方，凡五岭以南，大河以北，莫不留辙迹焉。戊申夏，予来交城，一行作吏，竟绝友朋之乐。腊月踏荒河北，越羊肠，涉狐突，远望吕梁，风雪猝至，方与山民休息土穴中，忽来一函，启之，则我质明不远数千里过访也。予因匆遽归，金镈玉簋，谭燕周旋。复得道南手书，回思我三人往者，公车道上恍如梦寐。既尽出其数年所为诗示予，秦梁楚越，山川风俗，与夫古今人物，兴废得失，友朋离合生死之故，俯仰兴怀，殆成一史矣。叹息之下，摘其内《堕马》及《解嘲》数章，戏之曰："堕马，险事也。而子以诗故，屡蹈之。太白嘲子美为诗所苦，不过于瘦；而子为诗所苦，乃至于险，不亦甚乎？"质明曰："不然，我无聊而游，游而赋诗，不得已也。今屈子百里之寄，虽安坐可以令行，顾乃入深山不毛之区，履荆棘，披虎豹，梯崖悬谷，昼则巢登，夕则穴处，足为之胝，肤为之裂，目为之肿而不能视，大风盛雪而不为之止，其险当过于堕马。而子乃不之戒，何也？"予久之无以应。质明数千里访予，予无以偿仆马费。南行之日，乃不罝予，而索予言序其诗，予焉能序质明诗？偶述今昔聚散之感如此，并示道南，以助数千里故人一叹。若夫其诗之老朴入化，天下能诗者皆知之，不待予言也。康熙八年正月望日序。

建修县署序

天子之下，县令之上，自宰执、部寺递而至于郡守，虽官之大小不同，而其为夙作夜思，出政令以治此百姓一也。是以天子所居曰宫，自宰执部寺以至守令所居各有官廨，虽居之大小不同，而其为安是居，而夙作夜思，出政令以治此百姓一也。吾尝遍游江南、蓟北、中州间，其缙绅巨族，往往翠檐朱甍，连云蔽日；至官廨，恒任其倾欹破坏，而莫之顾，何也？自封建废而郡县立，诸侯不以世相袭，居官者视其居如传舍，近或数月，远不过数年辄去。彼固以为此非吾之所有也，非吾之所有，而吾为之以利后人，内有经营拮据之苦，而外有伤财劳民之名，不亦大愚乎？充是心以往，故有明知其利之当兴与害之当去，而彼亦以为及吾之身而止耳。彼数十年、数百年之利，吾何为焉？呜呼！何其不思之甚也！试思之，吾身以外，何者是吾之所有。如以官居为传舍，岂尔室尔家能世传而不为人所舍乎？如以暂处为传舍，岂尔子尔孙能久传而不为人所舍乎？念及此，当亦无异视矣。山右三代旧都，茅茨土阶，其民固习于啬。交城僻处万山间，荒陋尤甚，县署虽设，仅名焉耳。其大堂再建于明景泰，其内署自万历二年以至于今无新之者。每官交代，必以休整衙舍，瓜累里民，频其患而吏役中饱，官亦无从清厘，遂成不破之陋弊。予未任前，此地已缺令五载。其内东西十数间败不能葺，署篆者尽拆之以为薪。自二厅后仅五间，再后三小间耳，大都垒土为墙，架拱把以为梁为栋，疾风则患飘摇，大雨即患滂沱。予初至，予无所容偃仰焉。予即甘之，如关防何？莅政五月，庶绩稍清，乃捐资鸠材，给饩兴工，廓其旧趾而创筑之。自二三堂自内，皆广三间为五间，别建耳房厨房共十六楹。室志东向有轩，为予退食读书处，顾曰"卧琴"，案牍所不入者。二堂之傍为"拄笏亭"，宾朋谭燕之地。入冰壶内转，上"遥集台"，构"陶纵斋"于台下，以供公余之啸咏。此外为菜圃，为马厂，间以重门，司钥者非白予不开，四围俱易以砖砌，而内外始制判然矣。凡木以枚计者千数，砖以块计瓦以片计者，共十二万二千零。民食于予而用于官者，积三千六百余工，而人不以为劳。费出于予而捐于官者，约金八百六十，而予囊竭矣。自戊申秋仲至己酉春季，历八月而告竣。竣之日，置酒为燕。客举酒以祝曰："是役也，唯子建之修之而成，唯子居之而安。"予曰："吁，此天子之所，置以居交之令，治交之民者也。交之署坏，而交之令建之修之，交之令居之。今之令有时，去则又后之令居之，后之令建之修之也，吾何为也哉。昔蔡凝为中书侍郎，迁晋陵太守，将之郡，更修中书廨宇，谓宾友曰：庶来者不劳。陆抗与诸葛恪换屯柴桑。抗更缮葺其墙屋室庐，虽果树无恙。恪入屯，俨然若新。而恪之故屯，颇有毁坏，深以为惭。古今人不甚相远，安见蔡陆两公所行，不复见之此日耶？"客矍然起曰："吾闻之，天下事唯其当为者即为之，而吾若无与此古人之所行也，公何多让焉？虽然莫为之，前无以创之，莫为之，后无以继之。请以子之言勒之石，以告后之继子居此而夙作夜思，出政令以治此百姓者，其无斁今日之功。"予愧其言而不能易其说也，为之序。时己酉夏五。

春夜踏雪却月湖堤序

三晋类多以水名其邑，顾瞻左右，文水、清源是也。而交邑亦以汾孔交流得名。予初至，见环邑皆山，求一泓了不可得，无复濠濮间想矣。任三日，阅城，有水绕城隅，心疑之。吏人为余言，"地本窊下，积水以沤皮革，人以其污也，不敢近。"心愈疑之，暇往观焉，宛然小西湖风致，惜不洁耳。湖自东门曲折而南，约二里许，雉堞襟其前，楼台枕其北，浮屠香刹，烟树林峦，并峙而照。此水相传下有泉穴，虽寒暑不可得而涸。予因作而叹曰："是岂水之性哉！物固有幸有不幸也。"爱命役夫广植垂柳，名以却月，诫民毋污我鉴湖一曲。行将构红桥，牵画舫，与都人士游宴其间，为风尘俗吏解嘲，又谁曰不可？越一载，柳浪方新，水声欲咽，虽经品题，而未工点缀，甚哉！簿书之误人也。改岁十二月，予至汾阳寺劝农，依夕还署，酒阑月皎，兴复不浅，同邹子宪章、蒋子荆名及予弟安侯缓步而至湖滨，于时残雪满城，坚冰澈底，湖光月色，逼人醉颜。予与二三子盘桓离相之寺，凭眺圣母之祠，寻长堤转曲渚归。漏三下，乐而欲仙。因念予生长东南泽国，使通阛带阓之处，得有此湖，久成胜地，岂必待今日赵子作令此间，始为之开生面也哉！况此邦艰于得水，水与境俱佳，而人视为畏途，鲜有过而问者，物固有幸有不幸也。自今后，吾愿交之人士以及继我而治交者，勿弃此水，复落贾竖手，斯幸矣。残山剩水，吾辈当共为天地宝之，其功莫大，此三晋之邑类多以水名者，良以其不易得，欲人知所宝也夫。时庚戌立春前二日。

重建北门城楼序

无治乱，交山常称盗贼薮。县逼山阳，而城北门其首冲也。戊申四月，予莅任三日，巡城至北门，楼倾门朽，迤东马道决裂者百有余丈。更几载，雨水注塌，殆复隍矣。因慨然太息，志一新之。顾以初受事，庶务不遑，迄庚戌，政稍行，民稍信，身稍暇，乃罄橐中有，鸠工聚材，始于七月二十四日，成于十一月之朔。而门俨然，而楼巍然，而陴倪驰道坦然。凡木植以百计者几，瓦石以万计者几，灰以车计者若干，总工若干而城始可守。有司上其事于督抚两台，过蒙温语奖励。所捐所费之数，悉具报册详案中。夫筑城凿池，孟子以勉滕文。莒以城恶失国，《春秋》戒之。予惟后之君子念斯土之岩险，不可一日而不备，则凡所以继予之志者，又岂独是北门之营而已哉？

于章云孝廉诗序

予往与夏子宛来渡汾，中流鼓舷，顾而乐之。夏子曰："水之逸者，古称洞庭、潇湘、五湖、曲江、渼陂，与吾浙之镜湖、西湖。西湖、五湖，吾得而乐之，顾未得南浮汉江，西逾潼关，而乐夫潇湘、洞庭、曲江、渼陂焉。"予曰："天下水之大者，莫如黄河、江汉、长淮、浊漳、滹沱、桑干，与此汾也，而吾皆得而身历之。"夏子曰："黄河、江汉诸水，天下之至险；洞庭、潇湘诸水，天下之至逸。险者不可与共晨夕，逸者终身乐之而不厌。"予曰："吾戊戌上公车不得意而还，读书金山者数月，一日顺流吊焦征君之遗迹，日将落，逆流而上，西风忽作，波涛汹涌，远望金山，灯光如孤星，渐渐不可辨。两岸汛兵复觳矢引炮相向，迨二鼓，操舵者力尽，舟冉冉退，势将入海，舟中人皆哭，吾于时矍然起，四望滂薄，窃以为天下之大观莫过于是，其乐至今未忘。"夏子矍然无以应。既莅交数月，见城东南隅有水逶迤曲折几数里，其南寺塔临峙，多景致。予命邑人于水之浅者浚之，沿水栽柳数百株，复作小舫其中，名曰"却月湖"，题其联有"西子湖移官舫入，南屏山带女墙来"之句，柳渐茂，水渐洋溢，公暇辄同邑之士大人泛舟为乐。而宛来赴试浙中已两载，深以不得宛来游此湖为恨。辛亥六月九日，于子章云孝廉同陆子从襄坦过荒署，夏子亦迨然四来。孝廉出其新咏示予，清和澹远，一弹而三唱，读之不忍去手，即于是夕邀孝廉并陆、夏二子游湖。日色既尽，林光苍翠，鸣禽上下，酒数行，月朦胧映水，凉风乍来，波潋滟作黄金色。回舟就浦，命优者歌荷池之曲。曲方终，箫鼓间作，四顾悠然。孝廉即席赋诗，取而咏之，觉清风拂拂，凡席间坐客皆叹赏，予亦竟忘是身之憔悴山城作五斗俗吏也。夏子笑谓予曰："甚矣，先生之好游是湖也，甚矣，先生之好于予诗也。然先生之好是湖，好其似西湖，非好其如黄河、江汉也。先生之好于子是诗，好其清和远澹，一弹而三唱，譬如春风秋月，两峰参差，六桥断续，泛西湖之中流，非若焦山夜泝，风涛起而舟人哭也。然则险者果不可以共晨夕，而逸者终身乐之而不厌与？"予亦怃然无以应。游既休，夜已阑矣。孝廉辞予，将以五鼓别，并乞予言为叙。匆遽不暇苦思，偶忆汾上言并湖中数语弁诸首。

《抚宪达公文告》叙

诰誓之作，始于商周，其在唐虞与夏之世，载于典谟者，大都告诫官牧之辞，而于百姓无闻，非独其时异，亦其地异也。吾大中丞达公自任方伯以及抚晋，其居敬，其行简，即有告谕为郡邑谆谆者十之八。盖山右固三古旧都，人民朴略，而大中丞公实欲以唐虞与夏之治治之，故其责属吏深于责百姓。吉士不肖，叨牧交城，仰荷大中丞知遇，荐剡所及，猥为群邑先，赐见不时。每见辄以古人相期许，其为耳提面命者，实多于告谕所载。所愧疏庸无状，兼处山区盗贼之薮，未能仰体大中丞之心，纯以德化，乃不得已而至于用兵，即所擒不过数十人。然大中丞公实欲以唐虞与夏之治治斯地，而吉士顾不能以商周之治副之，恐远近第见吉士之无能以德理，而并不悉大中丞公厚望群牧之心，与厚待三晋人民之意。虽每奉戒颁，随行张挂，尤虑日久毁坏未能长存耳目，或深山穷谷不及播闻，爰汇刊成帙，择各都村邑与山中聚落之老成知书者，人授一集，使颂读敷演，以教其子弟亲戚。庶几优游渐渍，无不革之面者，即无不格之心也云尔。

林浣亭《涂水试艺》序

人苟有所得于中，则凡境不得以乱之。事莫急于军旅倥偬，而不能移昭烈之结牦；势莫险于风波倾覆，而不能变安石之啸咏；遇莫穷于流离播徒，橡栗以给，犴狴为居，而不能辍太白、子美之歌诗。无他，其得于中者深也。今之居官者，吾知之：高者骛声名植党援，希旦夕赫然自立于天下；卑者循分苟安，幸免罪戾，稍自润以美田宅而长子孙，一不遇而惧坎坷，则苍皇失次，书空乞光之不暇，亦足悲矣。同寅林子浣亭，其居官也，无求于上，无索于下，淡然若将终身，适遇蜚语，列宪震怒，变且不测，而浣亭意黯黯无别营，似不难拱手待者。予私心讶之，既而疑曰："噫，是殆有有得于中者耶？"已乃读其公余所作制义，凡数十首，精深邃密，绝似诸生未遇时穷年兀首帷下者，继复尽出其所课《涂水试艺》示予，沨沨乎盖季札之所叹而唐风之不泯于今犹有存者。嗟夫，世之君子，其所为惨淡经营，居无求安而食无求饱者，为一第计耳。一旦致身为朝廷一命吏，向之所为，殆不知为何如物。所求者非所用，所用者非所求，盖几百年于兹矣。浣亭为闽望族，诸雁行皆取高第，仕宦四方，与他人尤异，似更可娱乐遣目前。而浣亭独乐之，已诲之人不倦如此，宜其功名富贵之虑，举不足以入其胸中而乱之欤。夫结耗，英雄之僻也。啸咏，达士之放也；犴狴、橡栗之歌诗，诗人之故态也，其得于中与不得于中，皆可无重轻。彼制义者，上以阐圣贤之微旨，下以传后学之正宗，其重轻于世何如？而浣亭独于此有所得，而不为外境所摇夺。盖吾于身所遇，耳所闻，计之殆不数数也。异日者，涂水人文蔚起，其亦无忘渊源之所自也与。康熙十年九月三日撰于徐沟道中。

平遥张康恭详稿序

言发于心达于心者，其发于言也，必简而决。故或有委曲千言而不足服人，或片言而可以折狱。晋之俗，刁而多讼，听理为难。予同年康恭张子之宰平遥，不期月，刑清政最，名声驰于远近，人皆讶其何以得此。予曰："张子之为人，达于心，其言也，简而决，片言折狱，固不足为康恭难也。"

或以为不足尽张子。予曰："达于心者，何施而不可？折狱诚不足尽张子，举折狱，其难也。"既二载，大中丞且将以荐剡上，而康恭适丁艰去。大中丞谓曰："子且复出，顾吾独为此土百姓惜贤令耳。"濒行，书录其文告参详示予。大都不事支蔓，直截痛快，能于数言之下，使蒙者豁然而明，疑者爽然而信。予遍以示向所讶张子者，方瞿然服予之言为不诬，知康恭之所以刑清而政最者，端不外此。且凡言之简而决者，其为人必达于心，无疑也。夫达于心者，何施而不可？曲迎有云，宰天下亦如是矣。予不才，无能效光邻壁，且以觇康恭之展骥于异日焉。

望川亭序

天下遇合兴废之故，岂非数哉？吾于晋祠望川亭之修而窃有感也。己酉之春，吴兴夏子宛来游晋祠，登悬瓮之巅，坐望川之址，乐其俯可以尽斯祠之胜，远可以览汾河之流。惜斯亭之废，可以登而不可以憩也。为文以授道人清和者，使广募而重修之。既数月，宛来南归，予询其别后行止。宛来曰："吾既与望川亭约矣，亭比成，吾且再来为十日之饮。"迄岁余，工不兴，或捐或否，道人亦稍怠。辛亥二月，吾师周公自云中升守太原，江右万君亦来宰是邑。不半载，百事俱举。暇日，万君游于祠，登斯亭之址，观宛来之文，俯仰兴怀，捐俸以助。复手为引，以授道人，使愈募。于是，道人怠而复奋，远近捐者渐众，顾工犹未兴。壬子夏五，予至省，侍饮周公席，以秋岳曹侍郎晋祠诗十二律进，公檄太原万君勒石，偶及此亭，公毅然举以自任。六月，公送总督罗公过祠，相其形胜。适邑有额外税，立捐以助工。不二月，废亭复成，为亭三间，俯祠面汾，弘敞坚固，缥缈云际。是秋，宛来复自浙再入晋，闻亭成，欣然乐甚，洒巾荷挿，将复往也。嗟夫！自有此山以来，其登于山而以为不可不建是亭者，不知其几也；自有此亭以来，其游于亭而以为必不可废是亭者，不知其几也。自废是亭以来，百余年间，其顾瞻于是亭之址，而以为必不可不修是亭如宛来者，又不知其几也。乃无矣，有时而建；建矣，有时而废；废矣，有时而修。微宛来谁为修之于始，微万君谁为修之于继，微吾师周公谁为修之以成。天下遇合兴废之故，各有数焉，岂独斯亭也哉？夏子好饮，能诗，多感慨，其能为吾赋望川之十章乎？吾将执笔从而和之，以示吾周公、万君焉。

箧中序稿自序

予久困公车，始以才溢见放，继以淡朴不售，揣摩愈深而愈与之左。既而叹曰："文章何常之有？成童而筮仕，一文章也。筮仕而致君泽民，亦一文章也。"辛丑就选人试，待铨者六载，始令交城，每于簿书之暇，进士子课焉。其夜辄梦入场，执管构思，往往成篇，心甚异之。壬子春，云间陆集生先生至交，留署数月，先生故以文名重海内，因复召诸士课艺，互为参阅，第其甲乙取舍。其夜复梦如初，越数夕不已。伏枕恍惚，布帘残烛，画角提铃，咿唔之音达旦也。心甚苦之，因语先生曰："八股之祟人如是哉。幼祟于窗户，长祟于棘闱，今作吏矣，而不吾舍如是，可奈何？"先生曰："八股焉能祟人，君自遗祟耳。吾与君同公车，知君公车稿揣摩最精，而君以不遇，故秘不示人。夫天地英华之物，久而遏郁，则必将幻为光怪，以自显于世。荆之璞，轩之镜，丰城之剑，郁之石，郁之井与狱，而其光怪，且上达于天。今君箧中所存公车稿，是亦君之英华也。历科衡文者，既郁之于上，而君复郁之于下，其为祟不亦宜乎？吾有术焉能去君之祟，使君旦夕得优游于睡之乡，可乎？"予愧其言而不能不求去其祟，长跽请教。先生曰："付之梓。"予笑而授之。

四望楼序

　　春秋晋大夫狐突，交人也。其材与品远过其二子，从亡诸臣皆不及也。其墓在郊北境，曰"狐突山"者。是以公之灵，自交而及于晋之各境，宜无所不在，然没而窆于是，宜其尤眷眷于是山。顾灾变祈祷，如影赴响，偏最著于郭北之广惠庙，则何欤？盖常深思而得之。夫生而为人，殁而为神，一也。凡人与神，必有所择而安，以自全其气。吾尝入山，望公之墓墟，峻嶒峭拔，盘旋为万峰。其左汾、孔二河合流，汹涌而奔注，殊多勇悍杰出之概。是乃魏武子、颠颉之所喜，而非公之所安也。公仁义智勇人也，训太子以孝，仁也；不召二子，义也；识偏衣金玦之必废，智也；守正而死，勇也。全是四者，非得山水会合、坤和最胜之地，则其灵气亦将惝悦去来而不留。兹庙面郭倚山，左汾右文，塔莎、步浑，分合而映带，下有云泉山源钟焉。盖遍交之四境所谓山木会合、坤和最胜之地，诚莫有过于此者，宜公之安于是而著灵独异也。但地固形胜，独其庙压城逼山，不得层台飞甍，一振拔而耸其势，则中处而位卑，有陷象焉。予志欲营之而未果。辛亥，僧性定以邑绅丁公作宰仁和，不远三千余里，自吾杭募助至交。予亦捐俸佐之。壬子七月，鸠工聚材，既新其殿，更创危楼于后。其高十仞，基厚而势雄，窗栏环敞。四阅月而成，予取仲宣之赋，名之曰"四望"，一登而齿堞崭崭，若拱吾胸；而围峦苍苍，若俯吾背；而众水漾漾，若旋吾足；而平林广畴，与疎村远堡，隐隐若图画之列于吾目也。夫然后而斯地之胜，始浩乎大观。虽使贪夫鄙士一高望而远思，当为之超然置心于尘垢之外，而况于怀才抱志豪杰之徒欤？而况神爽如公，有不为之悠然穆然，更眷眷于兹而不忍去欤？吾知自今而后，交之人登斯楼而感公之惠，慕公之风，必有奋乎百世之下者。公之灵往来于兹，念交之人能有以妥其灵而愈降之福，则是楼之成，岂独是备游观之盛而已哉！客则有谓予者曰："楼之成，美矣，胜矣，顾后必有像神而居之者，则奈何？"予曰："然。是殆有之。昔唐昭州郡圃有亭曰'天绘'，郡守李丕欲更之，有范滋者，易名为'清晖'。后李启积壤，得丘浚《石记》云：予择胜地，得此亭，名曰'天绘'，取其景物自然也。后某年月日，当有俗子易名'清晖'者，可发一笑。考之月日，无一异。予不能如丘公预知未来，顾交之人士后无为范滋以俗子预，见笑于前之人，则善矣。"

《四书音辨》叙

仓颉未生，先有言语，故书从音出，非音从书出也。西域梵经，有音而无字者十之二三。上古方言里谣，皆可播诸管弦。无他，审音也。沈约著《四声韵》，后人议之，以约生长吴会，音多不叶中州。第唐去梁不远，以此取士，后代遵之。然填词入乐，终用中原音韵。夫一字之咏，有声、有音、有转、有收。声者何？字之尖也。音者何？声之永也。转者何？音之回也。收者何？转之归也。今人诵读，大都有声而无音。至于转且收，固无论已，又其甚者，并声且讹焉。风土之不同，传习之不同，齿、牙、喉、舌、赋禀之不同。一字也，而此宫彼商，此平彼仄，等之天籁矣。晋疆僻处，西北多喉音、唇音，齿舌每不辨，偶与张子仁度、王子敬子语及，敬子辄以乃尊公心孩先生所著《四书音辨》示予。予披阅终帙，精审中正。始知博学君子，固何地无之。忆己酉晋闱敬子业，为予綱所获，乃以牒文谬误，置之备卷。今阅是书，益知敬子渊源有自。仁度亟劝敬子授之梓，以为后学津梁。敬子手录父书，皆九成宫书法，字字端严不苟，予复嘉敬子之孝且敬焉。因为之序。壬子腊月朔日。

张仁度《春秋备要》序

六经皆治世之书，独《春秋》出于夫子之笔削。故司马迁曰："《春秋》者，礼仪之大宗也。为人君父，为人臣子，皆不可以不知《春秋》。"夫史迁之所为不可不知者，岂徒欲其如后之人诵其词、熟其事而已哉？固将谓正百王之赏罚，定万世之是非，处常事知宜，处变事知权，有以明乎圣人知我、罪我，不得已而作之意耳。然世愈不古，上不以此求，下不以此应，使明经取士之科不设，虽悬是经于国门，天子日幸辟雍而讲焉，其不致于晦而不明、绝而不传者几希。故曰民可使由，不可使知，神而明之，以为文也，而道存焉。固圣王治世之微权也。惟是各经皆因文考义，明白易晓。独《春秋》有单题、合题、传题，其体不一。而传题尤为牵缠割裂，愈久愈甚。末学小子骋其私智，形影相射，探微索隐，务出乎人之所不及记、不及知以为胜，而圣人是非赏罚、经权常变之道，反茫焉不知其为何等，是与安石之废《春秋》也无异。授受相承，习而莫有知其非者，甚可怪也。岁庚戌，金沙蒋夫子督学畿内，请于朝，革去传题，悉以单、合较士，于是而天下之习是经者，始得专心一力于圣人之是非、赏罚，经权常变之微，而不至于牵缠割裂，用心于无用之地。予本房泽州张子仁度以是经魁己酉，盖其居恒，每以传题为非者，既颁新令，则逌然喜其与志合也。壬子秋，来读书于交之卦峰，偕其仲宗南、孙子嶷然，考订"三传"，折衷百家，纂为《单合题备要》一书，成而示予。核而详，简而不遗。继复乞叙于予，且将梓而公之海内。其用心也，可谓精且厚矣。是书之行，宁独为咕哔者，具向导、佐糇粮，于以羽翼《春秋》，而为金沙蒋夫子助也，岂小哉？壬子涂月祀灶之夕，叙于晋祠望川亭。

陈长恭《家居诗》序

今正小晦日,陈子长恭访予交水荒署,而任石楼希庵亦便道自太原来。予三人并辔卦山之麓,登临啸咏,陶陶自喜。于时长恭颇攫浮议,几不安其位,然气益道上,坐苍松,煮白石,笑谈指顾,酣酒挥毫,讫无几微少见颜色者。余与任子以是叹长恭真如天风海涛,其中藏不可得而测已。越一月,予闻先慈之变,长恭令公子远来吊唁,情文兼至。私幸吾友有子,予哀毁之余,感之甚深。长恭之所以待余者厚矣,是岂泛然称相知者哉?夏五,予以新迁户曹之命赴省,自大中丞至藩臬驿学诸宪长嘉奖陈令不置,口传有秦中奉调入都者,所过驿骚,至古陶尤甚。长恭能力绳以法,诚不得逞,仍且请宪纪追捕之。列宪之嘉之、奖之也盖以此。由是,古陶令公治行丕振,远迩慑服。长恭弱不胜衣,风力如此,其中藏诚不可得而测已。长恭读《礼》之余,取古圣贤处己接物,足为一世可师可法者,胪为三十六目,概括四韵,题曰《家居诗》。今作宰以之条晰,劝晓亦既明而切矣。明则易知,切则易行。于以觉聋振聩,何啻桴鼓之应!虽进而六德、六行、六艺、五礼、六乐、十二教,渐臻大道之全可矣。古陶父老子弟,其尚有不率不变者乎?此又长恭道德齐礼之具,不仅向者以风力著闻也。余不孝,求释肩而不得,篆疆网绊,无能跣奔毋丧,于《家居诗》"孝亲"一则有愧焉。长恭嘱予言为弁,不孝之言,何足为长恭重?亦实述春夏之间所见所闻于长恭者如此,余其能测长恭之中藏乎哉?癸丑夏,题于凛乎堂之苫次。

贺杭方伯擢大中丞开府秦中序

（代督学道谢公率属吏作）

天下有愈试而愈坚者,抱乎其奋之厚也;有愈敛而愈显者,充乎其才之用也;有愈任而愈重者,副乎其德之全也。德非才不济,才非器不成。三者萃于一身，故不干誉而誉隆，不期效而效捷。是以声望郁然，为国家柱石之寄，而旬宣扬历，亿兆胥恃以为命也。观于我公，诚无间然。公起家铨曹，历典清要。曩握赤管，以殿最天下群吏，叙名流，绝幸窦，虽裴楷之清通，阮咸之雅素，宁多让耶？岁壬子，帝眷西顾，谓："三晋屏藩，虞岳是隆。乃丞畴咨，惟往钦哉。"于时陛见，亲加崇奖，弘锡赉以旌倚毗之殷。盖圣天子知人衡鉴，特达褒荣，将以惠绥方国，风励僚寀，甚盛典也。维时大中丞达公洁已秉素，训饬庶位，赫然夙习丕新，凡属宇下，咸濯磨束修，罔敢不恪。而藩宪为国家泉货筦篰，尤足砥砺冰霜，更得公同心协辅，决议赞政，允出明纳，既廉以养威，复平以济允，驭吏以则，接属以礼，无人不在春风化雨中。行之数月，藩政改观。属下吏虔恪有位，朝夕祗惕，惟虞陨越贻羞。予每资注挹，而凡在骈覆者，沐戴方深。乃甫临匝岁，宠眷弥稠，轻言抚驭耶？爰特简节钺畀之上公，既属拊髀勤思，正须丞籍保厘耳。昔周之定鼎也，陕以东，旦主焉；陕以西，奭主焉。今天子早以旦奭之业望公矣，非公抱乎其器之厚，充乎其才之用，副乎其德之全，曷克堪之？顾属下吏，怙恃匪遥，攀辕莫逮。台旆将移，莫不相顾黯然谓："天于秦晋，不无厚薄之殊！"予慰之曰："天之生公，为天下也。天之视天下，无分晋与秦也。以公之器、之才、之德，自即入而膺保傅夹辅之任，陕以西岂久居公哉？天不独厚于晋，又岂独厚于秦哉？"予愧不文，幸偕公共事一方，回诸属吏之请，特述诸属吏之戴我公所以衔颂勿谖者如此。

贺交城新令孙公涣同寅寿序

称吏治者，首神爵、甘露，岂非不拘以文法，二千石而下皆得行其志耶？比年以来，有司考成綦审矣。为吏者，补黥栉垢，救过不暇，凛凛乎若践薄冰，有不能终日之势。惟我大中丞达公峻洁神明之化，属下罔不砥砺名节。于是三晋多循吏，吏治庶几近古。予宰交五稔，风波撼荡，几迁谪而获全，又何意哀毁余生，篆疆相绊，迟至今日尚未言归哉。夏六月，般阳孙公掣授交城，继予为政。时土公以户部郎补山西方伯，而太守吴公则自江右郡丞晋今秩。交之乡大夫以及士庶欲瞻诸新公丰采，藩郡两台先期以十月朔赴任。予望公如岁，而公驾无闻。九月廿四日，国人忽传曰："公至矣。"予未之信。及手檄廿五日寅刻上任，予亦未之信，不移时而公驾果至。予自署出，公自署入，邑之乡大夫以及士庶若忘乎新旧令之递嬗焉。翌日谒庙，公语诸生曰："昨宾馆揖让者，主客之礼也。今学校坐讲者，帅生之谊也。自兹往，愿以文字相勖。若嚣讼豪猾，表里为奸利，则有长吏之法在。"诸生肃然起谢投首。山顽叩见，公劝之曰："尔辈久革面矣，然不若从此革心，永做朝廷好百姓也。"予拮据数载，若难期其效者。公下车数语，大旨了然，其得政体如此。公弱冠举于乡，己亥进士第二人，甲辰始就廷试。未尝急急功名，盖植根既深且久，故发之于用，条达扶苏乃尔。其貌克以和，其视专以审，其情洽而不比，其谭笑寡而有节。其处心也，洞然无城府之隔；其待人也，超然无形迹之拘。虽公天赋之厚，要亦得力于生平所学耳。今天子政尚宽和，念官吏动于文网，虽有才能，弗获展布，改正条例，以符明作惇大之治，海内争自濯磨，而《邸报》抄传之日，即予与公交代之日。将神爵、甘露之治再见于今，公得行其志，以无负所学。吾知交之穷乡僻壤，虽三尺之童、垂白之叟，无不被公教而思有以自淑也。岂同予幅畔褊浅，无能以德理，乃不得已而至于用刑、用兵也哉。是月八日，为公揽揆之辰，邑之人冠盖壶浆，骈填逵路，跻公堂而介万年之觞者，公首不胜颔焉。予谓邑之人原寿考于公者，不徒在此，公亦不乐此以为观美。苟面从其教而身违之耳，聆其训而心悖之，则虽盛筵篚多，歌颂充溢于公之庭，又岂公之心哉？予棘人，安得为祝嘏之词，贻有识讪？然使借长安贵人姓氏，亦泛不近情。且于旧令尹之政，必以告新令尹，未有以处也。故祝其寿而更叙述之如此。

记

游卦山记

　　交城北境，层峦叠翠，蜿蜒几二百里，而卦山最名。《志》云，山断续如卦然。去郭五里，盖交之镇山也。交之俗，五月六日，自令长以及士女，皆担篮携壶，以登以嬉。予莅交，适逢其期，与二三君肩舆游焉。崎岖逶迤，由平而陂，约二三里，而得少憩于其所为天宁寺者。而寺之后，危栏飞甍，奋然跃出于山之坳者，毗罗阁也。舍舆而步，摄衣盘旋而上者又二里许，而颓垣古瓦，穆然平敞于山之肩者，石佛岩也。俯毗罗之阁，翠柏游人参差交映，尽林壑之美焉。坐石佛之岩，汾水如带，孤城如斗，平畴远山，如绣如画，极眺望之远焉。于斯时也，力已疲而兴方酣，复求登夫所谓三十三天者，东西曲屈，足不可驻。又二三里，一峰屹立，盖唐时所建石塔，而斯山之最高顶也。苍然数松，于焉止息，俯伏万山，回合一气，惕乎以惊，悄乎以思。南望绵上，北顾藏山，右盼文谷，左瞻晋阳，赋龙蛇之章，吊下宫之难，黯然伤怀。想子夏之休风余韵，与襄子之创业艰难，低回者久之。日色渐西，再停再下，少饮于寺之左岩，微醺而后去，乐哉游已夫！余浪游四方，方其自吴而楚、而齐、而燕、而秦、而梁、而晋，泛五湖，涉大江，绝黄河，经泰岱，越桑干而并滹沱，出井陉之口，逾固关之险，上太行以望巩洛，凡所经历，皆名山大川，古帝王豪杰成败战争之所，可喜可愕，可歌可思。兹山虽名胜，岂得与是数者同乎哉！乃往者，风尘奔走，憔悴帆樯马足之间，徒见其苦。而今于是游，若独有乐乎，盖境以情移，情以事异，山水之胜，惟安以暇者得之也。虽然，令，烦职也。即兹土，幸地僻而事省。顾方当水旱荐臻之后，流离者始复，饥者方待之以食，寒者方待之以衣，劳者方待之以息，迁徒者方待之以室家，其为不安与不暇者多矣。且夫聚散何常，则兹山常在，而予与二三君其能数数寻是游乎？则于今日之乐，而更不禁异日之感焉。笔而记之，所以志异日之感也。时同游者，为广文，耀昆王君琇，汾阳人；丞，大刘郑君万善，河南郏县人；尉，灿如郭君景明，陕西富平人。

侧室刘氏圹记

呜呼！此予侧室刘氏圹也。氏仪真人，为明乡进士兖州府同知印台公讳崇正孙女。壬寅夏嫁予，予挈之家广陵者六载。戊申，予宰交城，氏之父母同氏渡黄河，过太行，踯躅数千里之崎岖，而来交署，署内凡百综理籍以安。己酉十月二十六日，氏产子不育，越四日氏亦伤心而殁。氏生顺治五年六月二十七日亥时，终康熙八年十一月初一戌时，得年二十二耳。呜呼！氏依我以身，我倚氏以家，氏之父母媵我以女，今乃等幻于电光石火也，其何以为情哉！氏殁后二十七日，用阴阳家言，取癸巳时，卜葬县北万卦山之麓。拥岗面城，坐壬向丙，加子午三。予砻隧石，志诸幽，且市近地田，命僧人岁收其租以祭。嗟夫！妇人而无寿无子，又死于客，恨也。然得此邑名山为瘗所，邑之缙绅先生哀而诔之，士庶奠之，岁时羹饮无缺，氏之灵其将藉兹山以永也，氏亦善托其腐胔朽骼者矣，氏又何恨焉？曰必继以子。世之子继焉者何如也？曰必归其榇。世之榇归焉者何如也？康熙己酉冬至前一日。

唐尚书李公创造卦山华严殿碑阴记

自交山而入，东北神师，西北吕梁，更西而跻刘王晕。邑之巉险雄峭，备历之矣。其间荒村古寺断碣残碑颇多，惜文不雅驯，无足摹勒。堪与语者，惟石壁开元片石耳。此外卦山称最，近郭平野绣错，而兹山崒然起莽苍之中，石径松关，处处引胜，非复前者所历徒令人畏，邑诸先达读书处也。山中最壮观者为毗卢阁，阁后为华严、普光明殿遗址，三石塔犹存。有古碑岿然，文字剥蚀者十之三，乃唐贞元间尚书李说所竖。予按：《唐史》回鹘梅录入贡，过太原。说与之宴。梅录争坐次，说不能过，河东行军司马李景略叱之下堂，坐中皆属目，而说又为之不平。此公生平行事，固不足述。然贞元迄今，几近千年，碣固旧物，且文辞华赡，不失为一代声律之体，乃旧有碑志而不载，人日游而不知，偶为予心目之所及，爰勒于碑阴，补入邑乘，而为文以记。时庚戌闰二月朔三日也。

武祖太公碑记

今天子即位之十年，辛亥秋九月二十四日，原任拖沙喇哈番加一级武祖公，讳某，以疾卒于京师。嗣公六：长公某，张家口榷部；次公某，兵部侍郎；次公某，兵部员外郎；次公某，工部员外；次公某，翰林院；皆官京师。惟季达公奉简命，以大中丞抚晋。讣至，辟踊哀毁，章三上，恳辞任终制。天子深悉大中丞治行，温旨再留。大中丞不获已，十一月乞假之京，展茔毕，上朝谒天子，嘉劳甚至。既陛辞，上谕以忠孝一理，其节哀勉图报国，大中丞顿首受命。晋中缙绅士庶，闻公将至，壶浆而庆于郊者，夹道俯仰，援引论列公之德者，席相错也。属吏交城令赵吉士，超列而言曰：群公先生皆知中丞公之于国忠，于亲孝，于僚属百姓仁且义，而不知公之德皆武祖太公之德也。夫十二辰生物之气，发于寅，盛于卯，而天心来复，实始于黄钟之子。今太公举丈夫，子六，皆逢时握柄，致君泽民，其犹辰之寅卯。而太公之育生生于未形，其黄钟之子乎？自古一代圣人之兴，必有名世之佐，应运而起。至于功成名遂，不惟其身，而又能启佑夫后之人，世笃忠贞，以佐太平，若伊尹、巫咸之于伊陟、巫贤，不多见之。方武祖太公与太祖同起东方，身经百战，奄有天下，海内既定，已历三世。诸嗣公官侍从，佐中枢，发声曹郎闻；而大中丞进晋方伯，为晋抚，皆身任朝廷重寄，志愿遂矣。而太公皇皇焉，报国之心常若有所失，尽日谆谆忠与孝，期克负荷。每朝退辄问，所行事若合，当即喜，否则不怡，或为之不食，以故诸嗣公愈兢惕自励。由太公之事以推太公之隐，盖不徒以今日太平为心，而且以奕世国家之太平为心；不徒以吾身之忠为忠，而且以后世子孙之忠为忠，其为德岂不大欤？今天下服天子圣仁，善任使者，莫不嘉诸嗣公与大中丞之忠贤，能不负天子，而武祖太公之德无得而称焉，其为德岂不至欤？晋之缙绅士庶闻之，皆瞿然起曰：信哉，武祖太公之德大矣，至矣。请以予言进大中丞公，勒之贞珉，以显告天下，俾咸知武祖人公之德。吉士不敢当，既念古士以末县令蒙大中丞不世之遇，教诫殷勤，动以古人相期许。盖公之所取者，原不在职之大与小也。义不敢辞，谨再拜稽首，而献铭曰：岩岩长白，鸭绿南流，山峻水永，诞毓元侯，云霞蒸变，铁马金鍪，功成身退，百禄优优，老臣体国，身后是忧，惟忠与孝。日在箕裘，允文允武，与国同休，丰碑万年，式壮明幽。

卢川书院记

卢川书院，都人士创建于康熙十一年七月二十五日，成于十一月初十日。为堂三楹，拱以两廊。傍南城而居，背卯面酉，其前通衢，其后临水，即予新浚却波湖者是也。昔之传者曰：孔子设教于洙泗，子夏设教于西河。夫泰山，五岳之巨宗，行、霍亦西国之重镇。洙泗小流，汾河非一地所属。舍太山、行、霍不名，而顾取重于洙、泗西河，盖北地水少山多，人固尊其所少，薄其所多也。交城旧分有卢川县，在河北都卢峪口，其取名不知何据，想亦因处汾水流绕之区故耶。交城旧址亦以汾、孔二水相交故名，后移治却波村。却波名村，亦无据，要亦从水。此外，若清源、文水各邑，其意皆可得而见也。晋地固多山，而交境尤高亢少水。顾郭以内有巨浸焉，杳淼洋溢，环齿东南。《易》云："风行水上，涣。"苏老泉云："此天下之至文也。"然则交之人文，其殆兴乎。古之贤者，居官居乡，类皆建书院以行教化。明末渐多忌讳，交地僻而俗朴，士子从守经书章句，少见闻讲习。予不敢自附贤者，然亦不敢因循，而不以教化行为斯邑。深望今都人士之有是刱也，亦余愿也。或曰："卢川虽故县名，此非其地。"予应之曰："名亦何常？名之，则名耳。夫子云：夫政也者，蒲芦也。芦者，卢也。《禹贡》：九州之土，黑者为卢，土之近水者多黑。书院以广教化，取发生斯地，复近水取名，以此不亦宜乎？"

湖东别墅记

出卢川书院之后，循湖阳而东，或广或窄，波水吐纳，近西夹右而孤峙于中流者，为广生庙。又东斜亘如舌，与广生庙雁行而参差者，为离相寺，石塔峙其后。又最东傍城墙，又臂左拱直西望，与卢川书院背对者，为予创建之湖东别墅。地僻四面皆水，最幽静，可以洗心。岚气湖光，常在几席，晨昏四时，各有得焉。每当夕阳半山，明月欲上，粉堞倒影而明灭，林木敛烟以徘徊。鸣禽远铎，微风徜徉。于斯时也，纵极尘心，当为减半，而况于诵诗读书，雅负斯文之泽者乎？人禀天地之气以同形，钟山水之气以异性；形不可得而易，性则可得而移也。圣人移性之具，训之礼文，以正其心；广之师友，以开其意；习之诵读，以深其趣；传之琴瑟、钟鼓，以和其情；游衍之于山川、鸟兽、草木，以泳陶变化其神明。盖自言语、饮食、起居以至偶闻、偶见，无一而不与吾之性相洽。夫是以即有下愚不肖，而亦可进于道德之林。后世不得其术，徒以文章求之，教诫率之，宜乎？士之刚柔智愚，终一定而不可易也。交士聪明特出者不乏，惜其囿于性，鲜克卓然出于风气。一水澄泓也，而不知其可湖，诸锋罗列也，而不见其为山。予之有别墅之建，盖将以昔若无，而今若有之山与湖，乐交人士。惟交人士，亦能以昔若无，而今若有之山与湖，乐其晨夕，则性之移也，其亦几矣。

晋祠顾亭记

吾侪幸同志同方，分民而理，咸禀大中丞达公峻洁神明之化，董戒有位，罔敢勿恪，因而政平俗恬。官守少暇，惟二三友邦，励节砥行，慎名检，深自顾惜，思无负奖率训成之雅，于是循良辈出，协应风规。乃稍稍谋憩芗地，令后之人瞻言道周，歌舞风泽，低徊攀仰而不能去，此顾亭之所由作也。《山海经》云："悬瓮之山，晋水出焉。"昔叔虞封于唐，实始剪桐。盖转圜于王言无戏，遽封爵以实之。君子曰，成王于是知所顾矣。夫桐之为圭，犹类也，犹可言也。设不幸以国为戏，亦将实之乎？是以君子一出话言，信不可罔所顾，而当思为可践矣。今晋祠结飞梁于水上，出流泉于祠下，洵三晋胜区。凡太汾沁泽，所属车马往还，需此停息，或佳辰良会，促觞酌，写心劳，载德歌风，俱于是乎寄。则是亭也，总当道之化日熙春，而吾二三友邦，考德镜业，于以悟言舒啸者也。凡人果于肆然恣僻，弗准絜绳矩者，特中无所顾而贸贸焉，悻悻焉，甘悖于义耳。不然，日鉴在上，手目在列，方茹蘗也，而甘如饴；饮水也，而味如醴。又况上之所以振觉呼策，诱掖奖借，亦既梯航导其前，而鑣挞随其后，则纵思为匪彝悖德之人而不可得。吾知其油油向风，尽乐善而忘倦，则蒙兹帱覆者，殆有勿能谖者乎？在《蓼莪》之五章曰："顾我复我。"汉儒说九字之义未能精晰，惟宋之严华谷及谢叠山两先生剔发最详。严之言曰："顾我，父母或去之，则回顾之。顾而又顾，曰'复我'，言不暂舍也。"谢之言曰："顾者，父母前而儿后，则返顾之。复者，儿前而父母后，则追呼之也。"吾侪幸遘二天，不啻父母之翼覆其子，恩深罔极。惟有湔浣肺腑，爬梳垢腻，庶可上答生成，将终身笃践勿替，以底厥修，则上之所造就者大矣，岂区区徒以仁义引人之谓哉？佥曰："诚如子言。"因以顾名亭。适然前后来游所共创是举者，怀远汪竹严宗鲁，梓潼白田生良玉，芜湖陶随庵延中，奉天徐静涵灏振，高密任希庵玥，盖州卞仲峰三畏，开原家连城良璧及予也。因次其说而具列姓名，俾后之览者知所取焉。

交城县题名记

夫邑有令，言能以德令人，使之率俾也。又善也，善足长人，则令；匪是，即不令矣。题名者，欲使顾名而思，返身而惕，何以处民上而不愧乎？俨然令长临之。前乎我者，何由迁秩，何由罢秩，抑何由而民歌思不忘，或视如秦越人。呜呼！诚审其由，则自我而后，虽百世可知，道无他出矣。夫人之果于弃令德、令仪而不顾，跻其身于令闻令望者有几？若然，宜令之尽贤。令尽贤，即百姓宜尽康济。然求之百年以内俗尽康济，正未易一二遘也。此有民社责者，亟欲共为扶整，布昭其义，张皇其词，有式有鉴，凛凛焉，翼翼焉，虽欲不率由于正，不可得已。交之有历代题名碑，自万历辛卯始，迄无继者，何以彰教？何以永垂？吉士德凉才浅，忝令兹土五年，政无足书，然兢兢寅畏，不敢自弃陨谬。膺简擢，旋丁内艰去，惧兹碑之远而益泯，谨昉自顺治初年迄今，垂三十年内前后令交者，列其姓氏、里族，虚其左，使续登之。噫！后之君子嗣兹冈坠，咸得昭令名无穷，则不能无厚望于同志矣。

国朝知县

顺治

高选，辽东人，贡士。元年任，四年升广信府同知。

李世铎，山东胶州人，丙戌进士。四年任，五年丁艰回籍。

王起龙，奉天人，贡士。五年任，六年挂议回籍。

高纯忠，奉天人，贡士。八年任，十二年降一级，调江西宁州州判。

李懋勋，浙江定海人，贡士。十二年任，十四年卒于官。

王有铨，浙江云和人，贡士。十四年任，十六年卒于官。

王如辰，山东胶州人，乙未进士。十六年任，康熙二年考满，内升行人司行人。

康熙

赵吉士，浙江钱塘籍，休宁人。七年由举人简选推官，裁缺以任，十二年内升户部山西清吏司主事，丁内艰去。

开凿龙门渠碑记

万物产于土而资于水，故天下无水之地必瘠。山右为境，恒山、太行亘其左，五台霍镇峙其右，最艰于水，故瘠莫如晋，而交其尤也。然晋之水可得而名者十数，独汾为大。汾出于静乐之管涔山，南入交境，历河北都卢川古交旧治，转入阳、太、清三邑，复至交南境，折而西南去。历交境，殆将百里。又西有文谷河，势亚汾源。发于交山之西峪、浑峪二水，历中西、中东、水东、米东、西南诸都，东南行百里，逾文水之开栅界，复东入交境二十余里而注汾。以蕞尔邑，两大水三面环绕，当称乐土。乃交之苦无水滋甚，何也？平原、山谷异其势也。平原则地高下无大殊，虽百十里可引而润，水远犹利，山谷水往往无源，旱则涸，涝则滔天而襄陵，虽近水而未必利，且虞为害。纵遇有源之川，然峰围峡束之内，即寻丈间，有不可得而蒙其泽者。交邑平原独南境二十里尔，余皆群山盘礴，汾与文谷之出西北，而东西入他境也，皆山为之也。其东西流而两会于交之南境也，则地为之也。山不可为而地可为。然当二水交会之地，北亢南下，纵浚沟开洫，终不能躯逆流而使之常也。然则果无如之何耶？金曰：山可凿而通也。夫凿山通水，古之人有行之者。虽非常之举，黎民所惧，然不一劳者不永逸。吾尝四入交山，蹑吕梁，遍察两河形势。汾河中贯，最远且巨，然岚嶂重叠无算，非人力可为。文谷河自西北出，亦重山障之。予登高离山西望，自武元城水泉滩至文水峪口开栅入邑之广兴村，潆洄曲折，若衣带之在右腋，可曲肱而挈。测其高下，则广兴以东卑于武元城之水泉滩者数十丈，势若弯弓，若穴地弦直，不过六七里，诚能凿山引水而东之，循卦峰逾北郭暨王山之阳而止，复身分股，股分指，条引而南，顺流以达于汾，则郭南田千百余顷桔槔可废，水稻可兴。有时山水暴溢，沟洫多而害亦可平。吾知交之利，不仅等于晋祠，宛然江浙水乡也。吾自戊申莅任，即署分流峪口之句于县门，迄今五年，盖无日不念及此。第城以内之憨不除，则役不可得；而与山中之憨不除，则深谷不可得而入，山民亦不乐为之用。今二憨除矣，事适可为。然交之绅士，下及儿童、妇女，历世相传，无不欲为。究不能为者，工大而费无所措也。给谏武公首主凿山之议，诸绅士无不赞成。予适逢先妣淑人讣至，五内摧裂，一身且不自有，遑及其他。独是难会者机，难合者人心，阖邑绅士图之数十年，予谋之数年，顾乃坐失之一旦，岂不惜哉。夫城内土豪，山中积寇，为害亦仅在十百年。此利一开，且及百世。予不于此时肩其任，谁肩其任者？予上其事于大中丞达公，以事属因民之利，得允所请。复同邑绅先生及刘孝廉尔鼎、申贡生铉，量山测水，指画浃旬，议始定。所隔四梁，则万佛崖、阎王台、土地岩、高离山。梁下各有沟，曰托钵、曰碟子、曰桑条、曰虎喊。邑人入交山，向从峪口、开栅，迂行四十余里。以山梁高入云表，无路可攀，久为绿林门径。予新辟一径，历山腰竟过，不复取道文水矣。由万佛崖起水，开山三十四丈，至托钵沟，由托钵沟底，通至碟子沟，则凿开王台山根四百一十三丈；由碟子沟底通至桑条沟，则凿土地岩山根二百九十一丈五尺；由桑条沟底通至虎喊沟出水，则凿高离山山根三百六十丈。水出半崖龙口，因名龙门渠。凡有田之家，按亩出力恐后。其工资则武给谏攀龙、故侍御李之奇之子贡生若泌、丁仁和世淳、吕参戎成名、解龙严之麟、张赣榆奇英、孙善化浩、常州佐大孝、李邑佐若湛、国学生常大臣、武举田志德及予，十二家垫应者也。总理渠工者，封君张纯也；司钱谷者，进士张冲光、贡生李献嵘也；掌出纳而应用不穷者，国学生李若沉也；分其事不辞劳苦者，邑子衿燕国辅、李光斗、王云拱、胡好古也；支销不苟者，乡耆韩守礼、游士淳、申维弟、褚俊也；察工之勤惰以行劝惩者，邑丞汪润斯、尉郭景明也；善阴阳家言，定山水之方向者，中州刘山人硕勋也；主疏凿以调度众工者，乡民郝进旺也。自七月初一日破土，十三日兴工，迄今一月，渐有成迹可循。吾固必渠工之不及期而成也。昔李邺侯牧杭，始浚二河，后乐天继之。复浚六井，乐天浚二井，而东坡复继之以浚西湖。予才不逮李、白二公，而具二公之志。般阳孙公继予为政，能如乐天、东坡，岂独父邑之幸，予且藉以无憾也。夫为之记。

疏

募修狐大夫庙疏

距城北半里为晋狐大夫庙,传自唐长史王及善徙县却波村时建。其存诸镌石可考者,一见于韩给谏《佑碑亭记》,再见于杨刺史一奇《新铸铜象记》。至隆庆五年重修,而邑孝廉田公西成复撰文以永其传。斯庙之创置,其文献尽于此矣。戊申,予令兹土,夏五月,予为文祷雨,雨降。越明年四月,又旱,予处祷甫毕,雨复大降。两年称有秋,税无逋。语云:"能为国御灾捍患,则祀之。"夫灾与患何常之有,适然相值,人实有以成乎神也;而不然者,大夫树庸于众之所趋,近招矣。大夫为惠而待人之求,近市矣。大夫以义尊君,以忠教子,岂肯自溷其清虚,为招为市,以与俗交,寻于名利之径,而后自著其灵显,吾知非大夫意也。唯是境之内外,咸藉佑大夫;境之内外之人,莫不奔走,香火以共,著大夫之灵显。生于斯,长于斯,庙食于斯,大夫又何恶焉?然而颓垣败壁,对越弗庄，因之与创，古今人即不相及，宁无课功倍半之思乎？予意一新之，未遑也。予滋恧矣，易山丁公宰予邑，庙僧性定行脚三千余里入越，而谋修葺之举。丁公倡之，而吾乡绅士乐输恐后，又介书请予为功德主，以襄厥事。予咨嗟再之，晋越风土虽殊，而景仰古人忠孝实有同志，人情不甚相远。异地之人尚且闻风兴起，况属大夫覆露之下者乎？《诗》曰："维桑与梓，必恭敬止。"吾知此邦绅士，胜缘信施，必有十百于予乡者，正不俟予晓晓怂恿也。谨疏。

募修惠众寺楼墙疏

合邑古刹之登列于志者，凡四十有九，而在汾阳村者，独惠众寺为最。癸丑仲春，予以劝农阅武至村，并令民较准司法，且讲六谕于是寺焉。黄门武公愍其劳，携樽燕之。于时梨园杂作，观者数千。而殿廊出入，尚且通车马，可谓壮矣。独是内殿而外为大雄殿，又外为二山门，旁两廊，皆焕然一新。而禅室无堂，钟鼓无楼，翼堵墙以为大门。譬如人四肢稍具，而元首耳目或缺也，岂可哉！既席罢升舆，而寺僧寂福长跽，以募修本寺楼墙簿进。盖是寺之兴，大都出于黄门公者十之六七，夫难于虑始，而易于乐成者，人之情也。斯寺为一村伟区，凡吾士民四时祈祷、公议、燕会，皆于是乎集。所虑费用不赀，无能后其身计而寺是谋。今幸黄门公肩其巨，而大创丁始，其余未竟之绪，殆可屈指数也。黍米之积，将成丘山。其于区区之费，何有焉。予既嘉黄门公之能义举，复嘉寺僧之能勤而有终。弁数言于首，以为邑之父老好善者勉焉。

募修赵介两公庙祀缘疏

（正文缺）

说

祷雨说

神之于人,其果无闻乎?吾不得而知也。然则神之于人,其果有闻乎?吾亦不得而知也。有闻无闻,皆不可知,故人之求神,不可以为常也。然有闻无闻既皆不可知,则人之求神不可以为常者,亦未可以为怪也。康熙七年之夏五月,晋大旱。交,山邑也,危尤甚。予斋宿为文,祷之城隍及狐大夫突,即日大雨。明日、次日连雨,越三日复大雨。盖七日四雨,而远近沾足。予曰:"嘻!神之于人,其果无间乎?虽然神之所以为神者,以其公也。求而雨,不求而遂不雨耶?不求不雨,求之而即雨,而神始神耶。不待求而无不雨,而神不更神耶?固也,求而雨,求之而或不雨,人将其如神,何耶?求亦雨,不求亦雨,则神之为神其为有耶,无耶?"或曰:"适然也。夫适然者,几几乎不必然之辞也。不可必然而适然焉,人耶?神耶?"

树架说

　　戊申季冬二十六日，署中晨起，忽见林木皆白，似积雪。然仰视太空及地，漠然无所睹也。署有台曰"遥集"，登而望焉，则自郭中以及西北诸山，凡有林木之所莫不然。询之土人，曰："此树架也，数十年一见之，见则次年果木枯槁。或云主岁登。"予曰："吁！此雾耳。夫雾腾于空而散，沾于物而濡。濡而不胜阴气之凝吸，故如是耳。"为灾欤？祥欤？予未能考其何如。独以理论之，阳气升则为雨、为露、为雾，阴气凝则为霜、为雪、为雹。大河以北，冬少雨，阴气盛也。五岭以南，冬少雪，阳气盛也。阴阳之气，各得其候则祥。晋阳为河北地，今腊月而地气早升，阳气其有余耶？天一生水，地六成之，故质阴而气阳，莫如水。晋于辰为子，子，水之旺也。太岁次明年为酉，酉，水之败也。水旺而败，必泛滥而不收。水，木之母也。母有喜怒而其端先见于子，意者晋地其患水欤？顷者燕、齐、吴、楚、闽、越、中州之间，水泛地震，同日见告，而晋独否。夫祸福之机相为倚伏，君子不侥幸于灾之独免，而深虑夫后发者之迟而大也。呜呼，可无念欤。

辨

参井分属辨

白子鉴远，邑诸生中善读书者，录来列宿十二次，各注分野，所入度数甚悉。然揣白子之意，得无疑于交城参井兼属之说耶。愚以为费直、蔡邕、陈卓所著，皆概言郡国所属耳，未及析言其县所属也。夫概言郡国，则所属甚广，故专属某宿，则固曰属某宿。至有其所属之地，适当二宿之交，则其邑属此，而某邑又或属彼，不能独举也，则并举二宿而注之，曰属某某。今所修者，县志，非郡志，则或参或井，自应注其专属，不当因郡志而混注之曰参井之分也。仅按《一统志》、《武备志》，云中、雁门，俱曰入东井，汾州则曰参，太原北与云中、雁门界，西南与汾州界。当二宿之交，则所辖之地岂能曲折如一，必有参差出入于二宿之间者，故曰参井，盖言五州十二县，半属参半属井耳，非谓太原所属诸邑俱半参半井也。据陈卓云，太原入东井二十九度。夫二十九度，井之垂，末度也。曰入者，侵而入之之辞也，非全属也。占验之说，详于春秋之世。子产又博物君子也，子产之言曰：成王封叔虞于唐，主祀参，唐人是因。又曰：参为晋星，叔虞始封之地，即今之晋祠，在晋祠已属参，在汾州又属参，岂交城独半属参半属井耶？据陈卓云，代郡入东井，是太原府以北诸州县自属井，以南诸州县自属参，则交城特属参星无疑也。是不可以无辨。时己酉夏日。

跋

撷翠楼跋

　　康熙己酉七月大雨，磁、瓦二河交流，汹涌冲突而不可砥。城裂数十丈，北门圮焉。今年春仲，予捐资修筑。历四月，工竣，遂与邑之荐绅先生饮酒落成。空翠遥集，爽人肌肤，因以"撷翠"颜其楼。于时给谏武公兰石、侍御李公卦岚举卮，顾予曰："吾两人数载未登此，不意穷吾目力，平野绣错，老稚熙熙，竟成乐郊也。"归功于予，予滋愧已。

饮光楼跋

　　东城之隅，却月湖注焉。楼俯湖际，影相吞吐，诗所谓"川虹顿练光"也。听断之暇，予登楼高眺，环流入抱，澄莹若镜，倚阑而歌，又不啻气如长虹矣。霜晨月夜，凡我同志，共登斯楼，当必有得其意者。

丽景楼跋

自南而望，平畴绣错。方其土膏初动，东作皆兴，桑麻黍稷无不欣欣向荣，蔚然在目。景物之丽，孰丽于此。余以百里课农，期斯民力兹稼穑，为我交生色。回想河阳满县花，犹觉非作吏本计也。

来爽楼跋

交山迭峙，羊肠、吕梁之奇在焉。宰是邑者，诚畏途也。然其岩壑兢秀，绵亘千里，翠微缥缈，高入云际，交之人习而不察，又不可谓非。令之独得者，柳子厚记马退山茅亭，曰："诸山来朝，势若星拱，苍翠诡状，绮绾绣错。"盖天钟于是，四顾兹楼，正有不能让美耳。今年秋，余捐资修城，亲督工于畚钟版筑之间，休息之顷，凭虚远望，时觉西山爽气在人襟袖，遂以"来爽"颜之。后之登者，顾名思义，自能会心悦目。必不若向之习而不察为山灵笑，则更以予之独得者，公而予人已。

周雨亭跋

雨可得而周乎？曰：可。《喜雨亭记》云："归之太守，太守不居。归之天子，天子不有。归之太空，太空冥冥，不可得而名。"然则雨可得而周乎？曰：可。古有赵日，今奚不可周雨？且夫雨，天地得而主之。宜雨而不雨，不雨而祷，祷而雨，则天地且不得而主之。主之者，既不在天，不在地，则将主之乎其人？然则雨可得而周乎？抑不可得而周乎？曰：可。予不文，不敢厕笔于诸公之列，聊为跋，以附不朽云尔。

四望楼跋

桥宜曲，洞宜僻，榭宜透纤，阁宜高，楼宜旷。置失其所，则胜致索然。大夫庙基于山阳郭阴，原田平坦，几千万亩。予曰：是可楼也。楼成，环望豁然。天如盖，烟云如黛，层峦四罗如屏。荡荡乎，若凭虚而游于太清也，旷。或因取仲宣《登楼赋》首句"四望"语额之，并记镌之石。

王古直《汾阳迎春赋》跋

别王子古直数年，不意遇乎家孟仲启之幕，尊酒促膝，索其近日所为文，乃出《汾阳迎春赋》。读之，绮句与深采并流，藻思共逸韵俱发。始觉古人高谭宫馆，壮语畋猎，都属虚空揣摩，不若古直撷秀摘文，实追所见也。虽然古直以欽奇历落之衷，履多氕之境，寄人庑下，笔兴澜翻，偶拈此以写志耳。若徒骈丽称工，雾縠贻讥，雕虫追悔，夫岂王子作赋之意哉。

柏交亭跋

上卦麓，螺划蠡旋，顾盼启钥，见奇寺之左，排冈列石，正对山阙。余恒坐此肆眺，觉会心不远。上有古柏骈根离立，下临石泉淙淙，极饶幽韵，因立石亭其上，作异时游赏胜区。听鸣泉而抚琴，凭山阙而放鹤，登此应作羲皇上人想。

赞

谢朴先像赞

  此子岂丘壑中人耶？吾见其眉宇间奕奕吐青云，谁复知泉石际殷殷怀白社。迈北楼之襟期，嗣东山之潇洒，固宜攀安提万，将惊人诗句一问青天者也。今始出，为苍生敢称方外司马。去冬接谭山城百尺楼头，今日饮醇清署九微灯下。望故乡以增思，对同心而一写。

试上策一道

  傺问：国以民为本，民以食为天。劝农力穑，诚图治急务也。自井田废而沟洫之制坏，东南之民苦涝，西北之民苦旱。晋地最高，频年饥困实甚。虽曰天灾，或亦水利有未讲欤？夫开陂筑塘，荆扬赖以灌溉；引渠浚井，秦晋赖以耕耘。水之掺胜于人力者半焉。然史起引漳水灌邺，而河内富饶。番系请引汾溉皮氏、汾阴，引河水溉蒲坂，而河数移徙，渠不利。其得与失可得闻欤？今滹沱、汾、漳、晋、绛、沁、潞经纬全晋，无有善用之者，岂地形高下悬殊，固难逆水之性欤？秦汉之间，下者为河渠，如郑国白公是也；高者为井渠，如龙首是也，能尽水利，何患天灾？诸生筹之熟矣，特相咨以观夙抱。

  天下有无穷之水利，西北未必遂异于东南。天下有无不可兴之水利，西北亦未必遂难于东南也。夫惟智者为能相其势而审其宜，以各为之所。逮至人事尽，而下不能因之以地者，即上不能困之以天。今天下之策治者，莫不重言农事；天下之策农事者，莫不重言水利；天下之策水利者，莫不便言东南而重言西北。嗟乎！是亦未尝取西北之利而深求之尔。天下未有无水之地也，天下未有无利之水也，用之而已矣。尝考《禹贡》一书，志冀州厥赋上上错；志雍州，厥田惟上上。苟无水利，何以有此哉？即曰"井田坏而沟洫之制废"，蓄泄无时，水旱罔备，今之时亦大异于古之时。然而长河巨川见于史书者，于今如故也。河渠、井渠之制，秦汉之间行之而得其利者，固章章可考也。即以晋言之，最大者莫如汾。太原、临汾、平阳之间，襟带千有余里。其次若滹沱之出于繁峙而东也，沁水之出于上党而南也。又其次若漳、若潞、若晋、若绛之经纬而错润也。较之荆扬之有江、汉、淮、湖，宁遽弱哉！然而荆扬利而晋不利者，何也？盖荆扬之间有江淮诸水，而自诸水以外，分之为川，晰之为港，蓄之为陂，汇之、积之而为塘、为沼，不可以千万计。晋自汾、漳诸水正流而外，其为支分而条达者，盖几何也？夫极数州之水以泽数州之地，我尚见其有余，而仅恃数州正流之水以遍达数州之地，则我亦见其不足。然则当今世而欲为晋地重农事、兴水利，莫如开渠。渠之制有二：有河渠焉，有井渠焉。平原就下与河相接，河渠之地也；高坡伏泉与河相远，井渠之地也。今试举全晋之形势论之，太原、临汾、平阳之间，旋带黄河，其地平以沃。上党、潞、泽、忻、代、云中之间，首尾恒岱，其地高以厚，其孰为河渠而宜，孰为井渠而宜？分之不厌其分，所以利河渠也，古之人有行之者，而未必尽也。深之不厌其深，所以利井渠也，昔之时亦有行之者，而未必尽也。由是，相水之势，因地之宜，积之益久，而渠愈多，利愈遍。旱可以灌，而涝亦可以泄，得沟洫遗意，莫善于此。推而及之，而畿内、而秦、而豫、而齐、而辽左，无不可为者。彼史起、郑国、白公诸人，区区于一州一郡间，何足慕哉！何足慕哉！

作策必先相题。题有题面，有题骨，有题眼，此当着力洗发者。题有援古，有陪宾，有泛波，此当掉手不顾者。若一一铺叙，既失轻重，而正旨亦复因之不畅。即如此问晋地水利，其正面也；漳沱诸水及善用之，其骨也；河渠井渠，其眼目也；操笔时全幅精神当注于此。他若引漳、引汾、引河，郑白渠、龙首渠，援古也；史起、番系陪宾也；或富饶或不利，泛波也，节略之，即全篇不出亦可。又策贵鲜净而有规矩，即虽开陈条畅，必期简切不浮。令见者觉其学问之气郁然楮墨间，方是自出手眼，独写性灵，未有不推倒群英者。予困公车十数载，一行做吏，笔墨辄疎，况册牍填委，了无生人之趣，乃复握管苦吟，与诸生考艺问业，心滋愧矣。康熙七年六月初十日，恒夫自识。

试士论一道

（子曰近者悦远者来）

天下之为政不同，而圣之言政亦异，夫非圣人之言之异也。为政于多事之国，与为政于无事之国，固自异也。曷异乎尔？无事之国，其人弛弛，则当先严一国之大防；多事之国，其人解解，则当先收一国之大势。势者，不专在内，亦不专在外，而在于内外之间，俱可合而不可离。说在夫子之与叶公言政也。夫当子高执政之初，正值昭王复位之后。于斯时也，戈矛起于同姓，板荡及于国都。方城之内，汉水之外，疑而惧者几何？流而散者几何？近者不悦，远者不来，岂顾问哉？幸也，国人望君如望慈母焉，有一子高则近者之悦不难。幸也，国人望君如望岁焉，有一子高则远者之来亦不难。虽然，方其执干戈以卫社稷，正人心，属望之秋，则悦且来之易为力。及其秉国钧以定安危，又值贤者责难之日，则悦且来之难为功。然则近者悦之，是必有其悦之之道也；远者来之，是必有其来之之道也。夫子言之，夫固谓子高之思之，子高之友之也。惜也，子高不问也。顾吾为之考其时，顾吾为之论其世，切有得焉。从来定大变者，不多其求备。吾惟持之以宽，总其宏纲，而捐其细过。既使安集者无危疑之阻，亦使反侧者绝窥伺之心。全大功者，不多其举动。吾惟镇之以静，仍以前猷而安于无事。即使在吾者无功高震主之忧，亦使在彼者享此日生全之乐。夫吾既已威震楚国，名闻诸侯，而又能宽以持之，静以镇之，如是而近不悦，远不来，未之前闻。不然者以威服之，威烈而民愈动；以惠结之，惠亵而民愈骄，区区楚国，其何日之有？

圣人立说，往往因人作救。夫子与叶公论政，便当从叶公身上知人论世一番，则近悦远来，自然别有至当不易见解。然此章夫子尚全未说到为政上，正是引而不发之义。若使叶公再问，定当指示悦来妙用。则题后一层洗发正不可少。善作文者，立身题外，着眼题先，用笔在题之前后左右，故能操纵自我，题无余憾。一为句义字义所缚，便失庐山真面目矣。恒夫识。

牧爱堂编

艺文卷之二

文

祭城隍文

古先圣王之治天下也，明，既立之大夫、师长、监司、守令；幽，复立之山川、社稷、城隍、土穀。凡以顺四时、节六气、福善祸淫，共权固与守土者等。故《祭典》曰："有功于民则祀之，能捍大灾、御大患则祀之。"夫好恶不偏，谓之父母，灵爽不忒，谓之神。为父母而好恶偏，为神而灵爽忒，其负国家一也。况城隍为一邑主，较之前贤往圣，则其祀专；揆之佛老二氏，则其祀正。其责固不得与凡为祠者比，明矣。吉奉朝廷简任令兹土，誓当洗心涤虑，抚养斯民。神受百姓黍稷佑一方，保障之任其均之。吉今与神约：自今后，凡四境之内，见利不兴，见害不除，善恶混淆，是非颠倒，加派累民，枉法纳贿，惟神降祸于吉，吉即无禄，吉其无辞。自今后，四境之内，阴阳时，水旱节，夭厉不作，惠迪吉而从逆凶，亦惟神是求。苟不其然，是神受百姓黍稷而无功于民也。不能捍大灾、御大患也，其何灵爽之有，则吉亦将归过于神，神其鉴焉。

祭二河常公文

呜呼！公其亡矣。自古圣贤者皆有死，在公亦又何悲？而在吉士，兹不禁泫然涕之无从也。夫公生于晋，吉士生吴越，相去三千余里，地如是，其远也。生未尝得一面，聆一语，交如是，其疎也。然公实非今之人，而吉士之所以哀公者，亦岂犹世俗之所以哀夫人者哀公乎？古道既衰，闻忠孝之风，廉耻之节，非姗然笑之，则漠然置之耳。慨江河之日下，回狂澜于既倒，孰能以一身起而维持之？呜呼！两去邑，而使其民悲思之如父母者，非公乎？甫下车而造孙征君之庐者，谁乎？椒山先生之寝宫，其再新乎？群忠群烈，俎以豆乎？旌孝而不惜屈郡司马之膝，以拜其部民，今之人而有如公者乎？白璧之瑕可磨，而数年之污，女其贞女乎？鳏寡茕独，自公之亡而谁其济乎？吉士生也晚，虽有志乎古人之所为，而闻其语，未见其人，则当吾世而所云，求什一于千百者，非公之师而谁能为师乎？乃以相去三千余里之人，而忽焉得吏于其乡，庶几十余年向往，而不得见其面聆其语者，今且过其治而问业焉。呜呼！孰谓一旦而公其亡也，岂斯民之无禄，将天之慎重贤人君子，每不使久居人世？抑吉士之不幸，终不得就正先生，以几于有成？呜呼！公今其亡矣，将遂冥冥泉下，而凄然于荒崖蔓草中也；将存为名臣，殁为明神，昭其精灵，以司吾下土也；将复生为忠臣烈士，以佑吾皇家也；将　屈一伸，遂荡然空虚，而委之于大化之无穷也。以相去三千余里、生不得见一面、聆一语之人而哭公，若是谁复知之？非公知之而谁也？然在吉士，实则知公，而公其果能知吾否也？公即知吾，而吾亦何由知公之果知吾否也？呜呼尚飨。

祭狐大夫突祈雨文

　　呜呼！大夫生为臣，而忠以利晋也；殁为神，而灵亦以利晋也。生利晋而不能，故为臣而忠，殁利晋而无不能，故为神而灵。由是以推大夫之心，东距无棣，西讫河外，北起繁峙，南尽于华阴虢洛，举晋之四境，苟有利于民，亦惟大夫为是赖。而况生于斯、葬于斯、俎豆馨香于斯如交者乎？吉凶忧患，大夫之于交，固不得委之于罔闻知也。夫晋之境与吴楚异，无江淮池塘之利。而交之境又与三晋异，地少而多山，疏泉引渠之所不及，农功四时待泽于天而已，大夫之所知也。今仲夏矣，麦方实而久不雨，穗者且虚以槁也。豆方孕而久不雨，苞者且黄以萎也。禾方秧，百果蔬菜方遂以荣，而久不雨，甲者、结者、敷者，且憔悴而陨以烬也。蒸民共咨大夫，其罔闻知耶？将令之不德也？民之有罪，其罚之也？抑有命自天，大夫不得而主也？令信不德，令苟治不及五旬，其可谅耶？民之有罪，有罪无罪，其可一视之耶？有命自天，大夫独不能为斯民请之于天耶？有酒一盛，有黍一豆，大夫其享之，三日其雨，五日其雨，大夫其图之。

牒城隍祈雨文

　　交之境，十之一地也，其九山也。汲于井泉，深而微，引于渠，势高而逆。既艰于地利，惟天惠此下民，五日风，十日雨，俾乃克有夏，克有秋。今五月矣，穄者、麦苞者、豆甲者、禾苗者、荣者，为果、为蔬，均待雨以遂。雨既不至，民乃其咨，岁且告荒。呜呼！天昔降灾丧于晋，水旱荐臻，憔悴之未瘳，其堪重困此也。荒则饥，饥则流，流则乱。朝廷殆不得安享其租税，神殆不得保歆其黍稷。患将若之何？夫为百姓请命于国家，令请任之；为百姓请命于上帝，神请任之。天油然作云，浡然下雨，其庶几有岁，以榖我妇子，无作神羞。

迎薛公禄位入名宦祠文

　　自古有百世之功者，斯受百世之名，受百世之享，得享以名，得名以功，乃不愧矣。吉士令交二载，凡有事文庙，历数崇祀名宦，代无几人，明以来益寥寥。盖非享与名之不易，而立功之不易也。继复念秦中薛公，既有其功，受其名矣，而尚不受其享，甚可悼也。公生当明季时，重科名，拘资格，公负非常之才，不屑屑计。及早以成均谒选，愿试一官以见功于世。治交数载，遗爱在人。缙绅先生颂其德政，赫赫若前日事。而其功最大，交之民百世赖之，莫如筑城一事。交旧为土城，明末流寇蹂躏三晋，郡邑破陷不可胜计，独公先事创守，易土而砖，崇墉楼橹，遂使五里孤城屹然为太原保障。公之功固可不朽矣。吉士鲜才寡识，日思所以利民而力不从心，即如东关四厢、北城一郭，目睹颓坏而不能修举，安望百堵皆兴？虽时有不同，事亦随异，使公官今日，当亦有掣肘棘手而莫展者。然公既有其功，受其名，固宜受享，以劝将来百世之赖，而仅祝之私祠，未配孔庙，则国人之所以报吾公者，犹未尽也。吉士既不能继公之功而有所建树，其敢没公之名，靳公之享，不与都人士大报功之典哉？岁庚戌闰二月，请之文宗。报曰可。是用敬卜良辰，位公于左庑名宦之祠，永世俎豆，并载邑志，垂诸不刊。报公不足，励己有余。后之来者，对越吾公，均有惕于斯言也。

祭代州冯秋水方伯文

　　呜呼！先生之殁数月，予始得先生长公之所以状先生者，为文以奠先生也。呜呼！以先生为今之人，而未尝有以违乎今；以先生为古之人，而又未尝有以貌乎古也。夫不可以古今限，而又安能超于世之外，以别先生之为人乎？呜呼，予何以哀先生哉！先生年甫壮，以明经应聘，敷陈天下利害是非、礼乐刑政、兵农财赋之故，挺然若视天下无不可为之事与时者。嗟夫，世之士焉者，若先生可矣。先生起家滦州刺史，三迁而至大方伯。所至爬革厘举无留事，若其持预定狴，讲学论文，尤非俗吏所娴。嗟夫，世之官焉者，若先生可矣。九龄见背，七载承欢，推先生之心，固不以三公易一日之养者。嗟夫，世之子焉者，若先生可矣。宅东构别墅以课艺，颜曰"知园"，盖取知止知足二义也。十年丘壑，于戚于友，无不洒然。嗟夫，世之乡大夫焉者，若先生可矣。而且元凯之伦，后先辉映。一仕于朝，一举于乡，一贡于国，吉祥善事备具无遗。而因抱其全以还之造化，予又何事斤斤焉，以代为无可哀之哀乎哉？而有不得不哀者，忆去秋晋闱事竣，先生以次君懿生偶为予网所罗，贻之长笺，缠绵真挚，恍如昨也。浮云生于四表，其合也无端，而其离也必有袅袅不绝如缕者。残碑废址，于人非有故也，而顾之者犹徘徊而不忍去。而况夫因其子以及其亲，因其所遗以思其所存，而又为今之人所不及，古之人所未尝远者欤？其能已于哀欤？呜呼，予之所以哀先生者，尽此矣。呜呼尚飨。

祭襄垣令于九扶年兄文

呜呼哀哉！忆吾与君，长江之浒，大海之滨，班荆倾盖，意气如云。桃李翩翩，金沙磷磷，惟桑暨梓，况也良朋。呜呼哀哉！忆吾与君，欸段都门，始自庚子，迄于戊申。峨眉晴雪，报国朝筠。有酒斯醉，无谋不闻。呜呼哀哉！忆吾与君，连翩捧檄，并辔西征。清风明月，迭为主宾。朝歌夕酬，非于则程。（公同程苍孚年兄，与予共出都门。）滹沱之阳，井陉之阴，从此别矣。逝如浮云，呜呼哀哉！忆吾与君，羊肠仙掌，脉脉琴心。花开花落，日有五春。去年七月，贺子揆晨。仪状戏谑，周天卿云。（予以棋、缎二物为公寿,有"周天三百六十,卿云一万二千奉寄"之戏。)想君一笑,胡不予闻。呜呼哀哉!熏风南来,忽吹讣音。漠漠金兰,惨惨燕云。长途谭笑,无复此生。歌章初度,易作招魂。赴晋三子,余予一人。(戊申春同授署令者,公与猗氏刘屿亭、予三人耳。今两公俱作古人,因及之。)素车白马,能乎不能。呜呼哀哉!生生死死,如火传薪。公有令嗣,天池化鲲。克昌厥后,实大于门。(公郎章云,弱冠举江南丙午孝廉。)何必眷恋,区区一身。瓣香袅袅,重泉九冥。吾为君恸,君为吾歆。呜呼哀哉!

祭社稷文

於维大社,爰暨大稷。茫茫宇宙,德流罔极。不靳泽于九州,矧兹一城。惟交土亢水寡,力农艰食。神以平水土,明农配天,祈年是亟。今兹仲春(秋),礼典宜敕。

祭南坛文

(风云雷雨山川城隍)

於维列神,佑我黎元。承天时行,泽莫普焉。既高既深,蔑有变迁。爰若金汤,使民奠安。吕瘠而险,维神绥之罔艰。今兹仲春(秋),敢告用虔。

祭八蜡文

(先穑、司穑、司农、邮表畷、猫虎、堤防、昆虫、水庸)

於维列神,典崇上古。粒食蒸民,任职庶土。山农难于涝旱,鼠蠹是蛊。祈有丰年,咸有利于斯宇。今兹仲春(秋),敬修祀祐。

祭马明王文

厩之马十有六匹，自辛亥四月迄壬子四月，为日三十六旬，骤若马死者二十有几。呜呼！马之死常也，何若是其多且速也？或齿老焉而死，或失刍饲焉而死，或劳极焉而死。马之死宜也，皆未必然而死，何也？皆未必然而死，又多且速，若是何也？明有官司，幽有鬼神，皆以称其职为贤。神之封曰马明，凡马之生死肥瘠，神皆主之。久欲祷之神，无暇，今逢神诞日，谨为文以告。呜呼！是非县官之马也，朝廷之马也。

祭侍御卦岚李公文

呜呼，公其殁耶，其可哀也夫，其亦可慰也夫。顾公之殁，予不敢以世俗之所为哀者哀公。盖余与公固自有所以哀焉者也。公之殁，余不敢以世俗之所为慰者慰公，盖余与公固自有所以慰焉者也。彼世俗之所为哀公、慰公者，吾知之，慎德积行，胡不百年？此其可以哀。富贵、考终，多子孙而且贤，此其可以慰。若此所云夫人而哀之，夫人而慰之，则亦又安用余之哀且慰也。呜呼！公其殁耶，其可哀也夫。己酉之秋，予与公暨武、胡、解、孔、孙、张诸公登王山之巅，四望兴怀，酒酣乐甚。予时举杯属公曰："胜游难再，金谷兰亭之会，寥寥千载无继者，不知何时复得与诸公乐此乐也。"庚戌春，予始辟却月之湖。予偕诸公泛舟中流，酒酣乐甚，公时举杯属予曰："吾生长兹土，不意于城隅一识临流之乐也。"其秋九日，予复邀诸公登石壁，诸公俱至，公以病不克偕。明年春，胡公、孔公相继殁，迄今而公又告终。呜呼！其可哀也。夫却月之湖不改，王山之峰长在。公其复能与予泛此湖、登此峰，以乐其乐也？夫自亥春至今，曾不二载，而登山临水之人竟亡其三。昌黎有云："其于人世何如也？"却月之湖不改，王山之峰长在，予即欲复招曩同时诸公共乐，其乐其可得也夫？然吾闻古之君子，其出也，则忧天下；其退也，则忧其乡国。西山之寇，自胜国迄今，终公之身，靡有宁日。去冬诸山告平，班师之日，公与诸公持牛酒，深入惠家庄犒师，谓予曰："微公则吾梦魂中不得履此地也。"是公不幸而殁，犹幸而及见群山荡平与诸渠之授首。度君子不以一家之蕃衍富盛为慰，而以一乡一国之得安其衽席为慰，则吾之所以哀公慰公者，固有出于世俗常情之外，而公闻之当亦必有以释然瞑目于地下者。异日白云蒲山，春波荡湖，或登高而歌，或临流而赋，俯仰畴昔，举酒酹公，不待巫阳而或来。公之身殁，而公乐山乐水之心当不随公之身而俱殁也。其然乎？否乎？呜呼尚飨。

祭蔡竹涛文

呜呼，竹涛胡为而生，胡为而夭，胡为而适殁于交也？辛亥七月，予会竹涛于太原郡斋，吾师周公取辇下诸名公赠行篇什，掷予两人阅之，予始识竹涛之面，而因得读竹涛之诗。秋深，访予却波湖畔，下榻荒署陶纵轩中，复得悉竹涛之生平与议论。窃以为竹涛之生，当不徒然生也。顾愤世太甚，恐终不为世谷耳。旬余，始出龚宗伯、程职方手书，盖两公介竹涛以交予者，竹涛不以之介也。越两月，竹涛形神俱瘁，医者告技穷，予心知其不起。竹涛曰："吾自信必不死，吾有父母，有妻，有子，薄田颇可自给，顾何为而逾江涉淮，渡黄河而至燕，由燕而复抵晋，而死于交也？吾在京为高阳徒所困而得病，吾既病，出京渡滹沱，逾井陉，而病且甚，及至太原，复北历忻、代，登五台之巅，望大漠之墟，而病愈甚。凡此者皆可以死，乃竟不死，而死于交也？"此则竹涛之所不信者也。乃卒死于交，年仅二十有六。是不徒然而生者，卒徒然而夭矣。呜呼！竹涛子之生也，胡为其夭也，胡为子之殁而竟殁于交水也？又胡为岂真愤世太甚，不容于世耶？抑或若有待于予而始殁者耶？忆辛丑春，嘉兴孝廉徐次镠病于京，移寓峨眉僧舍，与予晨夕，顾不肯死他人之手，而嘱后于予以死。予亲为含殓，且经营其丧以归。甲辰之夏，予谒选京师，山阳范眉生明经病于家，顾不肯死于家，力疾赴长安而嘱后于予以死。予复弃选，行三千余里之淮上，为之定嗣卜葬而还。曾不十年而眉生、次镠之事，乃复见于竹涛耶。予与竹涛订交未深，曾未若次镠之同年，眉生之同笔砚也，而竹涛亦复如次镠、眉生之死，而有待于予耶？呜呼！竹涛志广遇窄，风流顿尽，憾也。死于夭，死于客，死于上不获诀别两尊人，下不克嘱其妻与子，更憾也。然次镠、眉生遗文在笥，都门哀诔二子之章盈箧，予至今不能即出之以问世。子之友潘君次耕，既为子作行状，以广求知名诸公之哀子者之诗，而吾周夫子更将为子搜辑其遗稿，梓行以传不朽。子岂与世人较量一日之寿乎哉？呜呼！竹涛子亦可以无憾矣。夫使子不出游，不夭于客，而夭于其家，必也。即使子夭于家，而获上诀其两尊人，下嘱其妻与子，然其同于奄然而物化，也一也。呜呼！竹涛子亦可以无憾矣夫！

开龙门渠祭山神文

礼惟天子四望群岳，遍于山川；诸侯祭其土之山川，祀典有秩，不敢紊也。但人穷则呼天，出乎情与势之不容已，亦且祷祀而祈输其款款之诚，而天亦俯而听之。故凡人情之所甚迫，虽大声疾呼，而望助于冥漠之间，固先王之礼所不禁也。今交山之民，自有交山之水可济其穷涸，限于山势纡远而不得通。嗟乎，忍使吾民终困于砂砾荒莽之场而已耶？抑本有道里可通，疏凿可引，而人谋鲜臧，坐视无术耶？吉士以凉德，待罪五年于兹，无时不蒿目焦思，冀乞灵于尔大山之神。而向也，民既苦盗，盗灭，旋又苦岁，时时救死扶伤不暇，敢兴大役以速毙之哉？今幸藉阜安，乡大夫士洎耆庶人等皆曰："愿一竭旦夕之脂，以纾百年之计。"询谋金同，人事备矣。列宪允孚，上下协矣。此而不殚区区之诚，仰吁神灵显化潜佑，福兹一方。俾工役时兴，摧坚捣瑕，吾然汹然，不逢不若，则亦安顺。有民社寄而睹焉，临之哉。敬偕邑绅武攀龙等，率同庶官汪润斯等，特陈牲币椒浆之奠，稽首虔祈，因势顺利，蚤奏厥功，统冀神灵，卫民福国。呜呼！锡圭沉璧，尚有待于宠褒；激水疏泉，行且臻于衍沃。灵鉴有赫，庶其式临。尚飨。

祭水神文

闻之祭川必先河。盖将溯源穷委，以明本之宜务也。惟四渎之最尊，分川流而浸润，三千三百支分脉，联如人身筋络血脉，必使相通，然后水功奏而地利弘。独是交山西、浑二峪之水，不为交用而为文用，岂水性然哉？在《易》之《噬嗑》，物有间者，必啮而后合。在神禹之砥柱，山陵当水，必破山以通河。三穿既决，水流疏分，既灌既滋，乃堤乃陂，民用无穷，惟神是依。吉士等职忝守土，为民请命，敬偕乡绅武攀龙等判牲陈醴，敢昭告于河伯神灵之前：维交有土田，有耕有艺，有播有植，有王税以供；维正有人口，以资给养。要非水不为功，而非神之驱，则水何由达？百姓呼天抢地，而阳侯亦莫之闻也。神纵欲飞甘洒润，而道里莫之从也。呜呼，民困久矣。兹赖列宪之允协、乡绅耆士庶之金同，筮日举工，各一乃心。乃裹糇粮，乃凿乃斯。许舆一呼，摧坚琢强。引流而还，如迷途之返乎故乡。安流汩汩，潆泽洋洋。神德如天，启我沃壤。功昭日月，享祀无疆。尚飨。

开龙门渠祭高离山文

　　名山为一方之镇，既载之《通志》，列之郡邑乘，而犹有湮没不彰者乎？岂显晦抑有其时，协灵偶乘乎数，必待势至事集而后著乎？如《山西通志》：交城西北四十里有独峰高耸，远离小山，因名曰高离者，非尔山灵之昭昭者耶？吉士下车数月，踏荒河北，经过县属西北曲里等处，即询其所谓耸立者，将锐志跻攀，以全览太汾之形胜。居民群指一块然之培塿以应余。曰：固有是哉？昔贤其欺我哉？夫是块然者，且欲题为小山，而犹多惭色，又何高离之有？疑古志乘之不足信如此。逮今凿山开渠之役兴，集乡士大夫洎耆庶等询谋佥同，因共量测水道，由万佛崖起水，经由托钵碟子、桑条至虎喊寺、青龙沟出水，有山特立于诸沟之西，土人曰此高山也。予跻其巅，有顺治十六年文民一碑记，改山为天台。余曰："吁，是其侵据影冒之情状瞭如矣。"前后皆交境，何突来文水之一丘？况天台之倏更，尤属不根。详察形式，究其要归，于是高离之为高离，洵乎其独峰高耸，远离小山也。盖数十年尘土之面目，一朝而洗涤；数十年假借之名号，一朝而返正。独怪山灵，向何泯泯然，一无昭应于民间。而吾交之绅士吏民，一何拱手听他人窃据为己有耶？岂所谓显晦有时，而协灵有数耶？兹特具牲脂醴浆，敢昭告于高离山及诸山灵之前，俾我疏凿顺宜，不逢不若，灌溉咸普，胥为沃壤。则是渠之利我交民，即尔山灵之大有造于地方也。近又有以便道摇惑成谋者，谓由峪口鹁鸽山曲径可通，费省而工约。究其主议，仍不外乎甘泉、石堠二渠之间。夫甘、石二渠之不足济吾旱暵也，其明验已彰彰矣。吾交绅士吏民，仍思踵其故智耶？文民据上流之势，交民何敢与之争？不数年，所开龙门渠即今之甘泉、石堠也。况买地之费不赀，以买地之资，足供凿山之用。若议价迟延，众志散而群谋懈，欲开鹁鸽山之渠，亦不可得，何必改作而舍己耘人乎哉？夫办非常之事，贵有非常之谋。

苟不量工费之丰约，不计久远之令图，亦非所以善后克终也。今当誓之神前，毋挠奸谋，毋惜多费，凡登数于垫费薄者，悉于七月之内赍付首事，不得吝出纳而稽时日。请自吉士始，假神为证，盖力裕而勇往之气自倍，心齐而犹豫之怀顿息。凿交山以通交水，又何疑何畏而虑工之不成乎？尽吾力之所优，以俟后之同志。则端赖山灵永佑，锡斯民以无疆之福，即神享百世无疆之休矣。尚飨。

城隍庙祷雨文

维神永镇山城，以福泽斯民为专任，非比县令，视禄秩迁除，有时代谢，秩满即可卸责者也。故岁时飨赛，百姓奔走崩角，较奉邑长更虔，何也？邑长徒能禁饬于教化所及，而神灵则深惕于小民念虑之隐。是神明之威，能匡令之不逮；而令之治教，尤恃神明为庇佑者也。今交之地方殚瘁矣。山寇幸平，水旱时作，嗟此茕茕，其何以堪？目今秋成在望，百姓忍腹以俟。苟再失收，势遂孑遗。吉士竭治五载，弥缝粗定。今已迁秩，且丁内艰候代，则地方之责，在一日当勉一日之力，敢坐视百姓之颠危，不亟为疾呼控吁，以庶几早降旦夕之霖霈哉？敬沥寸诚，为民请命。伏惟昭鉴，救我穷黎。上飨。

狐大夫庙祷雨文

吉士曩莅交，甫五越月，岁大旱，禾稼尽槁，即虔祷于大夫之神祠。越宿雨，次日又雨，雨三日，田野沾足。是非下吏果有区区积诚，遂能孚感神贶若此？由大夫自惜其桑梓，自庇其葛藟，而不欲使仰哺无策，特为请命皇天，以活斯民，可知也。今吉士待罪于兹五年矣，宜有德教浸润，使民间储蓄积累，以防一日灾荒，即猝有水旱，似应预备无患，罔贻大夫羞。顾卑卑末治，补苴未遑。今秋收渐望成熟，忽而旱魃殃之。向口疏浚渠道，仅同勺水。田陌龟坼，蔬果焦落。而大夫若罔闻知，岂谓此固下吏责也，遂不复关神恫欤？呜呼！吉士之绩实无可录，吉士之罪固不胜数。而大夫因有吉士在，不恤桑梓，不庇本根，以忘此下土之困渴，不益重吉士罪戾耶？今吉士宅忧，且将解职，窃惟大夫之香火兹乡、俎豆、丘坟兹乡，实永凭依，岂忍视其燰敞灼烂，不亟请命以活之哉？惶恐布沥，斋沐敬俟，惟大夫鉴之。尚飨。

牧爱堂编

艺文卷之三

启

候徐文宗启

（徐公讳谓弟，字子逊，北直长垣人）

并水无边紫气，欢传冀北春回；恒山一路清光，共指海东月上。遥想百年造士，欣逢千里同文。就日有朝，瞻云弥切。恭惟老大人台下，簪缨东海，谱牒南州，披二酉四库之藏，笥厨失富；全五岳三光之气，云汉为章。特简宿望名贤，寄兹衡文重任，方玉坡初出，举朝知西鲁之大行，迨木铎将周，到处若东家之在望。举都邑七十余郡，兴见闻五百余年。入渥洼而求天马，原不慕红骝紫燕之名；当圣世而献唐风，亦宁取秋草春花之句。六经如日中天，四教如风动地。吉士五车未睹，一榜徒渐。本安东海菰芦，岂是西湖桃李？读三章而佐郡，近奉新裁；叨百里以亲民，吾斯未信。仰托钧陶之宇，希成锤铸之形。燕市三春，望凤笺而未下；羊肠千里，叹马足以不遑。伏愿矜其初试簿书，未谙张弛之习，更祈颁以教令，免其覆竦之愆。心虽托夫葵倾，敬未专乎芹献。

候新安太守曹冠五公祖启

（曹公讳鼎望，顺天丰润人，由庶常转比部郎，升任）

经年旅选，重逢燕市之冰霜；千里春回，遥望故乡之雨露。笈井水得城如斗，念清风问政何山。恭惟老公祖大人阁下，望重幽都，才雄邺下。蚤入玉堂之署，夜看莲花；旋登鸿省之班，云消贯索。既得士下明珠之网，三湘与七泽俱清；暂观风借北斗之光，白岳共黄山争媚。建旟多暇，保障不惊。小桃园传李白之诗，清吟可继；昉溪村垂任守之钓，豚赏常存。忆从容风月之间，徒惆怅云霞之隔。吉士一官阶转，百里恩新。贪豆区之禄以奉亲，无寸尺之能而试县。走羊肠之百折，邈矣白云；叹鹤发之双飘，嗟哉爱日。藉荫长春之宇，逍遥垂老之年。矢报何时？盟心徒切。若乃二三弟侄就试台端，敢曰阒其无人，必小子之有造。或曰焉知来者，念童蒙之我求。三事为期，万年以祝。有怀对月，徒日断于晋阳；回首长天，祗梦亲于越峤。谨启。

迎侍御傅公巡醝河东启

（傅公讳感丁，字丙臣，杭州仁和人。由司李转比部郎，改吏垣，补御史）

参野百城雷动，争传紫气遥来。恒山一路霜飞，需识绣衣将至。寄股肱之重任，盈缩在心，掺西北之利权，澄清拭目。风驰三省，雷动属僚。恭惟宪台老大人台下：筑岩世裔，秉简高风。泻浙西之江，文澜动地；空冀北之野，腰袅自天。李署秋曹，内外狱咸中有庆；青蒲鸟府，东西台无知不言。惟秦、晋、魏，在舆图，自古为雄，念军、民、商困蘖政，于今实甚。公曰："艰哉，臣执荑，臣实愧给国之刘。"帝曰："往哉，尔惟盐，尔再作和美之傅。"行行骢马，桃花逐赤绶以俱荣。飒飒旌麾，玉女望红尘而并遁。连百城而喜深忘味，合三邦而待贡厥名。卑职吉士，荫托枌榆，荣逢雨露。十年江泛，仙登河上之舟；三度长安，席暖梁间之榻。梦寐广宁门外，垂柳垂杨，仿佛阳关迭中，载言载笑，何幸赐尊而别适。然负弩而迎，策其马恐或后焉，忘为龙喜可知也。伏愿仰因天，亦俯因地，顺其自然；上计国，更下计民，弗为已甚。俾一轮秋月，长映水晶之盘；则千里熏风，永结玉华之瑞。谨启。

复祁县王梧音同寅启

（梧音讳惟筹，陕西华州人，戊子榜首）

参野光连千余里，久照素灵之宫。汾河波澜十数州，独涌祁奚之里。听熏风一弹再鼓，景化日式舞且歌，幸际连城，荣增报佩。恭惟老寅翁台台，秦川一柱，宋代三槐。玉女明星，久仰莲华于天上；碧鸡金马，独拈桂树于人间。小试麓台，广栽花种。一泓秋水，坐鸣宓子之琴；万里红云，拭目班生之驾。弟吉士试铅错节，捧檄同封。德有邻而不孤，慰深葭倚，贤在上而引类，感极穆垂。忽枉瑶函，兼承琼惠。霏雾灿然而在笥，清风穆矣其陈词。思公子兮未敢言，曷胜紫芝之慕。念美人兮何以报，徒怀青案之诚。莫识拜嘉，滋深仰止。西邻余照，引领东家，南指先迷，终惭北面。复八行以将燕贺，肃九顿以报鸿章。

贺提督柯公加宫保

（柯公讳永盛，奉天辽阳人）

恩传阃外，九重思鼙鼓之勋；望重师中，千里变旌旗之色。居虎座而通鹤座，带参星以拱前星。文武同欢，兵民胥庆。恭惟老大人麾下，两朝汗马，一代从龙。出辽左以长驱，百战莫与为敌。委晋阳而坐镇，四方尽闻其名。籍开国之高勋，作神京之右辅。吴广平之居汉代，隐然敌国在焉；李英公之治并州，贤于长城远矣。当此册书赐券之朝，宁是杯酒解兵之日。公曰："臣老矣，无能为也。"帝曰："汝勉之，予其念哉？"谢塞上之风云，方望八旗以回八阵；捧天边之日月，乍作三孤以统三军。班都护远而上书，未敢恩求汉郡；廉将军老犹善饭，不忘思用赵人。三锡方新，元戎惟旧。吉士才非投笔，政忝卖刀。访徐庾于幕中，有怀露布；揖孙吴于堂下，未获前筹。五服有章，想榴花之艳艳，寸心遥献，托芹草以萋萋。伏愿武以文经，威而惠济。一星娄北，长映少阳之宫；千载斗南，独步凌烟之阁。谨启。

迎太守秦公之任太原启

（秦公讳宗尧，字明宇，辽东义州人。由内浙迁同升任）

晋水分符，姓氏初传。北阙云中望斗，春光直接西湖。江花随五马以俱飞，亭柳盼一鸾之至止。欢腾合郡，喜溢属员。恭惟老大人台下，万石华宗，三韩名望。月挂巫关而朗照，仿佛光仪。波回鸭绿以漪涟，依稀宏度。种桃花于海岸，上佐圣世调美；赞竹荚于漕津，下息苍生呼癸。款刘晏或再生于今日，陋桑羊空悖入于当年。九重廉采，方征度支以居中，三晋需才，再试分猷以典外。念河东七十余郡，宣化始于太原，即王臣数百余员，而亲民莫如刺史。爱分碧竹，俾坐黄堂。秦望山前，共惜少游遂去；晋阳城上，遥待尹公再来。卑职吉士利愧操刀，学惭制锦，读三章以佐郡守哉。帝德好生，寄百里以亲民，敢曰吾斯能信。长安日近，方瞻马首长鸣；北极云开，忽睹鸿章有粲。念桃李生成之不远，怅庭阶稽拜之犹迟。谨肃片函，遥同九顿。伏愿走阳春有脚，笑莺花不独媚于吴山，沛霖雨无心，转熊毂蚤生光于汾水。

附小启

恭惟老大人台下，应运而兴，得时以驾。足国名高于青史，酬功品重于丹墀。并水春回，天上花开。五马钱江雷动，日边望切双旌。卑职吉士指李空司看花待种，念故山鹤放，方承雨露之施；庆此日凫飞，更及云霞之覆。上羊肠之百折，马首欲西；眺凤岭以千重，鸾旗载飐。敬陈尺素，曷胜寸心？庶申万一于意中，希沐寻常于格外。谨启。

复清源张夏钟同寅启

（夏钟讳汝瑚，福建晋江人）

老寅翁年台，闽云毓秀，女宿垂光。传学士家声，人颂当年万选；绍曲江世业，鉴遗此日千秋。洛阳桥未云，何龙知岁旱作之霖雨；陶唐城无梧，何凤念民愠解以熏风？天降神君，人曰父母。青灯夜户闻歌，叔度来迟，绿黍平畴共望，张公有喜。家晋水，亦官晋水，夫岂偶乎？闽清源，更并清源，斯已奇矣。当此监司佐郡之并省，知蒸民之倚守令方专；复值方伯连帅之一新，识盛世之重循良特甚。卓茂著闻褒德；班生行望登仙。弟附骥徙惭，饮醪未醒。潘令之花待种，乍问圃于东邻；连师之琴未弹，已移情于北海。旦夕方愿安承教，铿锵忽惠以好音。投琚投瑶，既莫辨辞多而受寡；报桃报李，更弗追厚往而薄来。答以尺函，铭之寸衷。高山在仰，近矣四十里之交；明月同看，悠哉五六宵之隔。嗣申稽谢，再领诲言。启。

元夕答宴七卿绅启

（王正十四日，武黄门、李侍御、胡邵武、解龙严、孔青城、张赣榆、孙孝廉七位□饮于城西彩楼，次夕答宴）

天王大居正，惟春一夜；春回报九陌，花开遍地。卿士省休征，惟月东山；月满待西楼，人望元宵。觅去黄柑，留将白雪。奏凉州，不烦云路，几曲新番；酌北斗，共献春浆，七星东指。恭惟老先生台下，会合逢元，光华成旦。启高明之界，朗然百代传灯；吹太乙之藜，何处半星爝火。吉士仰鳌山以思戴，值鹑火之相望。敢负花封，试开花市；漫辞竹叶，且效竹林。兔窟徐探，幸追陪于今夜；虹桥未断，希再涉于明宵。伫听鸣驺，当亲拥篲彗。缥缈长春之宇，烂焉草木齐辉；留连不夜之天，只恨笙歌无妙。赋嘉宾之我有，惟贤者与人同。望彼巍巍乎成市成楼，庶周行之有示；听彼欣欣然载歌载舞，实好乐以无荒。谨启。

请乡绅武兰石给谏启

（答贺家二人诞辰）

青山重迭，绕郭高风；绿树荫浓，满庭啼鸟。溯孔君于北海，想谢傅于东山。恭惟老先生台下，好善不遗，因心锡类。念鸣琴之吏，荣其二亲；分梦笔之花，章之九充。展私何日，薄采其芹。虽惭白雪之歌，尚有幽禽上下；即少柘枝之舞，试看浮云去来。预肃临池，颙言待月。

请卿绅李卦岚侍御启

（答贺家二人诞辰）

庭树重阴，接西峰之爽气；园鸟反哺，奏隔叶之好音。乐共舒长，感深仰止。恭惟老先生台下，圣世达尊，人伦锡类。念安阳捧檄，志本为亲；嘉鹿门齐眉，荣及其子。增辉甚矣，报德何如？肃此公余，薄伸私积。希渊明于彭泽，悉屏簿书；屈安石于东山，敢陈丝竹。

贺汾州静园沈太守启

（沈公自临、洮二守升守汾州）

纪积石而南占井，三秋回北斗之光；策丑马而东渡汾，今日识西河之守。如望岁者一路，歌来暮者八城。庇属邻封，宠增旧里。恭惟老大人台下，波澄沧海，望峙赭山。居登百尺之楼，望洋千里；出遍四方之泽，彻听九重。刑本期于无刑，苾陶唐奏陶唐之化；武以不用为武，镇熙河立熙河之勋。久欲征次公于庙廊，姑再试望之于民社。美哉山河之固，蔚然文教之邦。惠此高贤，式敷雅化。岂独远事君而迩事父，魏文则卜子为师；兰有秀兮菊有芳，汉武则佳人成曲。山登万户，行看夜户不扃；水绕汾阳，共指秋阳作暴。望断唐州竹马，春回子岭壶浆。甘载参商支离一鹤，三年木石憔悴孤琴。每忆落桂子于西湖，分得天香云外；岂意荫甘棠于南朔，重延仙客人间。饮玉露而非遥，盼金茎之伊迩。梁悬明月，空切人伦师表之情；帘织清风，尚稽云峤登临之慕。薄将不腆，俟炙新光。

迎杨介璜太原郡丞启

（杨公由府谷知县升任）

泽衍关西，波扬浙右。凛四知于桃洞，已颂神君；揽六辔于汾河，竞迎司马。恰逢灯市，歌白云之章；正放梅花，走阳春之脚。卑职桑高方仰，匏落徒惭。八拜江干，依稀香火；十年府谷，梦寐关山。昨回剡曲之扁舟，愧非安道，今负临邛之只弩，喜遇相如。敬端使以迎尘，旋抠衣而向斗。

复陈葆初比部启

（陈公，湖州人，其两令弟系予同年）

人中湖海，天聚星辰。蚤倾笤霅之波，一身银汉；乍解桁杨之气，三敕画衣。秋始中而白云在天，斗方旋而紫微环极。晚吉士名惭一稚，空希榻下梁间；两令弟品重二方，曾共桂分云外。尺素忽惊于日畔，寸心徒咎于山西。兹蒙令长君枉驾荒城，曾不信宿。虽竭野人之诚，未称长者之命。统希海涵，临楮翘切。

迎宁武关同山周郡丞启

（周公，金陵人）

天边五马，入并野以长驱；塞上牙旗，展秋风而动色。重此北门锁钥，式烦南土纶巾。气动岩疆，神驰属吏。恭惟老大人台下，绵绵瓜瓞，奕奕金陵。巷口乌衣，先谢王而得姓；江东赤乌，郁钟石以生公。处则赤米白盐，思天下之饥由己；出则绿葵紫蓼，推山中之药于人。惟此神京右辅，设险在于三关；雄哉列障延袤，握枢在于中路。念封疆重司马之选，乃坐镇藉万人之英。右偏关而左雁门，如指在臂；畏严师而怀慈母，置腹推心。彼西京则细柳为营，北宋则莲花遗爱。兼此竹帛，允矣箕裘。卑职五斗虚縻，三年学制。少习濂溪太极之说，则思幼而学、壮而行；近读介山温食之文，方念稽之今以考之古。岂意冀北之野，重下汝南之车。念先世载鹤携琴，久折心于茂叔；喜此日吟风弄月，再仰止于大贤。惟向往之殊殷，敢进前而不御。谨将尺素，先达悃诚。

中秋复榆次林浣亭同寅启

（浣亭，莆田人。时为人所构，故及之）

四时秋半，白帝方中。千里月明，美人谁共？过汾水数声鸿雁；照西山一片琳琅。恭惟老年寅翁台下：家居玉宇琼楼，人处红云宝幄。何须亲友尽识冰壶，恰遇云霄方飞玉镜。饮二涂之流水，竟本无心；烁百镒之南金，憎兹多口。慨此夕阴晴未卜，则君子之思忧以深；感明年离合多端，则骚人之旨婉以恻。弟吉士奏凉州之曲，偶与同游；化广寒之桥，原无妙术。每忆频年皓魄，遇中秋必成圆；请看往日浮云，到今夜全无一点。逢时须行乐耳，对酒可无歌乎？望桂宇便欲乘风，姑让伊问天学士；入壶公别有一月，遥念我子鹤仙人。羽为苇兮霓为裳；盈庭秋色；玉为龙兮晶为兔，满目清光。领不胜情，欲问君平之卜；晤其何日，同登庾亮之楼？

谢周子郾山书感应灵经启

灵篇镇岳，近胜宛委之神经；名手临池，无异金钱之圣教。焚香展几，浣露开函，顿置身魏晋以前，遂卧我斯鹄之侧。古书法迄今几坠，安望蔡邕中兴？今周子妙有余姿，定是钟繇破冢。力尽一身乃送画，点经三折始成波。淅淅惊沙，孤蓬而耀色；翩翩飞鸟，挟清气以孤鸣。既奉为蔡忠惠之典型，当珍如柳诚悬之碑志。

邀诸子石壁登高小启

快心爽目，莫过三秋；望远登高，更逢重九。无龙山且游石壁，有诸子不羡参军。竟日为欢，何待白衣送酒；依夕乃散，勿令黄花笑人。

请张意铭广文乡饮启

学推广武，赐麟角以成毫；教著横渠，部虎皮以为席。惟诗书之泽衍而弥长，斯道德之光被而共仰。恭惟老年翁台下，怀宝不试，大器难名。比思曼之风流，居莫能测；得英才而教育，乐在其中。苜蓿花闻，竟说春回绝塞；蓬蒿径辟，还惊月满东山。品既重于耆英，人俱奉为律度。敬肃杖乡之典，用迓辅世之尊。

请赵荣景文学乡饮启

圣人之道，不枉己，视其隐而信其行；君子之教，不出家，观其述而知其作。俟命莫先于居易，贻谋无过于传经。恭维足下，诵读守先，渊源启后；不夷不惠，高枕淡然。终身闻礼闻诗，过庭金曰有子。见多士叹林宗之过人，睹二方识太丘之有道。涓兹九月，时届望辰。冀邀潜室之幽光，用副朝廷之大典。

请韩鱼义乡饮启

篱外黄花，香冷九秋之露；风前白雁，声彻万重之云。既夕英采而可餐，亦旭日矢而恒且。兹惟足下，孤高成性，贞介足风。辟同心之纼，居然于陵仲子；失齐眉之案，独老吴门伯鸾。五十年有鳏之扬，备闻其语；廿一史守义之列，偶见其人。谨恰与情，用迓乡饮。

复稷山顾惠师同寅启

北斗名高，南金品旧。如来岩畔，年年人溯春风；贯索垣中，岁岁光留夜月。下云川之帘影，久望苍生；奏稷岫之琴声，乍传青鸟。弟三秋狐突，木石为居。万仞羊肠，风云迷路。欲借西邻余照，恰逢南国清光。隗尺羽之迟飞，讶双鱼之忽至。推衿送抱，何让古人？酒檄诗篇，期之异日。

请汾州沈静园太守小启

接风云于坐末，不记何年；负弩矢以前驱，那知今日？汾水之夕阳沉照，西山之爽气亲人。秋色满城，故倒新醅于陶令；月明千里，冀申清兴于庾公。

贺阳曲邢逸园同寅启

（逸园，高淳人，旧任金华令，新补阳曲）

江左人伦，河间世德。钟虎距龙蟠之秀，楚泽云深；发金星婺女之华，洞天春晓。频回泉石，再问桑麻。衣冠子才之家，岂必嵩高作宅；婆娑仲文之树，还向汾阳放花。念旧里之神君，作邻封之寅长。歌随月满，雨逐车来。弟渐水波寒，吴山峰末。余音铿尔，久非清献之琴；念载萧然，乍捧安阳之檄。羊肠极目，歌同谷之不遑；虎穴频年，望长安而不见。顿接先声于南国，欣窥余照于西邻。喜同乡更同地同官，才隔盈盈带水；敢一言愿一心一德，何妨落落班荆？恨缩地之未能，有怀倚玉；谅披云之不远，暂布采芹。

贺清源陶随庵同寅新任启

（随庵，芜湖人。旧任兴县，补清源，于壬子十二月十二迎春日抵任）

三江遗泽，五柳流风。琴岂无弦，旧已播临津之曲；锦非学制，新复放台骀之花。阳春脚迤逦方来，适颁春历；陶唐城依然如故，重识陶侯。弟谊切桑阴，任深岩险。棘行衣絮，芒刺背者五年；壁照邻灯，光生毫者一旦。喜而不寐，恨未即逢宁期。木石之区，再接芝兰之友。爱日可爱，愧无能赵德如冬；清源共清，敢共励臣心如水。肃将不腆，以深燕贺，行且不远，以觌鸿仪。

交署为敦儿求婚范门启

尺鱼汾水，溯淮海以传书；双雁秋风，望江云而就奠。薄宦长违南北，全家敢畏东西。遑念良辰，庆承嘉礼。恭惟亲翁台下，丘园足乐，湖海自豪，登白岳之旧峰，共忆希文高矩。泛射阳之极浦，长维少伯扁舟。如吉士者，半世兰金，已深于盟誓；十年葭玉，文重以婚姻。幸哉白雪风清，获此元妇；愧矣乌衣望末，莫副佳儿。涓兹立禽始至之时，适当玉露初沾之日。

敢歌好合，用订佳期。虽惭投李投瓜，爰望鼓琴鼓瑟。惟是许国者，隔行山豫土而南三千余里；携家者，泛两浙五湖而北十五余程。顾大典之难周，望遥途而谁主？沼沚共涧溪并献，考《书》、《诗》则敢略亲迎；鼓钟与玉帛虽陈，论礼乐则请从先进。伏冀匪仪及物，维德用嘉。挂新月于弄月楼头，永映吹箫之客，觅玄霜于云英桥上，式征捣药之章。此时孔雀徐开，共看一堂婉娈；他日凤凰有卜，载歌百世和鸣。

交署为叙儿求婚黄宅启

露洒莲房，映菱花而五色；风飘桂子，入玉杵以焚香。虔修六礼以迎，节属中秋未竟。光腾江浒，瑞袅松萝。恭惟亲翁台下，名家则史溯四豪，雅量则波澄千顷。白玉堂前，肯构舒玉叶以作门楣；黄金屋内，生申挺金枝以光花萼。高萝思附，华胄希辉。竟谓秦晋同俦，盟原与国，窃幸朱陈不远，义更通家。敬托蹇修，永言卜凤。愧非坦腹，遂许乘龙。薄陈葱郁之仪，聊佐佩环之色。望澄江绿润芰荷之叶，漫劳红叶飞来；仰瑶天夜凝河汉之霜，不用玄霜再捣。期偶湆于三九，庆适集于万千。银烛高悬，月避新妆而欲晦；翠屏徐展，云随却扇以俱回。丙瞩仰干，寅惊俯鉴。

上四川罗约斋巡抚启

寅亮升华，宪邦懋采。元公勋伐，式依日月之光。赉弼羹梅，遥曳星辰之履。胥颂剑南韩范，咸推益部金汤。吉士呫哔腐生，么么末品。潢污小水，每切朝宗，云汉倬章，曲加吹被。辛亥宪驾经过晋地，吉士以入山检捕，未遑负弩前驱，乃不被谴加，反蒙祁阳道中齿及下吏姓名。交丞署篆汪润斯备述德音，谬承题品。九天咳唾，匝地衔恩。切有廪者：吉士系故翰林院修撰金沙蒋夫子门下士也。在三谊重师恩，并埒君亲；生死缘身法体，岂同泡幻？今阅邸报，惊闻先夫子病故，蒙宪题报知，正果蜀地金沙寺中。痛哉！云水游踪，已轻一叶；师徒传钵，实等丘山。万里孤榇空悬，止有青蝇为吊客；一生旗彤累著，惟余白拂作遗毡。在亡师了了净回，孽尘何染？念世法依依墟里，桑梓是恭。伏惟老大人仁德及枯，慈祥念旧，详纪月日，兼载偈言。微节上达于至尊，高风益芬于寰海，而灵柟漂泊，挽绋何期？马鬣虚封，法幢谁引？伏乞曲垂矜恤，勒护丧车。所过郡县关津，悉廪宪牌验放。则不特门墙下贱，思衔汉水之珠，而翰苑精英，知结杜回之草矣。

复榆次金一筠同寅启

（一筠，讳世祯，福建南平人）

上雷下雨，恩波新涨一涂；拔薤澄盂，威望行腾三晋。采馨香于兰末，殷瘖寐于梁间。恭惟老年寅台，七峤风流，熙朝桢干。西京贵侯之胤，派出丹青；南州名士之评，誉隆霄汉。弦歌小试，方硎筦尔之刀；琴鹤初鸣，已集时哉之雉。弟四载潢池，龚遂渤海之都，幸免拘文一切；五穷空谷，虞诩朝歌之长，犹烦募士三科。虽羊肠之险已夷，顾鼫技之忧实甚。回首燕台，往事笑语依然，重逢晋水，同心提携亲近。既惟善之宝，狠来什袭之藏；钝久割之铅，实望他山之错。晤谈未遂，职守同羁。不尽瞻依，统惟鉴宥。

又小启

数年契阔，兰金之慕徒殷；百里欣逢，荇玉之思曷已。惟我老年寅台，久翔鸾凤，暂种榆花。下车尚未经时，五袴闻歌载道。弟支离五载，憔悴荒城。虽束马悬车，已历人间险阻；而爨琴煮鹤，徒忧岁月峥嵘。幸仰高贤之至止，方希东璧之余光。忽接云言，殊增汗背。顾情深谱末，而性戆天成。纵涓涘无补于高深，或刍荛倘备乎采择。煌煌大贶，脉脉寸心。统肃尺书，仰冀垂亮。

迎新任交城孙寅台启

简在贤良，列曜腾辉乎百里；孔迩父母，仁风吹被乎千郊。幸协寅采于后先，希觐龙光于咫尺。情深拥彗，望切扬镳。恭惟老年寅台，才逾紫电，德著黄流。应五百年之昌期，争识蓬瀛仙品；近大圣人之居里，咸推礼乐宗工。吐蕙茹蕳，而尤以致良知为笃践；声金振玉，亦惟是急当务为先资。素裕掌上之经纶，迟之久而益练；凤秉几先之睿哲，蓄之厚而弥精。铦试刓犀，久作晋阳之保郭；光堪照乘，嗣来邹鲁之声灵。盖抚民惟令长最亲，章枫山以不得临武为恨；而尽职非循良莫尚；刘忠宣以例当京要为辞。麀旌色变，山右苍生固有幸矣；骈辔名驰，草木吾道其益隆乎？吉士朴遬无奇，支离自厌。频年殚瘁，几同鼯技五穷；一片婆心，蚤避星芒三舍。药迂疎而期善后，幸亟促舍人之装；藉补救而永良图，敢漫言令尹之告。伏愿德威遄贲，快狗竹马舆情；幨帷飞褰，速惬来苏厚望。鸣琴调鹤，仰副侧席之旁求；作楫为霖，应沃纪屏之隆眷。临启凫藻。

附小启

熙时凤翼，圣代斗杓。学有渊源，奕奕魁名冠海宇；才优击断，纷纷错节砺铦铓。迪简王廷，暂试扶风之政；敦临岩邑，先征化日之舒。盖交邑蕞尔山城，惟水旱盗贼是虑；而晋阳最称瘠地，斯茧丝保障宜严。知夙裕乎讲求，祈快挹夫风采。吉士袜才潦倒，铅割迂疎。勉事补苴，几跋前而疐后；时怀陨越，幸覆肘以遮衿。兹因闻讣寝苫，旋复蒙恩迁秩。束于宪檄，敬候下风。方寸久违，盼轩旌如望岁；罪愆日积，冀惠泽之解悬。肃庀寸函，专役迎请。伏惟遄发，以慰云霓。

牧爱堂编

艺文卷之四

书

上高阳李相公书

　　赵吉士顿首，顿首再拜，致书相国老夫子阁下：吉士自首春掣选交城，二月二十五日领凭，三月十五日出都，于四月初二日到任讫。谨录呈交邑地形风土及莅任事宜，惟赐览焉。交邑，古晋阳西境。其东南二十里颇平旷，其西北负郭，则连峰插天，延亘千有余里，而交邑所属者，凡二百里。其民大都重林幽谷，土居穴处，顺则人，逆则鹿。又历逢亢旱，汾水在其东，文水绕其南，而不知用也，故其民逋逃最多。虽税粮不过二万，而征纳之难，与东南等。地既荒僻，又正印缺官者四载，纲纪荡然，弱肉疆食。夜郎王久，不知有汉。且官吏借国课以征羡余于小民者，不啻加三而隐居于绅衿者。且正额不足，令与绅衿三分鼎立，以困齐民，而讼师奸吏，复从而扇挟之。故其民日贫，事日烦，虽小县也同于大县。吉士自受事以来，已将火耗革尽，一照司颁法马平收。访讼师奸吏及子衿之刁讼者，置一二于法。其山谷十余载，称逋逃薮。吉士开城招谕，察得其土著可用者数人，推心布公，俾知国法。近日报状复业者数百人矣。方将请于上台，按地形高下，疏泉引水，复二渠之故迹，大兴灌溉，未知果克有济否？至于日用拮据，脱粟以食，种蔬以给贫者，士之常，终不敢以之自悔而自阻也。盖古之王公大人，其爱是人也，不惟其身之富且贵也，而忧其身之无成。而古之贤人君子，其爱见于上之人，亦不惟其富且贵也，而务体其忧之之心。吉士今者幸蒙相国老夫子不世之遇，其心拳拳焉，惟恐夫子之忧也。谨述其行一二事，以献于前。惟夫子论思之暇，示其可否，提而命之，使之有所遵守，以免于罪戾。吉士之幸也，非敢望也。临禀曷胜惶悚感恋之至。

上蒋金沙夫子书

春初拜送台颜，后因李门孙蒙恤禀，复辱赐手书，屈指半载。伏惟老夫子起居万福。吉士于三月十五日出都，于四月初二日抵治。万山之中，民多穴居岨负。以目所击，度之耳所闻，大率与川广间峒獠相似。其黠者瞽不畏死，动辄讦告官长。赋税不过二万，而前任侵挪二千余金，不可楚诸。上台廉而威，动以法绳下，火耗一革，遂至于尽。大都此土僻陋为西晋最，兼以饥馑荐臻之后，流亡相继。又正印无官者，将近五载，一都事署篆，年及八旬，政归群小。蕴酿至今，纪纲法度竟不知为何物矣。吉士入境即矢之神明，一民不敢虐，一介不敢取，不率者一裁之以法。每月与诸生面试会课。两月来词讼渐稀，纪纲粗立。然愚民固属相安，而奸宄亦衔恨入骨。且暮凛凛，惟恐含沙者之伺人于不意也。然《传》曰："不为威惕，不为利疚。"吉士虽不肖，亦知穷达有命，岂敢以此稍自变易，以辱大贤之门墙？所可虑者，县北境有河北一都，险僻尤甚。其民大都十室九亡，赋额千有六百，征纳三不得一。近复奉裁扣之旨，俸入之外，一无所存。不知将来何自每年得此千余金，以代不毛之入？忧心皇皇，惟此而已。其他固非吉士之所敢知也。盖闻古之贤人君子，其居官立节，固不独恐自陷其身于不肖也。内则恐辱其亲，外则恐辱其师。盖世之贤否人者，未有不推原其所自出者也。其人而贤，必曰是某之子也，是出于某之门也，宜其贤如是也；其人而不肖，必曰是某之子也，是出于某之门也，宜其不肖如是也。夫既已居其身于不肖，而复使天下因以疑其亲与师，此大不孝与不义者之所为也。伏惟老夫子高节重望，明白显著于天下。吉士此心，亦欲使世之论者曰，某也者是出于蒋夫子之门也，宜其贤如是也，则吉士之志也。若乃因荐举，复行区区，假此以沽名而希进，则亦非吉士之所敢知也。

上巡抚觉罗阿公

卑职一介书生，初膺民社，荷老大人教诲优容，相遇格外，敢不矢志清白，力行爱养，以仰副天地之心？切照交城僻处万山，夙称盗薮，兼以频年水旱，流离相属，良民化而为盗贼，非一日矣。卑职未任之先，遍行访问，已知有康如海、康如江、康四者，兄弟三人，为交山渠盗，构党劫掠，流毒无穷。及卑职到任探缉，则如海等并无升合之粮，且游方无定，莫可踪迹。忽于七月二十七日，接到直隶邢台县关拿伙盗关文，而康如海兄弟姓名，果凿凿开列于刑台之盗供矣。卑职即督捕快协同村保密缉，幸而拿获于阳曲县界之关头寺中。并一伙同行之刘厵、张旺俱拘到县。发其骡背包裹，皆邢台赃物也。其时理当申解，弟念交城小邑，既获巨盗，不无意外之防。况邻邑亦有邢台关文，又恐播闻远近，同关之盗难以拘缉。辗转深思，获盗不申请上台，竟解旁省，罪也。待申不解而虞及本邑，并虞及邻邑，亦罪也。均之罪也，毋宁辞其重者。况老大人春生秋肃，举贤斥不肖，无非期进斯民于衽席。苟属吏果能靖盗以安民，即行事稍不循规矩，其必有喜而无怒，可知也。因此即将关内有名之康如海三人并所获赃物，连夜解赴邢台，而卑职所辖地方，藉此以除三大害。自今后余党一散，不难尽化为良民矣。其刘廒、张旺暂行羁拿，候宪发落。今蒙老大人以刘廒等二犯未取口供，严批审明详报。卑职细鞫张旺，则自供大同边上人，原是王有志，小名金瓶子，昔年打劫县邑，事发前官曾经惩赘，至今捕快有识其面者。续据邢台关提盗供，人犯又有王有志，小名金瓶子之名，则张旺与如海等实系同伙无疑矣。刘廒与大盗同获，盗虽未拔，似难轻释，应发静乐县取保。统候老大人裁夺，非卑职所敢擅者也。谨将获盗始末具呈宪前。卑职临禀，曷胜翘切惶悚之至。

复徐长垣学宪书

仲夏得侍阶墀，勤勤桀诲，惟寐忘之。不意洪施有加无已，宠以手书之重，假以造士之权。不材之木，一顾而与椅、桐、梓、杞同观，幸甚，愧甚。切闻三代以上有化无治，三代以下亦治亦化，降及后世，求治于治而卒至于不可治。故曰：礼让衰而争斗起，弦歌作而讼狱息。士者，四民之首，不能化士而能化民者，未之闻也。山右三代旧都，交城复僻处深山，每疑淳风未散，而其民刁悍倍于他邑。总因历年宰邑乏人，其士子以抗挟公庭为能事，以武断乡曲为美谭，相习成风，竟忘名教乐地，积之久而贤者有所不免，何况愚夫愚妇乎？世之论者曰：躬行，本也；文艺，末也。顾古今势异：古之士，务求其有功；今之士，但求其无过。果人人诵诗读书，耳不闻外言，目不亲外事，而其风亦善矣。卑职四月受事，即遵宪约，力为谆诫。迨庶务渐清，刑讼渐息，即与诸生为会课。晨钟暮鼓之余，间复执笔，从而和之，庶几朝夕收其放心。岂意洪钧亦复偏私隅邑，煌煌宪示，莠苗风动，苌乎鼓而轩乎舞。卑职敢不仰体宪心，益加策励？嗣将月有课，季有试，除申侯去取外，尚祈格外之荣。一言而华衮之楚子，一巡而三军之士如同挟纩，况于沐道德文章之泽欤？行见党庠乡塾，人习先王之言，士无异行，而四民从之，弦歌作而讼狱息，皆老大人之过者化也。

上郡丞傅公书

（时署太原府篆）

切照交邑刁健成风，一遭人命，无论亲知，识与不识，迭状重词，必致荡人之产，饱己之欲而后已。有张勋者，妹嫁吕五为妻，憎夫稚子无知，自缢身死。卑职未莅任之前，微行访悉。及放告，而张勋以打死人命事控。卑职据情正法，已经结案。乃不数日，而勋复以一词上控宪台矣。蒙批职审，随于本月十四日唤齐原被证邻，细讯口词。尚未检验，而勋又以一词控臬台矣。张勋自恃上司承舍，罔顾律令，但知妹死即可居奇。胜固遂志；不胜而吕结之家亦破。岂知诬告反坐之条有不宽容者乎？今原被干证生者、死者，俱属交民，况奉老大人批审，而勋竟不服检验，不俟谳决。县案已结则控，宪案未结亦控，其目中固无卑职，并藐宪甚矣。此事在卑职所系甚微，在交邑长刁风而抗法纪，为害甚大。今特将此事原委申上，伏乞老大人严赐批详，以戢刁风，卑职稍得展布其四体，不为势恶挟持。凡莅治之日，皆戴德之年也。卑职临禀，不胜惶悚之至。

致阳曲宋蒸庵同寅书

顷奉贵牒，关取宪批张勋所控人命干犯。切张勋者，本敝治之成村都一积恶刁民也。近以妹死，索诈吕结不遂，而一控于县，再控于府，三控于臬，因批送于寅翁台下者也。案张氏之死，在弟未莅任之前。其时廉访最确，总之死于缢，不死于殴；死于同祸赤子之无知，不死于同室老拳之不堪。乃勋平昔自恃擅名藩司舍人，横行一邑。本不假尺水以兴波，及伊妹一死，而彼遂以为吕之肉，固张之食矣。于是控于县，则不伏审，而控于府；

及府批于县，则更不伏检，而又控于臬；递易其情，递变其词，递改其籍。始曰吕五奸其姊丢姐儿，同谋伊妹；继则曰丢姊儿之代弟嫌妇也，家务相嚷也。始曰殴打身死，继则曰火炷烙痕也。始曰本县成村都人，交城县人，终则曰阳曲县人也。夫勋户役、田产、现籍交城，母妻子女现居成村，而悍然出籍，抗拘抗审，为鬼为厉，于青天白日之下，是可忍也，孰不可忍也！此风一长，则吾辈县令之法，遂不能行于户以外。若使贵治有此，老寅台有不为发指者耶？傅老大人之前，弟已有一文申请，所祈老寅台念同官一体之不可屈，更为婉达于傅老大人，得遂一并批结。上全县体，下惩刁风，荣施岂有既乎？

上藩台达公

卑职踈戆性成，罔识忌讳，幸蒙宪台覆载不遗。圣贤无我，虽嗔喜，总属弘慈，故戒劝无非至教。敬竭区区诚悃，向二天再造前披露焉。切卑职服官，一命之始，即宪台秉简三晋之初。百尔属吏，无不濯心袚虑，凛守绳尺。卑职亲承音旨，即至愚不肖，亦断不敢无状以贻地方羞。但求治欲速，去恶太甚。所嘉者良善，则豪强难弛其威；所庇者乡愚，即恶劣愈增其怒。贾祸招尤，衅由此起。自陈都事署县五载，听衙役指使，任生员把持，甚至告官则甘输服辩求息，借粮则不用领纸开仓，聩瞀颠错，废弛已极。卑职莅任来，恪遵宪谕，力湔旧染，思与维新。况山贼近在门庭，累都几填沟壑，不得不极虑殚思，息盗完课以苏残困。至如民间词讼，立为判断，或责或逐，原无成心。在卑职不过尽职分之当然，而向日挟官以作威福者，今反指为怪事，衔恨入骨，捏告无休。逮张明盛闹骂公堂，卑职申请褫革，阖邑绅衿不罪劣生非理，而咎县官过情。于是相率请见曰："明盛告官矣。明盛譬顽石，父母譬玉也。玉石相撞，孰全孰毁？不若善安顿之。"卑职唯唯辞谢。不数日而文水讼棍田继硕代明盛控卑职于宪台矣。控院不准，控臬又不准，于是复相率请见曰："明盛告官不准，幸也。今不主调停，势难中止。"卑职唯唯辞谢如初，不数日而迭控卑职于抚宪之前矣。恶党势既鸱张，恶衿心愈狠戾。流言四布，举国若狂。卑职惟静以听之。但捏诬各款，彼既粘单上呈，即虽信如鲁母，不免授杼，何况属吏？卑职据一时臆见，谓非发审无以自明，非庭鞫何有置辨？自恃宪台真知灼见，不难为卑职昭雪。前谒见时，惟顾宪台亲讯，庶是非立白也。不然卑职稍自树立，亦欲于世间勉强为人，无负知遇。岂甘蒙耻忍辱，与劣生对簿公堂哉！及抚宪批送臬台，转行府听会审，卑职已是犯官，明盛俨然原告，虽静夜思维，本无畏愧，而炎凉世态，别有伤心。日颂宪台批详，"该县问心无疚，何虑含沙"二语，未尝不泣数行下也。会审日，证者数百，观者近千。若使十五款内，有一两赃私，秦知府岂肯担荷？若使数百喙有一人指摘，秦知府亦必申闻。寒门三代同居，家口百余，几陷此地。人固有误入网罗，而伏首无所伸其舌者，岂尽法当其罪哉？幸而直道犹存，公心不昧，豪恶闭口，劣霸潜踪，阖县共来鸣鼓之攻，国人皆有可杀之议，而冤对如明盛，亦且俯首无辞。万一交民有一人为明盛左袒者，卑职即欲求解组，何可得也！缅维宪台不准明盛呈词，非徒存下吏体面，实保下吏身家。感戴高深，自今以往之年，皆宪台生全之矣。府审张明盛一案，申拟供招抄览。惓惓下情，欲吐无已。临禀无任战栗。

与陈君锡书

尊翁署事四载，疏弃骨肉，信任奸回，以致国课侵那，自罹大患，此固阖县之公言，而生之所熟悉者也。但闻人子之事其亲，亲有过则谏；不听则痛哭流涕以道之。亲年衰老，则旦夕不去左右。闻有难，则奋不顾身以赴之。天下有可疏其子之亲，未闻有可疏其亲之子也。今尊翁所少银两，俱库中元宝，此武定邦、魏秉乾二役当堂口供，凿凿于万耳万目者也。况奉新旨，凡侵欺钱粮之官，经督抚题参之日，将侵欺之官照例处分。系旗下交与都统，民人交与督抚。将侵欺钱粮限一年内不能全完，将家产变价入官。如此功令森然，又值诸上台焕然一新，风驰霆击，即尊翁或有不讳，亦当移文原籍，变卖家产，追比家属，万难逃于大清覆照之下矣。夫尊翁即无事在官，年近八旬，远迹数千里之外，旁无一子之侍，固已伦常之变闻变见，况患难如此乎？生即欲为二公子置一辩焉，而不得也。生生平肝胆自许，虽从井救人有不能。苟有溺于水而蓺于火，有可救之道，则未有不为之救者。况同官之谊，更非路人所比。但尊翁孑然龙钟，视听茫茫，生即有相为之意，势无可为。惟二公子熟悉鄙言，星夜兼程，救尊翁于踽踽患难中，事尚可图，蚤一日则有一日之益，区区此衷至矣。关文中韩大、韩二紧要人犯，惟缉之同来，此二人北首之日，即尊翁南旋之兆也。二公子自为之计，当不待鄙言。临颖翘切。

太谷旅次与修志诸子书

十三日，有平阳梓人至，闻诸子在局，执事勤劳，为之甚喜。《诗》不云乎，"靡不有初，鲜克有终"，幸各勉力不怠，庶几有成功。考《舆图志》，以"灵川"目邑，凡书札往来俱有是称。及阅县志，并无所谓"灵川"者，何也？《禹贡》志冀州："既载壶口，治梁及岐"，注曰："梁，吕梁山也。""既修太原至于岳阳。"注曰："太原，汾水之所山。"则今静乐是也。夫禹自西北，迤逦而南，治梁既在治汾之前，则吕梁其在永宁、静乐之间乎？而《舆图备考》乃曰：交城。彼岂无所据而云然欤。按之《县志》亦并不载，此之不正，无以修志为也。前任薛公修廓城垣，兴举废坠，数十年来兵戈盗贼，屹然有所恃以不恐，其有功于斯民甚大。二河常公，人品政事实可以廉顽立懦，而诸君子以其起自比肩，意若有艴然不屑者。昔黄叔度出身微贱，又年甚幼，其时陈、郭诸公位高望重，若戴良之才气，不可一世，乃或为之拜，或为之临朝而叹息，或为之惘然自失，何也？德之所在，即尊之所在也。且人亦安必得古人而师之、敬之乎？《祭典》曰："有功德于民，则祀之。"若此，则二公之宜入名宦，宜入乡贤，无疑也。诸子宜急为详访其轶事，俟生至邑，即具一呈以凭，申请上台。夫封山志川，圣人之所以定疆里也。崇德报功，三代之所以厚风俗也。修志之实务，莫大于此。惟诸子勿以虚文而无实意视之。幸甚幸甚，勉之勉之。

与石楼任希庵同寅

宦海风波，即精于防患之术者，有所不能自必。况弟疎慵不堪，处非其地，宜为群小所切齿，孤危若此。益信彼苍以石楼安顿吾兄，可安坐而致通显，其受用处甚赊。弟之所谓受用者，极穷极窘，有出无入，即欲周全一友而不能，即欲多用一文而不可得，乃吾辈真受用也。闻令侄高捷，甚慰。床间笏满，正于公家世德卜之。

邀诸子赏中秋小札

一年佳节，无过寒食、清明、中秋、重九。予莅交二载，每遇节届，常流滞省城，不获与诸子酬酢。明日中秋，幸逢公暇，虽未能歌苏学士琼楼玉宇之词，倾倒于广寒深处，一瓜一饼欲与诸子作竟日之雅焉。

复孙古喤传胪书

数年来南北奔驰，无岁不相聚，无事不相闻，谁复有如我两人乎？自河梁执手，天各一方。年兄孑然古寺，弟块然荒衙，思一面不可得。秋风汾水，寒雁数声，歌李峤之诗，又不独富贵荣华之感也。仲夏接读手书，缠绵往复，恍如对我古兄促膝而谈。日内阅选单，复不见我古兄，将因官荫故耶，或别有高见也？交邑丛峰若戟，残黎若鬼，诸上台若神，穷县令如鱼饮水为活而已。我马既瘏，我仆既通，纷然四散。作令三月，竟如说秦不合之苏季子，裘敝金尽，形容枯槁，面目黎黑。每当破鼓晨鸣，踈柝夜警，徘回无聊，辄念我古兄，此时不知在何处饮酒赋诗为乐。夏季不得预选，复得享此六十日清兴，正未可介介于此。西风遍野，求一芹不可得，正无如此野人何。

与众绅议行盐书

吉士待罪贵地两载，凡亲朋可以缓急者，无不乞贷；凡田宅可以转移者，无不典售。然生平不屑作寒酸态，与诸老先生共处久，凡有举动，又无不见闻也。署印陈翁，行事固多不善，以致群小把持，县纲废坠，民不安耕凿，而以抗粮称武；士不习《诗》、《书》，而以控官见能，酿成恶薄之习，已非一日。去夏交代不清，吉士甘受推迟之参罚。万不得已，然后藩宪转报具题，陈翁身家无足惜，而晋中前任之抚、藩、道、府为此案降级矣；南中见任之藩、道、府、县又为此案降俸矣。至今两省去任、在任之上台，无不痛恨吉士入骨。今幸各项彻底澄清，预备一仓草粟，俱已补足。如协济徐沟及添搭一切杂派，无不厘剔已尽。惟盐引课银，贵邑历来派之里甲，今奉旨严禁矣。县官其敢以身试法乎？春间阻外商之不来，无非为地方行所无事。若云开店卖盐，有各县之覆辙在，万不可行。今太原县乡民郭朋星等见在申请加引增税，汾、文一带商人亦俱行之有利。其太榆数县争控不已者，土贩原欲煎盐输税，不愿官商独获其利也。若以食私为惯事，而以行商纳税为多事者，太原所属止一交城耳。今将见征课额俱已垫解，若据实申报，是阖县食私盐而县官赔盐课也，诸先生岂乐闻此？至本县灶户不满数十，每月申报缉私，尚不及额，而欲其销纳盐课，正恐此辈朝闻夕散耳。无已，每都各报土商，令各贩行土盐以纳课，庶几上下无悖乎。

复刘玉少进士

屡以会谳经尧城，见吾兄旅店题壁，辄忆十数载前江都二许座上同席诸子，晨星落落，今亦不复全记姓名，惟公恒耿耿心目。宜其偶睹手笔，犹烦俗吏思念也。黄文节有言：情异则连屋不相往来，心亲则千里晤对。远辱翰教，捧咏赠章，令我蓬心雪洗。若得吾兄《少室诗集》十二卷，置之座右，又何啻饥十日而啖大牢也！

致胡道南侍御

两度长安，一官裁缺，二亲老矣。妄希升斗之禄，叨令交城。虽山郭僻小，然形势险固，风俗强悍。兼之署篆者四载矣，积弛之后，加以恩则以水济水，束以法则且为挺走之鹿。庸材匏落，未知何所税驾，惟公东山丝竹之暇，不惜裁示以为韦弦之佩。

与临汾张康明同寅

闱事竣，方得与吾寅翁接谭。听者倦，而思风方发；言欲止，而言泉上流。宜其丰颖所指，千人辟易也。蒲州名宿杨迁，历十二科得一第，丧偶三十年，无力续娶，至今尚未生子，盖人世所难堪者，而此兄处之怡然，目能视，腕能书，日以咿唔为事，酬知一念，耿耿未歇，尚复与山右少年争胜。鲁阳之戈，吾服其勇，但自愧薄同蝉翼，不能庇人，不得不以大厦之依望兄耳。

上巡抚达公谢荐书

吉士前月二十八日惊闻宪示，星驰叩谒。传言枢部大堂由汾而过，必经交城，是以即日秉辞，还邑料理，而兵马业由官驿去矣。本月初七日接《邸报》，始见荐举全抄，不谓鲰生竖儒及此生，而得逢千古莫遘之事也。感愧之下，不敢套用骈语启谢，敬藉秉事以陈悃，伏惟宪台赐览焉。吉士书生，不谙吏治。徂秋缘事未结，调取进闱，心念弘慈，感奋欲泣。吉士久困公车，奔走长安道上，谬以浮名为海内大人先生及辇下诸公所奖许，私冀服官有日，必多接引。及宰此邑，一时秦晋两省督、抚、藩、臬诸宪台俱以特简严临。吉士四顾踌躇，举无一可恃者。以不胜任之身，处不易之地，而又无一可恃之上台，或则惜之，或则怜之，前车已覆，继此任者无复望生全矣。乃莅事尚未一载，而诬捏横加。当此之时，黄金半铄于众口，市虎几成于三人。而下吏硁硁自守之信，独宪台一人见谅，冤情得以大白。蒙宪谕曰："官只如此做去，不必改，自然不差。"吉士感法外之余生，欲致身而无地。即力不从心，势与愿违，念服一日之官，则当尽一日之职。古人得一知己，死且不恨。自今而后，期不为圣世弃人足矣。既而前院还旆，宪台荣擢陕抚，吉士反复展转，五内抽裂，神气凋悴，不能自存。仲冬之十二日，拜送道左，泪出如泉。自分数奇运厄，惟有解组归耕，终养双亲，以遂素志。终不能戴冠束带，朘民生以工容悦，而保我首领也。天佑晋邦，再颁新命，遂俾宪台仍抚兹土。报至之日，踊跃奋兴。窃幸虽甚驽骀，尚得尽力鞭棰，以效驰驱。乃历俸未深，荐剡已及。自省疎庸，何以及此？齐桓公之用九九，燕昭王之礼郭隗。虽宪台神鼓舞于激浊扬清之典，而吉士实踧踖于高天厚地之间。随蒙温谕曰："汝知所以报我乎？以汝为诸县榜样，此后居官亦如今日之作宰，无累本院知人之明，便是报我。"嗟乎！自登选之道乖，而荐举有不得不停之势。未荐之先，凡可以营夫荐之术者，无不为也。其荐也，荐其有以营之也。既荐之后，凡可以酬夫荐之之恩者，亦无不极也。其荐也，荐其有以报之也。天下岂尽乏才？有才而诱之以弥缝，要之以货利，则亦无怪乎才之不为国用也。当今之世，有无所营于先、无所酬于后，而荐之如吾宪台者乎？世之所以荐者如彼，而宪台之所以荐者如此；世之所以望夫报者如彼，而宪台之所以望夫报者如此。吉士亦安敢不竭吾才，尽厥心，以宪台之所望于吉士者报宪台乎？又蒙宪谕："该县莫恃本院已行荐举，便尔仓荒，此后稍有贪纵，实时飞章纠劾，断不护短姑容。"夫宪台之为是言也，属望吉士甚深，故责备吉士愈切。然而是人也，世实有之。顾吉士则不敢也。天下之称为廉，而忽以贪墨致败者，费重而无所偿也，其罪更深于不廉。有慎于初而终以骄矜失之者，气溢而无所惮也，其顽劣更过于不慎。吉士外无所费，而内有所惮，生平读书学道，立身事君之志，自矢必遂。行将究所未知，增所不能，庶几身前身后无所复恨，敢隳从前之清慎，有负大贤之提衡乎？此固无烦宪台之谆嘱者也。再蒙宪问曰："交山鼠窃未尽销弭，作何抚绥更当着意？"吉士已面秉而未敢详陈也。窃照交山接连宁武、静乐、永宁等处，绵亘千里，辖交城者十之三四。复岭重岩，实为大盗渊薮。散则盗皆输纳之民，聚则民尽剽劫之盗，从无踪迹可追，安有巢穴可破？此诛剿之所以难也。自康如江兄弟被擒之后，余党解散，其至今亡命不顺者，不过申友、傅青山、王汝谏等数十人耳。枭此诸凶，萑苻自靖。然此辈虽作孽，而未尝显叛也。缓则养痈，急则斗兽。县官亦惟静以持之，尚不敢妄行申报，以激其变。所幸者山中风雨调匀，秋收可望，细民各安耕凿，不为煽惑。诸凶孤力而寡助，不难渐次就缚耳。然在下吏，有何德能？亦恃宪台风声所及，无令而不行，无禁而不止。下吏遵守奉行，庶几狱讼由是而简，图圄由是而空，耕桑由是而兴，弦歌由是而起。至于疏浚湖泉而旱地俱可耕，均平水利而豪强不敢占，此吉士近事也。惟是明知地方有利当兴，有害宜去，必俟之今日而后举行不疑，若复早图速效，又不知几人起而发难矣。伏冀宪台始终造就，俾岩疆末吏，得竭蹶称职，以砥砺官方。正不徒藉此荐为进身之基，而遂因循苟且、图便目前也。区区有心，不知忌讳，万惟原宥。幸甚。庚戌五月初八日。

致文水傅寅同请兵书

前以谊切同舟，偶尔闻警，是以具商知老寅台，团练甚精，城守藉以无虞，慰极。交城远跨数州县，诸贼抢此匿彼，故敢肆其披猖，而文汾一带居民受累尤甚。我辈既莅此地，自应深忧远计，以绝此根株。至于功名显晦，又属二义。弟即晚具文抚司及协镇，请兵三百，镇守敝治。老寅台亦须详文，请兵三百至峪口坐镇，遥为声势。弟再进山抚谕，顺即已，不顺即行扑剿。然后将山民编入保甲，为一劳永逸计，方可告无罪于地方。若任其燎原，顺治六年之患，可为殷鉴。惟高明急图之。

请兵朱协台

枢部大人幸由官驿经过敝治，绅士里民无不感佩。迩者交山遗孽，复为秦中汰卒、本省开垦逃兵所摇惑。北则静乐康家沟，西则永宁狐突庙，而本县之两岭庙、三座崖，实为蜂屯蚁聚之处。公然肆横于汾、文、阳、太间，而莫为之禁。顺治六年之覆车可鉴也。昨据交城营苏防守关来，意欲通详各宪，又虑发而难收，是以密请老镇台，幸即谕将官一员，调兵三百，声言进剿山寇，其实借驻关外。或屯山口以为援。俾鼠辈稍知忌惮，然后亲入深山，开诚劝谕，庶可潜销默化，以苟安于目前。不然抚不成抚，剿不能剿，县官其如之何？院宪询及又不妨以实情上陈也。颙望，颙望。

复朱协台

　　交城刘王崿与吕梁接界，过岚县峻岭为黄河畔，便属秦中。后来两省鼠窃辈恃此天险，啸聚不常。吉士抚弥三载，实具苦心。历来王化不及之处，无不亲行劝谕，得其欢心；即恃顽梗化者，未尝不知做良民之乐也。近日邻邑亢旱，惟交山麦苗俱好，实徼天幸。乃有秦中汰卒及逃来开垦闽兵，兼之永、静两地俱旱饥民，蜂屯蚁合于其中，盖两省不能拘捙，而三州县所难查缉者也。遘诛钟斗、任国铉等借势煽惑，山民半为摇动，大有揭竿而起之势。交城营防守苏成甫久为此辈轻视，安有食粮？土兵钟明节任其回家，相去不数十里，俨然抗拘而不敢问，效尤益甚，安惧王法乎？至今日而苏防守始行具报，不知山中早已酿成难解之势矣。今幸祖守备督兵到邑，吉士大张先声，谓系协台前站，即日大兵入山扑杀。复与此间绅士密商，山民若果无叛志，须得某某等亲身入山招谕。本县立刻申文，方免劳师动旅，绅士如约。山民初听命将行诛，怨声载道，嗣见遣人来抚，欢声若雷。盖山贼左右，业已有人阴为我用，始得以行吾之离间。其秦中汰兵相顾谓钟斗等曰："尔来骗我到交山，杀我献功，几乎白送了命。"立时过岭走黄河畔而逃，来开垦闽卒亦奔永、静，各处饥民俱各鸟兽散。两葫芦逋寇不过数十人，已避入深菁绝壁中。山民持贰心者二千余人，俱到县投递清白结状，辨其不从盗为乱。此亦不过苟安目前之计耳。钟、任等不诛，终不敢保交山永无窃发也，诚使县官力量可为，又何必请兵？请兵而未奉制台之命，又不敢竟行剿杀。若不如此设施，县官方且束手待毙，其又安能谋贼乎？再留祖守备驻防三日，便可旋师，协台勿复以此举为县官好事，必不折一矢，不费一兵，过烦清虑耳。

谢丁父母惠马

高门驾车，虽多骐骥，弟何得以驽骀之末，轻拜驷之选哉？里马以刍牧不给，毙者居半，方图买补为置邮计，何意连骑昂昂下颁。古人有天马来之歌，似代志明德矣。谢谢。然弟之内厩，犹公之外厩也。从此每有驱骋，不妨命圉人见示，弟即无金鞍玉勒，当执鞭以步后尘耳。阳春将半，诘朝于郊外，约二三父老相与杂坐，一话农桑。奈棠阴未布，枳棘空惭，欲借扶风绛帐以庇，光风霁日，想乐为之助也。

上董学道

作令者每视童子试，率以为戏。其得过郡而达于督学，所谓孤寒积学之士，十不得一焉。不啻长江天堑、龙门砥石之不可以徒步而过也。吉士伤心于此，虽邑试无足为轻重，亦必屡考，以尽诸童之长，去其假冒而真才自出。交虽山县，亦复鼓励以无佚维新之造。县中所取十名前，皆有志读书而文可造者，此外不过附名观场而已。

复程石门参军

干旄指滇，弟亦莅晋。吾与兄十年两聚，峨眉僧舍宴会难常。故偏隔之南山南，北山北，使两人两地，日永暮云春树之思耳。王郡丞从滇来晋，口传尊旨，离绪萦怀，一部十七史从何处说起？姑托一卮，将意可谓善致相思已。每念京华并辔出入时，真如隔世，茫茫回首，不觉坐而欷寐，伏而忽兴。虽秃千颖，何能尽万一于左右？然不可竟置之无言也。僻处岩邑，所覆尽属羊肠，负嵎伏莽，宽则习而玩，急又防变生。朝夕惴惴，不啻以朽索驭千百泛驾之马。初下车，迭遭小丑狂吠，荷诸宪照临，不为所噬。催科最关考成，而此地顽梗，逃亡十居其半，委曲招来，渐次乐输复业，少有逋缺，称贷报完。又陶唐之遗，偏多虞芮之争。近亦日就清闲，但以调审别案，不免奔驰耳。向来邀游，作客大都，以我于人，今则人来于我。深山多石，无术点金，何以应之？吾兄以才名为上下敬信，虽处赞司，尚得高视阔步，绰然有余，以视鞅掌不遑者为何如也？拟去冬摺笏北上，定尔枉过，究成空愿，岂盖簪之数尚未及期耶？鱼雁不断，虽天涯等若此邻。夫子不云乎，未之思也，夫何远之有？

复黄泰升礼部

十数载浪游南北，诸君子强半识面。每倾耳当亭先生不可一世之豪气，辄曜然神往。而汪汪千顷，思饮波以满腹，不可得也。僻令山城，自同麋豕，不复挂诸贵人齿牙。即二三好友，大都以势分悬殊，久绝闻问。忽接瑶函兼之琼贶，捧读之下，觉满庭秋色，尽入春风。孔北海乃复知世间有平原令耶？感且愧已，不敢当，不敢当。承谕即达广川公，悉如台旨，纪纲归时悉之。知先生应求所及，别有相通于言外者，何俟居间人恧恧也。

与太原万舆庵同寅

晋祠游后，弹指二月。忽接新章，讽咏一再，恍如置身二亭间，流水潺湲。时闻二三父老讴歌鼓腹也，当即梓邑乘，以永其传，岂止西山片石已耶？望川亭为此祠最胜遗迹，在寅兄修举不过反掌间耳。吾辈身任地方，凡一切风流韵事，慎勿当前错过，甘作庸庸俗吏。在目下似亦无足系心，他日名成身退，驱车再遇，便成一段山川佳话，此弟之所深望于吾寅兄者。

寄怀庆徐天碧别驾

归署后，适舍亲辈自南来，舟车马足之所历者四千里，而风土气候之美，独称河内。三年荼苦，今且荠甘矣。弟作令交邑三载，心血槁矣。《本草》云："生地能生心血，出怀庆者为上；菊花心者为佳，十数枝一斤者为最。"弟今以寸心溷公，企沐台惠，希如淮阴将兵，谨聚敛诸佐使以待。

上高阳李相国

伏惟相国老夫子随时损益，因民休息，太和渐致，以天下之安为一身之安，庆甚庆甚。自戊冬禀候，迄今三载，寸楮无达阶墀者，诚以老夫子方操天下进退之权，而不肖复辱与门墙之末频通问候，天下有以谅大贤之无私，而不肖或不免干进营求之消，故每沉吟辄尔中止。而兹复有启者，民情、地势，念虑所及，诚不自识其言之可采与否以进之左右。惟老夫子深思远见，为国绸缪，不惜留神及之也。自莅任以来，开渠筑城，诸废渐兴；锄奸惩蠹，诸害渐息。去年四月，谬膺荐举，乃谨循例注册，未获与历俸三年无钱粮盗案者，同其考选。不意今春父山一带流民啸聚，大肆披猖，汾、入河东，所在震动。簿书卜吏，过蒙抚台委以荡缉之任，日夕皇皇。天诱其衷，渠魁李宗圣就缚，余党四散。然而总总过计，不无隐忧者，除一时之寇易，保百年之无寇难也。切念交山亘延千里，而交城所属居其半，西达汾州、平阳，北通兴、岚、忻州，其中层峰函谷，虽生长斯土者，莫知其所纪极。时平则为逋粮匿罪之区，稍警即为狼突峰屯之所。即如顺治五年，大同姜逆之变，交贼乘机倡乱，勾连伪党，直破县城，清、文、汾、介诸邑，皆被蹂躏。由此观之，交贼之不静，不独交邑一县之忧，实全晋腹心之患也。切交城县治，立自隋初，其地当汾、孔二河之交，较之四境所辖，颇为得中。自唐武后时长史王及善移置山南却波驿，即今之交城县治也，去旧治二十里。先天二年，分置卢川县于卢峪口。开元二年，复并入焉。于是西北交山一境五六百里，有至死不见长吏之面者。县令即有才能，往往鞭长不及，宜乎自故明以迄今，兹终无宁定之日也。吉士两次深入险阻，相其形势，每叹此地实天生贼窟，非区区剿抚之议所能靖也。盖剿者，止可施于揭竿负嵎之时，而不可施于革面伏莽之日；抚者止可行于悔过投诚之辈，而不可行于旋招复叛之徒。惟有分司扼要，潜消逆萌，为百年之计耳。量度县城西北二百余里，有地名东西葫芦者，乃永宁、临、岚诸山奸人出入必经之所；县治东北百二十里，古交城旧治，乃阳曲、静乐诸山奸人出入必经之所。又其地颇有村落可以依据。诚设营兵于中西静安古堡，以控制两葫芦，而移本县县丞于古交旧治，犄角县城，三方鼎足，以巡以抚。小有不静，实时搜缉，庶几彼此相应，奸人屏迹。日渐月摩，驯至革心。吉士一小令耳，设官建置，极知位卑而言高，无所逃罪。然闻之：封疆之事，当其任而不熟计其利与害者，愚也；知之而畏其难不敢言且为者，不忠也。愚既已熟计之矣，敢畏其难而不言且为与？兹已吁详各宪，具题上请，未知其果克如议否？伏惟相国老夫子恕其狂瞽，而鉴其曲突徙薪之意，以定三晋腹心之至计焉。恭颂三十韵，并新修志书一部附呈。伏冀丙鉴。

复戴山民

两载岩邑，又值风波之余，亲朋赐顾者，月无虚日。有台不能避债，无术可以点金。强之饮酒，颜色不欢，未有不痛恨去者，亦付之无可奈何耳。同兄谒选时，尚可勉自支撑，一行作吏，凡辇下诸公，或赠我以裘马，或贻我以杯绶，不则新诗旨酒，种种好情，谁肯忘之？令即不欲相忘而不可得矣。赵子作此不情之语，吾兄必以为太甚。荣选在即，无论好地方、不好地方，各有必然之累，身肩其责方知之。回思共事都城，午夜飞觞，连宵达曙，其可再得耶？古瑝读礼家园，亦曾遣人过我。子峻新选商河，人地大相宜，但苦为债累，正恐欲洁其身而未能。此身不洁，何以善后？心切为好友念之。子箕恋恋乡土，不即出而作宰，自是高人数筹，亦别有所见也。辛丑简选，同谱之谊宜敦，吾兄于未选之先，已选之后，均当出为领袖。此后东西南北，会聚正难，幸无虚此岁月耳。薄仪不足以供守候之薪水，惶愧惶愧。

复程娄东

甲辰别后，忽阅六秋，魂梦依依，时在函草轩左右，今亦不识何人醉呼其下矣。弟当年《吊眉生诗》，有"席门车辙空留迹，金屋婵娟渐去帷"之句，不转盼间，而吾诗意之所不能尽、不忍尽者，遂为人情世事所必至。嗟乎！淮海固多人，谁复念眉生者？独有君家伯仲耳。夏间，阁子百诗持尊札远访弟于羊肠狐突间，直弟风波之际，仅晤而别。昔人云，以文求作友，何德敢称师？予滋愧矣。何时赴大冢宰之召，便道晋阳。猪肝之累，窃恐非吾兄本意，然非亲历其地，亦何由知《唐风·蟋蟀》大异于淮南丛桂耶？

与阎百诗

近日阳城张子蕴生负笈来署，予合梓张子及百诗闱中两副卷，以报同事欧阳先生于地下。张子渴慕百诗甚，今检张子所集杜诗寄阅，可想见其为人矣。荆名腊尽，自都城西来。予相见恨晚，所为诗多可传。探其胸怀，绝不呈世间瑰异恢诡之累。故其赋物言志，心靡不肖于境，而腕靡不肖其心。予不敢以世之为诗者目之。数千里命驾，人不能阻。荆名之不来，意中未曾有行路之难，目中亦绝不知有太行之险也。忽以省亲言别，予竟不能止。荆名之不去，意中未曾有行路之难，亦绝不知有太行之险也。独往独来，如此荆名，其肯寄人篱下乎？

复周太守禀言

二十八日接钧示，传院宪面谕云：交山巨寇，交令竟置不问。卑职读之，不胜惶悚。切卑职经营惨淡，每饭不忘，置之不问者，正所以深问之也。此山盗氛啸聚既非一朝，蔓延亦非一县，未可以旦夕必其剿除者，必定其谋，深其间，审其机，伺时而后动，乃可几于有成功。近者，沿山一带四出披猖，一自李宗盛就缚，余党解散，为首数十贼业已窜伏，其势似不难即行扑灭。然剿山寇者，秋冬易，而春夏难。秋冬之际，欲匿则山枯木落，一望萧然；欲逃则风寒雪沍，寝食无所。方今盛夏，草木蓊蒙，在处可以藏身，又天气炎热，夜行露宿，无所复顾。况今交营之兵未换，民胁于寇，兵即是贼。吾一举动，而彼立知，机立泄。机一泄，则交山远近寇党皆知必死，不西走黄河，必啸集守险以自固。卑职复请兵诛剿，民心愈惶，寇势愈张矣。故近者寂然无闻，正欲使之懈而自安，渐离巢穴，胁从者日散而从事于耕耘，兵自兵，民自民，贼自贼，三者各不相谋，然后得以用吾之间而掩其不备。万全之策，无逾于此者矣。前谒院宪时亦云，稍宽时日，不难次第就擒，未尝即敢屈指于目下。此间深意，尚有不可以言尽者。伏乞老大人转为陈禀。前置刘协台一书，兼列交入山盗首诸姓名，先行呈览，以见卑职不敢一字欺列宪也。

复刘协台书

（辛亥六月二十二日）

　　山中事，自五月初旬渠魁就擒之后，与老协台密嗊王希照定计以来，未尝倾刻忘也。近抚宪亦屡屡询及，但此事必乘其间，得其间，即一举扑灭无难。机会一失，虽有大兵无所用之。今岁雨旸时若，称大有年，群贼见抚宪绥缉之示文，见吉士绝无缉拿之心，亦渐渐解去就农。独傅青山等心腹党羽数十贼，犹然屯驻钟家沟而未散。此时倘明征兵马入山进剿，彼一呼啸聚，反有不可测者。吉士数年筹划，至今日始可见诸施行。如移营换兵之详，若辈早已知之，但于是详留意，而擒贼之机在是矣。今吉士外示优闲，乘此时和贼静之日，调点近村民夫，修缉静安古堡。堡与贼巢相隔不及五十里，明调苏防守，征聚在县、在汛各处营兵，暂同督工，使兵集而兵不知。兵既不知，贼亦无疑。却暗谕王希照为内导，乘间统兵直入盗穴，所谓"迅雷不及掩耳"，尽缚群丑无难也。今吉士已面授苏防守以此意，又密谕王希照伺间立功。一将一兵，情愿效死无二，此外不闻于一人。功成之日，当在初冬山寒木落时耳。吉士具详上请老协台，伏祈俯察微机，悉从拟批发下交城营，使贼不疑，并各兵亦不疑，以便除此心腹之患。若钧批稍有龃龉，则形露而贼知。机一失，而山中无可静之日。西成一毕之后，远近余党身闲煽结，将来不独一交城受其患，恐太、汾两府由此不宁，而吉士又何以报督抚、两宪之命？贼首姓名附览，幸密之。

致刘协台

　　前修堡中方略，具陈左右。本谓可乘机深入，尽俘诸寇，不意筹之数月，止擒袁世虎一盗，其余巨魁几就缚而复失，甚可惜也！总因兵与盗相通，将与兵相格，不换兵则贼必不可得。往者换兵文书不无露机；今则群卒汹汹，沙中之谋，殊为可虑。闻前日已控苏防守于台下，为将者已身之不保，安能擒贼乎？深维今日之势，换兵一着必不可已。然兵机贵速、兵事贵密。伏乞老协台因告发一事，飞票显提苏弁，续传令箭，尽提合营各兵对质，俟悉到辕门，即委能员挑选练卒，星夜赴汛。将以智而有胆者为上兵，以愚而敢勇者为宜，万乞勿参以新补晋兵，庶几山中耳目从此判然，不难收桑榆之效耳。

再致刘协台

督宪批详，意实不主剿而主抚。是以吉士条议，即详内意也。候督宪批守险分治详语，再覆老协台转报，庶为妥确。近日盗首钟明节、刘正等俱已赴县投首，吉士开诚，仍令其入山招缉群凶。是山中之事，吉士实胸有成竹，不烦协台顾虑。俟月尽，静安堡筑成，吉士通报后，即请调精兵三百，吉士同入山中，名为增换，俾山民不疑，我兵既驻要地。斯时投首者尽令投首，抗拘者实时擒之，此一劳永逸之策。吉士业有成算，勿先闻于左右也。

致刘协台

西山一带，实静、交、永、岚诸处奸民啸聚之薮。今吉士练乡勇而以民卫民，撤捕役而以贼擒贼。交山余孽已有解机。静乐积窝，渐成孤立。前禀抚宪，蒙调管公带兵三百，屯驻楼烦，去积窝何家庄止二十五里，不难直捣其穴。屈指此日兵至其地，窝主李宗盛必走交山，纠余党以倡乱。如事不成，必转投黄河畔，大伙以图后举。吉士密谕苏防弁，统交营之兵驰入两葫芦，以待其至而擒之。此贼一擒之后，交山头目数十，次第剿捕甚易。是百年逋寇，平于今朝，此最难得之机会也。不意苏防弁为伍卒所控，老协台令箭提解来省，苏防弁立刻回兵，对簿辕门。新来王百总即日交代，前功从此尽弃。吉士将何以报抚宪之命耶？切思兵机贵速，而胜算难逢。苏防弁赴省盾审，王百总新到未谙地利，未悉人情，惟坐文水开栅镇，诸兵丁止以送旧迎新为事，山中消息不相闻问，必为静乐积窝纠联。将来剿之、抚之，权不在我，累害全省不浅。展转踌蹰，特为苏防弁请命。伏冀老协台立赐飞票，令苏防弁待罪行间，拿贼立功，即随新来王百总入山屯札，俟静贼逃过，即便擒拿。交山逋盗，如可乘机，亦当便宜行事。功成之日，宽苏防弁之罪，委补王百总以守交城营。苏既全职，王复超升，二将不遗余力，可必马到功成。即列宪亦以吉士所料不谬，而老协台所委为得人，庆幸不独交城一邑也。倘不俯从末议，就群盗解散之日调兵入两葫芦，此后竟不敢问津矣。

（四月二十一日，刘协镇提解交城营苏防守听勘，密书保留。次晚，促苏防守带兵入山，果于二十四日擒获李宗盛。）

附刘协镇回札

伍卒任全胜控其本弁，必山贼有以使之，昨早自缢，无凭对质。即如台命，仍令苏成甫照旧管事，王百总可助一臂之力，亦令其协同入山，若果有功再行定夺可也。此复。

再致刘协台

前日暂留防守苏成甫之请，非为成甫也，以今日山贼惊疑解散，正当借彼巢穴为吾营垒之时，此机万不可失，是以嘱成甫将防守兵丁尽数撤进，竟屯驻于惠家庄也。我兵既据贼巢，剿抚之权操之自我矣。老协台不以吉士之言为谬，慨允所请，仍令苏成甫照旧管事，佐以王百总，又加两旗牌协同入山，可谓周匝之至。交城防守弁兵奋力前驱，大异向时。古人往往使过以成功，吉士深服公之谋略矣，得旋此复。

上色臬台

一省爰书尽属宪台平允，卑职小令，安敢越次妄详？至田福所犯，或有可宽之赦前者，或有不可宽之赦前者，但卑职司一县之牧，以交民之心为心，则刑故无小，自不敢咈乎举国欲杀之中。宪台总一省之宪，以晋民之心为心，则罪疑惟轻，自不妨出于如天好生之外。第福以一人而触万姓之怒，若过于从宽，犹恐人心愈激，一出县门，便无生理。倘蒙宪台宥其一死，而亦不使之并生，则拟成发遣，追赃埋给，亦可以慰交民于痌瘝矣。

报太守周公擒盗情状

初九夜，统领官兵直入葫芦贼巢，据东坡底两岭庙屯驻。诸贼东西不相联络，山顽尽为我用矣。若至静安堡然后调遣，恐诸凶一闻部议剿杀净尽之旨，势必塞葫芦之口，尽胁山顽而为贼，虽万兵不能进也。今诸凶数百，各携眷属，踞三座崖。崖巉险可望而不可登。我兵西离惠家庄贼巢三十里，东离横岭贼巢二十里，中离此崖亦止三十五里。夫杀贼故所以安民，而不知抚民实所以拿贼。吉士此行意主于抚民，使山民皆吾民，诸凶所踞之险其能长恃耶？惠岐山刘正业已就擒，惜防兵稍泄机关，不能一鼓而获，又费筹划也。交城营防兵不可用，调来太原标兵亦不可用。久不讲武即荷戈过岭，先已告疲，明明有贼，山行追之莫及，况实踞险乎？吉士三日前密调向时练就乡勇，行吾之法，用贼拿贼，务使有名诸凶无一漏网，然后申报两院题覆，庶山民保有其身命耳。

交邑诸乡绅手札

山贼横行,传播京师,致奉剿杀尽净之旨。幸而吉士条议在先,两院不拘下吏以文法,得以一身肩荷其事。今则首恶俱擒,胁从罔治,山顽不但得全首领,而室庐依然,鸡犬无恙,总出列宪之赐也。在吉士不过尽职分之当为,以求免于戾耳,何敢言功?诸先生越山度岭远来犒军,军气为振。从此草昧之地尽变而为文明绅士。夫身之所历,关系正自不小,但山川崎岖,过烦车骑为不安耳。

复阳曲宋蒸庵同寅书

乡兵擒捕,倍胜营兵。然不若编山民为兵,其擒捕更捷也。山民怀畏,远过乡民,又不若准投首为民,其怀畏更深也。三舍弟安侯谒选司马,见剿杀《邸报》,自都中七日而驰荒署,昨至屯驻处,全军踊跃,此间局阵既定,无烦顾虑。但诸凶聚于县监,拼却一死,何不可为?弟所忧不在山而在城矣,凡静、交接壤,已有乡兵伏路,料山贼无足谋也,果能谋,安肯为我缚乎?但不得不深意外之防耳。

致郑淡庵枢部

古有受千金之赐,而等于浮云;有膺一言之知,而感于没齿。非一言之重于千金也。其言之诚于中而发于外者,盖实深爱夫斯人,而思有以济其身。及惟力是视,而力有所不能,则又不容自已而出之为言,庶几吾力不济，或因吾言之所及，而终有以济夫斯人也。是故其言而行，则济其身；其言而未行，则感其心。彼千金之赐，吾何有焉？西山擒寇之举，本非万全。捐躯一决，不捷，罪也，戮也。幸而捷，列宪之威，令之职也。吉士何功之有？岂意先生始扬之于朝，继称之大中丞，且欲与全晋荦下诸公列疏而达之九重。嗟乎！此何心哉？此何心哉？吉士与先生交未深，非有左右为之先容高门咫尺，又无有违道干誉之一及于其乡。即直道自在人心，然称道之已耳。从而扬之朝，复从而及之于大中丞，更复从而思及达之于九重。嗟乎，此何心哉！此何心哉！言之行与未行固无论，而出于心之诚，然以冀夫人之有济者，岂复遗力耶？行取挨次，累累在前，近遵部覆，安肃获贼，题叙之例，具有详案。但吉士素性疎诞，本非吏才，诚恐因即升而再转外员，则息肩之望杳无期日，故复徘徊未决，亦不乐以此事上闻也。夫狂病之夫，方其盛气之时，踊跃超踞而不知止；迨其性定，则坐立喘息，且颠仆而思卧。吉士今者，殆有类于是，故复述其区区之怀，以志私感云耳。

上抚宪达公书

吉士闻之，天下有处万不得已之势，而适未遇夫有求必应之人。达者安之，愚者号焉。处其势矣而幸遇其人，则虽仁圣贤人、如所称乐天俟命者，亦将竭尽无余以陈之于其前，况下焉者乎？今有坠于万仞之谷，而匍匐于华山之巅者，其号呼而待救也急矣！虽途之人遇之，亦未有不咨嗟而悼之者也，然咨嗟焉而已。及其亲若友遇之，则未有不俯仰哀伤而不忍去焉者也。至于遇之者，为若父与母，则又岂止如是而已哉？则必将尽力而不止，冒险而不惜，必出之于谷，而降之于巅，乃得已焉。有强悍之子，于此恃父母之必将救之也，安坐恬然而待之。彼为之父若母者，亦宁遂不尽力蹈险以救之乎？然及其出于谷而降于巅，其不怒而詈且责者，几希矣。吉士今者处其势矣，安敢不号呼而一陈之于宪台之前？吉士不省，然自垂髫受书，即慕古人行事。及莅任交邑，复蒙宪台不世之遇。数载以来，风波撼荡，滨于迁谪者数矣，卒获保全。属吏百数，而独于吉士仁至义尽，不啻若父母之于子。夫宪台之所为厚于吉士若此者，岂徒如世之所谓私其属者此哉？诚见其尚可以黾勉，以上不负朝廷，下不负百姓故耳。由此感奋，夙夜自励。每惟当今守令所重，莫若清廉。而交城土地荒瘠，户口逃亡，其需清廉尤甚。当今功令所严，莫如盗贼。而交城丛峰邃谷，极河逾塞，其苦盗贼尤甚。自戊申四月任事迄今，凡日用饮食以及亲朋酬应，无一非老父拮据经营，以给其用。自听讼征粮以外，凡昼而食，夜而寐，无一不心在穷山，而剿且抚。若乃静安古堡，已成荒山，兀然重建，入山剿捕马步官兵四百余名，各乡乡夫不下二千，往返匝月，一应军资犒赏，咸取给于县官，无非东西假贷，以累老父家乡兑偿。幸而有名诸寇悉已就擒，远近生民保无窃发，私心自庆，以为庶几可藉手，少副宪台特遇之恩。其次微劳稍著，或旦夕得脱离此地。岂意历年逋寇，甫尔剿除，而纵盗职名，随蒙部取。吉士凛奉功令，敢不遵报？夫功名得失，自有天数；条列降革，亦有公评。吉士何敢妄生怨尤？第以吉士数年所为之事，而逆计今后所居之势，实有万不得已而不容默默于宪台之前者，其故有四：吉士素心懒放，本非吏才，谬膺百里，寅而作，戌而息，莅任已及四载，一切上下文移，从未假手于人。年甫壮而须发已有二三白者。日内编审，凡历年来坚不可破之积弊，矢志清剔。每户每丁遂加面讯，舌唇已敝，审编未及十之三而食为之减，夜为之渐不能寐。过此以往，更不知何如是？吉士之心已尽，不得不陈者一。又吉士远宦山右，妻子均木之官。恭逢宪台一尘不染，属吏莫不洁清自守。吉士自揣可以无费，然相随家丁、马匹，昼夜巡缉，所需实繁。少经历四方，交知颇广，往来如织，情不可拒。服职至今，家计半为官赔，即老父亦难为吉士继矣。是吉士之生业将竭，不得不陈者一。老父今年六十有五，老母六十有六矣，胞兄端远佐县于江南之长洲，胞弟靖士近复谒选都门，其下三弟虽列诸生，然皆年幼无知识。吉士自入都至今六稔，去家四千余里，晨昏不获奉侍，每思作一清白吏，少转京阶以归荣二亲。自去冬入山剿盗，家父闻之，为之屡日彷徨不食。及闻山中荡平，手书谆嘱，侥幸迁移，便当告养。今纵盗之职名既上，倘定例之参罚旋加，是归省终于无期，二亲垂老必且忧而成疾，是吉士之方寸已乱，不得不陈者一。又交盗自故明迄今，百余年来，纵横出没，从未闻当事有敢捕一寇，毙一贼者。屈指吉士任中，著名魁率陆续擒缉将及百数，岂独交城所辖之盗？其为永、静、临、岚之盗实多。孰无父子兄弟？孰无亲知姻好？其于吉士为仇痛心切骨，吉士亦闻之熟矣。今交邑山民开诚劝诫，已渐格心。至于各邑群顽，宁能保无他志？诚恐一夫决命，卒不及防。是吉士之首领可危，不得不陈者一。夫自古豪杰之士，亦每每有居官特立，一往不顾者。然功名可以无营，迁谪可以无惧，而父母之虑必不可一日而忘；身命之忧必不能一日而不计。况去秋蒙宪台面谕："朝廷今方破格用人，但当努力任职，毋以行取系心。"吉士凛奉不敢忘。今交邑之寇幸已全除，交邑之民幸已就治，交邑诸务幸已悉理，而吉士今后方且日入于万不得已之中，而尽力不惜，若父母之于子，思出之于谷而降之于巅者，非宪台之望而谁望也。以宪台之仁至义尽，厚于吉士若此，而又处吉士今日之势，而尚有所疑，且待隐忍无求，是则吉士之罪也。纵盗职名，吉士不敢辞，倘邀洪恩力为疏白，少叙微劳，则自今以后，有生之年皆宪台之赐矣。

与徐敬庵侍御

客春家兄南旋，附有寸言，小儿姻事，遂蒙捐大俸以周之。云霄高义，实非可望之他人者也。顾盼复二十有余月，都中往来如织，而晋阳寸楮无达于左右者，非不暇执笔，每每执笔而中止也。人情苟有所不得已，必谋之亲与故，至大不得已，则必择其知我念我之最深者而与之谋。伏惟畴昔之分，知我念我之最深，孰有深于吾侍御公者？然而犹不能宣之言，当其不言，则欲言者无穷；及言，则又何者为可言之言？以其信口缕缕，语不择音，如村农老妪，刺刺诉愁苦不休，徒深知我念我者子叹息、悲伤，而终于爱莫能助也。曾不若终岁无一言，俾知我念我者之怪其无状，而犹或代为之恬然适也。顷者，屡得家兄书信，知侍御公尚不知其无状而怪之。因复执笔，一通于前。从来为令之苦，不过数者：掣时也，诛求也，钱粮也，盗贼、豪强也。而以吉士今日所履之地，上台清明委任，小民从化急公，山寇荡平，闾里率服，数者无一焉。顾方莅任之初，数者半集，而某处之安然。今数者无一，而地愈危，负愈重，皇皇焉殆不能终日，何也？此固言之无可言也。太原周知府，其才可称，肆应其名，已列卓异。其位尊于州若县，其迁转仅俟岁月。功名之心，人孰无之？今已告病乞休矣。此间作令，履虎临冰，又何俟言而后明哉？吉士今者，但得远离此土，策蹇于长安道中，诚无异登仙。然戴鳌山而仰首，纵有知我念我之深，其能援手于九渊否也？同有长幅达家垣兄，其中情形，或备所未尽，仰冀洞察，寥落况怀，语无次序，希鉴。

上赛臬台

汾阳剿杀一案，十年十月，卑职同守备姚顺入山擒贼。虽未烦一卒，未折一矢，但官兵三百，防兵一百，乡勇二千，在山月余，一切犒赉、饮食所费不赀，悉系捐橐，并未派扰民间。粒米寸薪，及奉发审勘各盗狱中衣食，俱卑职措置不缺，迨至正法后，卑职之苦累始释。至若变赃一项，盗至八十，不为不多，复逐变其家属，林总老幼，尽系山中赤子，其夫、其父捍网戮身，孽由自作，若此茕茕无依，生离死别，情实可悯。又当岁旱，谋生无计焉，有多金承买盗属？卑职仰遵宪票，亲至交山，劝令亲族具领，县官代为出值，但令抚养。山民以自己衣食尚且不给，安得余粟养人？委曲慰谕，方为承认。至投首惠首富等三十六人，招内各赃，毫无所措。各犯出万死而得一生，尚何爱惜？但候审年余，狼狈不堪，断难完纳。按赃酌价，亦系县官代补。卑职因百年遘寇歼灭一朝，肃杀之后，即当继以阳春，庶几抚兹孑遗，使之改过迁善，所全于两府者甚大，不仅为交城奠此尺寸之土而已。若搜获马匹，此乃日需草料，非同别项赃件可比。屡关汾阳领养，坚不允从。昨奉变文到，即行住支。从前每匹每日仅算豆草银八厘，数合之豆，盈鞠之草，岂足供饲秣乎？其欠缺者，业又卑职补之矣。在卑职俸入有限，何能为别属喂养盗贼之马匹耶？如谓价值卖少，见有买主、经纪与纳税单薄，历历可凭。在宪台按册而稽，以为变赃甚廉，卖马甚贱，法应增估。然其中马之赢瘦，与赃之多寡，俱系县官垫赔。卑职竭一年奔驰之劳，穷百端无艺之费，祗求宁谧地方，幸免咎戾，又何敢因此赃变一事，不知详慎，致滋弊端以于宪谴？何失主竟无人心，而有耽耽不已之视耶？伏乞慈照，早结钦案，幸甚。

与阎古古山人

水泉滩木厂，尚为文水所据。己酉岁不遗余力，始复故利。数年来逃亡尽归，民居日愈稠密，惟恐比屋难居。乃冲衢大道有地两段，为武黄门、张赣榆二公之业，独置废弃，居民不敢过问焉。客冬面商，曾有俟春之复。昨刘汾阴孝廉自山中读书来谒，询此地仍然故，士窃为不然。盖此滩一带居民之衰旺，实山西一带盗贼动静之机。而缙绅乃一邑之倡也，作令者不能兴利除害，犹望其左提右挈，鼓舞振兴，以为桑梓计。顾尺地经管，人已两利，亦何惮不为，忍置之不毛不厘之区，或亦效不畜不察之义耶？屡欲作小札致之，恐鄙言过戆。愿先生以鄙意婉致之。如果以瓯脱视之，当即傋官价，请乞以为是隅交易之所也。专泐。

复阳城星文乔太史

老先生负北斗之重望，养东山之高节，一言华衮，当不轻假。卑职五年岩邑，碌碌同人。即交山告靖，上托列宪威灵，下藉生民福祉，或可告无罪于地方耳。过蒙荣奖，徒滋汗背。令郎天姿高迈，自尔不群，凤凰产于丹穴，龙马出于渥洼，故不可望之一丘一泽间。画初复遭下刖荆山之泣，深为怆心。然功名有数，遇合正不争旦晚间。从此淬华阴土，使太阿光铓在匣，一旦乘时吐烛虹之气，止当垂声名于天下耳。

与祁邑畅孝廉

公车伊迩，遂罹大故，深为愍然。弟既荷不弃，推为一日之长，又不得不直抒胸臆，以表相爱之衷。夫丁亲丧日，读《礼》以言，循《礼》之中，尤恐失礼。且读且循，慎之至也。接尘之顷，征见内服尚具缎绒，甚非苦块之衣，虽达人风致，不拘小节，阮步兵围棋吐血，或别有至情。顾忝列缙绅，又不得与山林闲放之士同其率性。倘蒙见采，则细流土壤，足验高深之未可量矣。奠仪二金，聊当生刍一束。

与戴枫仲

徐、卢，狂薄士耳。裴闻喜有云：当先器识而后文艺。使青主先生竟欲与徐、卢二公较品格，予且薄之矣。"四知堂"三字确非此翁手笔，当出伊令嗣捉刀耶？生于书甚拙，然于笔墨蹊径之外，颇有微解。虽镌而悬之，适为傅公贬声价也。

复陆集生

雅韵此自是年兄笔底烟霞，与却波无与。然勺水实藉以闻之海内矣。谨谢。

阅宋云倬《离相寺序》因与论文

古文有三要：一曰立意，二曰辨体，三曰定局。三者全，而一言以蔽之曰洁。所谓意者，他人能发之意，我不必有是意；古人已发之意，吾不必袭是意。苟无出人意中之意，则虽体正、局高，终难传后。所谓体者，先秦之文，不可杂以两汉，六朝之文不可参以八家。以司马龙门之文，苏明允犹讥其列引经传，以为绫锦杂用，则体可知已。所谓局者，或逆以取奇，或离以见脱，取他人之言而断以己意。一篇之中，必有数峰遥映，如山岚迭嶂中，来龙去脉，井然不乱，然后为之成局。有此三者，而以芜词、织句、嫩字杂之，复非老手。故"洁"不可不察也。篇中出离相寺无情，是意不立也；起用四六，是体不辨也；平铺湖景，全无起伏，是局不定也。而又多用真州《东园记》、《岳阳楼亭》，套取左氏"如棠观鱼"等语，皆大不可。至若造浮屠，广无量福，尤为古文中最恶累词。勉之，勉之。

复傅藩臣涿州太守

易水鱼鳞，卢沟鸿影，未能频寄汾河寸素。猥蒙赐之手札，奖许淋漓，汗且浃背矣。五年虎穴，万死羊肠，幸获奏此微功，而引领长安，徒滋西笑。想宿缘未尽，交山块石，终未许劳人推枕也。

与潘次耕

归敝治，以文案山积，未能如姚元之一日裁决都尽。今者始得片暇，检点竹涛、蔡子诗稿，并祭竹涛文一稿奉教。弟与竹涛交非有素，文止据事叙情，无能过为深痛，未知不遗恨竹涛于泉下否？

与文县王卜子

客岁晋阳一话契阔，伏惟吾兄期月政成，清风惠泽，自当与太白之峰，天池之水同其高且永。但陇西风气刚劲，恐文教为艰。然文翁化蜀、常衮化闽、子厚化柳，地何能限，人亦顾上之人何如耳？吾兄何遽不若三公耶？敢以为知己励。敝门人阎百诗有事巩昌，越险阻而西，乘暇且将望贵治而通未泯之刺。夫寒苦如秦陇，总非游屐所堪。顾有一异人焉，鸣琴其间，岂特足音空谷而已耶？百诗之亟亟以求介绍而见公，与弟之亟亟以作介绍而见之于公，未可为不知者道，谅吾兄亦复有爽然于心者。百诗嗜古，宏于中而肆于外，兄当识之。数千里外，经午一信，捉笔无穷。托百诗三寸舌，代布之左右。

复张东山侍郎

五载岩疆，簿书戎马，备历生平未有之苦。平泉绿野间，竟绝采芹一候。忽接赐函，不啻披五云而捧白日矣。会城造次，得承令弟先生笑言，恨未能暂屈车骑，稍尽主人之分。然剪蔬汲饮之况味，闻则甚韵，谅终以不试为佳。《瑶章》一幅，宠锡百朋，余惠不敢作得陇之蜀。

复蒋闻大令尹

半生奔走南北，幸叨一命，又复憔悴岩疆，都忘甲子，接瑶函滋之咏叹。回首二十年前，浒墅唱和竟同隔世。尊刻苍凉，俯仰绝类。《秦风》所云：名山大川，固能移人性情耶？咫尺故人，尚迟握手。何时匹马东来，倾斗酒一谈羌中风俗也？

为夏子宛来致郑淡庵文宗

阅《邸报》，知先生衡文荆土，不禁北望手额。楚文雄放而负奇，多跌宕不羁之才，鼓舞振作，一规之于正，便可甲海内。以公高望巨识，知一顾盼，开牝牡骊黄之外，必有追风绝尘者，群起献渥洼之歌。文章与治化相为盛衰。荆楚在寰区最为形胜，先生奉此简书，于国家岂小补也？吉士辱蒙格外之知，图报之私，每恨无地。今者窃有所进，冀仰报于万一焉。楚大邦也，衡文去取，必非一心目所能周。然能文之士易得，衡文之士难求。有才而无学，不可；有学而无识，不可。有才、有学、有识矣，而意见一偏，又不可。然犹未足为难。所难者，数者全而兼之以品，制科功令，今日最难。文人薄行，晚近愈甚，故必先问品，而后数者从之。然数者可一望而见，品非深交而久验不可见。有浙江吴兴夏子宛来讳骃者，吉士与之交近十年，才宏学富，而识最高，且持论极正。吉士常评其古文诗赋，殆学《史》、《汉》、李、杜而未至者。其于制艺，则不为名家而务为大家，盖已几几乎其至也。其为人自命中行，然其志与言，近于狂者；其所守与所不为，则又几于狷者也。先生入楚，可以分尊宪而坦然任之无疑者，无逾此君。今尚留滞临邑，倘不以鄙言为妄，幸即赐复，当即邀致，为之束装入南耳。

复高平白田生同寅

三复回教，惜张子者何至，而为张子计者，又何其决也？理烦妙用，怜才盛心，尺幅中具见之矣。弟自札渎以来，心颇不快。念吾辈名教自持，身膺百里，一门下士，不能检之桀墨，反代为之转折，溺爱于有所蔽，而欲政行于所不信，得无大谬，而为有识者笑。乃弟既深讳此事，而张子亦颇自恧，有诸心不敢罄之口。每间日，弟因课艺评阅，作宗门捧喝语。望后数日，张子画初自阳城来，入座，见张子大笑不已，举座莫测其故。既张子去，弟问之，则其言张子此事甚详。始知歌舞队具有节烈，而张子儿女情中亦自有丈夫气，正当矜且成就，未可过督之也。张子素狂纵，不羁小节，家居或耽情花柳，然类皆浮云视之，无端恋。自遇此妇，遂有白头之订。此妇年尚稚，豪贵宠之者不少，一见张子，即以终身托。张子始犹未决，迨遍尝之以诸所苦而终无怨，由是张子感之。其北来肄业于交也，此妇迫之至也。迫之以不成名，无反也。其两相诀而来交也，张子誓绝茂陵遇。倘有不意，一则请以地下从，一则功名人事不难敝屣弃也。尤可异者，张子之内阃董君，家本名族，妆奁颇丰，张子往时挥霍，资罄尽，终不问之其阃君，而其阃君小洋洋任之。及得此妇，则欢甚，视之如娣。谓张了口："若而人果能入吾门，吾奁中赀不惜也。"画初抵掌言之，时而惋恻，时而激昂，四座起立，不啻阅一编《弇州艳异》。弟随使人细访张子近所为，则自上党、晋阳往复去来千余里，即声色满前，竟介然无复囊时态。即一端以概其余，可以无疑矣。汉唐以来，中行实难，跅弛之士，瑕疵之徒，其建立反不可测。盖其一片血性深至，扶而进之，固有非常人所能及者。牧之以一鸦头女谋为湖州守，两上执政书，迄十三年而不怠；而周美成《黄橙》一词，几滨于死而不顾，终不失为名臣才士。而昔时名公巨卿，若侯节度之于君平，韩晋公之于戎昱，亦往往因（后缺，据《万青阁全集》补）事成就，后世传之为美谭。夫子云："观过斯知仁矣。"克张千是心，一言相信，始终不渝，亦似有足奇者。夫张子之事奇，其阃君复奇，即此妇亦奇。乃弟素矫，然忽两书及于左右，以代张子谋，尤奇；若老寅兄者，已与张子为难，而破胆之神君遂不惜作古押衙也，则更奇。得无传奇者复从而奇之乎？身价百二十奉上，斡旋佳事，张子且九顿于台下焉。

附交城阖邑乡绅致谢周太守书

恭惟老公祖台台，清时重望，淇水哲人。五马从容，识大才之肆应；四郊丰稔，即剧郡之贤声。庶遗风将继叔虞，而保障何惭尹铎。治生等性成质朴，闭户长年，日在覆帱，未能趋谒，老公祖必恕而亮之也。兹所启者，敝邑西山，夙称盗薮，缘左连岚、静，右接汾、宁，千里延袤，易为出没。茂林密树，平居借以潜踪；迭嶂层峦，窃发因而走险。曩者闯姜蹂躏乡城，治生等俱遭荼毒。然势大力强，凡为邑父母者，未敢辄兴问罪之师，至今切齿丑类。自赵父母来交，即单车赴贼，招抚踏荒，数入虎穴，论之以义，不减郭令公；抚之以恩，有如太丘长。谓宜多方诰诫，必无后举之狼烟。讵意再四叮咛，尚有现存之鹰眼。赵父母遂用计擒获，巨魁授首，远近快心。顾贼首尚多，时犹剽掠。前月赵父母以官军三百掩至山中，贼急不知所措，卒获数人。后以贼捕贼，俱以次成擒。往返匝月，而山中鸡犬不惊，居民自若。从此西山无盗，岂特交人受福，使太、汾两府得安枕而卧者，皆赵父母之赐也。治生等深入穷山，皆梦想不到之地，见马步四百而外，尚有乡勇二千余人。既禁兵役，秋毫无犯，自不得不日为供给，悉赵父母捐囊以应，所费不赀。不但地方免剿杀之累，而各军亦无庚癸之呼。旋师之日，汾、文、交、静数邑父老儿童同至焚香，而叩马首者不止万人，功德之感人如此。治生等以赵父母深仁厚泽，无可酬报，当敛金以偿军费，而赵父母坚执不从，分文不受。每谈及灭寇一举，辄不自居功。云：若非老公祖一力担荷，列宪主持，正恐住贼地方，皆遭屠戮，县官救过不暇，敢夸功矜德乎？始知劳于兵者赵父母，而主其事者，老公祖也。治生等阴受福庇，仓卒未喻，谨此公修芜牍以明同邑佩德之意，临楮无任欢忭之至。

武讳攀龙，进士，原任刑科给事中，转江宁兵备道，布政司参政。

李讳之奇，进士，原任福建监察御史，调外用候补。

吕讳成名，现任直隶涿州等处参将。

解讳之麟，贡生，原任福建龙岩县知县。

张讳奇英，贡生，原任江南赣榆县知县。

丁讳世淳，贡生，原任浙江仁和县知县，今奉旨终养在籍。

张讳鼎新，进士，现任广西融县知县。

孙讳浩，举人，现任湖广善化县知县。

张讳锜，武进士，原任陕西宁夏屯田守备。

张讳绍载，贡生，原任太原偏关老营堡训导。

张讳冲光，癸卯科举人，候选教谕。

王讳拱珽，贡生，候选县丞。

陈讳于宁，贡生，候选训导。

李讳献崍，贡生，候选训导。

常讳大孝，贡生，候选州同知。

李讳若淇，贡监，候选县丞。

刘讳尔鼎，己酉科举人。

李讳敏觉，丁酉科武解元。

阎讳珽，甲午科武举人。

武讳之奭，荫生。

武讳之望，贡生。

李讳若泌，贡生。

申讳铉，贡生。

附周太守答乡绅书

　　潢池弄兵，平世所不能无。但诘奸、禁暴之无术，遂使滋蔓难图耳。贵县僻处山岩，蠢兹小丑，负嵎肆恶，使都人士有剥床之虞，此固当事者之羞也。涓涓弗塞，将为江河，萑蒲取人子，太叔所以利用猛也。贵邑令赵君胆略过人，胸有成算，不难身发难端，始则单车谕贼，既乃间道出奇，遂使耕者不惊，渠魁就缚。畏垒之尸祝，庚桑固其宜矣。运筹帷幄，树则焉能，不过如杜预、张华力赞平吴而已。是役也，诚国家之灵也，诸台之绩也，贵邦士民之福也，树何劳之有焉？瑶札烂然，不敢攘善，口碑之爱，敬心勒之。冗次裁答不宣。

　　周讳令树，字计百，壬辰进士，河南延津人。

牧爱堂编·详文

自　叙

官府之用，译其爱书之类与？盖尊者职要，卑者职详。《尚书·立政》曰："文王罔攸兼于庶言；庶狱庶慎，惟有司之牧夫是训用违。"譬诸乐，黄钟希而众音繁；譬之琴瑟，大弦缓而小弦疾，理固然耳。然则详也者，兼详悉、详慎之义乎？余于钦宪诸案，务研精周密，尽得其情。若地方利病，必畅所欲言而无忌讳。盖无隐不使上达，亦无微不使旁浃也。敬哉推详，其敢略与？恒大赵吉士识。

牧爱堂编

详文卷之五

除害

一件申报事

（详府）

看得吕结之子吕五，娶张勋妹为妻，未半载而张氏自缢，勋遂以打死人命控。庭鞫吕五，盖乳臭孩童也，虽有妻室，衾枕之欢，从未之讲。张氏年已二九矣，睹景伤情，殆非一日。三月晦，欲往勋家。舅姑因异母兄妹，家训不肃，不令之去。张氏郁郁不舒，乘五已睡，自缢身殒。至天明，吕五方觉，急救不苏，致伉俪不合而祸起萧墙，吕结不得辞其责也。张勋一闻妹死，随捏因奸打死，思诬吕结而甘心焉。刁健情形，实宜重惩。姑念妹死情真，免其拟究。吕结为子择配失宜，致酿人命，罪坐不应从重，追赎谷贮仓备赈，候入册报宪，合应详明，伏乞上台批示立案。

前件（张勋赴府复告，本府批审，勋抗不服拘，复赴司控告，司批府，府批阳曲，因具由详请。）

看得吕结之子娶张勋妹为妻，张氏长大，而吕五幼稚，有室家之名，无夫妇之实。寝处数月，吕五之爱惜其妻，止同弟姊。张氏之怨望其夫不啻寇仇。且吕结四子之妇，俱惯作田家生活，惟吕五新媳宕逸多姿，不善作农家妇，起居食息，无一事慊张氏之心。以十八岁风流之女，既厌于俭啬之舅姑，复憔悴于勤耕力作之家务，尤苦于赤子同衾，琴瑟在御而不能鼓。揣氏之心，以为如是之生也，固不如死矣。本年三月晦，张氏欲归母家，吕结以张勋与氏异母，且家道不正，恐生别情，严阻不许。张氏即对来人有寄语"母兄当来哭我"之惨言。迨夜将半，吕五睡梦中似闻妇起，次早，四月之朔，方见张氏自缢身殒。此时卑职尚未到任，访闻的实，比放告，而张勋以打死人命控，吕结以借尸吓杀诉。卑职因吕结为子择配失宜，致酿人命，坐以不应之杖，原、被允服而去。而交城刁风，每遇人命，尸亲之宗族、邻友，或告、或首、或证、或处，群起吓诈。先求检验，验日纠党横索，直致罄家荡产，各遂其欲，即行求和。若有一人稍不遂意，挑衅扛帮，经年累月，投告不休。见卑职审出真情，诈端难施，张勋之表亲郭凤龙、王应聘等唆勋复告。职查张勋初词，告吕五与亲姊丢姐儿通奸，同谋打死伊妹。及卑职审出吕五年幼无知，奸不能诬。又告丢姐儿代弟嫌妇，殴打身死，用绳勒痕。一女、一妇岂遂不相敌耶？比投控宪台，又告丢姐儿家务相嚷打死，火柱烙痕。倏告绳勒，倏告烙痕，是自相背谬矣。三词互异，诬指显然。及审据郭凤龙、王应聘等，亦理屈词穷，皆供自缢是真。卑职恐刁顽未服，令原、被俱立认状，检实抵命，检虚反坐。张勋垂首丧气，默然无言。吕结之邻佑人等禀称"检有致命，甘与连坐，愿遁结状候检"。卑职以一行检实反坐，断难轻宥，爱惜生者之民命，因不忍轻易暴露死者之尸骸。不料张勋不候检审，冒籍阳曲，投控按察司。蒙批宪台，令严拘张勋赴县审结，抗不服拘，原、被不齐，碍难结案。伏乞宪台将按察司一词批发并审，庶可拘勋审结详报，以完上件，事关宪批，未敢擅便，伏候上裁。

牧爱堂编

一件为奸民抗法等事

（前件详府未批，再行申请）

　　为奸民抗法欺宪、仰祈鉴案发审以惩刁顽、以全职掌事。窃照县有分土，民有专籍。抗法而法不能施，欺宪而宪莫之测，未有如张勋打死人命一案者也。张勋住居本县成村都，左邻张锦，右邻张田。其应纳钱粮户役，则在本都五甲。初控本府状内现书交城人。本府发县审问，卑职据理执法，颇得真情，正欲检审，而张勋知卑职见闻真切，吓诈计诎，伪称阳曲县人，投控按察司。自恃舍人之尊，抗不赴官，差役莫敢拘拿。犯证在县，候审详报。而张勋差提不至，无凭审鞫，不但上件不完，其藐视卑职，欺罔上台，彰明较著。一人把持，合县成风。县官虚设，毫无管辖之名。文案徒存，难施理断之实。原籍交城，冒称阳曲，蒙蔽宪聪，致累愚弱。县令掣肘，国法安在？伏乞宪台鉴查刁情，挽回恶俗，使卑职稍得展布四体，立于民上，无令奸民欺藐蔑视，庶不负朝廷设立县令之意，而宪台之体恤下僚，惠爱百姓，主持风俗，关系世道人心者，非浅鲜矣。谨具文申请，恳祈宪台将张勋打死人命一案批发审结，报宪定夺。为此，今将前由理合具申，伏乞照详施行。

　　前件（抚院面谕，审明解报，因检审拟解。）

　　看得张勋诬告吕结打死人命一案，细检张氏身尸，喉上绳痕紫色，耳后八字不交。除自缢外，别无致命伤痕。尸亲干证，眼同检验。卑县之尸格忤作之结状，明白在案，其为自缢身死，凿凿无疑。且张氏既称张勋继母张氏之亲女，张氏见尸，绝无哀痛情形。据吕结供，非亲生，似不诬也。张勋立意原主打诈，卑职初审得情，不遂其欲，必思陷害殷懦之吕结而后已。卑职察合县绅衿倚恃之情，衙役庶民畏惧之状，若非宪台令卑职检审解报，则几使巨憝漏网，交邑人民终无安枕之日。但张勋初因未检，犹得借口，今既经检实，反坐便何说之辞。张勋初状告吕结等，以意在灭口；将妹打重伤，当即身死，是诬吕结以尊长谋杀卑幼矣。查律，尊长谋杀卑幼，已杀者，依故杀法。按故杀子孙之妇，杖一百，流二千里。今虚反坐，是张勋合依诬告人，流罪未决，律罪止杖一百，流三千里。候详允发遣，所以正朝廷之法，亦所以除万民之害也。郭凤龙、张勉二人助勋为恶，均依不应得为而为之事理，重者律杖八十。系民审无力，照例折资三十板。张氏、徐氏形虽刁恶，姑念愚妇无知，免其拟解。至吕结剿掠异常一词，据干证苏自好口供，张勋之母曾将伊女衣裳拿去，是亦难云剿掠。而其择配失宜，致酿人命，合依不应得为而为之事理，重者律杖八十。系民审有力，前审时已经追赎谷贮仓备赈，相应候详，申缴实收，作正项支销。伏候上裁。卑职前蒙宪台申饬详文一事，内开"一应申详，务须明白，不许袭用套语，重复填写"，故不敢照全招旧式，拟合一并详明。

前件（申府。）

张勋之诬告吕结也，据状三词互异，检尸自缢，分明全无戚容，必非亲女。拦检下体，自是真尸。论奸恶凶险之态，一死尚有余辜，按诬告反坐之条，满流断无疑义。朝廷法难假借，奸棍术穷措施，至借尸抄吓一词，虽持去衣物，难云抄家，姑免深究。郭凤龙、张勉助勋为恶，拟杖以警。吕结为子择配失宜，致酿人命，并杖。余犯无辜，应蒙宽宥，伏候上裁。

一件申报劣衿事

（申督学道）

太原府交城县为申报劣衿事。窃照本县劣衿张明盛者，年将就木，恶足灭身。先年侵占同族张自振祖坟葬父。前任王知县断令起舆，视之蔑如也。今正以远年无影草帐谎呈自振。卑职审逐在案，明盛诈骗不遂，复同伊子式孔竟将自振祖坟荫木强伐，自振遂以盗砍坟树控官。不思明盛之父久已侵葬，自振坟前是自振祖坟，荫木亦明盛父坟荫木也，何以伐为？卑职研讯得情，薄责式孔，量追明盛木价一两，祭其坟以安死者之魄，而族谊全矣。讵料明盛攘劈直前，横肆辱骂，卑职存官体，自不得不存学校之体。劣生闹法堂，竟不知为朝廷之堂，效尤益甚，长此安穷？夫侵坟盗木，重于武断乡曲。詈骂官长，显然犯上凌尊，抗法违断，不止把持衙门，是宪发循环簿内五款，而明盛所犯三条，揆情按律，更重于款内所载也。拟合申报宪台，伏乞准赐褫革，批发审究，以儆刁顽。卑职不敢擅便为此，今将前由开具书册，理合具申，伏乞照详施行。须至申者，蒙提督通省学政徐批：据详，生员张明盛，不遵教条，有犯五款。仰县行学革去衣顶，审究确情，报夺缴。

一件巨憝未除事

（详抚院藩臬驿粮道）

太原府交城县为巨憝未除、污蔑先受、仰祈鉴案正法事。切照山右一省，官箴之臧否，舆论之好恶，俱在宪台冰鉴中。况太原属下诸吏，闻见最近，耳目更真。卑职清夜果可问心，何虑劣生喷血？卑职内省实是无疚，岂惧恶衿反诬？前蒙宪台面谕："县官果得民心，不怕光棍诬害。"卑职书绅久矣，但朝廷设立县官，欲其政事清理，亦须听断分明，若容忍包荒，是非不白，坐令豪右横行，良懦含屈，挟制下吏，贻误地方，又非宪台教诲属吏本旨也。交城大恶张明盛，为文水县郑宦养子，即明朝黜革衣顶之郑立心也。先年侵葬族人自振祖坟，前县断令起穴，未起。本年正月二十三日，捏远年谎帐，呈告自振。卑职审明叱逐在案。明盛索诈不遂，率同伊子式孔强伐自振荫木。自振控县。卑职审实，责究在案。讵明盛抗断不服，闹骂县堂。卑职即将明盛发学。四月初三日，填注督学道循环簿内，申请褫革。初四日，绅袍代明盛求宽，卑职以详文以申，不允追回。然实法当其罪也。乃明盛怀挟私愤，妄捏撼拾，两控藩臬，迭告宪台。所控款单，前后互异；所告款证，彼此不同。卑职自信清操可对天日，众怒难犯，天网莫逃，任彼枭恶父子跳梁可也。切思交城数万人丁，并不见一人越控，何以独有明盛告官？卑职历审事件，并不闻一人含冤，何以止有明盛称屈？此亦不辩自明者。县官责得百姓十五板；百姓捏害知县十五条。问官将伐木人追价一两祭坟，伐木人诬告问官坐赃三十五两入己。县纲安在？国法难施。是惟害民者，方敢告官；而抗下者，始敢欺上也。今蒙宪台虚公发审一件，是实卑职甘心听参。诸款俱虚，枭恶何所逃罪？撮合粘连原详督学道申文，以见卑职受诬受害所由起。伏乞宪台烛奸锄恶，严批确审，律拟反坐，警刁风以彰公道，末吏幸甚。蒙布政使司达批：据详该县问心无疚，何虑含沙？此案既蒙发审，执法者自有公断，静听审理可也。缴。

一件申报讼棍事

（详粮驿道）

康熙八年五月二十五日，申报前事，蒙督理山西粮屯驿传道、布政使司参政加一级缪批：据详，讼棍田继硕，既系文水县人，何得专在该县衙门唆词包告？明系包揽词讼，仰该县缉拿究报。缴。蒙此遵，即差役缉获，到县取供在案。该交城县知县赵吉士，看得积年讼棍田继硕，鼓其刁笔之锋，布成杀人之阵，有以病亡而指称关天人命者；有以债负而架作劫夺公行者，历案可稽也。今朝匿揭刷黄，暗箭流毒，明日捏情列款，含沙射人。兴尺木之风波，幻空中之楼阁，苦我交城父老久矣。即以枭衿张明盛一事按之，明盛闹骂县堂，卑职申请褫革。在明盛挟仇害官，即诬告，亦该明盛出面，何烦继硕包揽？乃两控臬台，两控藩台，呼冤叫屈，俨有不共深仇。忽冒师徒，忽假甥舅，拦马攀辕，总属弥天大谎。一饵动指，三尺弁髦。揣其胸中，以为官长可欺，则平民易虐者俯首受骗矣；虚无可捏，则有隙可乘者甘心纳贿矣。不思棍徒受人雇托，代为控告。本年七月初九日之严纶，若特为继硕谕也。刁民挟制官吏，起灭词讼，结党捏词，枷号充军之律，不能为继硕宽也。卑职详请宪台，奉文缉获，褫衿既行反坐，讼棍尚未伏辜。缘系隔属刁民，又是诬告本县，虽继硕庭讯认罪无辞，而卑职招拟嫌疑应避，理合取供的确，申报宪台。或赐亲提审究，或批别属另拟报夺。讼棍一除，讼端自息。卑职不敢擅便，七月二十一日申详，蒙粮驿道缪批：据详，刁民田继硕，挟制官吏，包揽词讼，结党捏词，诬告官吏，深违法纪。仰阳曲县照律严究，妥招报夺，缴。该阳曲县宋讳时化，看得田继硕系文水人，而张明盛则交城人，以文水人而为交城人代告，此事之未有者也。至询其故，据供为师徒之情。然以徒而为师代告，亦事之未有者也。即为之代告，亦必问其情之真伪，事之虚实，更未有织无影之款。捏告官长，而悍无顾忌者，盖明盛非无弟兄子侄选择，而使继硕，固知继硕之为讼师也。继硕慨然允诺，受其盘费，历控藩臬、两宪而无惮，则固以讼师自负矣。按律载：受雇诬告人者，与自诬告同。讼师何未之知耶？应拟城旦，以息讼棍之焰。九月初三日申详，蒙粮驿道缪批：据详审，拟田继硕杖一百，徒四年。是否合律？仰县再一确详报夺，缴。蒙此，该阳曲县宋覆，看得田继硕飞蝇肆玷，翼虎难撄，既党恶于神奸，旋流毒于隔县。今张明盛以审虚发配，则继硕之代控，其为诬告无疑也。得其盘费，其为受雇无疑也。因情议罪，于律允协。十三日申详。蒙粮驿道缪批：既经该县覆审，与律相合，仰照前详发落。缴。

一件申请宪禁事

（详抚院、布政司、按察司、太原府）

太原府交城县为申请宪禁以固城守事。窃照交城属太原岩邑，所辖交山，从古萑苻所啸聚，为患全晋已非一日。幸宪台莅任以来，怀畏所及，遗孽解散，无复向时跳梁矣。但孤城逼处万山，卑职设立城总，重修城垣，编派城夫，两载至今，昼夜防守，不敢稍懈。然籍以无虞者，不过保甲严，而彼此各知其姓名，户籍清而往来咸识其面目，虽有奸宄，实无所容耳。乃有一种贩皮之人，不列保甲，莫查户籍，自称京客，声言旗下伙计，怀万千之重资，合三五以成群，始犹借寓假店于关内，今则比屋杂处于城中。入山卖皮，骡驼车载而至，从不纳分文官税，谁敢稽其来历？数伯游民为之硝洗，腥秽满城，酿为瘟疫。居民初为利，而终畏势，饮恨而已，此犹其小者。万一山贼逃人藉此藏奸窃发，咎将谁归？况怀资实招盗之囮，而探信布讳，半属洗皮乌合之辈。交城地僻，素不通商。民贫，从无土客，岂容若辈盘踞，贻累地方！是县令之令所不能令，而禁城之禁所不敢禁者，不得不仰渎宪台，严行驱除矣。查康熙八年七月二十六日部颁奉旨，"严积蠹滥冒横行，一示内开。如有奸徒倚力横行，霸占关口，照光棍例治罪。该管官不能觉察者，例有处分。通行在案"。卑职上畏功令，下为地方，据实详请，伏乞宪台严批禁逐，庶民生安，而城守固矣。康熙九年五月初八日申详。十二日，蒙太原府邓批，仰候列宪批行，缴。十三日蒙山西等处提刑按察使司色批，查旗下人不许远出经营，奉有严禁。若系商贩，又不许假称旗下。据详贩皮之人，三五成群，自称京客，声言旗下。要知若辈系何姓名，如果系旗下，须查旗色、主名，曾否奉主差遣；如系贩客，缘何假称旗下？仰县立速确查明白，报司，以凭酌夺。仍候抚院详行，缴。十四日，蒙山西等处承宣布政使司穆批，仰县一面严查确报，仍候抚院详行，缴。十六日，奉本府帖文，蒙提督雁门等关兼巡抚山西太原等处地方都察院右副都御使达批：旗下出京贸易，久经严禁。据详贩皮之辈，自称旗下伙计，明属假冒。皮张有无输税则例，仰布政司确查报。

前件（详按察司。）

看得旗下不许远出经营，地方难容倚势霸占，奉禁久矣。蕞尔交城，非商买聚集也。皮贩王印伙藉旗丁朱应龙等，堆资积货，倚力横行，非日赴宪，即是叩阍，乡绅、乡士绝不敢与之往来，城总、城夫又安能禁彼出入？洗皮者数百人，蜂屯乌合而至，大都深山鼠窃，藉以探听城内之虚实，将从何处辨其为善、为慝耶？是交城地方，业为此辈盘踞矣。今奉宪批查，卑职遵奉研讯，查得首恶王印实系籍旗行势，至于朱应龙等，据其口供甘结，确有旗色主名。卑职亦无凭核其真伪，拟合据实具申。恳乞宪台俯电原委，果在旗下者，作何禁逐？倚力横行者，作何处分？卑职不敢擅便，伏候宪台酌夺，以便遵行。十四日具详，十六日蒙按察司色批：邑城有狱库所关，岂容乌合之人数百屯聚洗皮？其中万一致生不测，干系匪细。据讯，朱应龙等虽供有旗色主名，而并无挡票的据，显系假冒；奸贩王印等，倚势盘踞，均应重究。姑念愚民，时逢热审，仰县立速驱逐出城，以固禁围可也。仍候抚院详示行缴。

前件（详本府，转报布政司，申抚院。）

五月十六日，本府帖文到县：奉布政司札付，蒙巡抚达批：前事拟合确查，为此，仰本府官吏照札备，蒙批详内事理，即将交城县所申贩皮之人，果系何处、何项之辈，自称旗下伙计，况旗下出京贸易，久经严禁，何得假冒名色？且查羊羔皮、牛羊皮俱有征税则例，此辈所贩者的系何样皮张，因何不行纳税？逐一严查的确，详解本司，以凭转报抚院，批示施行。蒙此，拟合就行。为此，仰本县官吏即将该县所申贩皮之人，的系何处人氏假冒旗下伙计？是否逃人要见，住宿何处，出首何人？确查所买皮张货物数目，漏税情弊，逐一研审明白妥详。连人解府，审究事干院件，毋得刻迟，差提未便等因到县。本县覆加研讯，取具王印等确供，朱应龙等旗色主名甘结，申报在案。今奉宪查皮张有无输税则例，卑职又不敢不即此事研审前因具报也。查贩皮京客，车载而来交邑，骡驮而赴都城，从不纳税，谁敢过而问焉？本县详报之后，延至今日，而始敢问之。乃供曰："税出卖主，毋与我事。"是赤贫山民一张二张者，为卖主，而挟资富贩千箱、百捆者，非卖主也。是朝廷设立商税则例，仅与贫民计锱铢，而不与贩客较多寡也。未详之先，皮贩已经消洗、发京者，卑职实无从查其数目；既详之后，皮贩未经运至交城者，卑职亦无凭核其万千。但以不税之皮而来纳税之地，招地方征商之虚名，贻县官隐税之实累，是又难逃宪台之冰鉴者也。然不足计也。若彼背旨持旗，霸踞地方，县官失于觉察，县官之罪尚可受，万一城禁难稽，奸宄窃发，县官失于防守，县官之责将安归？卑职身任地方，不得不申请宪禁。虽旗丁力大势雄，将来不难祸及下吏，卑职亦且甘之矣。王印藉势霸踞，抗纳官税，断难宽纵。至于旗丁朱应龙等，假冒有人，违禁有人，或应驱逐，或应处分，悉候上裁。二十四日，将王印、朱应龙等申解本府研讯。蒙太原府邓，看得王印等一案以为旗下，则旗下不得远出经营；以为商贩，则商贩不得冒称旗下名色，二者皆非，且久奉严禁矣。况应龙等称有旗下主名，而实无挡票可据；王印等皆系陕西商民，而旁托为旗本资营。千百成群，往来山邑，驮载无税，渺难稽核。县官责关地方，交城例有税额，执而盘问非过也，宜也。但据印等各供，春来夏去，凭牙交易，似与霸占关口有异。从前税额，有系牙者代纳，稍与全然匿税者不同。时逢热审，与民休息。应遵宪批斥逐，仍行申饬，以防奸宄，以靖地方，可也。蒙布政司穆，看得交城县申报皮贩王印等，蒙批司确查，随经转行太原府确查详报。今据该府行县查讯前来，本司查皮贩王印、贺守业、李彦、王金、朱应龙等，或系西安人氏，或系永平人氏，递年来交城收买羔皮，运京发买，在先声言旗下伙计，今则实无挡票可凭，至称买皮凭牙交银，而税银又称牙家代纳。虽情近假势扬声，实非霸占关口。本当研究，但时逢热审，应如府议斥逐。本司未敢擅专，拟合呈详，统祈宪台批示，以便遵行。蒙巡抚达批：久奉严禁，不许旗下离京远出贸易。皮贩王印等假冒旗下，盘踞强横，殊属非法，念事在赦前，姑免深究。如详驱逐，仍行县严示禁饬。嗣后除民间商贩许来交贸易外，若再敢指称旗下，凭陵肆横者，即以逃人拿解。督捕堂审究，缴。

一件斩蠹安民事

（申按察司）

太原府交城县为斩蠹安民事。康熙十年三月二十五日，据本县人李启焕告：前事告称：革蠹田福，恶孽万端，通省受害。祸因伊侄田自友轮该守城，焕身充城总，按册奉拨，触彼凶锋，喝令恶仆王国臣、侯管成、骗

三、骗二子等，统党三十余人，肆行毒殴，命毙复苏。未拨城壮，不敢登城；已拨城壮，悉行喝散。声言山贼破城在即，谁敢禁我出城？任国学等证泣，思城总一人之死不足惜，合县万家之命应可怜。叩乞剪蠹安民等因，粘卷存县。据此，该卑职看得交城一县，紧逼西山，为太原以南诸县之门户。莽伏丛潜，恐生窃发，故守御严审，不敢一夜稍弛其防。卑职莅任之初，以城守大事，尽革从前卖富差贫积弊，每夜城夫一百二十名，悉照保甲丁册，挨门派拨，周而复始。大约每门不过每月守城一夜，于民为不劳。近因山贼啸聚，挨门所拨之夫，止可用以巡更，而不能资之守御。于是将合城丁册遴选城壮一千二百名，按垛注名，各有汛地。除每晚照常巡逻外，一闻警报，放炮为号，所选城壮尽数守垛。田自友原充城壮，自应登城。伊叔田福倚蠹抗官，不但殴伤城总，喝散城夫，阻挠守御。抑且布散流言，声张贼势，摇惑良民，立心叵测如此。若不申究，必致人人解体。蕞尔山城，谁与为守耶？事关蠹棍违令把持，非奉宪不敢拘审，伏乞严批究拟，务使蠹棍伏辜，又不仅城守一事称幸也。四月十五日具详。十七日，蒙山西等处提刑按察使司色批：据详，该县地逼西山，诚恐伏莽乘墉，特遴丁壮巡防，洵为城池狱库至计。何物田福辄敢布散流言，摇惑良民，且阻挠把持，贻误城守，殊干法纪。仰县严拿究拟，报司以凭，报院尽法，惩处速速。缴。

前件（刘必飏告为抄杀事，高朝告为势吓事，张三珍告为蠹害事，韩贵奇告为九载奇冤事。）

覆看得革蠹田福，原属人奴，而阗身县役，害仅及于交民；继充院舍，而耽视省城，毒遂流于全晋。青天霹雳，黑海波涛。列宪未任以前，无日非田福作恶造孽之日也。去年蒙抚宪拿惩，发回原籍收管，使其悔过安分，犹不失为盛世良民。岂期法网幸逃，凶锋愈炽，养虎山城，日肆吞噬。三月间，山盗窃发。官民隐忧，田福独喜。殴伤城总，喝散城夫，声张贼势，布散流言，是其心久怀不轨矣。卑职报宪拘鞫，律拟申详。岂料田福甫审出县，即挟涣情不遂之憾，统凶持械，打入生员刘必飏家内，将从傍劝解之张育初殴伤垂毙。卑职验明伤痕，令田福保辜在案。一经拘系，万姓欢呼。而高朝、张三珍、韩贵奇等纷纷具控，即福亦自不解，受害者如此之众，含冤者若是之多也。夫抗守布谣，甚于衙蠹之把持官府；抄家纠众，甚于土豪之吓诈乡愚。田福以一身而兼衙蠹、土豪之恶，已不容于死矣。况乃过之地方，有此真正光棍，印官不据实申报，非属隐纵，定是昏聩，即卑职亦难免于参处也。事关革蠹流言猖乱、恶棍纠党抄杀，卑职不敢擅便，伏乞严批拘拟，仍赐转请斩一蠹，以快合省之人心，乱萌杜而良善安矣。四月二十四日具详。二十八日蒙按察司色批：据详，田福率领多人打伤张育初，本犯具有保辜，应俟限内有无伤毙，再行报夺。至高朝等所告各词，该县从公审明，详报可也。此缴。

前件（系审明发批诸词具报。其未经详请，及别县来控者，共十九案，不便混列看语上申。）

三看得田福穷凶积恶，蔑法抗良，庭讯诸案，合县环呼，不下千人，无不切齿，思得其肉而食之也。殴打李启焕一案，显行喝散城壮之谋，隐逗旦夕破城之语，其包藏祸心，不特抗官立威已也。卑职遵批查讯，枷责国臣，律拟田福、白玉秋、崔廷秀等，供墨未干，即统党挺棍，直入央情不允之生员刘必飏家，门窗书籍悉行打毁，而迎锋颅破，则飏之甥张育初已几毙于砖棍之下矣。且乘机席卷，则室中所有狐皮、缎套、制钱荡然于群凶之手矣。据称索负忿争，夫债约自有定期，催取应同中保。不索于央情未允之先，而索于对簿方审之顷。且统众多人，持械深入，何为者？幸张育初未死于保辜限内，仅以白昼抢夺科罪分别追拟，有剩辜焉。再讯高朝一案，一马耳，始压之以不得不买之势，随捐之以不得不找之威。四十五两之赃，韩进等指证凿凿也。再审张三珍一案，以二年之里长，畜一当官拣退之老骡耳。乃始之首官者，但闻有曹四舅爷之名，终之交银者，实入于田三舍人之手。严讯之下，犯证一辞。福虽百口，欲卸此五十两之赃于始，终无一面之曹四舅爷不能也。此二案者，罪虽免于赦，前赃应追于赦后，福何辞哉！再审韩贵奇一案，沉冤已积九年，异事惊传万姓。福于从无交易之产，指田智赌帐，辄行开垦韩鱼祯之田，反怒理论，逞凶肆毒，始殴之于大路，已入死途，旋刑之于公堂，遂无生理。鱼祯二年三月，身毙非命。福至今日，梦寐中亦以为七尺祯尸蝼蚁无余食矣。岂意问其棺，棺犹未钉，验其尸，尸尚俨然。即田福亦俯首阶前，不禁魄落。卑职以事出寻常，未必冤魂含恨，留此不烂之尸，以昭不暝之目。但屡逢恩诏，不敢擅议。或援赦前宽免，着其殓埋。或念九载沉冤，追行检抵。伏候宪批裁夺，再查详。后王之相等具告多人，卑职因事酌断，又未敢列详混渎者也。五月二十日具招申详。蒙按察司色批：据详，田福率领多人，寻殴刘必飚于家，因必飚未值，遂打毁其门窗，并抢其室内之衣钱狐皮等物，但抢物者，或为福所带之人，或为从傍劝解之人，该县尚未查审的实。今拟追赔、刺配，于例是否允协？至高朝等三案，查俱赦前旧事，仍议究追捡抵，于律是否妥确？仰县再行详审，确拟报夺。缴。

前件

四看得田福始以抗官不轨之心，继行白昼抄抢之事。避锋者家破，撄锋者头碎。人心汹汹，合县惊传。原非偶尔寻殴未直，较之本与人斗殴，因而窃取者，未可一律论也。至于抢掳事情，则无论实为福所带之人抢散，即使为从傍劝解之人乘机窃取，福不统众操戈必飚之室，何人得入？必飚之物，何由得失？盗首罪魁，福无辞也。况今奉驳查，提钱串断者则为田自友；狐皮入衣者，则为候国成，指证凿凿。福更何辞乎？刺配之律，实有求其轻而不得者，若乃高朝、张三珍二案，则有不可一律论者。查朝等二案，虽属赦前，然福之赃，实朝与珍揭之。人之债，福之赃，可宽之赦前，朝与珍之债，孰宽之赦后？追之此，偿之彼，以活数年逼债求死不得之贫命，揆情似妥，而据理为确矣。独是韩贵奇父命一案，更有不可一例论者。查福之死鱼祯于赦前，固也。第有殴而无斗，既不与斗殴杀人者同形，有致命之私殴，而复速其命于不致命之官刑，又不与斗殴杀人者同情。惟田福杀人之机深入于三昧，致鱼祯不暝之目莫伸于九年。覆讯之下，贵奇呼天求检，誓不俱生。卑职以事属多年，不检则无以慰死者之死，必检则无以求生者之生。再四思维，仍以检埋两请于鱼祯，若有欺者，仰祈批示，以便遵行。至于田福等所犯罪名，相应仍照原招追拟，各无枉纵。伏候宪裁定夺。六月初九日粘同原招覆详。二十三日蒙按察司色批：事关赃私人命，仰县详请抚宪批示定夺。缴。

前件

查得田福案内所犯，不敢不据实申详宪台。三晋总宪，通省人命赃私，尽归平允，一经宪裁，自成铁案。卑职安敢越次妄详。伏祈宪批定夺，卑职遵奉发落。二十四日具详。二十九日蒙按察司色批：田福既系地方恶棍，始而喝散城夫，继而统凶殴抢，目中尚知有法纪乎？复据该县详称，福有真赃应追，更有冤命宜检。如此情罪，自应详请抚宪批示遵行，岂本司所得擅主者？仰县仍遵照前批速行，详请院示可也。此缴。

前件（详抚院。）

看得田福恶积十年，仇深万姓。自宪台谕阳曲县押福回籍之后，虎阱虽严，狼心愈毒，惟恐积通都，一朝告发，日夜结党图谋，逞凶立威，以钳人之口。始乘山寇氛侵，殴散城守，而触目者魂飞；旋因请托不允，抢打子衿，而呼天者蜂起。一经详审，万姓欢呼。除续控多词，未敢概申。至于同详三案，若揩诈良善也，则高张两家立破；若杀害不辜也，则鱼祯一命沉冤。赃明供确，卑职屡看无枉，虽远犯赦前，近犯赦后，宪台如天之仁，或可宽其一死，而杀人之父，破人之家，交民抢地之痛，终难与之并生。卑职身为交令，不敢不以交民之心为心。今将李启焕等四案，按福应得罪名，分别追拟，恭候宪台批示外，其韩贵奇九载奇冤一词，或行检抵，或行给埋，统候宪台裁夺。七月初三日申详。初七日蒙提督雁门等关、巡抚山西太原等处地方、都察院右副都御史达批：律例有一定之条，赦诏无不遵之款，非以本犯之恶迹，可意为轻重也。田福积蠹穷凶，业经本院访拿枷责，押回原籍。乃仍怙恶不悛，辄敢阻挠守御，殴伤城总，喝散城夫，且复造流惑众，诚憨不畏死者也。该县审讯既真，何难立毙杖下？除元恶以快人心，不则亦当大加创惩，折逆谋以安百姓。何以仅责家奴，请详发落，将无姑息太甚乎？亦且慑其余威也？至甫审出门，即挟浼情不遂之憾，率党行凶，打入刘必飑之家，碎其门窗，毁其书籍，殴人抢物，似此凶横，几于白日为昏矣。二事各有应得之罪，自应从重律拟，又奚烦多口之交攻乎？但拟以抢夺刺配，似犹未妥。夫所谓抢夺者，志在于财物也。今福因不为说情之，故迁怒于必飑，遂乘其悻悻之忿，纠党入室，思欲得必飑父子而甘心焉，与抢夺者有异。若夫揹诈高朝、张三珍二案，情固可恨。犯在赦前，查赦款内开有："以赦前事讦告者，不与审理，即以其罪罪之。"今断追赃免罪，是否允协？再韩贵奇之控父命，虽雠深不共，奈所犯亦在赦前。即使检出真伤，恐难违赦拟抵，是愈重死者之冤也。仰按察司覆加严讯，确拟妥招报夺。初九日司票行县，仰将田福等一案犯证作速确审，依律妥招，详报以凭，核明提审。缴。

前件（详按察司，转报抚院。）

五看得田福一案，历经严讯，供明证确，详拟抢夺刺配。遵详抚院，送宪批审。切福当寇氛方炽之时，阻挠城御，殴伤城总，喝散城夫，造流惑众，按律则有谋叛未行之条，有造言惑众之款，绞斩何辞？但原情则逆谋虽露，核实则勾煽无形，事属矜疑，情非轻纵。至打抢刘必飑一案，按律：凡白昼抢夺人财物者，杖一百，刺徒三年。按例凡凶徒因事忿争，执持凶器伤人，及围绕房屋、弃毁器物、抢捡家财者，发边卫永远充军。卑职因福率众打抢刘必飑之时，口称索债，是志不在财，而其迹犹在财也，故从抢夺定辜。今蒙宪驳：福因为不为说情之故，迁怒乘忿，纠党入室，思得必飑父子而甘心焉，与抢夺者有异。是卑职三复引条，终成泥迹。而宪台一言明，照直无遁情。田福等应得之罪，允宜舍律而从例。卑职不敢辞误引之咎也。再如韩贵奇父命一案，原属赦前，但控县之词，死未详其岁月；及盈庭之证，情又涉乎故谋。似福所犯原属不赦之典，故以检理两情，非敢故违恩诏也。今福等遣戍，已足创元凶而快万姓，亦安忍出之好生之内，入之必死之中？况贵奇见福等远徙他乡，稍足伸不共而慰九原，亦不忍出重伤之尸，再受一检之惨。自当仰奉宪批，遵赦免究。若乃高、张二案，初拟追给，实以二人受害倾家，遗逋莫楚，不得已为平情之断。今鱼祯一命已叨解网之仁，则二案赃私自无容追给者也。白玉秋、崔廷秀仍以杖儆。十六日将田福、田自友、侯国成等拟成招详。二十四日蒙按察司色批：田福阻挠守御，殴伤城总，喝散城夫，且造流惑众，以致当夜南城一带并无一人登陴。倘有不测，其罪可胜诛乎？二事并发，自应从重律拟。抚宪驳批甚明，今仅以戍遣，所拟尚属未协。况该县前详，福统领二十余凶，今所拟又何仅止三人耶？事关阻挠守御，不便轻纵。仰县务遵照宪驳情节，秉公严讯，究提余凶，妥招报司，以凭转报。缴。

前件（申报抚院、按察司。）

看得田福律应重拟，死有余辜。今于本月初二夜，畏罪自缢，虽未经刃戮，已合缳刑。至于附从凶党，仍当拟罪。但首恶既除，似宜从宽。伏乞宪台批示，以便遵行。蒙巡抚达批：仰按察司查报司，据县详加看，报院。又蒙巡抚达批：昨据县详，已批司查报矣。此缴。初七日司票行县，仰县严查确情，报，仍候转详院示，行缴。

前件（申按察司，转报抚院。）

看得田福屡犯重辜，未蒙定案，虽身羁囹圄，不便锁钮，兼之积恶素彰，余威尚在，颐指禁卒，无异家奴，假仰重牢，有同客舍。卑职奉宪批定拟重究余凶，福自揣罪恶贯盈，难逃三尺，乘夜自缢。严讯禁卒吕名成等，并无受贿情弊，似应免拟。福既毙狱，不啻合邑欢呼，喜其死，而恨其迟。即伊亲兄田富、嫡侄田自德，及伊妻奴亦莫不恍然，若出之水火而予以更生。平日刚狠横行若此，今得保首领而死，幸也。业经尸亲领埋在案，无庸另议。至若已申在官之出自友，在逃之侯国成，并未经查明之余党，实系惧党威而从指使，情有可矜。大憝既除，当宽一面。已拟者严加责惩，未拟者免其拘究，恩自宪开，卑职不敢擅便，合无申详宪台，转申结案。十二日，蒙按察使司色批：仰候转详示行缴，司据县详加看报院。十五日，蒙巡抚达批：田福缢死，既经查明，故如详结案，缴。

一件劣衿蠹役表里作奸事

（申抚院、布政司、按察司、督学道、太原府）

太原府交城县为劣衿蠹役表里作奸、沉匿案券报宪黜审事。窃照交山积贼，卑职仰藉宪威扫除，年来路不拾遗，真成太平景象。近日复有无知山民挖取铅砂，夜聚晓散，已经地方密报到县。卑职详查从前山民聚集情由，皆因城内劣衿势棍，纠结本县书吏，因以号召山民挖铅取利。无事则安坐而分肥，有事遂挟党以制官。即间有执法县令，亦不过将挖铅山民枷责而已，旋止旋兴，卒不可禁。而所谓劣衿势棍者，访其人，城中确有姓名；穷其实，山民不敢指证。此酿盗之根，历世相传而不能绝也。卑职任事既久，始穷其故。本年正月十七日，严饬快役孙承荣，密拘在山挖铅人犯武振父子等到案，而劣衿任相治、势棍闫福、张三举、吕海等四人，素系为首运粟接济坐本分利者，此番复在县门内指挥调度。卑职立拘到案，审明输服，情愿自立甘结，如以后再有聚集挖铅之事，相治等情甘坐罪。即将闫福、吕海、张三举责惩，又请教官到县，将生员任相治戒饬讫当，发一审单，写明历来挖铅缘由，四人愿立甘结附券。三日后，查取案券，申宪请示禁饬，而案券早已无存。新充刑书王仲禄自供，是小的自不小心失落了。卑职严加刑讯，而王仲禄始供，是同房房一霞说，他们与了咱几两银子，把这案券与了他罢。房一霞供，原是任相治与了小的银子，立逼将案卷取去。他是主谋挖铅的生员，一县人都害怕他。要小的命也与他的，小的不与，就要害小的了。正月十九日，小的同张献光、王仲禄三个人眼同在刑房内与了他了等语。取有各犯口供在卷，俟审日另详。外查除盗，必除其源；而审事务审其实，聚众挖铅，盗源所伏。况匿文券，法度难宽。但任相治系生员，势难冒昧审结，恳祈宪台批革发审，定案详解，庶党棍不致鼓惑山民，而蠹役不敢恃党蔑法矣。康熙十二年二月初六日申详。初七日蒙巡抚达批：任相治身列青衿，辄敢接济奸民，挖铅分利，业经审明具结，复敢贿蠹盗券，大干法纪。仰详提学道，黜革除名，仍确讯究拟招报。初八日蒙按察司赛批：仰候抚院藩司详，行缴。蒙本府批：劣衿蠹役表里作奸，沉匿案券，大干法纪，仰执法严究，仍候院司各宪批示，行缴。初九日，蒙布政司批：仰候抚院详，行缴。初十日蒙学道董批：仰即行学除名，仍候院司批示，缴。各俱批发到县，于本年二月二十六日审明在案。该交城县知县赵吉士，看得劣衿任相治等纠众挖铅，被山主郭计虎密首到官，卑职舍无知犯法之群愚，而究主谋端利之四恶，既取甘结立案，再请宪示严饬，亦足以永禁之矣。蠹书房一霞辄将原卷盗，与相治携归抄录，相治烧毁灭迹，致县官无案可申。卑职查明具详，黜革严审，犯证初次所索实止一两伍钱，独取一半者，一霞；各分其半者，同役张献光、王仲禄也。卷成灰烬后，复索六钱，则三役瓜分，各得二钱也。任、闫、张、吕为首，纠众出力控铅，计其月日，则始自本年正月十五之夜，次夜遂尔被拿矣。计其赃，则铅砂四十斤，连人获送，验明封库矣。房一霞婪赃卖法，罪不容诛，但受贿未及一两，仅与拱手听命之二役一例责革，实有剩幸。四恶倡首挖铅，若止拟相治以盗官文书之杖，反失之纵。今相治既革顶为民，应与闫福、张五、吕海照盗掘矿砂、不曾拒捕、人数不及二十名、初犯律杖枷，亦足以偿盗卷之罪。武振父子及任仲旺等十四名为从，计赃一两以下，各杖六十，与现获铅砂照例变价，并诈赃入官。伏候宪台批夺。查此案，卑职系二月一十六日审明，二十八日赴省招详录，三十日闻讣丁艰，徒跣奔署，未经申报，遂尔迟延，非敢故缓也。于三月二十三日申覆，蒙巡抚达批，依拟发落，缴。

劝善

一件从祀名宦事

太原府交城县为特举贤令循良、乞申从祀名宦、以风吏治、以快舆情事。据本县原任刑科给事中武攀龙、原任福建道监察御史李之奇、原任福建漳州府龙岩县知县解之麟等，举人孙浩、张冲光等，贡生李献瑞、陈于宁等，生员李献嵘、吕镰、申铉等，乡民刘玉、韩守礼、解道源等呈前事，呈称：窃闻尹铎治晋邑，首推保障之功，綦震刺并州，聿厘桑土之虑，惟德之感人者最深，故功以历久而弥耀。如明季本县知县薛国柱者，才长经济，业足匡时。莅任五年，在在群歌来暮；归田廿载，人人共结去思。开文馆以育才，化隆朴械；设药局而拯疫，恩治疮痍。赈荒则设法救饥，每见躬行粥厂，忧旱则为民请命，不惮步祷郊坛。未遑发奸摘伏之能，自致吏畏民怀之效。况值流寇猖狂，蓄粮置器，当时费尽苦心。且遇土城倾圮，纠工庀材，不日功成。伟绩诚可与召伯棠阴、郁侯膏雨辉映后先者也。苑北樵夫犹记泾阳之政，醴泉父老忍忘君奭之贤。目今文献广蒐，纂修县志，龙等感恩有自，报德无由。计惟从祀名宦，莫能镂德政之百千。但期陪祭黉宫，庶可尽报称之万一。伏乞采酌舆情，俯从公议。俾本官崇祀名宦，置主贤关。不但俎豆生辉，抒子民爱戴之意，亦且循良食报酬父母乐只之思等情。儒学训导王秀加看到县，该交城县知县赵吉士看得，明季交城县知县薛国柱，视县如家，抚民如子，遗爱在人，久而愈新。交城僻处万山之址，出郭数武，连峰插天。北距静乐，西极永宁、临县，周围几五百余里。在承平之日，不免逃亡啸聚；其在干戈强攘之时，危可知矣。薛知县当故明末年，流氛方甚，独能包筑城垣，不糜民财，不苦民力，不假刑扑，而大功克就。迄故明之末，既恬然免交民兵火之灾，在兴朝以来，亦屹然作晋省西南之障。是其功不独在民，亦且在国；不独在故朝，亦且在兴朝矣。虽兴利御害，固守土之当然，而崇德报功，亦祀典之所载。合无申请从祀名宦，四时侑享，以报勤劳。康熙八年四月二十日，蒙太原府秦批，仰候学台批示，行缴。六月二十五日，蒙提督山西通省学政按察司佥事徐批：前任令薛国柱筮仕晋阳，善政种种，爱戴既有同心，表章宜崇秩祀。仰县置主入祠，报缴。九年闰二月初八日，迎牌位，从祀名宦所，仍行报讫。

一件崇祀乡贤事

（申督学道、太原府，转详抚院）

太原府交城县为循良已入名宦、懿德宜进乡贤、公举从祀以彰风化、以协舆情事。据本县阖学廪生申铉、李法、胡絜、覃弘化等，增生张命新、丁畅、胡好古、贾试可等，附生牛化麟、孙云、孙郭、金阙、王贞洛等呈前事，又据乡官原任福建道监察御史李之奇，见任浙江仁和县知县丁世淳、原任福建邵武县知县胡扬俊、原任山东青城县知县孔宪文、原任福建龙岩县知县解之麟、原任江南赣榆县知县张奇英，举人孙浩、张冲光、刘尔鼎，贡生李献嵘、王拱珽、陈于宁、李献瑞等呈，为宦业久彰、乡评素重、公举乡贤恳申从祀以光大典事。窃照实著名彰，德已孚于月旦；事久论定，祀宜配以春秋。有已故奉政大夫、直隶保定府同知常大忠者，丙戌获解，压倒西晋英才，壬辰题名，群推南宫进士。两授县令，全携两袖之风；一任郡丞，止饮一方之水。老稚景慕，输资各建专祠；绅衿讴思，敦请复入名宦。虽怀来未获大展，而经济已兆一班。此皆行己之大端。因考立身之隐德，竭力奉慈，不啻承颜顺志；诚心友爱，奚止让屋推财。而且分禄及同宗，旧怨偕忘，公称今日之文正；推恩及里下，前隙尽释，咸推当年之禹钓。一善难名，百行俱备。之奇等合词公举，敦恳申请从祀。既有以扬往哲，亦有以励来兹，庶盛德不泯，祀典有光等情到县。据此，该交城县知县赵吉士看得，本宦一介独严，三立足式。本治家者治国，既兴让以兴仁。惟知人者知天，能不愧而不怍，由其行堪砥俗，是以德可维风。幼读公之文章，吾师乎想见圣人百世；近悉公之政事，其成也不待用我。三年棺甫盖，而舆论佥孚，烝尝早祀名宦，骨已寒而典型如在，俎豆宜配圣宫。合无申请上台，俯从舆论，转请从祀，以励人心，有关世道，民风不小也。康熙九年三月二十日蒙太原府邓批：据详，已故常乡宦，政迹名行，翩翩可宗；舆论公评，奕奕推重，允堪崇祀，以为表扬。仍候学宪批行，缴。蒙督学道徐批：仰太原府确查，报。

前件（三月二十日奉本府帖文，查取本宦实事到县。）

覆看得本宦形影不愧，心迹双清。轻财利而赈饥，恤患之必周；笃君亲而竭力，致身之兼尽。除兹害马者，长江桴鼓无惊；来彼泽鸿兮，上谷桑麻增色。走卒儿童，俱识行景，高山天地，尔我都知。心同止水，真能独立，故不惧；若稍有欲，焉得刚？士禀为师，是处皆尊坛坫；里宗其范，无人不仰典型。应配烝尝，亟崇俎豆。拟合申覆。四月初九日，蒙太原府邓批：看得故宦常大忠，一代伟人，两仪正气，文优行絜，诸生早已知名；怨释恩敷，健儿皆为悔祸。在乡为太丘之望，格人则彦方之间。七年贤书，足迹不入城市；两宰岩邑，棠荫且遍郊圻。教士新梓潼之宫，重儒与重道并笃；剿寇固潜山之土，允武与允文兼传。冀以北，江以南，走卒亦钦司马；朝之上，野之下，公论向道士龙。生为廉能之官，七邑已崇名宦；没则正直之鬼，俎豆应荐乡贤。四月十六日转详，蒙督学道徐批：仰府再行确查本宦履历，取具事实甘结，一样五本，速报。缴。

前件

三看得故宦常大忠，气骨嶙峋，文章彪炳。经营庙学，起文运之将衰；修筑河堤，砥狂澜于既倒。武纬文经并著，神君慈母兼称。蠲谷立仓，人方怀其至德；舍棺掩骼，鬼亦感其深恩。流民招自剑门，既牧牛羊而奠鸿雁；巨寇歼于天柱，能驱豺虎以靖鲸鲵。惟重道所以崇儒，门可入而卢可式；真爱民自能絜已，葵为拔而鱼为悬。其推有守有为，可追踪于外王内圣；欲得不屑不洁，又何媿乎孝子忠臣？断宜列于贤祠，急当置之圣域。四月十五日蒙太原府邓批：仰候转详学道批示，缴。该太原府看得故宦常大忠，行洵称贤，政果书善。文章之美，前在闽中读之即已知名；德化之醇，旧过保定闻之依稀若面。至于孝亲敬长，报恩忘仇，交城附省，一采便已尽知；若夫下士礼贤，招携怀远，直道在人，三复委无异议。前据绅衿呈请，该县磨核，官迹各在备详；兹奉功令谨严，宪台覆查，事实敢不确见？允宜崇祀，匪媿名贤，相应转详，伏听上酌，为此呈详。蒙督学道徐批：仰候转详抚院批示，行缴。该督学道看得交城县故宦、原任直隶保定府同知常大忠，品望超时，文章冠世。孝亲兼能友弟，忘雠且复报恩。节廉隅而耻干营，介节终身不易；本洁清以敷善政，治行历任可师。读书探濂洛之宗，作吏绍龚黄之绩。宜崇俎豆，以表名贤。既经该府、县确查明白，取具朋结前来，相应转详。合候宪台批示施行。蒙提督雁门等关兼巡抚山西太原等处地方、都察院右副都御史达批：乡贤事关大典，新准部咨严饬，未可轻徇。据详常宦事实多在任中，从何开报，有何确据，且本宦去世未久，遽请从祀，是否合例？仰再加确查详报，以凭酌夺。缴。册结并发。

前件

四看得贤者诚为难得。康熙七年三月，旨意昭然，祀典岂容滥及山东六百余人？部覆概革，使本宦果有毫发之可议，则卑职何敢冒昧以申闻？

岂但后学楷模，实为先民懿矩。在任胜其任，巴以东，江以南，冀以北，历宦宦迹足千秋；居乡重于乡，选之里，举之国，登之朝，立心心能如一日。上批去世未久，惟其未久，而无时不深人慕，久而弥光；宪查有何确据？确有所据，而无事不足相师，据之以德。一乡称为善；好非所阿；国人皆曰贤，察而后可。又况粮无担石，子甫玖龄，由其家贫且孤，是以论公而直。惟斯人请从圣祀，愈是圣世无私；当此日得列乡贤，庶几乡评不愧。六月初八日蒙太原府邓批：仰候转详，缴。该太原府看得故宦常大忠，政迹虽在屡任之中，行实已遍万人之口。部例至重大典，不容轻徇；直道犹存公论，果尔难掩。去世未久，已为盖棺论定之时；阖邑共言，宜从奉璋崇祀之典，不敢妄论。相应再详。蒙督学道董批：据详常宦取具事实，册结前来，是否实迹，再查。本宦于康熙七年病故，与事久论定之例果否相合？仰府再加确查妥看，详道以凭转院裁夺。缴。

前件

五看得故宦常大忠请祀乡贤一案，奉上查核者四次矣。当此至公至明之日，益深其难其慎之思，本县虽欲中辍而不容已也。夫乡贤之典，古今重之。人但知所以崇德报功，而不知实以维风范世。本县毅然为之申请者，非为生者也。屡查屡核，务得其实者，又非徒为死者也。使势利之乡，皆好善而忘势，重义而轻利，不依然二帝遗民、三代直道乎？夫述前者据信，后者实况。本宦之正气直节，真真希圣希贤，为乾坤第一乘人物。前此载之详文看语者，亦不过略举其可见者耳。本县非无据而虚指也，亦非无实而溢美也，实而可据。众论既已无问，乐善谅有同心。即虽宫墙万仞，固应俎豆千秋。蒙太原府邓批，仰候转详，缴。该太原府看得故宦常大忠乡贤一案，屡奉宪驳，迭据县详，在任、在乡果皆古人之德，摭行摭实，宜祀名贤之班。夫壅于上闻，下属不敢有泯没君子之迹；而遽为中止，后日无以企尚论古人之心。直道犹在，公论不泯。此该县毅然请称，非为生，而本府屡次具详，亦非为死也。相应表德，以慰舆情。蒙督学道董批，仰候转详抚院批示，行缴。该督学道覆看得交城县故宦原任保定府同知常大忠，德性醇谨，颙然当世鸿儒；行谊端严，卓尔后学宗匠。至鬻榖赈饥，舍棺掩骨，种种善政，前看已悉，似应崇奉宫墙，以光祀典者也。蒙巡抚达批：乡贤近日滥觞已极，是以奉旨严饬。本院前批常宦事实有何确据？且去世未久，遽请从祀，是否合例？原非过为苛刻，良以俎豆宫墙，事关大典，诚重之也。今据详并未登荅明白，仍止一味揄扬。恐其中不无溢美，仰再俟数年，时事久论定，徐议从祀，未为晚耳。此缴。

一件遵示化民事

（申总督部院）

太原府交城县为遵示化民循职报政事。卑职一介书生，初膺民社，幸乘宪台耳提面命，诚谕谆谆。于康熙七年四月赴任，今一载矣。切交城所属交山，夙称盗薮，频逢水旱，民逃粮逋，兼之民刁好讼，屡屡讦告官长。故县虽僻小，敷政甚难。自宪台莅任，善政善教既布四方，仁言仁声不遗下邑。每次宪示远颁，恳切淋漓，虽至愚读之，无不悔悟；即顽者听之，罔不感动。卑职每奉一示，除张挂外，尤恐未遍。随即发刊装刷成帙，凡乡耆里保人等，各给一本，使之父教其子，兄教其弟。每逢朔望，卑职率绅士亲为讲劝。迄今载余，风渐移俗渐易。向多盗贼，今尽化为良民。惟积年渠魁康如江、康如海、康四、金瓶子等怙终不悛。卑职已准直隶关文，密擒解送邢台县。蒙三省总督白具题正法，年来绝盗案矣。向苦逋欠，今逃亡者渐次复业。七年国课俱十分全完。独前任署印都事陈方舟，历年侵负，已蒙宪台具题原籍追补矣。向苦刁讼，今渐无争，越诉诬告者敛迹。即有一二劣衿、积棍，未能保其革心，然亦不敢欺陷良善矣。伏惟宪台期月政成，德之流行，速于邮置。卑职牧民无术，幸承神化之治，得免旷职之愆，不胜感激，理合具报，谨将刻成颁行《宪示》十本，申呈宪览。为此今将前由开具书册，理合具申，伏乞照详施行。须至申者，蒙总督山陕部院莫批：刊示收存，此缴。

牧爱堂编

一件为饬查宪示以肃法纪事

太原府交城县为饬查宪示以肃法纪事。康熙十一年三月十四日，蒙本府信牌，蒙巡抚达宪牌，前事等因蒙此，该卑职遵查，节年奉宪颁发告示，关系吏治民生，奉到之日随即抄传，遍贴城市、镇堡，以俾家喻户晓，从无隐藏沉匿之事。又恐岁月悠长，风雨剥蚀，俱经镌刻成帙，以成不刊之书。除本院前任藩宪时各示先行汇刻，散给阖邑士民诵法，已于前岁呈送抚院讫。复自康熙九年正月起，至十年十二月止，所奉宪发本院告示，业又陆续刊刻，散给士民，以奉作新之化。所有刊就尽汇成帙，另文呈送本院电览外，理合造具，从前奉发月日抄贴，处所清册，并同刊刻二帙先行申报，俯俟抄誊，再行实贴，完日另报。听候偏查外，拟合申报。

前件

该卑职遵查，宪台自秉政藩伯，以迄开府行台，仁声仁闻遍于天下，善政善教深入人心。即各属贤愚不齐，莫不策其驽钝，求莫求宁。虽宪台至诚动物，固有正率于无言之表者。然亦由宪谕谆谆，德言所及，廉顽立懦，以致渐臻上理也。卑职莅交四载，屡蒙宪台耳提面命，自幸亲承教诲，较之各邑遵奉颁行者尤深，敢不夙夜匪懈，治愈求治，以仰副宪台惠鲜怀保之意。至于每奉宪颁，随即抄传张示，山乡平下，遍贴布闻，尤恐岁月悠长，风雨剥蚀，以百世不刊之文，仅使官绅士民一见再见，甚非卑职凛奉作新之化也。谨将陆续镌刻钧示，尽汇成帙，除已遍发士民捧颂外，敬印二十册，恭呈宪览。

兴利

一件复厂全生事

（详布政司、申太原府）

太原府交城县为恳恩申宪复厂全生事。康熙七年十二月初二日，据本县中西、河北、西南等都郭邦、张梧、钟英、杨奇才、孟三省、霍唐等二百余人禀前事，该交城县知县赵吉士看得，交城平地不过三十里，其西北境周围五百余里皆山也。山民蓄木代耕，变价完粮，从无逋欠。历来积贮山口南堡厂场，以便交易。每年解纳布政司税银六两。自康熙二年，奸民争牙构讼，前任巡抚杨因之革税废厂，而文水奸民竟立私厂于文水之峪口。从此交山之木势不得不拖至峪口变卖，而沿山数百里纳赋，良民俱不聊生矣。窃思山中不卖木无以办赋，山口无厂场无以积木。今搬运邻邑，既苦民力，投牙别县，益费民财，守卖他乡，又失民时。木植几何，得不偿失，宜近岁之丁逃粮逋也。卑职屡据郭邦等具呈到县，及腊月踏荒河北，身入穷山数百里，山民莫不涕泣陈情。卑职忝居民牧，敢不代为申请？伏乞宪台俯从民便，仍听本地照旧立厂纳税，庶几残黎更生国课无误，皆出宪台之恩赐矣。事关税务钱粮，卑职不敢擅便，伏候宪裁。二月初三日申行。初七日蒙太原府秦批，仰候藩宪批示行缴。初六日，蒙山西等处承宣布政使司达批，仰太原府确议详报。

前件（二月初九日蒙太原府信票查讯果否利害，审议妥确，具详连人解府。）

覆看得交城钱粮之完欠，实由木厂之废兴。山乡以木代耕，故输纳不难。交易得所，故买卖两便。此本县设立厂场，历来相传而不可废也。自康熙二年奉文不许设牙立厂，山口虽有空地，不敢堆木。既地无积贮之木，故买木者遂绝足不至。贫民上迫追呼，下苦饥寒，则虽费时亏价，势不得不寄卖于峪口之私厂，实出无奈，非民本心。是沿河变卖一说，止可托请空言，万难见之行事者也。卑职唤齐各都山民，再三审问确议，得西山谷口水泉滩一处，地势空阔，与河相近，久宜立场，听山民自行贮木，以为交易之所，庶国课易完，穷民少苏，惟是照旧纳税。诚恐奸民不无指公攫利，致启衅端。倘蒙免其纳税，尤出宪台恤民至意。原蒙发县妥确具详，理合连人解府，覆审转报。该太原府秦覆详：看得交属强半皆山，居民伐卖木植以为完粮糊口之计。旧设木厂于武元关，山民售木最为称便。康熙二年止因牙侩就中射利，文民具控，蒙前任抚台断令，不许立厂设牙，任民自行货卖。盖自厂废之后，无地贮木，而买木者亦裹足不至。是以交民无奈，遂将所伐木植远运文水，往返艰苦，得不偿失，民疲粮逋，职是故耳。此该县所以有复厂便民之请也。既经复议，前来相应，准其于西山谷口水泉滩立厂等因申详本司。蒙布政司达批：仰将前院禁止立厂原案送阅，并查文水峪口于何年私设，有无抽税，一并查明详报。该太原府秦覆看得交民告立木厂一案，前详已悉，不赘。兹蒙宪驳，本府凛遵行文水县确查。今据该县申称文水峪口地方并无立厂及抽牙税情由，取有文峪都里地冯自荣等结状在卷，既经该县查覆前来相应回报，伏候宪夺施行。蒙布政司达批，备阅原案。交文二县俱奉前院严禁不许立厂，截排收税扰害矣。奸牙何敢不遵，希图罔利？若文水果无设厂，交城何以具申？本当拿究，姑从宽宥。仰府通行饬禁，听民自便。如敢再违，即据实申报，立拿奸牙重处。县官揭报题参，决不姑贷。此缴卷并发牌行到县。三月二十九日，本县亲至山口水泉滩等处，传集各都山民，谕以宪批，无不欢欣顶颂遵行。嗣后交山木植，听民自贮。本县山口地方，任其自行变卖，仍勒石严禁立厂、截排抽税、罔利扰民等弊，申报在案。

一件霸杀万命事

（奉布政司，转奉抚院，仰交城会同清源、太原两县公审）

太原府交城县为霸杀万命乞天亟救事。康熙九年十一月二十七日蒙山西等处承宣布政使司批：据本府申详、犯人赵川等招，由前事蒙批：永济一渠，虽年远湮没，而载在县乘。且清民执有明季万历年间买地开浚之印信，夫薄可考，非自无据而然也。据详此渠昔自马村流来，后汾水别流，河非故道。但查旧簿内开有洛阳村央各地主费过羊肉酒礼等项，则昔日之渠道在洛阳村似已有据，不仅在马村矣。事关民利，仰勿拘成案，秉公确查明白，可否开浚，另具妥详报。蒙此该交城县知县赵吉士会看得，清源永济一渠，源本汾河，路由太原洛阳村界行水。据万历三十九年印册，地亩四至，开载分明，确为清源罗郭、罗白两都醵金共买。查其渠粮，因万历九年清丈时早已豁免，是清民原有渠地而无渠粮也。嗣因河流迁徙，渠径渐湮，洛阳村民已经开垦成地，或庐渠上，或墓渠中，又不知更易几主。白、郭两都，非不欲与之发难，其如路遥人散，契失粮空，何乃四年杨院一控而详允其开；七年阿院再控而票押其塞。及至今岁，纷纷叠讼，欲罢不能。于是有两县官捐俸买地之议，复有两邑邑民认税开渠之说，是欲其息而适启其争。宜宪台有勿拘成案之驳查也。卑职平心而论，均属民计所关，则当权其大小。果系地力可尽，又须辨其重轻。苟利吾民，何论隔代？夫以渠作地，利于洛阳一村之富户者不过数家；复地为渠，利于郭、白两都之贫民者，何止万口。且水之所趋，到处皆能灌溉，则渠成亦太原之利也。洛阳村民又何惜十数亩渠地，久假不归，而必欲与邻相阻以自雄耶？据赵川等供，太原鳞册俱载渠道，郭月祖坟见葬渠地，洛阳村民何不执鳞册一证取郭契一验？此案将不辨自明，而口说无渠，谁其信之？若谓汾河昔日南流，因此马村有故道，今渐北注，是以洛阳无旧渠。其说近是，然旧簿内开有央洛阳村各地主费过羊酒一项，窥驳甚明，是河原经洛阳，而不止于马村也。且尔等何不指当日汾流故道，以塞赵川口，而混赖无渠，又何以服两都众姓之心耶？近奉抚宪兴利除弊之行，务期实力修举，与民兴复，是凡为民利所在，百世攸赖者，尚欲访之耆老，搜之志乘，即清民无地，尚当借太地以开渠，况实有可据者哉！卑职详考原委，即簿籍昭昭可查，亲看地址，则形势了了在目。挹彼注兹，无容两可也。然洛阳村民屡控不允者，其间亦自有故，以为渠道久恳作地，每亩价值数金，必不肯听人受水利，而我赔田粮也。盍亦原其初一思之乎？相应准郭、白两都顺路开渠，凡洛阳村墓、庐有碍渠地者，自当另浚。再丈所开之渠，折算地亩若干，令清源照地出粮，众村受大惠而一村亦无大损，或可结此不结之案也。

前件（逆天叛杀事。）

康熙十年三月十八日蒙布政使司批：据清源罗郭、罗白二都赵川、郝满等告，前事蒙批，此渠前经该县踏看明白，照旧开浚，其有碍庐墓之处，着令透迤开导，渠成之后，按所占地亩多寡，俾清民认粮补价，有利于此，无损于彼，可谓曲尽民情，业已呈院，允详在案。夫何奸民目无三尺，而敢于抗法横行如是耶？仰交城县同清、太两县亲诣督浚，如有抗阻，即将为首藐法之人指名申报，以凭拿究。其占过地亩，即同两县查照时价，令清民给补并地色粮石，认明详报缴等因到县。蒙此会看得永济一渠，清源合县之田，望此汾水以灌溉者三分之一，不仅郭、白两都也。自汾河口绕洛阳村至马村而止，共长一千八百步，阔十三步，折算五里；自马村至清源长头村北而止，共长七百二十步，阔十步，折算二里。二截共七里，计地一百二十七亩五分。此渠路之经过太原者也。自长头界历罗白都至鹅池村而止，共长六千六百一十三步，阔十步，折算十八里零一百六十三步，计地二百七十五亩六分六厘六毫六丝，此渠路经过清源者也。洛阳士民所霸者，门前咫尺必由之地，因以绝彼二十五里有零之长，渠谁则甘之？虽买自至元，开于洪武，年久难考，然地税已经过割清源，因万历九年清丈概免渠粮，而永济一渠遂成无粮之地。清民历世相传官业所谓古渠者是也。至万历三十九年汾水南流，河口远徙，又于洛阳村西买地半截，接浚马村，印册开载甚明，价已付而粮未割。至今太民种地，清民即其租以完税，所谓西渠者是也。古渠即开西渠，今汾河复旧渠，路由古洛阳，士民尽灭门前古迹。清民叠控不休，乃指开西渠以塞责。嗟夫！清民所欲得者，水也。西渠不便引水，岂肯用工于无益之地哉？今蒙宪批：照旧开浚。卑职等督工六日而渠成。李监庐前、郭月墓左，逶迤开通。幸所开皆李、郭之地，可以无争。偶有大树塞渠，卑职等谕其纡回数步，而不能得之渠傍之地主，且曰："树生古渠，应伐彼树，无削我田。"是洛阳寸土尚不通融，清源古渠岂容久假乎？细查渠粮，粮无可认。粮尚难认，价将安补？若谓渠经洛阳，是太原之地也，自然有税。然渠经马村，亦太原之地也，何以至今无太原之税？若谓渠经洛阳，非清源之地也，因不纳租。然渠经马村，亦非清源之地也，何以至今纳清源之租？况详讯再三，不见洛阳士民片纸呈验。李渭阳等虽县恶劣，义何说焉？最可恨者，清民积万千之工而开之，劣生唤十百人而填之。种种强横，难以枚举。执法当罪以霸占论理，应追其租苗。今宪台宽恩，卑职等不敢复为究拟。事属永远水利，伏冀宪台批府，仍行太原县确查，渠税果无具结，申覆再行清源勒石，以传永久。两县百姓无不沐浩荡之恩波矣。

一件为请开无穷之地利事

（通详院司道府厅）

太原府交城县为请开无穷之地利、以防不测之天时，凿渠引水用苏民困事。康熙十二年五月初六日据阖县士民刘必扬等呈前事，内称："窃惟交城所辖延袤陆百余里，皆崇山峻岭，茂林深谷。止有平原二十里，与清、文地界相连。土脉瘦瘠，五谷不长。设雨旸时若，尚尔薄收；如旱魃为灾，全无籽粒。以致民俗凋敝，饥寒所迫。初则聚众盗铅，继则群谋劫掠，铤而走险，趋死如鹜者，非民之恶生而乐死也，缘一邑之中无可生之路。与其束手待毙，无宁苟延旦夕耳。天台平寇，恤民兴利除害，五载辛勤，渐尔生聚。兹者闻讣丁忧，士民如失怙恃。思交邑最切之务，非天台不能为民区画。必扬等生长斯地，目击时艰，遇得为之时，有可为之事，焉得不合词陈情，以苏此阖邑数万生灵于涂炭。谨将交山地利为天台言之：本县西北有孝文崞，与吕梁相接，为西峪、浑峪二水发源之处。深溪大泽，取之不穷。以峻岭相隔，不能竟达本邑，必假道于文水县之峪口、开栅等村，方能流入交境。因而取木交山者，亦必因文水而出；取水交山者，亦必因文水而来。文水势豪党棍，木之所经，必轻价买木。如与之争价，则留其水而不容出文境。水之所过，必索价卖水。如价有未足，则堵其水而不使入交城。大旱则以水居奇，而壅其下流；大水则以邻为壑，而放水交地，交民受困久矣。今值数年生聚之后，交民渐有起色。适值亢旱，文民卖水卖至叁分一亩，犹复刁难阻执。交民不啻如子孙之侍奉父母，百般承顺，方得升合之水。若不值天台在任之日为交民作长远之谋，一旦旱涝卒至，交民仍无孑遗。今必扬等情愿各出己力，于本县西北峻岭之中凿通一渠，将交山、孝文崞之水，经由交城东崖之地，引入灌溉平下十都民田，不至假道文水，则势恶无所容其堵塞，而交民可藉以生全。今此兴工之日，盗矿余孽，将欢忻鼓舞，藉工作以糊口。

继此渠成之时，虽深山遗类，将樵采耕牧，安乐以全身。山中之民有木可卖，以资生缓急，可藉生全，不至于无聊。交邑之地有水可取以灌溉，蓄泄无虑，而田家不忧于耕，凿一疏凿间，可以开万年无穷之地利，防旦夕不测之天时，用力少而成功多。天台莅任既久，为民除害。每以身临不测之区，尚且不恤，而况因民情而利导之，自能为群黎计长远。又恐天运循环，前此文水势豪，拥交城之利以困交民，控之于官，而交民贫弱不能敌文民之富强。即申控上司，而钱神浩大，交民茕茕无告，莫可如何？壮者流于匪僻，弱者束手待毙。今则各上司清廉静镇，令无不行，禁无不止，天台切实为民，虽文水豪强，有钱而不能施。其打点者，业已数年，恐泰极而否又来，后此之日不可复料。交民穷困，终无已时。因之必扬等哀吁天台，伏乞批示。听民自为疏凿，以交城之水引入交城之地，则交民无穷之利，即天台无穷之惠也。"据此，该交城县升任丁忧知县赵吉士看得：本县西北山孝文一崿，界连吕梁，长流不竭，实可资本县之灌溉。因远隔峻岭，必假道文水而迂回以入于交邑。文民堵路买木，交民已困；索钱卖水，交民又困。交山之利不能以养交民，反能以困交民。历世相传有"两河无用水，三座害民山"之谣。今三座崖积盗已平，文峪口私立木厂，从奉宪禁。交之士民因害除而复思利兴，是以合词公请，情愿竭力开渠也。卑职虽处苦私痛，勉力任事，但见士民呈词迫切，呼号动地，随即会同僚属、绅衿、士庶登山循视。止隔东崖一岭，山势虽高，不难穿凿。今士民但愿各开山地，绅袍亦量捐己资，且沿山矿洞复相去不远，既通山道，则此路为康衢，人迹将络绎不绝，而奸宄可消。山中樵采达于村邑，则深山一草一木，俱足供穷民之饔飧，而合邑瘠田跷地，皆可化为膏腴。衣食有藉，盗贼潜消。虽一时疏凿之谋，实百年乐利之计。卑职久任岩疆，熟知民困。在五日京兆，似不必代百姓而言情；然六载牧民，又何忍任千家之呼吁？民情激切，分应申闻。伏叩宪台，俯顺舆情，救民疾苦，使无用之水化为有用；害民之山足以利民，亦适符宪台兴利除害之素心也。除将兴工日期并疏引山道另文续报外，所有开凿事宜先行呈请，伏候上裁批夺。六月十五日蒙太原府军厅周批：凿山，非常之事，不遇其时不举也，不得其人，举亦弗成也。人与时俱有，其举之何虑不成？交民其无疑畏哉。仍候列宪批示，行缴。蒙太原府署府事蔡批：凿山引水，使无用者化为有用，害民者反以利民，具见该县兴除素心，但有无病民费力，仍候院司道批示行可也，缴。蒙督学道谢批：凿山引水，为利穷民，洵称美举。既系通详，仍候院宪两司批示行缴。蒙驿粮道批：仰候院司批示，行缴。蒙按察司赛批：仰候抚院藩司详，行缴。蒙布政司批：仰候抚院批示，行缴。蒙巡抚达批：据详，士民情愿各出己力，凿山引水，开渠灌田，事属因民之利，如详举行。但勿令衙役作奸，借端滋厉，缴。

前件（通详院司道府厅。）

康熙十二年六月十九日蒙抚院达批"据本县申详前事，蒙批，据详士民情愿各出己力，凿山引水，开渠灌田，事属因民之利，如详举行。勿令衙役作奸，借端滋厉，缴"等因到县。蒙此，卑职随即会同僚属、绅衿、庶民于城隍庙中，询其开凿事宜果否？众人允服，协力疏通。有无资费累及穷民？俱称倡议由于庶民，鼓舞出自绅士，但工程浩大，不能无食用之费，众绅情愿出银购工。卑职亦即捐赀助费。金谋已定，卑职于本年七月初一日亲至开山处所，相度地形。若从东崖岭起手，穿山至石榴沟出水，则远隔峻岭拾重，为力较难。因而登高四望，见本县广兴村东卑于武元城水泉滩者数十丈，中隔文水、峪口、开栅三十里，势若弓弯，若穴地弦直，不过六七里，胡为舍逸就劳，咨询情形。盖因本县界山名曰"高离"。顺治十八年文民私立木厂于峪口，擅改此山为"天台"，立碑其巅。本县士民以荒山无主，荒地无粮，任其窃据，莫与之争。宁从远处凿山，不从近地疏水，惧之至也。卑职查阅通志、邑志，俱载高离山属交城西北四十里，注"六独峰高耸，远离小山，因名高离"。复查文水新、旧志，不但高离山不载，亦并无所谓"天台山"者。况县界西北惟此山独耸，余皆培塿，益见古人命名不虚。乡者言其改名立碑等事，年月不久。而碑文年月与之相合，其为文民窃据无疑。卑职思疆界法难力占，志书理难突更，不必改正其名，而高离自成其为"高离"，正不得强指之为天台也。于是从水泉滩下万佛崖起水，开山三十四丈，至托钵沟底；通至碟子沟，则凿阎王台山根四百一十三丈；由碟子沟底通至桑条沟，则凿土地岩山根二百九十一丈五尺；由桑条沟底通至虎喊沟出水，则凿高离山山根三百六丈，源出本县西、浑二峪，经流半崖、龙口，因名"龙门渠"，分昼夜两班，七处兴工。每处用夫十六名，粗工八名，铁匠二名，管工四名。共享善椎凿者一百十二人，粗工五十六人，铁匠十四人，管工二十八人。善椎凿者，每人给银五分，管工匠役每人给银四分，粗工每人给银三分，五日一领。其所捐之费，则本县升任丁忧知县赵吉士捐银一千两，乡绅原任刑科给事中武攀龙捐银五百两，已故御史李之奇子贡生若泌、监生若沉共捐银五百两，现任直隶涿州等处地方参将吕成名捐银三百两，原任浙江仁和县告终养知县丁世淳捐银三百两，原任福建龙岩县知县解之麟捐银一百二十两，原任江南赣榆县知县张奇英捐银一百三十两，见任湖广善化县知县孙浩捐银一百五十两，候选州同知常大孝捐银一百两，候选县丞李若湛捐银一百五十两，壬子科武举田志德捐银五十两。其所用之工匠人役，则交山游食贫民与挖煤偷矿之穷户，每日资工食以养生，而盗砂之众皆为良民，绿林之中咸成大道，数百年荆棘之地尽为通衢。人迹络绎不绝，而严冬可免窃发之虞。其引水灌溉所及之地，则本县郭南二十里，计十万四千余亩。凡有田之家，情愿按亩出力以助工，而群情踊跃，无不鼓舞乐从。其督工监视，即公议众推信服之受封张纯也，邑子衿燕国辅、李光斗、王云拱、胡好古登簿籍，邑乡耆申维弟、游士淳、韩守礼、褚俊掌出纳，而本县县丞江润斯，典史郭景明为之巡视，并无差役督催之处，决不至扰累穷民。卑职又复屡行查察，庶不至有烦宪台清虑。卑职虽去任在即，而从中经营区画，不敢为自己诿难任之劳，亦不肯为后人留难守之法。自七月十三日兴工，迄今月余，渐有成迹可循。自官绅乐助于今，现有资费可用，而此后小民按亩之人力将日用不穷，其成功迟速，引浚公平，则在后日之继起而任此事者也。谨将兴工日期、开凿事宜逐一备具，缘由绘图呈阅，拟合具文申报。本年八月十八日通详。蒙太原府军厅周批：据详图，目空群山，思通远水，经营独苦，利赖无穷，诚创见之伟绩也。仍候院司道府批示，行缴。蒙太原府粮厅署府事蔡批：据详开凿事宜，井井有条。具见该县留心民瘼。俟功成之日，另文报夺。仍候列宪批示，行缴。蒙督学道谢批，按察司赛批：仰候抚院详示，行缴。蒙督粮道署布政使司魏批：详览图形，该县实心实政，诚可嘉。尚候抚院详行缴。蒙督抚都察院达批：披阅详图，开山引水，具见该县经营区画，为民苦心。既有成绩，仰速督竣工，以垂永利，缴。

革弊

一件复行鼓铸事

（详粮厅）

卑职遵奉来文，既不可派之于里民，复不能取之于县帑。欲购之民间，则价廉而民不肯卖；欲买诸别府，则役贫而复难于遣。疲困小邑，采买是艰。然鼓铸出自奉旨，而铜价皆经部议，自当竭力办解。但交邑所属虽有二十五都，深山叠嶂，沙砾不毛。河北民逃，钱粮赔补。间有平原，亦皆卤瘠，实与十腴壤沃者大不相同。查昔时犹充衣食，兹值虫丝之后，民不聊生，今派发铜价，则与土俗殷阜之忻州、太原并皆三百两，而接壤之清源、徐沟，平衍膏腴并皆二百两。若谓因粮而派，则忻州、太原实一倍于交城，而徐沟、清源与交城等；若谓因地而派，则交城土瘠民贫，四野寥落，岂得与民俗殷富、乡村饶裕之清徐一例。而施今发价，即不敢求缩于清徐，而且复增其半倍。派拨不均，僚不能无诉上台也。恳乞宪台俯察交城之地粮、土俗，较之忻、太果否一列？较之清徐果否高下？从公派拨，则莫非公务，敢不竭蹶以图？此番既经派定，固不能仰邀复减，然率土照临，交城偏受重累，似非覆载无私之意。谨直陈下吏愚衷，伏乞宪慈垂照。其铜觔自当竭力赔解，尚冀稍宽时日。公差守提，势难旦夕起解，更乞撤回原差，免其受困于疲邑，则宪台恤吏之念与爱下之仁均之矣。

一件疏壅杜私以完商课事

（通详盐院道府厅）

太原府交城县为疏壅杜私以完商课事。本年闰二月初十日，据本县商人胡友组、岳尽忠、韩公林、杜明旺等连名具呈前事，呈称友组等分领部颁交城额引销课究竟。课额有亏，累官垫付，终非可久之道也。窃思交城平地不过三十里，交山踞县数百里，近亦不下二百里。邻县肩担私贩越岭登山，公然易卖。虽有巡盐民壮，将从何处查缉？本年引课见奉严催，友组等余盐未尽，新盐不行，若不急图疏壅，课额永无完日矣。今友组等将给发本店官贩盐觔派定县治山乡，任其肩担易卖。但盐引不能两离，部引不便碎给。恳乞本县准给官贩印照，私贩不禁自绝，而官引销矣等因到县，据此，该交城县知县赵吉士看得：交城额定盐引四百五十五张，历年引课俱派里下。卑职七年到任，恪遵功令，招商行盐。然而引壅课亏，卑职恐累考成，敢不如额赔解。是从来累民，而民不觉其累者。今日苦官，而官愈觉其苦也。交城平下户口不及山乡十分之一，商人卖盐一引，额定净盐二百斤。山民计口买盐，不过数两、数斤而止，部引万不能碎给，势不得不发与土贩肩担易卖。是卖官盐者，此肩担土贩也；卖私盐者，亦此肩担土贩也。山乡窎远，谁辨其为公、为私？今据商人胡友组等具呈，设法销引，合应俯从商便，以协舆情。凡属商人招定官贩，准其报名给与印照，仍编号注其年貌于签上。有签者即为销引之官贩，山民易买食盐，知所适从。私贩无凭影射，官引自疏，于以销引、完课，商民两便矣。二月初九日通详，蒙批行在案。

一件拆损公文事

（申按察司）

太原府交城县为拆损公文事。本年八月二十日，蒙山西按察使司发下公文一角，于本年八月二十二日到县。卑职当堂验看，封口拆损，当即差押本县铺司谢受福逐铺挨查，俱供太原府总铺李旺发来，原系拆损。及唤到李旺质问，挨铺细查，则自太原府总铺起，至太原县武家庄铺，俱系实时传递，封口相对。及至太原县在城铺乔得虎，于八月二十日未时接到，当即交与总铺李桂芳孙李开印接收，直至次日辰时递送王索铺刘用廷。收受之时，即称拆损，从中情弊，似在李桂芳停搁时。至王索铺以下，各铺则又按时递送，俱供皆系拆损。事关拆损公文，相应查明律处。今各铺俱非卑职该管地方，碍难深究。既经宪台票拘亲审，难逃清鉴。其卑职验查情由拟合申报。为此今将前由理合具申。伏乞照验施行。

一件咨询利弊事

（中覆抚院、布政司、太原府）

康熙九年四月初三日，本府帖文，奉布政司札付，据蔚州申详前事，报院。蒙提督雁门等关兼巡抚山西太原等处地方都察院右副都御使达批：如详，通饬勒石永禁，实力奉行，缴。仰该县查照蔚州批详事理，即将包纳等弊勒石永禁，先具遵依，径报本院等因到县。该交城县知县赵吉士看得：交城夙弊厘革殆尽，既任民牧，凡一应兴除，皆分内事，又何敢以微细仰渎宪聪？故前件于闰二月十九日具覆在案，今蒙宪行，照蔚州申详，勒石到县。

卑职以为利弊兴除，不但州邑不同，则各邑亦且有别，正未可以一州之利弊，概行通省也。有弊固当永革，革之惟恐不永，固当勒石以永革之。又未可以原无其事，而虚空勒石，以革其事之弊也。即如文内"蔚州征收钱粮，有传单代交，不无酒饭银钱诸费"一款，查得交城征收并无传单代交诸费之弊，惟有里长包收，侵蚀累官之弊。卑职莅任之初，按赤历，令花户各照本身钱粮自封投柜，里长经催收，吏经看，俱不经手。是包收之弊久除矣，不待今日勒石而后禁也。再如蔚州丁粮止凭传单开数，是以告辨飞粮不一而止。"今将九则科额刊入粮票，以杜欺朦"一款，查得交城各户钱粮俱挨赤历细数备填易知由单，未开征以前，按户遍给，小民照单封纳，丝毫不爽。若将科额复刊粮票，是由单反属虚设。本无传单欺朦之弊，原不待今日勒石而后禁也。再如"蔚州历年粮票、银袋，从来系褾匠发卖，小民买票糜费"一款，查得交城串单银封，原系本县办就，钤印给与。该书花户自秤自封投柜；该书分割串票，给一张与民备照，存一张缴县备查，并无小民买票糜费之弊。亦不待今日勒石而后禁也。又如"蔚州每年攒造赤历各册，选择里下善书之人帮写，约费四五百金"一款，查得交邑二十五都三屯，造派赤历由单，陋例相沿，虽多寡不齐，亦有此费。卑职莅任至今，凡攒造赤历、由单，招募书办缮写，用其辛力，不偿工价，以图可继，所用纸笔、饭食官给有限，而省民之费无穷。如此陋弊除之久矣，诚不待今日勒石而后禁也。至于蔚州缸房有养卖官猪之弊，蔚州钱行有官银换钱低假之弊，查交邑虽有缸房，不卖官猪，交邑并无钱行，谁换官钱？不但无其弊，且无其事，又无容勒石者也。为政不在多言，固当实心而行实事，职分贵乎自尽，何必奉虚文以饬虚声？卑职确查明白，不敢套具遵依。理合据实申覆。四月初七日具文照验，初九日蒙巡抚达批：各属利弊，原自不同，前批通饬者，盖就大同一府言之耳。非令通省一例勒禁也。仰布政司再行各府州转饬所属，如有与蔚州前详诸弊相同者，则严行禁革；如无此弊，则不必勒石虚应故事也。仍行该县知照，缴。

一件严查假冒以清学校事

（申督学道、太原府）

康熙九年八月十五日，奉本府帖文，蒙督学道宪牌，前事行县。该交城县知县赵吉士查得文武一体，假冒必严，所以重学校也。有他县之人而寄藉于此县者，籍贯必用此县之都坊，保呈必系此县之廪膳，互结必属此县之邻里。即奉文清查冒籍，县官倘得有辞申说，曰"某生虽是他县之人，所住都坊实是此县籍贯，所以此县之廪膳愿为保呈，此县之邻里甘为互结。有分土而无分民，亦不必过为深求矣"。独交城异是。交城儒学武生麻琦、丘奠鼎、王享三人，册注待贤都人，里长杨宦、老人王哲、邻佑、潘芬等甘结。戴珊册注大理都人，里长程一柱、老人程攀先、邻佑戴君名等甘结。周大成册注人和都人，里长李自贵、老人李德、邻佑王付等甘结。岳成武竟不注何都人氏，亦无里邻甘结。此儒学送县之册可据也。卑职覆加查核，交城二十八方都，并无待贤、大理、人和等地方，交城里、老、邻佑亦并无杨宦、程一柱、李自贵等姓名。及询本县武生，无有一人出名肯为结呈。康熙八年十月初五日，为武举事，卑职遵奉驳牌，已经备详在府，今覆蒙宪票严查到县，又值考试在迩，卑职既不识武生麻琦等是何县之人，又无保结可据，虽有情代冒考之弊、过犯刑丧之事，将从何处办之？一经发觉，是卑职无辜而代此辈受过也。查顺治十三年二月二十一日部复禁革冒籍一疏，议得入学为士子进身之始，冒籍一途委宜禁革。以后各学臣考务，责成提调官于童生考试时，取本县廪生的当保结真正籍贯，然后收录。如有朦胧，事发一体参究等因，通行在案。今武生麻琦六人既无的当保结，又非真正籍贯，显系假冒。卑职恪遵功令，理合申报，伏乞宪台亲行审夺，或赐批发查究，庶假冒杜而学校清，卑职可告无过矣。二十五日申详，蒙太原府邓批：仰候学宪批，行缴。蒙提督通省学政山西提刑按察使司佥事董批：麻琦等既非真正籍贯，又无的当保结。仰县确查缘由，速报缴。

前件

覆看得麻琦、丘奠鼎、王享、岳成武、戴珊、周大成六人康熙三年以文、祁、盂三县之武童，未经府县考试，突拨交城儒学，其籍贯则文、祁、盂之籍贯也。其里邻保廪则文、祁、盂之里邻保廪也。越一载，儒学不察来历，昧冒具结送县。前县署事陈方舟未行清厘，因而送府转道。此麻琦等所以得与前督学之考而附名学册也。至康熙八年，应试武举、武生陈大忠等且呈控告，而徐督学始忧之矣。今宪台新任，弊绝风清。儒学依样葫芦，朦胧送县。卑职若复同前任一例混结起送，是麻琦等业已冒籍，而卑职又复冒送也，有同罪矣。夫欺人以不知谓之冒。今明明别县籍贯，罪更甚于冒籍一等。而又欲交城县官具结送考，岂非上下扶同作奸乎？况无本县保廪，又非真正籍贯。久奉严纶，屡蒙宪饬，今日即荷宪台宽其既往之咎，不复过求。倘陆生之中，侥幸一人中式，同学武生必有起而攻发者。一经部驳，卑职等受累非小矣。卑职确查明白，拟合申报。九月二十一日申详，蒙督学道董批：据申武生麻琦等六人，既系冒籍，自应除名。但查各生于三年入学该县，至今有无地粮入籍，仰县再一确查，妥详报夺，缴。

前件

看得武生麻琦等既以他县之人民而冒入交庠，且以他县之都图而混充交籍，卑职凛守功令，是以据实申详。致蒙宪台两次批查，并查有无地粮入籍等情，卑职仰遵宪行，随经屡讯。据麻琦等供，以前任史学道考校太原，交城习武少人，遂为一时权宜之法，移多就少，将麻琦等六名拨入交城儒学肄业。是以麻琦等仍各系本县籍贯，附充交城县学，业经儒学混送，前县转府报道，考试在案。虽为前道作人苦心，而殊不计及于有干冒籍之例也。但思麻琦等原从文、祁、盂三县赴考，均用该县籍贯，以隔县之人冒入交城，在今令甲森严，卑职不敢代人受过，理宜申请宪台，而究其冒籍之由。委系前道所拨，即在麻琦等亦自不知，其情尚有可原。且从来严禁冒籍，本县生童虑其分占本籍名次，以故务行清查。今麻琦等自入交庠有年，同学亦已相安。除令更正本县都坊籍贯外，并据地邻、里保、廪生情愿甘结前来。应否除留，伏候宪台裁夺。十一月初六日申详。蒙督学道董批：据详，麻琦等籍贯既经更正，准照应考等第入案，缴。

一件申查武举事

（申详督学道、本府，转申抚院、布政司）

太原府交城县为申查武举结册互异事。查得设官分职，各有专司。凡文武生员三代履历及丁忧事故，必由该学牒呈到县。本县止据儒学牒呈代报，一切册结俱用学印，即以儒学原文申送本府者，责有专司也。今本县壬子科中式第五十二名武举田志德，八年儒学送考三代结册，注"祖田让正故，不仕。父福存，不仕"。本年儒学送考三代册结，注"祖让正、父福俱故"，夫父一而已，前后所注存殁既异，中间三年并不见该学申报丁忧。卑职行查到学，又据该学牒覆，武举田志德原系田贵之子，亲伯田富抚养成人，并无过继田福匿丧之事，将学书责戒，前来细查。田志德确非田福之子。但志德既非田福之子，何以册注田福为父？既注田福为父，又何以福死不报丁艰？虽卑职取有师生里邻印信甘结存县，若不查明混结，咨部驳查，卑职难辞疏忽之愆。或系学书无心错写，或系志德有意匿丧，或系学官知而听行？既经卑职查发，自应据实详报。伏乞宪台讯究裁夺施行。十一年十月二十九日申详。蒙太原府知府周看得：武举一途，与文举并重，则预此选者，自应慎重。今据交城详称，新中武举田志德，历年册结皆为田福之子，兹忽改为田贵之子，岂历年册结皆系差讹耶？虽本府于武科之日已在告病，止据原来册结起送，但事关科场弊端，自应转详。伏乞宪台批行该管衙门严行讯究可也。十一月初二日通详院司道。蒙巡抚达批：武生应试，例由府县查明取结起送。田志德既三代互异，当日何不确查，及今乃称科场弊端也？仰提学道查明详报。蒙布政使司杭批：据详，新中武举田志德册结皆系田福之子，又称田贵之子。亲伯田富抚养成人，显系过继匿丧,今何称并无过继匿丧?且田福既故,田贵存亡未明?仰将田福身亡月日,有无事故,并田贵存亡情由查讯明白,以凭酌转缴。蒙督学道董牌行本府,仰本府官吏照批详内事理文到,即刻严查。武举田志德册结互异,情由果系学书作弊,抑或教官受贿?该府执法严审,务获真情明白,依律呈详报道,以凭转院究处施行。事关达部,毋得迟缓。俱蒙批发到县。于十一月十四日严审取供在案。该交城县知县赵吉士看得,郭环、陈五福身克学书,朦混造册,以致田贵之子田志德于康熙七年三月进学时,竟填写志德之叔田福为志德之父。虽因田福自开三代,手付郭环,但郭环既知志德为田贵之子,当日何不照会志德,而乃使其暗中谓他人父耶?及册报数年,田福身故,学书陈五福又不禀明学官,竟自改存为故,照旧填写志德三代送考。卑职素知志德非田福之子,但就该学来册照转代报,及志德新中式武举,卑职磨对三代,而志德册注田福为父,又前后存殁互异,是以不敢扶同具结,而有申查武举之详也。蒙宪批发到县,卑职齐集官役、师生、里邻人等,严行究讯。虽志德有父,未尝尊田福为父,而田福多男,实昧认志德为男,其开写父福,而居之不疑者,则系福存之日,素羡兄子胜己子,遂填侄儿作亲儿,此固无外人事,即其家人,亦初不计及此也。旧学书郭环遵田福之命而注册,新学书陈五福又依郭环之样以画芦,从中职掌所在应行觉察者,又复愦愦无知,所以直待卑职详明,始烦上台查驳也。学书郭环、陈五福不应造册朦混,除另详招拟外,其该学训导职有专司,茫无觉察,自应记过。至宪驳作弊受贿等事,卑职细鞫田志德之邻里、师友、宗族人等,俱称并无过继情弊,且田贵止生一子,安肯过继其弟?田福生有五儿,何须过继伊侄?既非过继,自然不应丁忧;既不丁忧,自然非系匿丧;非系匿丧,即非作弊;既不作弊,又安用贿?此保廪之李白生、互结之魏国秀等并里邻宗族众口一词,共保无他。总系学书填写之误,所当改正前册,另行具结详报者也。本月十四日申详府道,蒙督学道董查,看得新中式武举田志德乃田贵之子,贵于顺治十一年二月内身故,志德年方二岁,其母孟氏亦亡,向赖伯父田富抚养。祇因康熙七年应考武童，例具三代，履历册结，而叔父田福时在省居住，素因爱侄志德生得伶俐，故将三代填福为父。彼时旧学书郭环照写注册，嗣后新学书陈五福并该学训导王琇俱不觉察，亦依样葫芦，事隔数载，而田福已经物故，今志德中式，宜行该县查取无碍印结。该县是以有册结互异之详也。兹蒙宪批道查报，随行县严查去后，今据该县严审志德之邻里、师友、宗族人等，众口一词皆曰实系田贵之子，并无过继丁忧等情。学书、教官亦无受贿情弊。总缘学书依样事故例，由儒学确查具结，由县申府，由府申道，府县止照学结代报。一切册呈，俱系学印。即用该学原文转送府县，未尝另行申册者，盖以府县学应试生员多者五六百以上，少者二三百以上，未有一日生员无事故者。正以府县事务繁多，不能兼管，因设教官专管之。其丁忧事故，实系教官之事，而非府县之事也。新中式武举田志德，卑职因知其原非田福之子，而不知其册内开填田福为父，以为不必行查，至田福填写之误，所当改正前册，另行具结详报者也。缘蒙批查事理，本道未敢擅专，伏候宪裁，其学书郭环、陈五福朦混造册，除另详招拟外，教官茫无觉察，自应记过。十一月十九日转详呈院。蒙巡抚达批：据详，田志德既非田福之子，当日该县何不查明？竟凭学册朦胧起送。今又仍前具结，其失察各官，应否不议？仰再查明详报到道，备仰本县。该交城县知县赵吉士，看得生员三代履历及丁忧。死后志德不报丁忧，卑职亦因素知非田福之子，而不知册内开填田福为父，又以为不必行查，孰知教官竟无觉察，因学书之错填，凭学书而错造，以致县申府，府申道，道申院。总因有专管之教官，谅无错填之事，所以递相申报。若志德实为田福之子，而福死不报丁忧，是卑职之朦胧起送也。今志德终非田福之子，不过误开册结，是志德不应丁忧，原应起送、当起送而起送，非朦胧起送也。及志德中式，例应本县具无碍甘结，达部是则，卑职有专责矣，因取学册磨对，而志德之父竟注田福，卑职立时发查到学，即行通详在案。是查发者县官，而申报者亦系县官，卑职未尝失察也。至奉有今又仍前具结之查，从前难免朦混，卑职自应详明。今日研讯，实系册填，毫无疑碍，卑职又当具结。至教官王琇失察，卑职未敢擅议，相应详报，伏乞宪夺。十一月廿六日覆详本道，蒙督学道董覆：看得田志德册结互异一案，前详备悉，无容复赘。兹蒙宪驳失察各官，应否不议，仰再查明详报等因到道。蒙此随即牌行该县，确议去后。今据县详称田志德的系田贵之子，终非田福之子，实系当日学书错填，别无情弊。且已经检举详明，合将学书郭环、陈五福批行该县重责，教官记过外，相应免议。前册仍宜改正，另行具结者也。本道未敢擅专，伏候宪裁。十一年十二月初二日覆详本院，蒙巡抚达批：生员册结，虽由学造，然必从府县核明具结转送。今田志德三代混填，教官固不能辞咎，该府县何竟以非专管借口，尚称未尝失察，脱然事外？试问承讹袭舛朦胧出结者，果能无罪否耶？仰再确查，妥议详夺。牌行本道，备仰到县。该交城县知县赵吉士覆看得设官以知县，命名必知一县之事，乃称阙职。一县之事有一不知，自难辞罪，又安敢脱然事外乎？在田志德本非田福之子，故应考不疑。卑职亦素知田志德非田福之子，故送考不疑，又岂料其入学底册，伊叔田福未故之先，久已捏填为父哉？虽承讹、袭舛、失察固在教官，而照册转送疏忽实由知县。今蒙宪台查及转送各官，卑职自不能辞咎也。但申送册结以后，未奉宪行，业已查明详报，是卑职之照册申送，固难逃宪台之洞鉴，而卑职之查明通详，又当邀宪台之恩宥者也。纵有疏忽，仰祈宪慈。原情转达，得邀宽恕。宪台乐育之弘仁与剔厘之大权，并行不悖矣。十二月初五日覆申本道，蒙督学道董覆看得武举田志德实田贵之子，只因其叔田福捏填为父，其教官固不能辞记过之咎，而学书亦难免重责之修。至该县照册转送，不为觉察疏忽之愆，亦难逃也。但未奉宪行之先，该县曾经查明通详，似当邀宪恩宥，怨俾下吏得沾弘仁者也。本道未敢擅专，至于前册理宜改正，以便遵行。十二月十四日覆申本院，蒙巡抚达批：失察各官固难辞咎，但念自行查出，姑如详改正具结呈送，缴。

一件为蠹兵杀命事

（详按察司）

看得乐户最贱，日受人欺，安敢欺人？且纳粮当差，亦系交城百姓也。王福既是营兵，纵有屈抑，应赴该管衙门控理，何得串差周文焕、臧伏卿持无印之票，竟从太原来至外县，口称奉司锁拘人犯。设非禀县查追，正不辨所奉之司何司也？窃恐此风一倡，县官不能保有其地方，而尽一县之百姓，无一人不可执无印之票锁拿矣。谨粘原票具详，伏乞宪台严批审夺。蒙按察司赛批，仰太原府查报。

牧愛堂編

详文卷之六

营造

一件申报捐修事

（详太原府，转申布政司，具报督、抚两院）

太原府交城县为申报捐修事。窃照交邑城垣周围五里，高下数寻，内土外砖，原筑不固。县锁万山之口，路当太汾之冲。国朝定鼎，戎马频仍，日遭蹂践。自故明薛知县修筑，至今四十余载。康熙二年七月磁瓦二河交流，城中水深三尺。北城圯坏，北楼倾倒，其余雉堞颓裂者百十余丈。交城紧逼交山，非邻县可比，若不亟行修筑，城守虽严，无凭捍卫。一经窃发，关系匪轻。卑职莅任之始，不得已急治其标，特筑长堤四百丈，以御磁瓦两河之水患。然后查看四城颓坏处所，悉令城总开明某城楼角残毁几所，需用木植若干；某城墙垣塌裂几丈几尺，需用砖石几许，备开在案。邑中绅士既不肯慨输，境内人民又谁能胜任？卑职职任地方之责，自应次第修理，先捐资二百两将塌毁已尽之北城北楼，于闰二月二十三日起工，更新建筑。银两不敷，又捐资一百二十两。今北门城楼城墙一带于六月二十六日俱已修理完固，而工料尚有未给之银，三城仍多崩裂之处，又不容不悉行修整，估费不下千金，卑职又输资一百九十二两。三次共捐五百一十二两。见今易买砖植，催募人工，修整完日另册呈报。倘蒙上台委官勘验，或蒙抚院踏勘荒地，经过交邑，亲阅城垣，卑职所建工程正自一目了然也。事关修城重务，理合申报。伏乞上台电照俯赐，转报施行。康熙九年七月二十三日。申府照转本司，蒙山西等处承宣布政使司穆批：查该县塌裂城垣从前并未报闻，今称捐过之银已修北门楼墙，而未完之工又复捐资易买砖植，是否明确？仰府查明，另详报。本年七月三十日牌行本府，备仰到县。该交城县知县赵吉士覆，看得交邑城垣历经数十余载兵戎水患，悉皆崩毁，备查所需砖植等项不下千两，募捐罔应，设措无从。卑职任地方之责不敢坐视颓坏，竭力捐资，择其塌毁殆尽之所先行修筑。但事与请开正帑者有异，初不敢遽以捐修细事仰干宪听也。不意工程浩大，一举百兴，北门虽焕然聿新，百废实难容中辍，是以卑职复行勉力捐资，环城修葺，殆非一隅可比，又不得不报明者也。今奉驳查停工候夺，卑职遵查修完者屹然在目，未修者塌裂依然，易买之砖植细数可稽，未动之捐银丝毫见在。卑职造呈已未完城工，并易买砖植、见在银两一样清册各二本，一并申验。或赐委别官勘验，或仍勒卑职修理，伏乞上台俯电转详批示，以便遵行。本年八月二十五日，申府照转本司，蒙布政使司穆看得：交邑城垣自明迄今久历岁月未修，是以北门楼墙倾倒，而其余雉堞颓裂者百十余丈。赵知县筑堤御河后，再将毁塌楼墙次第修理，申府转详到司，本司随驳该府确查。兹据该府申称，交邑城垣久罹兵戎水患，崩毁已非一日，赵令身任地方之责，不敢坐视颓坏，然捐资修葺，与请动正帑有异，所以初未申报。今查三次共捐银五百一十二两，将已修、未修处所造册，及见在银两申验前来，既经该县自行捐修，其申验之银仰发回及时修理，完日该府委官验明取结册报，拟合先行申详督抚两院。九月二十六日蒙巡抚达批：据详，交令捐资修城，具见急公任事，但转瞬严寒，仰饬及时竣工，委员查验具报。仍候督院详行缴。十月初七日蒙总督山陕部院莫批：仰候修完之日通报。十月初十日蒙太原府知府邓委本府经历谢淳亲诣交城勘验明白，具结到府，照转本司。蒙布政使司穆查：看得交城县城楼、雉堞年久未修，颓裂者百十余丈，又兼磁瓦两河交流为患，该县职任地方之责，筑堤御河，捐资修理，前经具详本院，蒙批及时竣工，委员查验，俟修完通报在案。兹据该府委本府经历谢淳查验，坚固合式，并无派累里民，取具各结前来，则该县之留心地方深可嘉尚，相应呈详，合候本院批示奖励，以鼓劳吏者也。十一月十七日蒙巡抚达批：据详，赵令以城垣保障，捐资修葺，具见该县实心实政，如详奖励，以鼓勤劳。册结存案，仍候督院详行缴。十二月初九日蒙总督山陕部院批：如详奖励，仍候抚院详行缴。

一件为移汛地换营兵以严防守事

（申本府）

查得静安一堡，本县于故明崇祯年间创建，开销文水、清源三县正项钱粮，所费不赀。明末遭闯贼之乱，国初值姜逆之变，拆毁一空，片瓦无存。今故址尚存交属中西都寨子村，去县城一百四十里，小路崎险，不通车牛，一木一砖，必须人工运送。卑职量材度势，力任其事，计费银八百六十六两，堡建一新。本府及各县并县属官员共捐银一百五十四两，合邑文武、乡绅捐银一百七十八两，卑职自捐银五百三十四两。本年七月初九日兴工，十一月初一日工竣。并无派累里民丝毫。所有修过衙门、营房，动用对象等项数目，用过木植、砖瓦、匠役、人夫等项银两，备造清册三本，拟合申报。十年十一月廿四日。

赦宥

一件奉诏稽程事

　　窃照交城去省会一百二十里，赦诏颁行，可朝发而夕至也。故君言不宿，谁敢稽迟。而制书有违，按日加罪。卑职腊旧二十一日省城郊外随各宪台后接诏。正月初四日，又蒙本府票取教官王琇赍诏，近闻邻邑清、文等处眘黄发县，俱已接到。交虽荒陬，莫非王土？卑职引领东望，渺若无闻，监内援赦重犯，又不便擅行发落，不得不具详申请。苟非赍诏，书生不谙律法，必然病卧家园。伏乞上台立赐查询，早行颁发。庶几下邑囹空牿解，春气早遍狱门之草矣。九年正月十五日蒙太原府周批：已于初七日颁发，为何尚未到县？仰候查饬行缴。

一件蠹杀人命事

(奉按察司)

　　看得徐步魁、武定邦、魏秉乾均婪奸蠹役，而李万良亦刁恶顽民也。康熙五年本县河北都里长该李万良应值，良推伊兄万仓暂管，万仓将花户钱粮侵收入己。前署县都事陈方舟严比监追，万仓欲催花户，则已经侵收，欲自完纳，又花费殆尽，自揣图圄幽羁夹打不免，于康熙六年七月初一夜自缢狱中。万仓死，而万良逃躲不出。至本年四月卑职到任，彼见新旧不曾交代，钱粮款项未清，希胡涂抵赖，以缓追比。乃于四月十一日到县控告，实时拘审。万良已赴省上控矣。四月二十日接宪批，卑职以人命重情，密令快役四处缉拿，于四月二十六日拘到，二十七日审鞫。据万良口供，前陈都事追比钱粮，五日四五夹棍，将兄致死。严讯犯证，俱供自缢，刑讯管庆并无行贿受贿之实，据随问万良，亦复俯首无辞。至火耗一百八十两，据告徐步魁串通王之相收去。卑职严审徐步魁，而步魁乃马夫也，王之相则系征粮收头。犯证严讯不招，口称正项尚未肯纳，以致在监缢死，岂肯另纳火耗？刑讯犯证，俱莫招承，难以悬拟。至摊票一节，徐步魁招收十两为央做保家之银，与武定邦朋分，则其为两人入己之赃无疑矣。另有粮银二十两，严讯徐步魁，并不招认。即诘之李万良，亦无确据。骡二头，马一匹，徐步魁、武定邦收领到官。前任陈都事以河北都历年逋欠难完，将里下对象，不论骡马等项，追征变卖完粮。所收骡马三头匹，陈都事已经变价五十五两，凑补工部项下正项钱粮讫。查季礼一节，据李法供称，武定邦受绒毡二条、狐皮一张，共算银二两；魏秉乾受银一两一钱，二犯亦即招承。徐步魁身应马夫，受庶人在官之禄，应以衙役拟罪；武定邦、魏秉乾俱系粮书，皆为衙役，三人赃浮一两以上，照例流徙。管庆犯人在监，不能防范，照狱囚失于点检、致囚自尽律。李万良诬人贿买致死，合依诬告人死罪未决律，余犯无干，免议。但查徐步魁、武定邦、魏秉乾事犯俱在上年九月，则在康熙六年十一月二十六日赦前，相应均邀宽宥，仍行追赃入官。管庆事犯在上年七月，亦系赦前，免究。其李万良告状于本年四月十六日，事在赦后，但状内颇有实款，且李万仓系伊胞兄缢死，虽无人贿买，而身死是真，或得并邀宽宥，是在宪台法外之仁也。具招详报，伏候宪裁。

前件

覆看得蠹杀人命一案，徐步魁、武定邦、魏秉乾婪蠹情真，照例拟流，情罪相协。至人命一事，李万仓实系自缢，与武定邦等毫不相涉者也。蒙批细讯，仰见宪台慎重人命至意。卑职严鞫犯证，李万仓因当五年里长，侵收花户钱粮，署官严比，万仓既侵收而无可追之，欠户又花费而无可吐之，家资征比既严，进退无路，故尔轻生。若止因催纳不前，以致欠粮，少不得呈告花户，指名拘比。里长之罪，非惟不至于死，并亦可免监追。惟其侵收花费，无可补纳，一日不完，一日难脱财尽计穷，夜半自缢，至科派横索，酷刑毙命，严讯无凭。其马骡三四头，徐步魁收交，武定邦送县验明，将马骡变价五十五两，于康熙六年十月十三日凑解。康熙五年分工部项下柴夫银二百两，有批差杜文成，赴府交纳，批回在卷。委非武定邦等入己。卑职初任交城，宽以待民，严以御役，就事断事，武定邦等贪蠹是真，人命无涉。且卑职于本年四月初二日到任，次日查揽权旧役，即将武定邦、魏秉乾责革收禁，因无赃款，未经拟解。宪台新莅，卑职正欲剔蠹厘奸，仰承宪意，岂肯俾奸蠹漏网？徐步魁、武定邦、魏秉乾、管庆前招应得之罪，惜在赦前，李万良兄死妄控，致蹈诬告之条，姑念伊胞兄缢死，虽无人贿买，而身死是实，或因激切过甚其辞，且状内赃款颇实，倘邀宽宥，恩自上出，非卑职所敢擅请也。余犯悉照原招，统候宪台裁夺。

前件（申按察司。）

为蠹杀人命事。本年五月二十日，奉山西等处提刑按察使司批，据本县具顶详状人李万良状告前事状，称积蠹徐步魁等告赴天案。蒙批本县不料粮书魏秉乾等手段通天，背取供招，未审一人，将良监禁黑狱。死者冤魂未伸，生者黑狱待毙。万恳代天仁慈老爷掣词亲审，庶生死冤魂得申，积蠹不致横行，为此投天顶详上告。蒙批：仰交城县速结报。蒙此，卑职窃照蠹杀人命一案，本年四月二十日奉宪台批发审问，即行出票拘审，于四月二十六日拘到，二十七日当官审讯，口供明白在案，二十八日具招详报。本年五月初五日，又蒙宪台批发覆审。卑职于本月十五日拘齐犯证，当官审讯。据各犯证口供，于二十七日确拟具详。县官衙门虽小，法度颇严，奉批审事前一日上挂牌，审日大门外竖听审牌，皂隶有押审小照牌，合县人民衙役，众耳众目，共见共闻，势难掩饰。岂有未审一人而即行申报？至李万良原招反坐，照例拟流，未蒙详允发落，不敢擅发，宁家送仓羁候，各犯则发监羁候。俱听宪台发落。况卑职两次招详，俱为李万良恳求宽宥，一片至诚待民，而反被诬控。诬县令尚复如此，待百姓更当何如？据告魏秉乾等手段通天，背取口供，卑职招详俱出己裁，非惟革役拟罪，监禁候结之蠹役、蠹书，不假词色，即刑书快皂，绝不咨访一言。卑职初任小吏，颇知自爱，况当上台振饬剔厘之下，不敢模糊混报。而卑职廉洁自矢，又无所容其庇护狥纵，岂有凭在监犯人背取供招，自行申详之理？稍识官箴，断不至此。刁顽诬告之风，即此已见。伏乞宪台俯察顽民捏告情状，主持风化，禁饬刁顽，民俗幸甚，下吏幸甚。

一件蠹国陷命事

（奉清军厅，转奉粮道）

看得徐步魁娈赃蠹役，而李奇亦健讼顽民也。康熙五年，本县河北都里长李万仓侵收花户钱粮，徐步魁身充马夫，敢于攒谋承票，往拘里长，恣肆欺凌，无所不至。迨后来万仓监比难脱，自缢于狱。万仓弟侄不能忘情于步魁。李万仓死于康熙六年七月初一日，越半载，而李奇以蠹国陷命事词控道台，李万良以蠹杀人命事词控臬宪。一事两词，赃款无异，轮班党告，俱批职审。再四严讯，羁赃田收、火耗、摊票、粮银绝不供招，似难悬坐。其骡马三头匹，则系牵来变卖，价银五十五两，凑解康熙五年分工部项下柴夫银。批案足据，而非徐步魁入己之赃。惟得央保银七两，既有证据，步魁亦自招承。徐步魁合依衙役犯赃一两以上例流徙。查事在上年九月，则在康熙六年十一月二十六日赦前，相应免罪，仍行追赃。除招报按察司候详允发落外，拟合一并详明。李奇以赦前事控告，姑念颇有事款，或得上请宽宥，是在宪台解网之仁也。更有请者，据王之相等二十人称，系无辜受累，已经半年。今值天旱农忙，恳求免解。即李奇亦自供一时差误，皆因步魁承票施威，欺侮乡党，今亦叩求免累众人，哀恳豁罪。伏乞宪慈俯察舆情，恩准免解。交民仰沐膏泽，不啻彼苍之大注甘霖矣。事关宪件，卑职未敢擅便，相应详请，伏乞候上裁。

一件贪酷虐民事

（参府，转奉提督军门）

看得兵以卫民，不得残民；民以养兵，岂容纵兵？提台素有爱民缉兵之威德，所以贪酷一案，必令府县公同会审。第兵民原属一体，而宪批难容草率。本县莅任旬日，从前地方事务未甚详悉，遵批密访查照。本县崖底村等处设有驻防，把总苏成甫御寇防奸，兵民素协，各村称颂，贵府知人善任之德。一日兵民口舌相争，互行告讦，亦即悔过彼此相安。比差拘解登龙等到官，问其贪酷虐民一节，据供一时传闻；问其窃矿一节，则指本县巡捕典吏史郭景明并苏家坞十一村村保房汝柰等，不致容隐，甘结为据。总之一时告讦，彼此俱无善言，贪酷盗矿之词，皆属子虚，至诘其不该谎告，令静听审结，则惟有叩头哀恳，求恳免会审，庶不致荒农业，以至绝粮逋课。本县非不念此秋禾未布、夏麦将收之时，一经提审，奔走伺候，动经月余废弃农功，必至逋负国课。但宪案未敢擅便，相应关请贵府，或择定期审所，公同鞫问，或详请提台恩准免审，或据情转详，以凭宪夺。相应开请贵府裁酌施行。

一件飞吓殃民事
（详学道）

看得飞吓殃民一事，系奸民孙光星之捏控者也。生员孟淑泗有栗色骡在阴三国家喂养，被陈应才、吴全盗去，光星为之辗转估卖，竟归无着。孟生控光星于府，批清源县审。时陈应才、吴全去留踪迹莫测，周有仁、小武姓名隐昧难明，及追原骡还失主，而孟、阴未经收领。光星阳为输情服罪，阴行投控宪台，希图得志于淑泗。蒙批职审，行关提鞫，除陈应才、吴全脱逃未收外，据关到犯证口供，俱称审明求息。卑职因其均系隔属士民，既经处明，应请宪台府从士民之便，准其如议息讼。孟淑泗所失原骡，着照议赴清源县领给；孙光星既已服礼求和，复行捏词上控奸险情态，应拟杖以警。陈应才、吴全缉获关到之日，另行详报，伏候宪裁。

一件势宦陷害父命累世奇冤莫伸等事
（奉驿粮道）

看得郑立忠、郑立功原系同族雁行，积仇二十余载，讦告卷案盈梁充栋，而立功势宦陷害父命一控，则波之余也。立忠生性狠戾，罔顾友恭，因寇乱而挟诈立功之银。立功控，前院伸理，凭亲处息，量偿立功银一千二百两，乃立忠不偿银而以产抵，且不交业，不开粮，而以空券抵。立功因复控，前臬批厅、批县，于是各处产粮始得开收。独交城县税粮一石六斗有零，则迄今不曾过割，犹为纸上之石田也。卑职矢公研讯，在立忠父子亦复俯首无辞，情愿开粮；及讯中证李玘等，合供粮开讼息等语，卑职即查郑立忠之子郑澄名下原抵与立功、郑叚都广会渠粮石地亩，立令两家当堂过割清楚，仍令各具开收在案。立忠因乱挟诈，不控告则产不抵，不屡控则粮不开，本应律拟，始念彼同宗兄弟，立忠纵欲自同秦越，立功亦岂忍终于参商？既粮明事直，相应免拟，则变阋墙为既翕，悉在宪台恩宥中矣。原蒙批件，卑职不敢擅便。为此，今将前由理合具申，伏乞照详施行。

一件为科岁并一事

（详督学道）

看得开报优劣，贵乎妥确，虽皆称贤而必察，即曰可杀亦勿听，非敢拘一己之爱憎也。前蒙学宪查取生员优劣，卑职行学外，仍细加廉访，诸生中不无微疵小善，实不足以当宪台之劝惩。是以不敢循套混举，当据儒学并无可举之呈，申覆在案。不意教官王琇又将生员邢国兴列款呈送，蒙审虚补考，提究学书，卑职查儒学学书郭环，实系老病，未可加刑。况教官既以塞责认过，学书亦有可原。伏乞上台怜其贫老待毙，姑宽申解，或批饬惩戒。事关宪件，卑职不敢擅也。九年十月十六日申府，蒙本府加看详道，奉督学道董批：儒学送劣不实，仰将学书行县责戒，缴。

一件为请复衣顶以励悔过事

（详督学道、本府）

窃照士以衣顶为进身之阶，人以廉耻为守身之本。本之不立，有忝所生，不足以为人，何得复名之曰：士以冠乎四民，且将渐进而为仕之阶也？卑职任事五载，仰体列宪崇本尚质之实政实心，时以实行励民，而于士行尤兢兢，公务之暇，率邑之誉髦同履四郊，申明六谕，劝谕农夫。数年以来跃冶者渐归陶铸矣。而自宪台下车以来，士风尤为淳懋。本年二月复修讲乡约之典，于圣谕每句之下加以劝戒，一善一否，即以本县现在共知之事为之申说，使愚民易于醒悟，而和睦乡里之下。其宜戒者，有本县秀才申典，好做状，好拿讹，即极相好的朋友，也要吓诈他，所以人人都怕他，叫他申恶人。他如今改过就是好人了，若不改过，你们乡里也就容不得他了。这样不和睦，乡里的人总是自家吃亏，所以圣谕教你们和睦乡里等语，原欲因一善以劝众善，因一恶以儆众恶，使恶者皆化而为善，其为恶有力，其为善亦有力。乃申典闻谕，翻然自悔，情愿告给衣顶，改过自新，以杜外事。卑职闻之不胜心跃。夫天下惟顽钝无耻者不可以教诲，今申典有此知耻一念，耻于为恶，即能勇于为善。昔周处为患于乡里，人比之为虎蛟，一朝翻然自改，而令名亦即归之。彼世之为虎蛟者，闻人言乃益鼓涛浪而肆搏噬，又安能保有其命耶？卑职传申典至明伦堂，奖励而劝戒之，申典亦唯唯受教，是尚可与进取者。况年才逾壮，亦未及告衣顶之年，伏乞宪台俯念改过之一念，复其愿告之衣顶，使得有进身之阶，上之益仰劝惩之典，下之益开自新之路，将教施无穷，刑措不用。一转移间，合邑士民，顽无不廉，懦无不立矣。为此今将前由开具书册，同已讲六论一并具申。十二年二月二十三日详请，蒙督学道董批：如详收复，缴。

一件科岁并一事

（详督学道）

太原府交城县为科岁并一事，蒙本府信票，蒙提督通省学政山西等处提刑按察使司副使谢宪票，据该府呈送交城、乐平、清源、定襄劣行生员到道，据此查得俱以小过塞责，殊非实心采访，拟合驳换，为此，仰本府官吏文到，即将交城等四县劣行生员作速确加咨访，务将真正恶劣，揭报数名，以凭劝惩施行，毋得听教官支吾，以微疵充数，致烦驳提究、揭参未便等因，票行到府，帖仰到县。该交城县升任丁忧知县赵吉士看得，学校之劝惩肃，而后士习端；士习之甄别严，而后风俗正。此凡为师保、父母之责所最先，亦惇励教训之典所首重者也。交邑士习，历来嚣哗，卑职莅任，惓惓为之饬廉，隅防行谊，循环簿记，季月课程，迄五年于兹，所以兢兢范士者，毫不敢忽也。自康熙八年劣衿张明盛捏款告官，蒙院司审明反诬，责革发配。由是害马已去，败类思回，嗣于朔望讲行乡约，志在除莠护苗。随有生员申典向冒恶人之名，自知谴罪，立告衣顶悔过戢敛，较之顽劣怙终者有间矣。卑职念其悛改，许听自新，已详前任学宪吁请，复学存案。又有恶衿王名世，虽籍交城，实住阳曲，其嚣讼不伦，久为阖学不齿。卑职正在采访劣迹，以该生久居阳曲，无由申报。近为逆恶亏国剿士等事，院司审其反诬，移文宪台，蒙发儒学除名，人人称快。盖自张明盛远配以来，人思濯磨，动色相成，无有显悖名教如王名世者。卑职虽不敢拟化蜀之文翁，窃自附于平原之史弼。借有梗化，亦宁肯使延至今日，不亟剪除，容此败群之羊，纵共滋害耶？若使王名世家住交城，卑职早已揭报矣。今蒙宪檄，查取真正劣生，再三严切。卑职素怀疾恶，宁蹈庇奸，敢不亟为禀遵，故违宪典？第交邑儒户，落落晨星，烛照数计，卑职不俟查访而尽周知，即有瘢瑕，总属微细。该儒学王琇所报，亦不过循行故事。卑职实不与闻，若求其真正巨憝凶慝，实实难以强加。况奉严论，不得以微过塞责，仰见宪台矜慎至仁，何敢冒昧捏呈，有辜德意？卑职愿甘具结存案。八月初六日蒙提督通省学政山西等处提刑按察使司副使谢批：数载鸣琴，泽加学校，谅无败群劣恶，既经具结请免，如详宽免，余县不得援例。此缴。

丁赋

一件为请旨事

（详府转报）

覆看得原任布政司都事、署交城县印、今休致陈方舟，自康熙二年九月二十六日署事起，至康熙七年二月初七日止，在任四载零四月有余，逐年正项钱粮累累侵欠，已经册报。本官在县具结赔补，详明批追在案在府，具呈宽限，本府批准在案。切思国课，何得寄家自私库藏？岂容被人控骗？既系本官费用，自应本官补赔。但今五月有余，所偿未及十之一二，有赔之名，无补之实。且本官年近八旬，其子生员陈环又复逃归原籍江南太和县，往返四千余里，是此处万难完结者也。恳祈上台具详，宪司转报，照例移交原籍，变偿国课，不致久悬矣。蒙太原府秦批：仰候转详，缴；蒙布政使司达加看详院；蒙巡抚阿批：仰候具题，缴。

一件急保残黎事

（奉本府，转奉粮屯驿传道）

看得交城土少山多，地冲民瘠，逃亡十已五六，仅存之百姓力不能支，十甲者或并为八甲、七甲，或并为六甲、五甲，其最困苦者并为四甲。若一都十甲，一甲输管一年，余甲尚有九年之逸。今一都四甲，一甲输管一年，三年一转，民力愈困。兼之前任诸吏不无摊派，民穷财尽，实难措办。所以大造之榜一悬，阎溥等遂有急保残黎之控。蒙批县审未报。卑职到任，奉檄严催，思事干里役，小民疾苦攸关，务在酌议妥确。斯不负宪台惠安，百姓至意。因集奈西都士民当堂公议，据阎溥等供称，无名之派向年实多，今自新任以来，杂派既无，上差不扰，旬日之间，当里役者已省费七八两。若此轻徭薄役，即照旧十甲当差，各各允服。卑职犹恐反复多端，再令士庶往外从公确议，停妥回报。随据阎溥等具，有情愿照旧十甲应里结状在案。卑职据理推情，一都十甲不易之经，因时合并变通之法。变通而未见得宜，曷若一守成法之为愈也？今士民既经允服，合无仍请照旧十甲应官里役。上既不倍国法，下亦不拂民情，第事干上件，卑职未敢擅便，相应详报，伏候裁转。

一件冒死陈情举首钱粮事

（奉府，转奉布政司）

太原府交城县为冒死陈情举首钱粮事。本年六月二十日，蒙本府批，据太原县申详前事，蒙批，仰交城县会同太原县从公踏勘，奉宪催甚严。该县毋得请辞，限文到二日内报缴。蒙此，卑职理应奉批会勘，但交代未清，事务烦赜，河北逃荒，抚慰招徕，日无宁咎。未奉批勘之前，又蒙按察司批，委会审打死人命一案，已经太谷县约日会审。今奉宪批踏勘，势非旦夕之事。交城刁顽疲邑，县丞郑万善又奉委解粮，城池仓库，典吏不能独力管押，卑职岂能安心出外？倘有疎虞，又将谁责？且踏勘一节，自有该管官经理，即蒙拨勘，亦祈于附近遴委。今交城越清源而至太原，相距八十余里。而太谷至太原止六十里，阳曲至太原止四十里，合无请宪台另委附近邻县各官踏勘，以结宪案，以全县务。缘系批勘事理，拟合申缴，为此今将前由粘同原发批详，理合具申。伏乞照验施行。

前件

看得冒死陈情举首钱粮一案，乃王尔吉欺隐地亩事也。太原周知县据首审实，王尔吉改稻地为沙坡，改平地为山冈，飞洒包揽，挪移诡寄，种种不一。卑职奉委清丈，因思平坡、沙冈地形难掩，总撒新旧册籍可查。尔吉纵系神奸，即其现在之地，合之历来之册，改自何年，洒之何户，举足即见，举目即定者也。但卑职于本月初一日准清源县关会同前去太原县晋祠地方，即欲清丈，而霖雨连朝，大水满地，禾苗满田，势难踏勘。清丈一节，原须地无种植，然后可施步弓。今正值秋成之候，黄云遍野，步弓一无所施。即欲勉强毕事，势且奸弊百出。卑职等一二人，耳目有限，地有障蔽，必不能清。有清丈之名而无清丈之实，反滋豪恶之弊丛。合无恳乞宪台稍宽时日，俟秋尽冬初，禾稼既登之后，遴委清丈，勤限终事。地亩一清，王尔吉自有应得之罪。今虽未经踏勘，王尔吉已于应纳粮石之外，情愿加认地粮六石，其为情虚理屈可知。然即欲据此以定其罪名，则诡寄洒派，与移丘换段，并挪移等则，减瞒欺隐诸条，未经丈实，势难悬拟。恳乞宪台俯察今日难丈之情形，准批展限。得俟冬初，无不可清之地亩，无不可定之罪案，亦无不可完之上件矣。具由详报，伏候上裁。

前件（拟定看语，关送清源。）

看得冒死陈情举首钱粮一案，卑职等奉委清丈，按册查对，王尔吉名下其全不报户入册之地，共三十亩二分四厘三毫一丝五忽，从未纳丝粒国课。今照地起科，每年该纳粮二石三斗一升三合一勺七抄一撮，该纳银二两八钱一分六厘五毫，其挪移等则以高作下，减瞒粮石之地，共一顷七十五亩二厘四毫五丝六忽，除按年输纳改则粮银外，每年隐粮八石四斗二升零五勺二抄三撮，银九两零六分九厘一毫。二项地亩，每年共该粮一十石七斗二升三合六勺九抄四撮，银一十一两一钱八分五厘六毫。谨将丈明地亩，备造总撒清册呈报。卑职等奉有使地粮无亏之宪票，按亩科算，亦已公平。至或应节年追补，或应照康熙三年造有鱼鳞册追补，并王尔吉应得罪名，俱因未蒙审拟字样，未敢擅便。具由申报，伏候上裁。

一件清查绝丁累民事

看得河北一都，山广人稀，难施耕凿，兼之数年灾旱，以致丁逃粮逋。此都久成废壤矣。卑职自本年四月到任遍行招徕，其逃散他乡者，稍稍复业。今卑职查得原额户丁较之今日拾亡七八矣。以十亡七八之丁户，种十存一二之山地，完合都旧额之钱粮，则虽斧钺在前，惟有死与逃而已。窃思国赋考成关系，卑职将捐俸赔纳，则县俸无几；将卖产补偿，而家产有尽；今岁勉完，明岁复逋，则卑职赔无可赔矣。幸蒙各宪台轸念残黎，春回穷谷。卑职遵奉实查，备册申送。恳乞上台俯电转详，倘蒙具题，得邀恩恤无穷矣。为此今将前由开具书册，同逃亡丁荒，实地亩清册各五本，理合具申。伏乞照详施行。

一件为审丁三苦当除编徭九则 宜复务革牢不可破之弊以苏民困事

案查本县明季户口六千四百六十余家，在籍人丁一万八千六百六十余口。门分九则，上上等则征徭银八钱一分，推而至于下下等，则止征徭银九分，加以胖袄、颜料二项，派在丁内，共银一百一十一两零。通共额载丁银六千九百五十六两四钱二分八厘有奇。遭闯贼伤残，死亡过半，顺治二年编审，阖邑丁不满万，当时本县知县高选惧缺部额，照旧编差，增虚丁二千五百名，共编一万二千二百丁，编银四千二百四十两五钱七分一厘。丁之额银尚未足也，乃听士绅吏役颠倒其间，将上上至中中门则概行删去，由中下则起至下下则止，每则加银一倍，共编丁银四千四百二十三两八分八厘。本县下下一则，原纳九分者，倍加一钱八分二厘，而贫民累矣。然丁之额银犹未足也，又于地粮内每粮一石，派徭银一钱九分四厘，至今尚加地差银二千五百二十五两二钱有零。补虚丁以足部额，而贫富俱累矣。切思地税亦输，丁差亦纳，丝毫皆属国赋，似不必分。然粮从地起，徭自丁生，款项各载，全书实无容混。使地亩果旱果荒，尚当请蠲请免，岂人丁真穷真绝，不许议擦议除？嗟此岩邑，三十年来，二千五百虚丁，皆实在人数代为赔纳，当时派纳虚丁之人，虽已故已绝，而虚丁不除。及至五年编审，又必求其人之亲属以补之，官问其由，曰"此成例也，不可减"。当时幼丁未经入册，不但虚丁不管，抑且本身无徭，传至今日，多有四五十岁绝不纳差者，官问其由亦曰"此成例也，何可增？"门单竟给妇人，赤历半登鬼箓。此中弊窦，何忍尽述。是交民之苦于虚丁者一也。九则多寡有数，五年消长自分，县官果能审实上下其则，而不听胥役上下其手。邑无遗丁，原额自足，豪强敛迹，公道自明，何患不均哉？今减门则而增徭于众多之贫民，民何以堪？是交民之苦于加则者二也。地既有税矣，按税征粮，原有定额。今丁数不足，又将缺丁银派入地粮之中，由单明明呈部，地差明明加派，百姓既已赔粮，又赔粮中之丁，穷无所归，不流而入于盗贼不止，是交民之苦于重科者三也。卑职检阅旧卷，并查从前编审各册，及历年申送由单，小民饮恨吞声，莫可控诉，县官传讹习舛，谁为改更？若不就宪台令行禁止之时，本县民安盗息之日，尽行清厘，交民苦中之苦，不知所止也。查卑职任内招过河北复业之家，及西山就抚之民，据册细核，生聚林林，除故绝老幼尽数擦除外，不但二千五百虚丁一时填实，足数之外，尚多赢余。若将目前增丁银数尽加，而昔日丁差不敷、派入地粮银数不减，是交民三苦之外，又多一苦。卑职得罪地方更甚于前任之高令也。合无申请宪台，批令交城编审仍照部三门九则，按则均徭，定其上下。现在增丁若干，即将缺丁派入地粮银内扣除若干。再过两轮，生聚日多，渐次除尽，丁愈增而粮不累，上既无损于国课，下实有益于民生也。未经编审，言亦无益，既过编审，亦不复言。卑职适逢其时，而隐忍无说，不但负民负国，实负宪台矣。恳祈宪裁批示，以便遵行。本年十一月十五日通详，十七日蒙太原府周批：据详，凿凿可行，仰县照依编审，仍候院司批示，行缴。蒙督理山西粮屯驿传道布政使司参议谢批：三门九则，历有成规。按则均徭，定其上下，则丁益增而粮不累，国计民生均有攸赖，仍候院司详行缴。蒙山西布政使司穆批：仰候抚院详行缴。蒙巡抚达批：据详，从前苦累，值今编审，自应力为清厘。但升擦门则，务须虚公审定，必期民累尽除，即于此举觇该县之留心民隐矣。此缴。

前件为严饬虚公编审等事（具详本府，申验抚院司道。）

看得编审一举，非审定人丁未易编成户口也。五年贫富消长，新老存亡，尚当升擦收除，况交城闯勷屠戮以后，历世因循至今，所为应升应擦、应收应除者，不尽取从前积弊而更张之不可。且赤历姓名，半登鬼箓，虚丁顶补，原无是公。有贫苦之氓，妻子不保，而赔纳十数丁者；有富贵之家，宗党实繁，而应差无数则者，已经卑职于去年十一月十五日通详列宪，批行在案。使非入历来从不入之丁，加见在必不加之则，勾积年永不勾之差，则更张适滋扰耳。卑职手口不停，劳怨兼任，旧历涂抹渐尽，现册添注一新，所入所加所勾，无不虚公审定，必期民累尽除，以无负宪批而后止。除清出屯丁应另造册，凡本县土著、寺院、庙观、僧道编入民籍，一体当差。其抄暮云游辈，本无定迹，概不征徭，无凭并造外，查本县二十五坊都，额载均徭银七千二百六十两六钱八分六厘六丝二忽七纤一沙四尘。康熙五年编定，旧管除优免其二百七十四丁不开外，实在行差人一万四千九百五十九丁，征徭银四千四百二十三两八分八厘；又土著幼丁一百六十七丁，征徭银三十两三钱九分四厘；又久寓流民二百五十九丁，征徭银四十七两一钱三分八厘；停免绅衿共丁五百一十二丁，各征徭银不等，共银一百三十七两三钱五分八厘。停免吏承人三丁，征徭银一两九分八厘。以上通共人一万五千九百丁，通共实征徭银四千六百三十九两七分六厘。丁差不足，由单加入地差，补缺丁额银二千五百一十七两五分三毫六丝二忽七纤一沙四尘。又外县寄庄本县粮四百七十五石二斗七升一合五勺二抄六撮二粒，由单加入地差，补缺丁额银一百四两五钱五分九厘七毫。通共加补地差银二千六百二十一两六钱一分六丝二忽七纤一沙四尘。合成额载全书均徭银两之数。今审得本县各都新收新丁幼丁及就抚山民从不编徭入历者，通共一万一千四百五十丁。开除过捏名虚丁共一千二百七十二丁，开除过无后绝丁九百六十六丁，开除过故丁有子侄者二千五百一十二丁，开除过孤老无子侄者共三十九丁，开除过年老有子侄者共一千八百五十四丁，开除过病废残疾共九十九丁，开除过乞丐共一十五丁，开除过妇女共一十丁，开除过久逃不归丁共六丁，以上九项共开除过六千七百七十三丁。内除优免本身二百三十三丁，另册造报不开外，实在行差人二万三百四十四丁。升过中中、中下、下上、下中等则共一千三百六丁；擦过中下、下上、下中等则共一千六百三十五丁。查旧额中中则无，照全书编派，每丁编银一两七分；今审定中中则一十四丁，共征银一十四两九钱八分。旧额中下七则，照全书每丁编银八钱九分，共征银六两二钱三分；今审定中下则九十八丁，共征银八十七两二钱二分。旧额下上则一千七十九丁，照全书每丁编银五钱五分六厘，共征银五百九十九两九钱二分四厘；今审定下上则八百五十四丁，共征银四百七十四两八钱二分四厘。旧额下中则七千二十二丁，照全书每丁编银三钱六分六厘，共征银二千五百七十两五分二厘；今审定下中则五千三百九十九丁，共征银一千九百七十六两三分四厘。旧额下下则六千八百五十一丁，照全书每丁编银一钱八分二厘，共征银一千二百四十六两八钱八分二厘；今审定下下则一万三千三十八丁，共征银二千三百七十二两九钱一分六厘。又上着幼丁一百六十七丁，编银三十两三钱九分四厘。久寓流民二百五十九丁，编银四十七两一钱三分八厘。停免绅衿供丁五百一十二丁，编银一百三十七两三钱五分八厘。停免吏承优免人三丁，编银一两九钱八厘，仍照额征派。通共征徭银五千一百四十一两九钱六分二厘。除将新收各项人丁顶补、开除各项人丁外，共增人四千四百四十四丁，共征徭银五百二两八钱八分六厘。又清出外县寄庄本县粮一百二十八石九斗五升九合一勺二抄六撮五圭，照由单加入地差银二十八两三钱七分一厘。以上二项增出银两，俱应在丁徭不敷加入地粮银两数内扣除抵算，俟下回编审，再有增丁银两，渐次除尽。若复溢额，另增徭银可也。其晋府屯旧管人一十六丁，征银二两四钱六分。内下中九丁，每丁编银一钱八分，共编银一两六钱二分；今审定下中则三丁，共征银五钱四分。旧管下下则七丁，每丁编银一钱二分，共银八钱四分。今审定下下则四十丁，共征银四两八钱。又新清出永和屯丁五十三丁，俱系下下则，照晋府屯例，每丁编银一钱二分，共征银六两三钱六分。二屯共增出人八十丁，共增银九两二钱四分。相应作为溢额，另造清册，刊入十二年由单。照数征收解部。今虚丁概除，实数已足，里甲丁粮悬绝，势不得不按甲为之均平，除均甲清册另行造呈外再查。卑职通详列宪九则宜复，今奉部文，增丁务照前全书门则编派，不便更易，恐滋驳查。又卑职自去年十月入山擒贼，由冬迄春，赴省会审，直至本年三月初六日始得回县编审，昼夜不辍，匝月竣事，并不敢稍违定限，理合壹并呈明。至于编审册籍，一切纸张、笔墨并书役饭食等项，俱系卑职关防内署捐资自办，并不丝毫派累民间。所有审定编审均徭丁册五十四本，及优免清册二本，总册二本，清出寄庄地粮花名册二本，并原审朱批升擦收除草册二十七本，本县印结二本，各里老公正甘结五十四本，一并呈验，拟合申送。本年四月二十六日申详，本月三十日蒙太原府周批：仰候转详，缴该本府周看得交城县编审人丁一案，除开除老故久逃人丁外，共增出人四千四百四十四丁，增出徭银五百二两八钱八分六厘。又清出外县寄庄本县地粮一并二十八石九斗五升零，照单加入地差银二十八两三钱七分零。二项增出银两，应在丁徭不敷加入地粮银内抵算，俟下回编审，再有新增，渐次除尽。其晋府、永和二屯，共增人八十丁，增徭银九两二钱四分，应作溢额刊入由单征解。再查该县前详宪台九则宜复，但今奉有增丁照全书编银之文，不便更张。查该县于去年十月入山擒盗，由冬迄春，赴省会审，直至本年三月初六日始得回县编审，理合一并详明。今据备造花名册详送前来，合候宪台批示施行。五月初七日申详，蒙布政司穆批：仰候核明汇造，缴。蒙巡抚达批：仰布政司确查汇详，报缴。

为里甲今已均平恳宪严批以兴除百年利害事

（通详抚院、藩司、粮道 本府）

窃照交城故明分里四十有三，顺治二年遭闯逆屠戮，攒为二十五里。俗尚诈力，而人畏豪强。富室图与富民合并，则贫人自不得不与贫户相依。三十年来，河北荒粮，西山累地无岁。非现年里老赔纳，兼以杂派加耗，月无虚日。应里一轮，必倒数甲。有一都而全甲累绝者，如阳渠之十甲、覃东之九、十等甲、水东之一甲、九、十等甲是也。有一甲而仅存数丁、十数丁者，如郑段之一、三、六等甲，覃东之一、二等甲，河北之一甲，原瓶之八甲，屯兰之一甲，中东之九甲，中西之一、二、五、九等甲，市东之一、三等甲是也。有仅存粮数石甚至二、三石不等，而亦充应一甲者，如市东之一甲，市崇之一甲，来苏之九甲，义东之五甲，义西之五甲，覃东之一、三等甲，屯兰之一甲，市东之一、七等甲，西南之九甲是也。有累粮数十石而人丁逃尽，合都赔纳亦名为一甲者，如河北之二甲，中西之一、二等甲是也。卑职莅任四载，熟悉舆情，新值编审，故绝病逃诸丁，擦除已尽，检点累甲残黎，幸而生存者不过数丁，仍与粮多户众诸甲一体轮充里役。虽今日杂派概革，人人可支，安保将来终如此，日窃惧贫甲散，而富户亦累，不同归于尽不止，隐忧如是，历任县官亦非不愿为厘正，非因情求而不便改易，即以势挟而不敢动移。至康熙六年编审合邑累丁，控抚、控道，批府、批县，必欲均平。究之纷纷构讼，今日千人会议于省城，明日数都聚讼于各宪。必致照旧编甲，依然不均不平而后已，使自今不为之更定则，永无更定之时矣。卑职昼为此都审丁，晚即为此都分甲。新抚山民，亦俱就近细为编派。或两甲粮石相同，查其粮之实与不实，即不能不以人丁多寡相配。或丁多粮广，原属一姓不愿分开者，即以小甲均并如数，亦无偏重不齐之患。或丁粮相去不远，自愿守旧不动者，或结称愿与某某同甲，愿求拨入别甲者，或有苦甲求益、累甲求分者，或丁粮相符可以不动者，或本甲富盛不能分开，贴以小甲户口帮成两甲者，补偏救弊，务顺人情。益寡衰多，惟持公道。总以本县县官一人之心，求合乎合县人之心而止，终无勉强割裂之事。榜示之日，罔不信从，但期二万余丁之得所，又和恤数十豪家之怨尤，亦可免于不均之患，不平之鸣矣。又陋习相沿同一纳粮里民，而有里长户甲首户之分。甲首之畏里长也，如子畏父。里长之役甲首也，如主役奴。县官每里科派一分，里长欣然乐从，里长每甲科派数倍，甲首不敢不应。此三百年来牢不可破之者。卑职以为纳粮之丁均为花户，应里之年即系里长。从前甲首名色概行革去，无人不可以充应里长，而科索之弊不禁自除矣。是非宪台严批，勒石永远，兴除数年之后，必有豪富借名复旧以行其私者，贫民莫与之争矣。所有造完均甲丁粮清册各五十本，及新抚山民分都定甲册一本，拟合申送，伏祈转报。本年四月二十八日申详，五月初二日蒙太原府正堂周批：交邑里甲不均不平，匪朝伊夕，非大破情面，毅然力任，不克永除万年之害而无憾。本府于编审之初，即与该县面议，务求顺人情而张公道。今据详内所列，其补偏救弊，衰多益寡，具见留心民瘼。至革除甲首名色，尤属有见。仰县勒石垂久。本府一面转详，仍候院司道批详行缴。蒙粮驿道批：仰候布政司详行缴。蒙布政使司穆批：仰太原府查议报，仍候抚院详行缴。五月初一日蒙巡抚达批：仰布政司查明汇详，报。

牧爱堂编

一件夏税秋粮宜仍复旧事

（详府汇报）

　　康熙十一年九月二十二日，奉本府、奉本司札付，蒙巡抚达案验，准户部咨前事，奉旨"这本内事情着直省各该督抚议奏，不必令其会同，钦此"抄出到部，咨院送司行府，备仰到县。即将该县夏税秋粮自正月起征，民人有致极苦于五六月，九十月征收实有益于民人，而钱粮不致拖欠，岁内征收全完，解送兵饷无误。作速酌议妥确，申府转详。该交城县知县赵吉士，查得仁民实政，莫过缓征，原不待旁咨而始悉者。然而国家大计，首在理财，有司考成，最严办赋。是必上为国家计，中为有司计，下为百姓计，然后可通行而无弊。今天下兵饷之所需，水旱灾荒之所备，每岁盈虚出入之缓急，有大部筹之于上，非卑职之所可得而预言。至于民生之疾苦，与州县之利害，卑职诚计之熟矣。夫国征赋于民，民取赋于地，麦豆熟于夏，稻熟于冬，因时起征，人情物理，大公至当。然亦有不尽然者，西北与东南不同，东南之赋尽出于田地，春夏二时耕耘正急，民耕于野，吏呼于门，剜肉医疮，逃亡死绝，频年施欠，新旧杂征，愈迫愈荒。上无益于国，下有害于民，而有司以身家随之。诚能稍缓须臾，其为便于民，殆不可言。至于西北则不然，地少山多，随俗谋利，往往不同。即以山西一省论之，平阳、汾州多商贾，利出于居积；潞、泽多机杼，利出于贩卖；大同、太原多孳生树艺，利出于幽林畜牧，虽有夏税秋粮之名，原不尽待夏麦秋禾之熟。若定于六月、九月开征，诚恐急公之民，财不纳赋，易行费用；梗义之民，赋不亟征，愈至延挨。身任钱粮之责者，实不能不虑及此也。夫民可使由，不可使知。今但将征比二字分明，而上下胥赖矣。夫国赋本有常期，开征宜宽而贵早，民力不可遽尽，比较当缓而必严。自应于二月出示，照旧开征，但听小民自封自纳，不许有司擅行催科。如夏税延至五六月，秋粮延至九十月之后，方许有司限期比较，仍于每年奏销，稍宽时日，民不烦比较而钱粮全完者为良民，官不用比较而钱粮全完者为良吏，俾州县各得因其民情、地利，酌量缓急，则官民两便，而国课亦不致有误矣。蒙太原府周批：仰候汇详，缴。

一件哭诉旱灾事

康熙九年六月初七日，奉本府帖文，奉本司牌，蒙巡抚达批：据定襄县申前事，如有真正旱灾，果未得雨，秋收无望者，确查申详，以凭转报等因，备仰到县。该交城县知县赵吉士查得本年一春少雨，二麦将枯。卑职于三月二十四日建坛默祷，残春数日，迭降甘霖，入夏至今不绝时雨，业已申报在案。卑职又复履亩清查，凡有一抔未耕，一犁未种者，必惩之，恶其失天时而弃地利也。今山乡平下无旷土、无隙地矣。乘时树艺，可卜屡丰之年；满目菁葱，实为大有之庆。天本不旱，人何由灾？但听欢腾，不闻哭诉。卑职确查明白，何敢妄报。蒙署太原府事周批：仰候汇详，缴。

为报雨事

窃照交城地少而山多，无泉可疏，无渠可引，农家终岁辛苦，惟有待泽于天而已。入春至夏，久亢不雨，麦根渐枯，禾秧难种，是所忧者，不仅在夏而在秋也。卑职上体上台已饥已溺之心，下切下民为云为霓之望，敬择三月二十四日，斋戒建坛，诚求默祷，是午两降，越二日又雨，至二十七日雷雨大降，河流横溢，交山数百里无不沾足，二十九日未时起，细雨连绵，自夕至朝不歇，麦枯已苏，禾秧可种。卑职虽不敢贪天功为己力，亦当具文上报，以慰上台霖雨苍生之心，为此，今将得雨情由，理合具报。

户婚

一件兴贩人口卖良为娼事

看得清源李姓有女，父母双亡，寄食母舅杜豹家，年甫十四。豹受交民张全聘金八两，以甥女妻之。时张全年二十七矣，以稚女配壮男，既失标梅之吉；以舅家收甥聘，复乖奠雁之仪。而当时不闻李氏有一人起而问之者。逮张全依妻家住清源十余载。李氏养男育女，母家并无往来，及与刘福成通奸背夫而逃，母家亦并无一人理说，此为茕茕孑身也确矣。张全控告，清源县枷责游示，断令奸妇听夫去留，此于律例允合。全既恨其妇，复利四十金之身价，甘卖与乐户张误年。误年明识其私奔，张全明知为落水，两无异也，何物李现冒称李氏族兄，以卖良为娼具控。本府批行徐沟县照买良律断李氏归宗，而本夫所得财礼追半入官备赈，且尚在候详。现遽领李氏嫁与徐沟赵之旺矣。朋奸勾结，情弊显然，似不可不直穷到底者也。夫淫妇逃获，何名为良？本夫去妻，何宗可断？纵现为李氏胞兄，亦难背律张主。况素昧平生乎？卑职酌律原情，期于允惬。张全系本夫，财礼不便追官；张误年既失本妇，自当断偿身价；而李现之凭空作梗，累及三邑，一挟何辞，未敢擅便。伏候上裁。十年二月初九日详府，蒙太原府邓批：据详，奸妇李氏，桑濮私奔，淫荡可耻。从夫嫁卖律允协矣。但其夫张全娶经一十七载，育有两男，只贪乐户张误年地势金之资，遽卖作娼，事属已甚。奸徒李现冒称兄妹，节外生枝，平地起波，此中必有染指；乡民赵之旺因其断归，用银聘娶，系属无罪；乐户张误年银没人去，情属可悯，应严鞫李现收过之旺财礼若干，断还误年；其有未足，李氏于年三月烟花，亦足以偿其身价矣。仰即遵行，以断讼藤可也。李现仍枷责二十板，缴。

一件昧孙灭门事

（奉抚院面谕，交、徐两县会审）

康熙十年正月初九日，蒙提督雁门等关巡抚山西太原等处地方右副都御史达宪票：据平阳府呈详，郑师颜一案，招由到院，因疑情种种，故批解院亲审。今本院亲审各犯口供，与前审互异，合行发勘确招，为此仰交城县官吏，即会同徐沟县查照，批解姓名，细加研审，务得真情，妥详具报，以凭酌夺。该交城县知县赵吉士会同徐沟县知县赵良璧，看得翼城具绩、郑两姓争儿一案，经年不决，以致波累多家。在杨氏、郑氏、左氏三妇人积淫狡讼，固不可恒情窥测。而酿此祸端以启人伦异常之变者，实生员郑州奇因奸所致也。杨氏再醮未终，三嫁而归绩圣道为继室，是其始进已不正矣。郑师颜之妻左氏，亲生子女二人，男曰虎虎，女曰竹娃。竹娃者，郑氏乳名也，年十三出嫁圣道之子王典，而为妇续门者仅二载，康熙六年续圣道客死，其子王典七年三月扶父衬归，归未数旬，而王典又病故。父子继亡，姑息孀居，亦大不幸事也。劣生郑州奇原借资本为圣道营运，又以邻屋假圣道居停，买娼妇双红为妾，因与杨氏往来甚密。原其初意，不过连爱妾之好，而通其继妻。及至丧心，又复因孀婆之淫，以奸其寡媳。雨约云期，业非一日。在州奇则曰：此予别宅耳，而积淫之婆杨氏、狡讼之母左氏，且以是为奇货可居也。郑氏身怀私胎，匿产母室；左氏实为收生，胎甫落而孩死，邻舍亦不相闻。知此事者惟杨、左两亲母及行奸之郑州奇耳。若谓左氏实不卖奸，女胎未坠，即应急告州奇；若谓左氏恐杨家丑，胎既离腹亦应议嫁，郑氏何为隐忍不言而甘心至两年之久？是狡讼左氏无日不以奸情诈吓奸夫也。州奇自揣情亏，主嗾积淫杨氏以毒谋灭杀控县，索王典遗孩子于郑门，以存续祀，无非欲塞郑氏父母之口，而先发制之耳。胡乃嫁祸移灾，分其罪于风马牛不相及之人？左氏受掠，宜矣，而左氏亲弟光灿且受责矣，左氏亲儿虎虎又受夹矣。于是痛恨州奇入骨。欲保其子，若弟自不得不首亲女之奸；郑氏亦且仇视其母，坚供左氏匿孩，以累母家亲族，迭讼无休，竟成疑案。此宪台有十不可解之驳查也。然左氏告亲生爱女以奸情，郑氏捏私产血娃为遗子，卑职反复前案，任从府县推敲，总无一供确据。是以翼城县初审，有"俯容采访"之语，平阳府再详，有"暂准注销"之请，而洪、翼会审，复有究未敢为山案之看也。若非宪台严谕面饬，务得真情，则中冓暧昧之事，阴骘名节所关，卑职等亦不欲直穷到底，过为深求矣。生员郑州奇诱奸是实，郑氏业已和盘托出。而臂右黑黡、背面疤痕，出之奸妇口中者也，俱已验实确证。褫其衿而拟以杖有剩辜焉。郑氏、杨氏犯奸果真，亦应杖，按律载有奸妇从夫嫁卖之条，今两妇无夫，自当官卖，财物入官备赈。州奇之妾双红，虽求经官审，然以娼妇从良，又复诱良媚夫，行县一掠，明正其罪，庶稍慰受累诸媪之心。郑师颜告奸得实，则前拟城旦，自应开释。但师颜左氏纵奸在前，发奸在后，均拟以杖不枉。快皂卫国宁等四人，各受赃有差，照例责革，系告发之赃，应追给主，仍严勒该县，以儆将来。至于多差衙役，原因牵告者多，则押审者自不能少，实非故纵县役也。郑虎虎畏刑脱逃，事寝自归，均无容议。余犯多人，拖累已久，所当亟请宪台详允，早发宁家，以结此案者也。十三日招详，十四日蒙巡抚达批：据详，郑州奇以娼妾作饵，引奸杨氏婆媳，又复嗾讼索孩以为先发之计，败检丧心，真封狐而梼杌也。但郑师颜与左氏系郑氏之父母，其女恣鹑奔而责其父母，以发其中冓之丑，是人情乎？查律有亲属容隐之文，今以隐忍不言，拟以卖奸，是否允协？且看云左氏以州奇为奇货，而目以奸情吓诈，何详中并未审有吓诈实迹？至州奇奸淫，虽郑氏供称凿凿，未经取有州奇与杨氏确认口供，亦无杨氏伙奸年月，难成信案。仰即申学道，将郑州奇先行褫革，仍会同徐沟县逐一严讯，当日商同双红作何引奸，是何年月？务使情形毕露，和盘尽出。并查是否赦前，确拟妥招速报。其案内无干人犯，查明发放宁家，缴。

前件

　　覆看得郑州奇之幼奸两寡也，得其情不必尽其辞；而左氏之纵奸亲女也，窥其隐实欲诛其心。所以前详未成信案，而蒙宪台之驳讯也。卑职等仰体详慎之心，即日申请督学道褫革州奇衣顶，覆加审鞫。不但通奸月日州奇自写供招甚明，而积淫杨氏从前坚供不认者，亦俱和盘尽出矣。在左氏知女奸而不发其丑，固有协于亲属容隐之条，然询翼城土风，妇人再醮者，仍须禀命母家，母家不允，则人家不娶。是郑氏之嫁，非如母家不能端主者之比。以鹑奔之女，当寡居之候，胡不亟议他适，而听州奇之私通者？且至二年，律以纵奸非刻也。前审郑氏供有"小的娘说，'我要告你婆家'"一语，夫要告而不即告，既不告而声言要告，虽未有吓诈之迹，而已怀吓诈之心矣。按律奸妇从夫嫁卖。查绩圣道犹有幼子孝娃，既然两妇无夫，身价应给圣道之幼子为养孤计，又未可执官卖备赈之说也。但两寡俱去，孤儿安归？或令杨氏携子复居上韩村，永绝州奇行走，免其官卖，以抚孤于将来，仍追圣道所负遗券，当堂焚毁，不许州奇复索。庶几圣道父子幽魂藉以稍慰，此法外之恩，非卑职等所擅议者也。州奇有玷宫墙，允宜褫革。衙役卫国宁等赃系告发，合追给主革役，所拟决杖九名。查在赦前者，相应分别免责。余犯郑居正等审属无辜，遵批释放。十五日招详，十七日蒙巡抚达批：如详发落，但杨氏犯奸情真，律当官卖。既查有遗孤孝娃，姑令速归上韩村，留资抚养。然以三醮老毈，既自失身，复阰其媳，与续圣道夫妇之伦已绝，则在孝娃母子之称应除，以爨下老妇蓄之可也。郑州奇荡越无忌，一褫未足弊辜；而杨氏、郑氏乃匿其聚尘之丑，鼓其长舌之厉，风化所关，各重责四十板，以为男妇宣淫者戒。至郑师颜、左氏纵奸无据，且所供服满改适，持论甚正，应行免议。其黄之奇等各役，承票需索，目无三尺，各重则四十板，革役示惩。及翼城令，衙役诈赃，全无觉察，平阳府历审朦混，洪、翼两县扶同率详，均应参处，姑免深究，嗣后务须净浣肺肠，力除锢弊。勿得以词讼作生涯，以致智昏于瞻狗也。仰将招案抄申该府，令其展卷自惭。缴。

一件盗母杀弟事

（奉按察司）

看得孙琴与叔孙良周，以沁源人携家文水，堂兄孙应然因子孙禄不顺于亲，亦至文邑，依琴等而居。康熙七年，然娶周门王氏为继室，随来一子马庄儿。又过门未旬日，生子改门儿，亦周种也。八年四月，然挈家复回沁源，旋徙襄垣。是年十一月二十八日，然病身故。王氏胞兄王国运闻知妹复丧夫，疾赴襄垣。九年二月初五日，将王氏并二子接回文水。闰二月十二日，三醮而归牛富林为妻。主婚者琴母翟氏与孙良周也。越二载，孙禄姑来文水，清其故父所典屋业，孙琴执契不与，且索其故父原欠五钱之债，互争以至于殴，因来孙禄盗母杀弟之控。使孙禄真心为其父鸣冤，潞、太相去不远，叔侄服制非踈，两年中间何以音问不通，直至今岁正月而始发此难端乎？庭讯之时，孙琴以孙禄手字呈验，有"日后出门改嫁，不可留"之语，此既非为子者所当出诸口，亦实闻琴等以擅婚之端矣。不知夫死从子，琴等非王氏的亲舅姑，何以竟不通知孙禄，而即主婚受财，以嫁禄之继母耶？良周耄矣，念系房长免议，仍追其所得财礼银九两入官。孙琴与串通说合之王国运各应拟杖，牛富林明知王氏有子，亦不与闻；孙禄母嫁二载，因争产而始构讼，均应杖治。王氏夫骨未寒即行改嫁，念续娶无结发之情，晚母少相顾之义，姑免惩责。房价二两五钱，除扣还原借五钱外，仍应于孙琴名下追银二两给还孙禄。该门儿既系痘殇，又非应然骨血，应置不论。伏候宪裁。

一件冒死乞天斧断奇冤以救蚁命以享大名事

康熙十一年三月二十五日，据汾州府汾阳县朱思贤告前事，告称自古包老爷享名万世，只因敢拿贪官酷吏，能断奇冤异事。今贤有一奇冤异事乞天断出，自可与包老爷同垂不朽。下细开明白。祸因贤有亭房一所，价值千金，久被枭叔朱友梅、朱友栢，积年与贤争房，未得吞霸。今出奇意，外串通豪棍赵先裕，平空改名朱光裕，诈认归宗，希图霸产，捏写了一纸谎状，假立了一张分书，梅、栢二人就揽上干证状，内捏写得裕母张氏与贤之胞兄朱俊德为妻，生子光裕，因父早故改适赵门，裕随母养。祖朱友兰遗裕房一所，着叔思贤经管，待裕归家为业，指分书并叔祖朱友梅、朱友栢证。今被枭叔思贤、势恶李庆朋谋挟霸等情，于本年二月十三日赴本府沈老爷案下朦胧告准，转批本府，经历司审理。不意友梅等骨肉仇残，伙告伙证，赵光裕私通关节，说甚是甚，程经历贪赃枉法，以假作真，捏做招详，暗申报府，未蒙驳勘，据详批允，将贤拟罪拆责，立逼退房，着光裕改名朱光裕，归宗承业，阖县皆知奇冤，府司捏成铁案，令贤百舌难分，乞大老爷高悬秦镜，洞悉楚冤。一则要见伊母张氏于何年月日与俊德为妻，相守几载生子光裕？二则要见俊德于何年月日身死，张氏于何年月日改嫁，更要见主婚受财礼者何门，管媒立约者谁人？难道张氏若为俊德鬼妻，何以改嫁而朱门并无一人主婚受财者乎？三则要见欲随母养，有何随养文约为证？四则要见待欲归家为业，何以赵还初与赵光裕娶妻，且当年自定至娶，并未向朱门教助钱一文，又连年生子生女，并未往朱门引来一见？况赵光裕年貌约有二十七八岁，今日方归宗乎？五则要见伊既称祖友兰遗房一所，着叔思贤经管，何以祖寿享八十一岁，去年病故埋葬，伊并无片纸祭奠？何以贤今活五十余岁，连年生辰新节，伊未尝登门一拜？指邻佑任明世、史天爵等证，似此异姓诈认归宗，王法难容，同室操戈诬证，天理伤尽。万恳仁明大老爷俯准批廉解报，必然水落石出。为此冒死上告。本月二十七日蒙巡抚达批：仰交城县吊卷确查报，即日申文汾州府吊卷，行关汾阳县提人。初六日人到卷至，即于是午研讯，取供在案。该交城县知县赵吉士看得朱思贤乃故明宗室也，其父友兰与叔友梅、友栢为同胞兄弟。兰子有，长俊德、次顺德、三思义、四即思贤也。俊德原配黄氏，生一子明高，一女嫁宋姓，继妻张氏，生一子即光欲也。俊德、顺德于顺治二年俱死于兵，明高亦为兵夺去，时张氏年甫十七，光欲生未及期。兰以宗亡国灭，媳幼孙孤，听氏挈之别嫁贺门，盖亦逃生免累之是亟，何暇主婚受礼，凭媒立约，为异日计哉？氏既适贺，不三月而贺又殁，氏复挈孤而嫁赵还初。还初既娶氏于贺门，第知氏为贺氏之妇，则光裕亦贺家子耳。在张氏目以青年三醮，既讳朱而不言；友兰复因属籍亡明，希易姓以存胤，彼此含情，各缄其口，良足悲已。及友兰年将就木，哀两子骨朽多年，冀二孙生还有日，遂于顺治十三年二月将所生存家业拨立分书三纸，思义、思贤各分其一，留其一以待明高、光欲归宗为左券。其时起稿者友兰，代书者友梅之子朱发祥，居间者友梅、友栢也。兰以乃孙分书手授弟梅，梅不肯受，因寄存于俊德之女宋家。其年夏五月，友兰弃世。越九载，康熙三年，思义又故。兰虽生有四子，此时俨然得为友兰之存子者，惟思贤一人。兰虽衍有数孙，此时显然得为友兰之嫡孙者，惟思义之子明礼一人。讵意思贤既忘其父若兄，而明礼更不念其祖与叔，反幸二孤之不复而因以为利，竟将分书所遗之窑产，一典与李庆，得银十五两，在三年之七月，而友梅、友栢无一言；再典于李庆，得银三十两，在八年之八月，而友梅、友栢遂不能无言。其前无一言者，以居间故；其后之不能无一言者，以未居间故。于是，张氏之兄张近安转将友梅索孤之语直告光裕。裕骇而问之，母始得托体之详。裕知而索之姊，复得分书之据。赵还初一旦有子而无子，朱俊德历年无嗣而有嗣矣。控县归宗，县照现在控府清产，府批经历司呈详，原卷可查，梅栢实主之，固思贤明礼之所不欲者也。今明礼远扬杨州，而思贤不惟不赎产付侄，以盖前愆。乃复捏词控宪，致批卑职吊卷查报。卑职覆阅原详，细讯各犯，前后真情俱已和盘托出，思贤亦不复偏辞巧辩矣。思贤、明礼唯利是视，弃父祖之遗命，忍兄叔之绝嗣，不仁孰甚。友梅、友栢亦唯利是视，初以居间而听其典，继以不居间而白原情，以逞其忿，不义何辞？除朱明礼照提拟结外，朱思贤与其叔朱友梅、朱友栢三名，俱各拟杖示儆。李庆恃财谋产，致酿讼端，杖亦难免。其光裕应得窑产，虽据汾经历详由，因朱思贤曾供葬父有费，故于所典十五两一契内，议令朱光裕贴思贤赎房银七两五钱，以偿葬费。然据朱友梅等供，窑产内仍有群房，先系思贤折卖，姑因分书未载数目，无从追还，即此亦足偿葬费矣。断令思贤速赎两典李庆之房并所占住者尽给光裕。其明礼得过之价，俟其回日，听思贤自取。再照此房原书内系友兰遗之两孙者，倘朱明高复还故土，此房光裕又应与明高均执。所当预定，以杜他日之纷扰者也。本月初七日申详，蒙巡抚达宪牌：为冒死乞天斧断等事，据该县申朱光裕等详由到院，据此除详批，仰照另檄确审妥议报外，为照归宗承产，先当核血胤之真赝，尤必验分单之假真，方可瞑九原之目，而服双方之心。据招朱光裕为废宗朱友兰冢男朱俊德继妻张氏所生，因逢改革，俊德兄弟二人俱死于兵，长子明高亦被兵抢夫，时光裕牛才数月，方在呱呱。兰以媳幼孙孤，听其哺儿改醮，但氏非淫奔，实时值乱，离媒聘未能求備，岂高堂白发主婚亦不与闻乎？张氏既母子相依，是友兰已明知孤雏之有托矣。未几氏复失所，天又禠孤而适赵，遂名赵光裕，抚育成人则朱门一点血，非赵氏一块肉也。友兰年将就木，立分单以待遗孤，不可谓非贻谋虑远。独怪兰与光裕居住同城，非明高被抢无踪者比，彼时何不呼之来，祖孙一面，天亲系恋，必然迥异寻常，便可断此葛藤，何竟置之不相闻问，不相往来，一何忍而恝耶？且据朱友梅供，伊兄在时，"还叫朱思贤背地里到赵家看看他孙子"等语，果系自己男孙，何妨明目张胆？还初纵有抚孤之思，岂能斩他人之祀？胡为作此暧昧行径，致留后日之疑端也？至友梅、友兰谊属同胞，当日不肯收单是何意见，岂遂逆知思贤之背父忍兄，吞孤占产，日后之成讼乎？今分书既从俊德之女朱氏取出，自当唤朱氏质明，张氏果否系伊继母？光裕果否系同父之弟？分单是否系伊祖所遗？则是赵、是朱，真赝立剖矣。查友兰所立分单既有三纸，在思义者即物故而不可问，在思贤者自当追出验对笔迹花押，则真伪自明。至李庆用价典房，抑有何罪？合行驳勘。为此仰本县官吏查照牌内事理，即将朱光裕等各情由逐一研讯明白，务令各犯证供吐实情，立剖真赝，妥议详院，以凭核夺施行，毋得游移草卒，取咎未便。四月二十二日奉驳覆审，该交城县知县赵吉士看得朱思贤所控赵光裕，实朱俊德亲生子，而张氏则俊德妾也，非继妻也。使非宪鉴详驳，推见至隐，卑职虽服其心，而未析其疑，终难成信案矣。张氏年十四而归朱，年十七而生光裕，在顺治元年孟冬之近晦二日。是时明祚告终，宗潢遍索，俊德且不保其身，何有于妾？二年二月遣张氏归于母家，听其别嫁。乃氏去并呱呱泣者，亦命挈之俱去。默默此心，盖亦惧朱氏之不血食也。夫氏既出于俊德生前自遣，正不藉高堂白发为之主婚，又安问媒妁乎？死后嫁媳之供，直妄语耳。乃于三月挈光裕而嫁贺，不三月而复死，其九月俊德与顺德死于兵，俊德之长子明高抢于兵。思贤幸免死且抢，遂不免以其身为兵。友兰、友梅等不能为兵，更不免移名易姓以免于兵。是时友兰一家鸟兽散矣。张氏丧贺之明年，年仅十九，遂后挈光裕以嫁还初。十余年间，索缉废宗之令，一日未弛，兰与光裕即居住同城，固未敢明召光裕而谓之曰"尔吾孙也"。越顺治之十三年，时事渐远，友兰老矣。因立分书三纸，以待二孤之复。其时一付思义，一付思贤。思贤方远泛沁源，遂并所留二孙一纸，俱付友梅。盖在友梅，并无辞单之言，在朱氏亦实无存单之事，宪驳宜也。至康熙元年，而索缉废宗之令始除，至明年，而友兰死。盖距除禁之令不一载，固未敢遽为貌遗孤归宗计，当亦人情所有者矣。若友梅前供：友兰死于十三年，亦妄语也。继而思贤同明礼将父祖所遗两孤之产一典再典，因而不欲光裕归宗之心愈切愈真。友梅、友栢始利其居间，终恨其见却，一识光裕于棉花肆中，继款光裕于狐庙内，又再携光裕拜认亲姊于宋家。控县报府，而光裕之为朱氏子，友梅等证之；张氏言之，邻里公结之；思贤独不从而认之，何也？盖光裕之为俊德子，真也，顾其所控之事与所供之情，真而伪也。光裕分单实出于友栢手授，而云出于宋门朱氏，究其情，友梅、友栢正在祖孙交怨，恐复出分书于己手，为断理者见疑也。思贤所受友兰原单末行本云"同胞两弟"，幅尾本无，友栢作中。而光裕之单末行竟去两字，增入"友栢作证"。究其故，友栢本以继出，立单因不列名。今友栢既挺身为光裕兴词，不便原单之无名无证，故假笔易之。在思贤，前此不出原单，徒碍于单内"产遗两孙"，并"第二孙随母嫁后夫为义子"之句。今既真情虽掩，投阅皎然。光裕所执之单，虽伪而真矣。在朱氏因以分晚免拘，不能面讯其始终，而其子宋可兴代母言之亦详，且确矣。李庆租产于友兰未死之前，既久知为厥祖授孙之物，顾图之唯恐不尽，与用价典房者不同。友梅等受单于友兰将死之岁，竟不念亡兄托孤之重，顾利之不得而争，与贪财盗卖者何异？所应与思贤同律以应得之罪者也。二十六日申详，二十七日申解各犯，蒙巡抚达亲审毕，二十八日批县发落。蒙批：此案疑情种种。前据该县覆详，谓朱思贤已哭供悔认，双方均输服无词矣。昨解院亲讯，而思贤晓晓如故。夫张氏初称为俊德继妻，今审是蚤先作妾，初供奉翁言改醮，今再审系夫命生离。宁有呱呱在褓，忍令别抱琵琶者？虽云远害留孤，何不令其潜迹隐避也？此情理所必无之事。且友兰善饭之日，祖孙共处同城，既能据产以待孙归，何烨烨之一见祖面？朱氏为俊德之女，若与光裕为同父之人，何亦从不往还通问？直待梅、栢勾引挑剔，方始谋面。今询诸邻里，佥称里不识光裕为朱家子孙。至析产，惟据分单。今光裕所执者系友栢套写焉。知思贤所执者，遂为真本也。况分单俱梅、栢收贮，思贤戍归便当分授，何待屡索方还，犹有吝色，是成何心哉？此案供吐诪张变幻，几同牛鬼蛇神，疑窦难以悉数。总之，光裕谓他人父，水木固已久迷，只缘梅、栢恨不为中，风波遂尔顿起。不然岂仗义存孤，能执言于今日，何居间分润，甘书押于当年也？假令思贤后契亦经两人之手，知必无此讼矣。彼妇之日既不足凭，老奸之言尤不可信。若以想当然之事，遽定莫须有之案，恐合浦之还，反馁若敖之鬼也。九原难问，滴血无从。光裕是否朱裔，姑置弗论，即果系朱门骨血，祖殁未闻一号，既葬未浇一奠，春秋曾未拜扫，而遽欲承朱氏之遗产，揆情度理，谁则甘心？况一无确据乎！朱思贤虽似背父忍兄，尚系友兰嫡子，其单内窑房，应仍令思贤执业。若光裕实属俊德遗胤，异日果能绳武亢宗，溯源荐享，友兰父子有知谅不吐弃也。各罪姑从宽免。汾守以承宗夺产之事轻批匃幕，殊属违例，嗣后务须详慎，姑免深求。仰县遵照发落立案，缴。原单典契并发。

一件富杀贫命事

看得赵茂，李巨鳌之佃户也，立约受价，为巨鳌耕种地土。今秋禾已熟，自应呼田主看验收割。而茂乃私自割归。鳌子李二来秋禾，见田无籽粒，因向赵茂而问之。茂复欺其稚子，一人独至，抗不为礼。李二血气方刚，斗狼之状，勃勃欲舒，持拳相向，茂拒不容殴。李二大声疾呼，而地邻韩邦奉、途人李进福劝解，散去。茂揣巨鳌必行告己，先捏证诬控于本府。蒙批，职审庭鞫时，赵茂干证无一到官，而巨鳌二证述其当日劝解情形，凿凿有据。验赵茂之妻刺腿疮疤平复无痕，至诘其所告凶器，亦并无寸铁。查巨鳌所议工价，则按时给发无负。赵茂既不问田主而割其禾，又复捏虚诬控，本应重惩。姑念贫民无知，拟杖以警。至巨鳌盗殴之诉，茂既系佃人，私割归家，难同盗论。至殴打李二，严审犯证，俱未招认，似难悬拟。余犯无干，相应免议。伏候上裁。

一件朦哄脱行事

审得孙成辅、覃万鼎、申希厚、田自茂、徐士祯、崔进喜等皆卖铜行户也。旧例制造铜器，按月轮值。成辅等以为轮流应役，未免误其私事，乃公议出银若干，倩影进喜一人应役。进喜利些须之得，甘于独任。至今秋冬二季，成辅等以为本县到任以来，既无取于铜行，遂违前议，分文不与，以致进喜投控。今成辅等既愿公值，姑免责惩。仍着按月轮当其役，逐出免供。

一件质审等事

审得胡利为胡艾伯祖，共屋而居，胡艾数年前将住屋一半卖与孙相，得价九两，艾携卖屋之资营运平阳，所遗粮丁，实系胡利为之措纳。盖胡利原系艾为给养，祖孙之谊，两不容辞也。至上年十一月，胡利将房一所凑卖与孙相，亦得屋价九两。本年二月内又卖地二亩五分，得价三两七钱。此二宗银两，利不与其侄孙胡艾，而与其婿张守宁，亦是实情。艾市井小人以利卖屋地，俱不相闻，遂竟不养给伯祖，致利有此一控。是艾不孝不义之责，正难宽也。胡利今年已九十余，生几何？着艾贝领养其天年，死后棺殓着其亲女与婿张守宁备办可也。取领立案。

一件借尸吓杀事

（奉抚院）

看得刘之玉之妹嫁苗氏子李文为妻，去年十二月二十四日瘟毒病死，医证足据。二十六日刘之玉父母率男妇十数人到李文爽家吊孝，打毁门窗、家伙，扯破布衣绢裙，质之邻佑村主，众口皆同。至抢去衣物，则莫须有之事也。卑职仰遵宪批着李文爽殡埋刘氏身尸，随具结状存照外，取有各犯证口供并刘之玉申解台前，伏候宪台裁夺。

前件

卑职再为捧阅前发宪牌止令，卑职取刘之玉有无打抢口供，具由申解，宪台亲为审究，并未蒙有审断字样，故不敢擅行招拟。今奉批发落，即将刘之玉、苗氏拘唤到官，勒令赔补。刘之玉随买白布衣一件、红绢裙一条，当堂赔给苗氏。苗氏供称，与前扯破衣裙式样价值相等，当即领讫，取有苗氏领状一纸，粘同原发批详，一并审缴，伏祈宪照。

一件飞空串吓事

审得王希整之姊稼张希宾为继妻，宾死后，值姜逆之变，骨肉难保，分居之侄不遑问及其姊之去留，以致至今难查消息。希整忽以略卖姊母禀伊侄张齐于捕衙。据希整口供，九年之前在家，自后不知下落，则何不控于昔日，而控于今朝，明系虚情，责逐。

一件欺异串吓事

审得李登科、李成贵嫡亲伯侄也。先年登科以地四亩五分卖与胞弟登举，登举死而其子成贵照契管业，止得地四亩一分八厘。成贵不以伯为虚契，疑田邻任时正盗耕，遂强种其地七分。时正投控到县，前署事陈凭干证处明，于成贵名下出银一两五钱与时正赔礼。成贵以既追地而又与银，出之无名，复来控告。本县以成贵不应强耕其地，时正亦不应擅受其财。今追时正原得成贵银一两给赏孤贫，其五钱仍给时正作赔粮之费。而李登科原卖与登举地四亩一分八厘，成贵不愿，着登科照时值出银四两给成贵赎还原地，以杜后议。俱逐出免供。

一件官蠹暴横等事

（关繁峙县）

太原府交城县为官蠹暴横吓杀良民事，蒙本府批：据本县人刘尚玘状告前事，蒙批，本县已经关取原被刘尚玘、张月龙等去后，准贵县回关，关称差役将所告被犯张月龙、殷席正、薛竹、赵良才四犯拘获关送间。据原告刘尚玘手本禀：为恳天免解，曲全草命。事，禀称有张月龙等，原该玘钱债未明，告赴本府。蒙批交城县差人提取，今同乡亲俱已妥局，但来差守提无文，难以回销。恳乞怜念贫民，俯给回关等情，回关到县。准此，本县案照刘尚玘原词，"官蠹暴横，赃银盈贯，土棍锁拷，县官莫禁，势力如天，含冤救命"等词。事干官蠹棍恶，难容朦混。申报贵县，既经提拘在案，相应押送前来，以凭审报上台，岂容奸民自告自销，上台行催号件，势难久延，况系新任本府，理难胡涂支饬，烦将拘获到案刘尚玘、张月龙等五犯，并未拘到案犯证等，希速拘齐，关送过县，以凭审明申报。为其自立可也。苟谅灭绝天理，另行照提重究。

一件凶殴良妇等事

审得田藩之妻王氏碾面，李秀妻苏氏以亲子为群乞殴伤，迁怒田藩，乱洒其面。藩妻无可奈何，不敢与苏氏相争，而痛詈其夫之弟田逢旺，以其曾为田万长作证，谓秀妻之洒面，旺实使之也。逢旺不耐恶声，手拾狗粪掷之。于是藩妻妾两人与逢旺混打，男女不分，又何论叔嫂耶？同族田庚辰儿劝解，询其口供，自是实情。王氏自有夫，何烦王氏之弟王正告状，而又蔓及绝不在伴之田逢眼、逢才、逢友等？岂非欲构讼作生涯耶？逢不合以男子而掷粪于妇人，因此互殴，责十五板。王正亦不合代田藩告状，累及无辜，薄责十板。藩不能约束其妻妾，亦应责戒。念不在家，释之。

牧爱堂编

详文卷之七

命案

一件急救人命事

(申府)

查照急救人命一案，乃康熙六年十一月二十八日事也。本县覃东都里老花巧结报：王有长、王喜、花名金、郑虎、武名甫，夤夜鸣钟，押送不知姓名一人到寺，身死。前本县署印都事陈方舟随行捕查。康熙六年十二月二十一日，据本县巡捕典史郭景明将王有长等拿送到县，其王喜脱逃无踪，有文水县人张成据称系已死，张明洪侄男认识尸骸，因知已死之人乃文水县人张明洪也。张成于去年十二月十五日以乞"天严查急救人命事"词控告文水县。十二月二十四日又有张友以打杀人命事亦控告文水县。此则一认为叔，一认为父，而已死之姓名皆捏称张明洪。康熙七年正月初六日，又有王友以"劫财杀父事"词投控文水，关提人犯到县，因扳告二十人中有鬼名，人多未齐，未经关送。而王友于本年二月十一日以"打杀人命事"词投控本县，则已死之人，又指称为王自洪，而非张明洪也。本月十二日，王友乞检前署县行捕检验，据典史郭景明、仵作高崇金检称，右肋臁肕有伤、有疤，右肘刺字，是尸曾被伤，而人乃窃盗也。本年三月初四日，署县尤经历查审口供，未经详结，而王友又告府，批发文水。尚未审报，王福又投控本府，蒙批到县，不候审而往控按察司批提矣。至郑湖等大劈奇冤一事，则被王友等株连之各犯异词而同事者也。该交城县知县赵吉士看得讯鞠必凭原被，申冤全籍审理，而尸亲尤防诈认。张成之认识死尸则曰张明洪；后来告状之尸亲张成、张友一认为侄，一认为子也，倏而再告则曰王友，而死尸亦改姓名曰王自洪。事经半载，倏又有王福出而告状，则又认尸为王志洪。死尸屡易姓名，尸亲屡易原告，其情弊之难揣测者一。文水未审，而往交城告状；交城未审，而往文水告状；交文未审，而又往司府告状。事经四五衙门，时阅半载终不静候审理，而苦累提解之差，犯共情弊之难揣测者一。人命即实，抵命不过一人，加功不过一二人，而乃扳扯二十人。原告到而被犯未齐；被犯齐，而原告又往上控。原被未齐，终难讯断，其情弊之难揣测者一。卑职详阅前卷，细察情由，路旁之尸骸，难穷根蒂，故张明洪、王自洪、王志洪，死者固有游移不定之姓名，隔属之苦主难查真赝。故张成、张友、王友、王福，生者乃有纷见错出之尸亲。总之，尸经检过有伤是实，右肘刺字，窃盗是真。王喜当即脱逃，余犯遂尔展辨，即使抵命有人，亦恐尸主未确。卑职蒙批审报，正欲关取原告，而文水复奉枭宪关提被犯，碍难审理，谨将此事始末缘由，并反复不常之情节，具由申报，或改批文水并审，或候文水审报之日再行发审。事干上件，卑职未敢擅便，相应详缴，伏候宪裁。

一件打死人命事

（司批太谷县会同审报未审阅案，因将疑端拟问太谷）

拟得冉正隆打死陈贵林一案，奉臬台牌内驳云：人命重大，并无确证，可疑者一。此乃不易之论。又云：虽三检伤符，而指点伤、掌伤、拳伤俱红色，则伤不重可知，何以遽能殒命？可疑者二。然红色之伤，正未知伤在何处？即伤在致命处所，而尸亲陈贵林所供又云，恶仆各持短棒、砖石，及诘其恶仆是谁，棒与砖石谁拿？又供原不曾见，但是告状，不得不是这样。其为奸民之诬告可知。及臬台又诘，供称"他拿牛骨头打死，见有致命伤痕，将骷髅上骨头都打烂了，如不是打死，小的情愿反坐"。既供原不曾见，又供牛骨打死，究竟棒在何处？砖石在何处？牛骨在何处？人命一凭伤痕，一凭证佐。阅臬台诘词，尸单上除了跌磕的伤，止有拳掌与手指等伤，伤痕与口供不符矣。即伤痕与口供相符，亦须凶器。现获相比恰合，方可定罪。又必须有亲见确证，否则，即系打死，不见谁打，势难揣度悬拟。此臬台所以有紧邻同院绝不闻知可疑者三之驳也。即据宪牌谓，医生张永在阳曲县供，有"打得血灌心"之语，明系殴证。而阳曲又称一拳亦足戕生，是贵成的系殴死以矣。但贵成即系殴死，而无人见为冉正隆之殴死，以尸有殴伤，而即指平日合伙开铺被伤，雇人送回之伙计为应偿命之人，则凡身死不明之人，皆应伙计偿命？天下之凡为伙计者皆危矣！况打得血灌心之一语。张永于臬台诘问时并不承认。据尸亲王氏之供，而即信为有，岂有凭尸亲一语，而遂令人抵死者乎？要晓得张永即有打得血灌心之一言，而总未曾有冉正隆将陈贵成打得血灌心之言也，岂在别人不能打得陈贵成血灌心，而唯冉正隆能打得陈贵成血灌心乎？欲以揣测之词定人抵死之罪，人命重情，死者之冤未雪，而复欲强置生者以殉其死。朝廷设有抵罪之律，未必如是也。总之，陈贵成之死，实系不明。审问者当不立成见，细访肉坊左右邻近之人，平日陈贵成之做人若何，有无凤疾，有无怨仇，有无与人奸通，其妻子在家有何人往来。详查密访，或得真凶。至若杳无指证，而必欲指为冉正隆之打死，则断断不可也。盖毒打被伤之人，凶手在前口，或能言，手或能指，目或能视，接取其妻王氏至，而绝无一点怨恨，可疑情状，是正隆之无干可知矣。再查王氏于夫垂危之际，嚷闹一场，不顾而去，得无太忍心乎？是亦微有疑窦焉？至若陈贵林供，冉正隆送祁县银五十两，当退堂还。县堂何地，岂并无一人见证？据称原没有人见这些事，都不必说了，其为诬指可知。县官尚复妄扳，则冉正隆曾许王氏银布求免告状之说，颉居炳、张永既称未闻，诬指正隆，益凿凿矣。诬指平人，罪尚难宽；诬指闻官，则撮拾问官过失之条，恐不能为陈贵林道也。证佐既齐，住址不远，尸骸尚在，检审访察可得真情。房主岳二礼驰逐报信，果有可疑，案内牵累多人，令速审以免无辜拖累，益见臬台怜恤小民之至意，承问者不可不仰体也。

前件（拟定看语，关送太谷，申司。）

看得陈贵林告冉正隆打死人命一案，虽三检伤符，三审拟绞，一审拟杖，而细加研鞫，则诚有如宪台所驳者。请处理按法，而详陈其说于宪台之前：世之斗殴杀人者，大抵从语言争闹而起，始于一言不合，终则拳棍交加，两相互击，伤在致命，方足殒身。然必有傍人见闻，决无两人未交一言，而即相打致死者，此理之晓然易明者也。查例云：果系斗杀，未检之先，详鞫尸亲、证佐、凶犯人等，令其实招，何物伤何致命之处，立为一案。随即亲诣尸所，督令仵作如法检报，定执要害致命去处，细验其图长斜正，青亦分寸，果否，系呆物所伤，公同一干人众，质对明白，各情输服，然后成招。此法之断然当遵者也。今查冉正隆之于陈贵成也，其住居前后与肉房左右邻佑，现在众口一辞，绝无相嚷情由，只因尸格红伤数处，拟以斗殴杀人，此亦原无服人之理。若暮夜无人，或深林旷野设计殴勒致死莫知，则是谋杀，而非斗殴，必因积怨深仇，多系财利色欲。今即据冉正隆在祁县初供"小的与陈贵成合伙做生意，他没本钱，穿吃俱是我家的，原是小的凑备数十两银子"。即祁县初审亦曰："正隆福而强有力，希分微息以赡妻孥。

酒间横朴，以致遍体鳞伤垂毙。"由初审之口供看语观之，则肉坊俱系正隆资本，其分利之多寡有无，一唯正隆是听，是贵成不能疆之于正隆者也。谋财害命可无疑矣。且肉坊非盈千累百之资本也，些须微利尚不肯与，而打死人命，便可分文不费。竟逗一击于更深，是勤苦谋利、嗔伙计于赴集回迟之人所为。固若是乎？设使正隆毒打贵成，伤重垂危之际，冉正隆延医调治，现在其前李明贵是其外甥，王氏系伊发妻，贵成果有怨憾于正隆，一见亲人，口或能言，目或能视，手或能指，绝不闻有忿怒正隆之状；聚观诸人，从无一人供其可以之隙，非正隆打死可知矣。至祁县初审时，以为正隆自供打死，及宪台廷鞫，又供迫于刑招。今正隆严审不伏，再鞫医人张永血灌心之言，则云出自妇人添设之供，初非出诸张永之口；至银布之许，张永亦云并未曾闻，则俱为诬捏可知。再据阳曲县看语有云："一拳亦足戕生，而左太阳穴虽为致命之处，拳伤红色，则非致命之伤。及审诸邻佑与同饮同归，互讦互证之郝明贵、程鹏、李明贵等，俱供原曾吃酒，并未有相打之供。再诘紧邻之程永昌、同院之武二，俱供并不曾相嚷。再诘驰逐报信之岳二存，留言虽闪烁，至打死之事坚供未见、未闻。是冉正隆之殴死陈贵成，据理而断，为必无之事。"此卑职之不避嫌隙而可直陈于宪台之前者，此其一。查陈贵林之初告冉正隆也，状称"恶仆各持短棒、砖石恶打，遍体砌伤"，及按之尸格诸红伤，则撞伤、擦伤而外，俱系拳伤、掌伤、指点伤，则伤痕与口供不符矣。及宪台亲诘，则又供告状不得不如是。又诘，则又供"牛骨头打死，骷髅上骨头都打烂了，如不是打死，情愿反坐"等语，今检验骷髅，绝不打烂。职等亲坐尸傍，指与陈贵林细看。又供称"牛骨打烂之语，小的并不曾在按察司老爷前说"。即此口供游移，已见情虚。即尸有拳、掌、指、点诸伤，终非短棒、砖石、牛骨之伤，伤痕不对，凶器全无。被犯强招，证佐绝少。遽欲定以抵死之律，共与未检先问尸亲、证佐、何物伤、何致命、立案检审输服成招之法大相悖谬矣。何以使死者瞑目，而生者无冤？且冉正隆初审原系刑招，二审时已供受刑不过招的。阳曲三审时亦供"小的夹了两夹棍，教招，小的说是拿刀子札，又夹小的，说离了刀子，不过是拳头手掌，就定了小的罪"。则是受刑强招之一语，不是始供于宪台亲审之一日也。据屡检之尸格与历审之口供，伤则甚轻，证则杳无，伤痕原状矛盾而不符。棒石、骨头，游移而不一。据"刑讯强招"之一语，而欲定人以死罪，正恐死者之冤未雪，而复入生者以死，似非谳鞫之平而能符听断之法者也。此卑职之所不避嫌而可直陈于宪台之前者，此其一。总之，红色虽系轻伤，据供原有酒病，亦难全信。既有伤痕，必非无因而致。贵成之死，虽无人见为正隆殴死，亦必有死贵成者。正如府审所谓"伤痕凿凿，倘非正隆所殴，此伤从何而至？"此言诚为定论。若必俟真正凶犯拿获，而后审诘，恐无干株累，有负宪台怜恤无辜之至意。合无恳乞宪台严饬捕役，勒限访拿，四处踹缉，务得真凶以抵死者之命，而安生者之情，庶无辜不至株连，而奸恶不至网漏。至冉正隆，则审无罪名所当，与无干波及之各证，早行释放，以免于天和者也。陈贵林诬捏妄控，本应照律反坐，姑念贵成尸伤颇实，俟缉获真凶之日，再正其诬指冉正隆之罪。至其妄供祁县王知县退银情由，审无证据，拟杖似足蔽辜。岳二存留口供游移，杖惩不枉。王氏屡行诬捏，亦应治罪，姑念夫死情切，免其拟究。余犯无干免拟，事关人命，重情屡审，已有成案。职等本不敢擅端，第有县审归县之功令，即蒙批审，实系老成，故不得不据实直陈，随招详解，伏候宪裁。

一件打死人命事

（详府）

看的田玘之殴死雷一月也。玘与一月、覃奇旺合伙开铺，于今三年，从无别议。本年五月二十四日，雷一月放羊归来，酒醉相争，一月以面杖击玘，玘以磁罐殴之，逞凶力击偏左额颅致命处，受伤出血，申一堂偶遇，救解扶月至家，已是昏迷不醒。次日天明即毙。卑职亲检尸骸，致命之伤痕，偏左额颅，班班具在。据尸亲干证之口供，凶器伤痕之符合斗殴之律，田玘固已允服无辞也。除将雷一月身尸责雷一亮收领候详外，其店中合伙本利，令乡邻公同分给，各取领结存照讫。田玘依斗殴杀人律，绞，覃奇旺前此合伙三年，打时同处一室，不行劝解，拟杖以警。余犯无干免议。至王氏借尸剿杀一词，虽一亮、一振抬尸入铺，查铺，系三人合伙之处，原系公地，且审无打抢情由，无容究拟者也。事于人命，未敢擅便，伏候上裁。

前件（详府。）

覆看得田玘之殴死雷一月也，伤真证确，按律绞抵。允无疑窦。宪台谓："雷一月持赶（应为擀）面捧（应为棒）打田玘，玘取磁罐打月，则田玘似属被打情急，因而抛击磁罐，不幸中及致命，其情有无可原？"仰见宪台哀矜，听狱于犯人死处求生之意，但查律内，耳目之所不及，思虑之所不到，初无心于害人而偶致杀伤人，故难拟抵罪。今田玘虽被雷一月将赶面捧（应为擀面棒）打他，相玘亦非小弱者也，纵使力不能敌，岂遂不能疾驰而避耶？一经持物打人，未有不受伤者。难云无心害人。况偏左额颅，非可被打之处，其所持又坚硬之磁罐，并非偶致伤人者比。伤重而次早即毙，是其不幸也。然在口限之内，亦有检实方坐之条。今则因其素鲜仇怨，一时斗殴致命，依律拟绞，诚非枉纵。至宪牌谓面左有伤，详内并无是语。田玘等合照前招，死者瞑目，抵者甘心，而生者之情谅，亦各无遗憾。事关人命，相应详解，伏候宪裁。

前件（申府。）

本年七月初四日，奉本府批，据本县覆详前事，蒙批，仰候院司批示，据详称，本府所批：面左有伤，详内并无是语。现载详内，何该县竟不寓目，一听经承颠倒混朦？仰该县立将经承解府究治，以警将来，此缴等因到县。奉此，卑职查田玘打死雷一月，初详内原有"仰面偏左致命青红伤一处"字样，并无"面左有伤"字样。盖因检尸，先从尸骸仰面检起，由顶心自上而下，至十趾甲，其仰面方完，才将尸骸覆将转来，谓之合面，由脑后起，自上而下至十趾甲缝，其合面方完。前卑职详文"仰面偏左致命青红伤"，非面左也，乃尸格之所谓"仰面"也，"偏左"是以顶心为中，顶心之傍左谓之偏左，即尸格之所谓"偏左"也；若宪台之所谓"面左"，则尸格并无面左，止谓之"两腮颊"。查田玘并无两腮颊之伤，卑职详文因亦无"面左"字样。宪台将"仰面偏左"摘去"仰偏"字样，合言之曰"面左"。"面左"乃脸上两腮颊，"偏左"乃头顶心之偏处，"面左"、"偏左"大相迥别。人命，重情，碍难混覆，故不敢将"偏左"认作"面左"。且交城疲玩之后，违法书役尽行革逐。现在者俱新进，愚蠢不谙文移，一应申详等项，皆卑职亲手起稿、发出、誊清，再行磨对，然后申请。此详并非错误（应为误）。伏乞宪台详查酌夺。如必欲究治经承，候批示申解。至若宪台必谓详内错误，卑职亦不能强争，卑职当自任其咎，伏候上裁。

前件（申抚院、按察司。）

看得田玘殴死雷一月也，素鲜仇怨，忿争互殴，田玘手持磁罐殴月偏左额颅，受伤出血，次日殒命。申一堂、覃奇旺见证分明，凶器现获，当堂审问田玘，亦复俯首服罪。按斗殴杀人者不论手足他物金刃律，绞，羁监候详。覃奇旺合伙开铺，见两人打完方救，拟以不应得为而为之事理重者，律杖八十。系民审无力，照例折责三十板，候详允发落。余犯无干俱应释放。事关人命，绞抵重犯，拟合详报，伏候上裁。卑职前蒙宪台申饬，详文不许重复填写，故不敢用全招旧式，相应一并详明。

前件（申按察司）

覆看得田玘打死雷一月一案，伤真证确，口供分明，凶器现获，按律拟绞，允无疑窦。覃奇旺虽不同殴，相应解救，意绝不相顾，听其斗殴，坐以不应得为之杖，亦为情罪相当。至初检皮未破，骨未塌，今检皮烂骨损，则因初检尸未溃烂，但可验其骨之塌之不塌，不能知其骨之损与不损，今检相隔二十余日，皮皆溃烂，骨损可见。至两额角，初检无故，今检有白色横伤，左右皆系五分。卑职仔细观看两伤，左右停匀横列，但有白色，全无血廕，明系死后伤痕。叱骂雷一亮，唯有俯首认罪。据供报仇心切，恐田玘因伤轻脱罪，原将木棍打伤其牙齿，因打震动脱落。雷一亮合依毁缌麻以上，卑幼各依凡人遁减一等律，杖七十，徒一年半。田玘、覃奇旺俱照前招，余犯无干免议。伏候上裁。

一件辩白尸伤事

太原府交城县为辩白尸伤事。查田玘打死雷一月一案，卑职初检止有偏左额颅致命二伤，次检忽有额角白楂左右停匀，实雷一亮领尸击破。愚民无知，一则冀凶手伤多罪重，一则图赖件作漏报，当场亲认，共见共闻。卑职非不怜之，然毁尸有律，实不敢屈法以罔上也。及按察司批府转发太原县检审，周知县独抒臆见，谓：白伤系棺档磕损，始取雷一亮甘结具详，而一亮从此改供矣。迨至驳审清源县，则前此再检、三检凿凿棍伤者，不难指为磕伤。而各犯无不改之供矣。切思真情难掩，初招臆断，岂成信狱？当日果有磕伤之事，何以初审于县，再解按察司，首供太原，研讯三月，一亮并无磕伤一字之供招。使当场果有锥扎之举，何以抬尸之时益不见喧嚷？观者如堵，又将谁欺？卑职即就太原县棺档磕伤臆说辩之，凡抬尸必用棺盖尸，定仰面，使田玘畏扎失手，则尸与棺盖震磕，其伤当在脑后，不当在两额；若使覆面磕下，则其伤当满两颧、口鼻，不止两额角；若侧斜卸下，则其伤当在傍面及半边额角，不当两额整齐受伤；若云一磕于棺盖，再磕于棺档，则两人抬尸高不三尺，离棺不过咫尺，人死尸僵，一扑即住，安得左右滚伤？总之，承问诸县官，希体上台慎狱之心，故权其说，以脱愚民之罪。各犯久苦推问，冀图蚤结，因而改变前供，宛若信狱，致令卑职以守法不敢罔上之心，反成舛错罔下之罪，是以不得不辩也。仰乞宪台传唤承问县官，与卑职面质，或赐批发覆鞫，确系何伤，虚实自见。事干审问舛错，拟合其详。为此，谨将本府发县全招摘录前后供详一册，并前由申行。

一件劫财杀父事

太原府交城县为劫财杀父事，准清源县关前事。准此案查王喜等打死王志洪一案，乃康熙六年十一月二十八日事也。王喜实时脱逃，至今四处缉拿未获。高崇金于本年某月某日关送文水县，在文水脱逃，于本月某日自行投到本县，准太原县奉按察司批审打死人命一案，关取件作，于某月某日关送太原县审理讫。至讳盗不报缘由，查前署交城县事布政司都事陈拿获王有长时，但据地方报有打死人命一事，并未报有某地方被贼窃去某物；但查验打死之人，止见右肘刺字是实，是因犯过窃盗之人被人打死，非谓犯过窃盗之人。今日又曾窃交城某家也，本未失事，有何讳盗？且讳盗必有失主，自康熙六年至今，屡经审驳，从未审有失主，是未失盗可知。移查前任署事陈有此回覆，合关贵县，烦为查照施行。

前件

太原府交城县为劫财杀父事。本年十月二十三日准清源县关，蒙山西等处提刑按察使司宪牌前事等因到县，准此，本县案查高崇金关送文水、解司脱逃，后太原县因按察司批审打死人命一案。十日五次关交提取高崇金，本县差人严拘未获，忽尔自行投到，口称"文水差人魏三明索诈命银一空，又复拷打逼索，无可奈何，只得逃避。今宁受官法，难受私刑"等情，本县恶其逃遁，重责二十板，关送太原审理。其不申报按察司而关送入原缘由，则因高崇金在文水起解脱逃，本司批文水查缉，而并未批本县查缉；文水亦因自已解役疎防脱逃，理难问之于交城，亦未向本县关查；即贵县亦未行关前来。唯太原屡次关取，所以犯人一到本县，止就来关之处送去，太原审明自能申报。故本县不敢冒昧申解臬台。高崇金脱逃于文水，其解役逼索情由，虽事关隔属，未经查审，而疎防之责实非本县。今置疎防之解役不问，而反归咎于获解逃犯之县令。高崇金纵为大奸极恶，即经关送审理，其非匿庇，不辨自明。本县诘问高崇金何故脱逃，则据称为解役逼索，无奈而逃。解役见在宪案，何从审问？且上台审及此事，自能拟究。本县止因其脱逃，当时责惩。若上台批提而不解，则为蔑法；上台查缉而不发，则为侮上。今宪案批发太原，太原关提拘获即发，有何蔑法侮上？至若谓交城县讳盗不报，则事在康熙六年十一月，系前任署事都事陈方舟之事；若谓王志洪是盗，查本县康熙七年四月初二日到任以前之案，止有"已死之人，右臂刺字"等语，未见"劫窃某家"字样；若谓王有长等是盗，查本县未到任以前之案，亦止有打死王志洪之实迹，而未见有劫窃某物之实赃、实证。总之，是盗非盗，曾讳不讳，俱系前任，与新任无涉。高崇金关送太原审理，未经发还，贵县相应移交太原关取可也。王喜自康熙六年犯事即逃，已经设法严拘，未获前将家属王有申关送贵县，其正犯相应追此家属。本县亦在四处查缉，获日关送。其高崇金未经申解本司，并未敢匿庇蔑侮，并本县并非讳盗缘由，烦贵县明白转详上台，切望切望，须至关者。

一件惨死子命事

太原府交城县为惨死子命事。本年三月初三日，蒙按察司批：据太原府管粮厅详解前事缘由，蒙批朱九瑞缢死缘由，若不穷究实据，何以定案？仰交城县虚公确审，务得真情。报夺该县夙称公明，片言可折，故特批审，勿以隔郡推诿可也，缴。奉此，随传一干人犯到忠烈庙，各取口供。该卑职看得绛县朱天敕告王乘时一词，三审两驳而爰书未定者，存疑愈以滋疑也。卑职反复原详，备鞫双方，无烦刑讯，而真情毕露矣。监生王时乘同父王敷惠为富不仁，全宗切齿。有族衿王鼐者，家道中落，其子作肃赌饮情真，虽比匪人而未入贼党。时乘父子疾之太甚，早已防为家盗矣。八年，卢宾偷王文斌之骡，扳出作肃。该县审系无干而开之，始而暧昧受拿，继而王大任等取酒赔情。王鼐口供凿凿，是乘时父子益复不能忘情于作肃矣。九年，娼妇李美女被劫，乡保将宿娼马承运送官。先扳苗培生，再扳朱九州、王作肃等十五人。及真贼八名全获，而前后诬扳者始得释放。在承运，与培生、九州、作肃等非有不解深仇，何苦必陷诸人于死地？设非真贼全获，培生等几毙图圄。虽马承运未认王乘时指使，而民壮王真秀入监传知培生谓"乘时系注意作肃、九州"之语，既先入承运之耳。而真秀又复面命承运以所必扳之数，卒之供报无漏，概罹冤狱，宁非乘时手授而谁授乎？此唆扳情弊，卑职实不能为王乘时讳也。事白之后，于十年六月，王鼐、朱天敕等以其子被害，自不能不挺身出控。鼐词已经绅衿为之和处，而敕状未审。延至七月二十五日，双方赴县投票，乘时父子相遇朱九州四门楼前，九州受殴，重伤伏地，郭麟瑞扶之数步，交与王之鲁送回酒铺。是恃势凶殴，卑职更不能为乘时父子讳也。正当构怨兴讼，时不十日，而有天敕次子九瑞缢死一事，天敕具告，以为报仇泄恨之地。前经县府审断，俱成疑案，亦以移尸谋害，俱未见的据耳。卑职再三细讯，天敕说到情切痛哭之时，不觉露出一语，"初四日早辰，止见儿子吊在东门，则知非乘时谋害矣"。盖缘九瑞弱龄，读书南城外。初三日，城中秋赛，九瑞为看戏而来，伊父天敕詈促回馆，九瑞童心未去，又赴台前。追晚，城门已闭，进退维谷，徘徊无路，因而自缢迫真。总之，乘时父子，狼毒成性，暗害明殴，欲置九州于死地；而天敕父子遂乘少子之不幸，因而移尸报复，此又情理之明白易见者。卑职即以天敕亲供，断其移尸，朱家父子其又何辞以解？然卑职既得其情，而不复即深究者，亦以怨毒于人既甚，未绳乘时敷惠以唆诬之罪，而加天敕、九州以移尸之律，亦死不心服者也。缘系批发，卑职虚公确审，务得真情报夺，理合据实具详，伏乞宪台亲审定拟，或发本府县成招，非卑职所敢擅便也。

一件结状事

康熙十一年五月十七日，蒙按察使司赛批：据文水县申详，犯人孟兆祥等招由前事到府，查得孟兆祥以甥谋杀母舅、郝复元以兄谋杀胞弟，俱亲笔自写供单承认，分别斩流似矣。但郝复元又衔伊弟肇元先年持刀砍伤，及后殴索不休，谋害全家之恨固不忘情，若孟兆祥与肇元亦系亲母舅，既称素无仇隙，何以轻听大母舅之言，遂同谋死二母舅耶？此中定有隐情，分别尚未审出。更可异者，使复元果要谋杀肇元，何时不可暗算于道途僻处？乃肯预约于三月十三日到县算账，次日被杀，岂不虑人疑忌？况十三日鸡鸣时，唤子郝尹同行，无非使之加功焉。有未与同谋至，彼又不下手打，时反跪央数次求饶，是否狡饰？伊父一力承当，以致恶少漏网，还需直穷到底。至于徐北村真武庙后沟口既是通行大路，复元等自十三日巳时打死肇元，至晚候兆祥自城里仍回至沟，方抬尸往宜亭村去，此多半日工夫，路上岂再无一行走之人看见乎？如曰此为偏僻，何以有剜地之曹柱亲见最真，与拾粪之小孩子传语乎？种种疑团，殊可骇异。在郝复元亲供，十一年，郝肇元输下吴世隆等银一百两。值今赌博新例森严，亦当研讯明确。命案伦纪攸系，难容一窦含糊，合行驳勘。为此，仰本府官吏查照所驳情节，择行邻近廉能官，虚公细检，确讯致命伤痕，谁先下手为重？首凶应否孟兆祥，与郝肇元舅甥有何深仇？彼时宜亭村等处曾否惊闻被盗？逐一设法细究，水落石出，务得真情，妥招报夺。勿枉勿纵，事关大狱，新例承问，动有参罚，万勿疏忽草率，自贻厥咎。未便审明，无干之人，先行摘择，以免拖累，速速。孟兆祥辩词并发批行本府牌，仰到县；其原招并人犯赴文水县关取。本年六月初二日，取供在案。该交城县知县赵吉士看得郝复元与郝肇元为同胞兄弟，则其为孟兆祥之亲母舅一也。复元之死肇元，实为积仇，而肇元之于兆祥并无间隙。卑职遵提检讯，即有文水生员文凤翥等四十六人连名具呈，为兆祥称冤。细问原招，三月十二日，兆祥与复元同谋，夜俟肇元于徐北村，至十三日巳时，而肇元至，毙于棍石。取有复元、兆祥亲笔供招，可无疑窦。及至卑职虚里细讯，不惟兆祥极口称枉，即干证之吴壁、王宏祚，及指证称眼见之曹柱，坚执同行之郝复元、郝尹，亦俱改口，直供与原招无一合者。卑职深为骇异。夫兆祥之殴死肇元，并无人见，惟凭一曹柱鬓圈胡蓝袍子之言为证耳。兹审曹柱，实不得之于肇元死日当场之目击，而妄听之于复元审日盈庭之耳闻，则可疑甚矣。兆祥之不殴死肇元，亦并无人见，惟凭一十二日城中同宿之吴壁与十三日城中晨会之王宏祚耳。今审吴壁，则云"其夜同炕抵足"；审宏祚，则云"会与清晨"。与吴壁前供"晚不同宿"，宏祚"午方相遇"之语，判然悬别，则可疑尤甚矣。虽此时孟灵凤坚供，并无贿嘱曹柱、张明儒陷指兆祥之事，而当时兆祥因尸横灵凤之地，实有托马鹏程往胁灵凤行成之情，则祸由此生，而祸由此伏。疑窦种种，可一言决也。至于郝尹果系年幼，实无杀叔之心，则伊父挈之同去何为？白挺交加之下，三寸舌遂足以当被发缨冠之救耶？况郝尹之母白氏直供父子谋打真情，其父复元虽欲曲庇其子，亦供同行是实，而谓并无加功，亦难信也。合无申请上裁，勒提亲审，备讯口供，以定大案，抑或以文令系属原问之官，定拟本自有见，批发覆讯，庶重狱不致游移，而宪件得以迅结矣。六月初六日呈详本府，蒙太原府知府周批：仰县会同文水县虚公研审，勿执成见，缴。该交城县知县赵吉士，会同文水县知县傅星，看得奉驳孟兆祥同母舅郝复元殴死母舅郝兆元一案，在文水初审，各犯互质俱明，兆祥自认甚确，似无疑窦矣。迨奉驳交城覆审，不特兆祥极其称冤，而案内犯证无不改口。此详奉上批，所以覆有虚公会审之驳也。今卑职等吊犯会勘，内止郝尹一犯仍照文水初供，其余诸犯则悉如交城所招。夫承问之官，何敢偏执己见？要不过凭犯证之供吐，以定爰书耳。大狱不厌详慎，卑职等一为初审，一为次审，又会审犯证诪张之口，俱难遽以为据，合恳宪台俯赐亲审，照临所及，庶无遁情。抑或另敕别衙门覆勘，庶大案定而宪件结矣。六月二十四日，呈详本府，蒙太原府知府周批：仰县仍会同文水县并徐沟县秉公确审，务得真情，缴。该交城县知县赵吉士，会同文水县知县傅星、徐沟县知县赵良璧，看得郝复元之与弟肇元生虽同胞，仇不共戴，其欲甘心于肇元也，业非一日，是以计赚其算账，因而伏挺于中途，必至棰楚毕其命而后已。此复元始终自认之口，并无异词者也。惟是孟兆祥一犯，因曹柱先有鬃圈胡子之供，复又认指于庭质之际，致复元与子郝尹亦遂硬质为同谋共殴，是欲承问者之不尽法推敲，其可得乎？迨奉驳覆勘，曹柱顿改初供，而复元等始觉良心难泯，亦俱并为开脱。雌黄之口，生死攸关。曹柱之诬证，陷人其危矣哉。然肇元同为兆祥母舅，既素无嫌隙，而复元殴弟之日，兆祥又在城与任吉士因讦讼请和，此自当以覆供之词为确，而未便以杀舅之罪罪之也。特尸横孟灵凤地内之时，兆祥晌其殷实，即同复元就商于马鹏程，声言要告灵凤，且嘱鹏程行成于灵凤之家。今鹏程虽故，而从前凿凿之供，尚能掩其以尸图赖之实迹乎？若郝尹系其父诱之随行，研讯实未助殴，而所殴肇元之伤，复元俱一一自认，则郝尹之罪似难深入矣。郝复元行凶杀弟，伤真供确，拟流允宜。孟兆祥将尸图赖情真，殴舅毙命无据，拟徒足蔽厥辜。曹柱不言实情，诬证人罪，按律宜配，诚不为枉。郝尹虽未同父殴叔，然诬陷兆祥，合与曹柱同罪。吴壁虽后力辩十二日夜与兆祥同宿于城，然城中并无房屋之语，独非吴壁之初辞乎？惧拖累而昧本心，殊非读书明理者所为，赎杖之惩亦所难免。其王宏祚等初供亦与附会，特念愚民，一时畏刑所致，概难绳之以法，从宽免议可也。缘奉有秉公确审之批，是以未敢遽检，合先叙招申解，听候亲审定夺。闰七月二十一日申覆本府。该太原府知府周看得郝复元谋杀胞弟郝肇元一案，文水县初以曹柱供证凿凿，又有复元与兆祥亲笔招认，是以该县将兆祥、复元分别斩流。及奉宪批驳，转行交城县严讯，而曹柱与兆祥之供辩与初招大相矛盾。夫人命重情，难容前后互异。复驳交、文两县再审，其口供情节又无一定，所以再驳交、文、徐三县会勘，及本府亲审，据郝复元供称，委因郝肇元不守本分，败荡非为，屡向复元索要财物，曾将复元持刀砍伤，结恨在心，思欲报复，非朝伊夕，遂于本年三月十三日，假以到县清算账目为由，暗伏中途，棍石交加，致肇元身负重伤，已无生理，又扶于驴上驮至孟灵凤地内，当即毙命。伤真证确，按律拟流，洵不为枉。所可恨者，孟兆祥以舅尸为奇货，径将服兄孟灵凤要行告吓，县拟徒惩，似未尽辜。今查律例有服亲属以尸图赖者，依干名犯义之律。查干名犯义条内，若诬罪重者加所诬罪三等。兆祥改徒拟流，庶足蔽辜。曹柱等供不以实，悉照原拟。伏候宪裁，转详本司。蒙按察使司赛批：查得此案初审郝复元与孟兆祥同杀郝肇元，取有各亲笔供招，情节最真。及驳行复勘，复元竟独自承当，脱卸兆祥于局外，是盖初审

详文卷之七 命案

不暇计虑，披道其实；及日久长智，兼以甥舅亲昵，贿浼嘱托，郝复元情知罪不至死，故不难拚一流以自认，而为兆祥出脱也。兼之群衿鼓动，妄翻成案，遂致各犯尽改前供。假使兆祥于十二日晚、十三日蚤，果同生员吴壁等在城未归，初审吴壁等何不即仗义执言，明其冤枉，奚亦供称此两日早、晚兆祥并不在县，何也？再阅郝尹、曹柱、张二老虎等口供，吞吐不明，嗫嚅闪烁，是皆教而为之，不然何前供如何直捷，而后供尽游移支离耶？如此大案该府县竟不严究真情，一味为凶犯开脱，即不恤死者之冤，独不畏功令自爱乎？且谋杀密事也，复元既约肇元而来，杀而不返，宁不虑其家见疑？此节疑窦，亦须审明。郝尹既与其父偕行，果否并未加功？命案伦纪攸关，难容凭臆出入，合驳确勘。为此，仰本府官吏查照，所驳情节逐加确审，取其各犯的供，毋枉毋纵，妥招连人解司以凭亲审，万勿执一偏之见，慎之，速速。等因行府，该太原府知府周覆看得郝复元之谋杀胞弟郝肇元一案，兹奉宪驳者，谓文水县初审，复元与孟兆祥并郝尹俱招认明白，同行殴打肇元是实，且复元与兆祥又各有亲笔口供在案，及驳行交、文二县会勘，各犯尽改前供，似有以甥舅亲昵贿赂浼嘱托情弊。本府研讯之下，郝复元挺身独认杀死肇元，与夫移尸皆己所为；及审孟兆祥并伊子郝尹，俱坚供委，无共殴之情；再审吴壁等，亦皆供文水初供系属妄招。但孟兆祥虽供无同行殴舅之情，而以尸图赖服兄孟灵凤，架祸最真，应与郝复元、郝尹、曹柱、吴壁等均照原拟，伏候宪裁，申覆本司。蒙按察使司赛批：仰交城县查照，另缴，确审妥招，报。据此，随经本司亲审各犯口供，缮稿转详。间查得兄姊故杀弟妹，于康熙七年六月二十三日奉有新例，通行已久。今郝复元故杀胞弟郝肇元，该府引律拟流，有无宽纵？可否从律、从例？应再确议。再如孟兆祥一犯，虽据马鹏程在日供称，"兆祥说'郝肇元死在我二兄地内，不得不告孟灵凤了。如今你去问孟灵凤说，教他买口棺材完事罢'"等语；又据孟灵凤供"那孟兆祥与小的是三服弟兄。小的没有见他移尸，也没有告小的打死郝肇元的状，只是那已故马鹏程到小的家说，'那郝复元、孟兆祥到我家说，如今郝肇元尸首在你地内，孟兆祥教我与你说，先教你完事哩。完了事好告别人'，也不曾要了小的银子"等语；及审郝复元，亦供孟兆祥原有此说。是兆祥欲图吓灵凤有心，而尚未指名具告。今该府引拟兆祥以舁尸图赖服兄，依干名犯义加所诬罪三等律，杖一百，流三千里。但细查律内，若将已死期亲尊长身尸图赖人者，杖八十，徒二年，大功、小功、丝麻各递减一等，注云，以上俱指未告官言。又查律例，一有服亲属互相以尸图赖者，依干名犯义律，味"互相"二字，似谓系有服亲属，彼此以尸图赖者，方依此律。今兆祥与灵凤无互相之图赖，而又未告在官，所引干名犯义之例，未悉果尔允协？兆祥、灵凤系三服兄弟，委何服制，应指说明，毋得含糊。事关重大，失出失入，均属不便。此案原系该府转详，今已告病。查原招系该县定拟，合径驳勘确议。为此，仰本县官吏照牌事理，即将郝复元等殴杀胞弟郝肇元一案逐一研审，取其各犯的供，将二犯罪名查照律例酌议妥确，具招报夺。仍将前后招情铺叙明白，慎速批行到县。该交城县知县赵吉士，覆看得郝复元之殴死亲弟郝肇元也，卑职等拟杖一百，流二千里，律定之矣。若康熙六年黄钺持刀杀弟，贵抚罗援故杀拟斩，部覆改流，查取舛错职名，奉旨黄钺着即处斩，其查取各官职名与该抚一并免，交吏部，此未通行之例也。康熙七年，王疯子持刀砍死伊弟，拟流，奉旨：王疯子依议，刑部再议，兄姊故杀弟妹者，拟绞监候，秋后处决。此已通行之例也。然律者，法之经，不敢以意擅为增减；而例者，法之权，又当因事衡其重轻。杀弟虽一，而持刀于持挺不同；登时砍死、杀死，与殴伤、绥死者不同；杀无罪之弟与杀有罪之弟又不同。今复元之殴杀肇元，其伤则棍拳与石，其死则更深堕驴，其罪则肇元凤有殴兄之事、杀兄之言，虽拜墓相订，已动杀心；而扶驴同归，实萌悔念。情事本与黄钺、王疯子两案殊为有间。又查康熙十年，浙督刘等题为"报明地方事，丁孟玉因伊弟丁浩败其丑行，将丁浩殴死，三法司会议，将丁孟玉所拟光棍例绞罪，改拟按律故杀弟流罪，奉旨依议。则复元殴死肇元之罪，确应从律，非宽纵也。至于孟兆祥之图诈孟灵凤也，查律将已死期亲、尊长身尸图赖人者，杖八十，徒二年，按服递减。注云，俱指未告官言。又律有服亲属互相以尸图赖者，依干名犯义、查干名犯义，又专为告官而设。所以载有若诬告罪重于干犯本罪，加所诬罪三等。府定满杖远流，是引干名犯义条内加所诬之罪矣。然两味律意，加所诬必因其所诬而加，若未告官，安知其所诬何等？今兆祥诬诈灵凤有其心、有其言，而实无其事。虽兆祥为灵凤大功，卑属不无干名犯义。然下则非互相之图赖，上则并未告于在官，似未可引以此条。则减杖从轻，减流从徒，仍从小功服制，坐以一年之配，可蔽厥辜，亦非宽纵也。此案驳谳已经再三，供证委无疑义。谨遵宪缴，确议。余犯照原拟。十月十八日申覆本司，蒙按察使司赛批：仰候转详，行缴。

一件不明人命事

康熙十一年七月十四日，据汾州府申李汝祥等详由到院，蒙巡抚达批：此案狡情百出，幻态千端，似可信而复可疑，虽可怜而更可恨。李汝祥之仇谋既无确据，李三尧之生死尚属难明，何仅凭风影之访闻，辄淫刑以锻炼？查乞氏母子控府原词，一称祥兄李汝禄假唤伊家询问缘由，至今杳无踪影；一称祥婿赵大米妻弟郎光美等将夫采捉祥家谋灭无踪。两词先已自相矛盾，况汝禄为汝祥亲兄，谅无假义灭亲，挺身首弟之理。今府审，汝禄果坚供，"首状不是小的递的，都是李汝栋、李汝兰调词捏递，其中显系匿名诡计。至禀尾逼身远遁，祥妻卷取契券"之语，益足征其反间之奸。应即就汝栋、汝兰，穷讯捏名投匿、陷害真情。再段应变等赴厅报尸，据审俱系段国桢贿嘱所为。国桢乃田堡村乡约，仙台村人命与彼何干？而辄呼饮许银，从中唆拨也。此处明与一班讼棍商通串谋，自应严讯确情，岂可听其狡饰？乞登英、李汝兰既从身边搜出状稿、私书，则三尧之去向，或送往何方，或寄藏某处，二犯自必知情，便当严刑讯鞠。其稿内未明十八字，更当穷研到底，何得任其推病、顽写支吾？且李武安两县初审时供，伊母乞氏在李三虎家睡一夜，在李汝栋家睡住三日，李汝兰家也睡来；又供"伊父黑夜里到李汝栋家看小的们来，在窑里同李汝栋睡住了一夜，早就走了，历历可凭。是三尧明明不死矣"。虽覆审武安改供，显有教唆情弊，还当设法讯明，俾无狡遁，合驳确勘。为此，仰徐沟县即便会同交城县查照驳欵，先行研训明白，详报。其久淹各犯暂取的保候结，务毋枉纵。蒙按察使赛批：仰徐沟县会同交城县查照院驳情节，一并确审，务得真情详报，缴。于闰七月二十一日，两县取供在案。该徐沟县知县赵良璧会同交城县知县赵吉士，会看得奉驳李汝祥等一案，从前汾州府属请以此狱作疑案者，皆因乞氏李汝兰等狡口捏词，致李三尧之生死莫明，而李汝祥谋杀之有无难定耳。卑职等凛遵宪驳，未审余人，先诱讯乞氏之子李武安，始尚含糊，嗣乃实吐。而三尧出门之月日，潜逃之去向无不凿然。继讯田堡乡约段国桢，合之武安初供，如出一人之口。于是乞氏与乞登英等真情难掩，罔不输情。况十月初四日，汝兰、汝栋、汝刚、三龙、三虎谋告汝祥立约摊银，聚议于李应海家。段国桢独为居间，自供不讳，尤属确据。即汝兰、汝刚等亦复俛首莫辨矣。夫人命重狱，必据身尸，必凭干证。今不惟段应变之报尸，系汝兰邀同国桢醉酒贿银所致，即赶车客人所对"段一灿前面打人，勿揽于证"之言，亦系汝兰谕令汝刚预扮伏机，以为异日指证之地。奸谋一露，而李汝禄之首厅，乞登英之递状，以致李三尧十二日一控，无不出自汝兰之手。宜自构讼以来，乞氏、登英日费，李汝兰甘心指给而无悔也。此案据迹以断，乞氏则冶容铁口，汝兰等敛费挺身，若非攒谋诬讼，希图与乞氏纵情苟合，当不至此。此则汝祥之供是也。据理以断，汝兰、应海、三虎等同为祖孙、叔侄、兄弟，又似无一家之人共奸一妇之事。而李汝祥原与汝兰等讦讼深仇，汝祥复重于财而薄于侄，致三尧控于官，处于家，究未能一慰其溪壑，于是汝兰等遂乘隙朋谋，故令三尧远逃，借人命一题，不难尽汝祥之所有而有之，此则段国桢之供是也。夫捏诬投匿，具有实情，各犯罪名不难定拟。惟据供，三尧见在大同，况前经平、介二县已关获乞大千，中途遁逸，显有情弊。除将李汝兰等同谋六人关回介休羁仓，余俱保释候详。仍移文、大同县密缉，俟三尧有无确实，再行定案外，缘蒙缴行，照驳研训事理，合将审明情由，先行详报，等因具由。于康熙十一年闰七月二十九日申详院司，蒙巡抚达批：据审，李汝兰等挟李汝祥禀县枷责之仇，乘祥侄三尧与叔有争产之隙，串党商谋，将三尧藏匿，立约摊银，扛帮尧妻乞氏以谋夫刁告身硬证，牵累多人，复敢投匿反间，耸官暗害，假扮客人扬声伏案，抑何狡毒至此哉？阅之真堪发指。今李武安、段国桢既已供吐真情，群凶亦皆俛认，则李应海所收摊银原约，应先追附卷。至厅差王祯相，明系受贿同谋，譖禀煅炼。不然，厅官之密访，果出自何人之口也？自应并提严讯，仰即将乞氏奸情究明，律拟确招，报夺。蒙按察使司赛批：仰速移缉李三尧，务获质讯明白，确拟妥招，报。仍候抚院行缴等因，俱批到县。该徐沟县知县赵良璧会同交城县知县赵吉士，覆看得"不明人命"一案，批历肆县，谳经府厅，盖三尧实死而非逃。实死于李汝兰，而非死于李汝祥也。汝兰怀汝祥平素之憾，乘三尧与汝祥有断银不完之衅，挟汝栋、汝刚旧日为汝祥同禀见惩之隙，始也，唯恐机之不发，串其党而挑之讼，而机发矣；继也，唯恐发之不毒与毒之不深，陷以命而发愈毒，漂其尸而毒愈深矣。彼时明供暗伏，幻报讹传，纵有如神，诚难测鬼。迨迭经覆勘，而成案一移为疑案，疑案再移为豁案。然犹仅白三尧之非汝祥杀，而未悉汝兰之实杀三尧也。及再奉宪驳，并大同查无三尧形影，宛转推求，而孔家堡侧酒肆座中之言，段国桢供之于先，李汝栋、李三虎吐之于后，因而推敲首恶尽露奸谋，而师家庄河内渺渺孤魂，始不与沉沙俱汨矣。若谓人命必据尸伤，无尸难以定拟，今无论巨河漂疾，汨没难求。但据情与埋断之，三尧女坐家中，囚汝兰、三虎、汝栋勾之而出也，三尧既与若等同出，意不与若等同入，顾以为汝祥杀之。岂若等拱手视之，而莫之救与？将故知其两相仇，复纵之独往，以快仇人之心也，抑既稔知其杀矣，鸣鼓疾呼之恐后，旬日而始控，又何迟迟我行耶？总之，汝兰之死三尧者，无非欲死汝祥也。汾军听以三尧为必死矣，平、介会审，而死无可据，不得不向死中求生。及沈知府覆审，汝兰有"人死了那里？在大同"、"难道死了的人怎么在大同"等供。是汝兰独知三尧之已死，诚恐问官虚指其生，以释被诬者而悔用心于无益也。迨共疑三尧远遁，而乞大干复与俱遁，卑职等亦以三尧为必生矣。两次会审而生无可据，又不得不向生中求死。严询报死之汝兰，跟究着落，汝兰又有"李三尧往大同去了，三尧两条腿天涯海角都去了，小的又不曾跟着他"等供，是汝兰独知三尧必不生，诚恐问官实究其死，将穷及于真正下手之人，而惧水落石出也。卑职等身历商谋之地，隔别供招，如出一人，彼此指引，不移寸步，即虽情事各殊，而其狡已甚，诚诛不胜诛者也。李汝兰狡而毒，有必死汝祥之心，因行必死三尧之事，造谋行凶，手推李三尧落水毙命，应依本宗尊长故杀卑幼之律，拟以缳首何辞？李三虎、李汝栋狡而狠，共商寺内，同宿店间，偕行河上，二犯无在不与其谋，见汝兰已试行凶，然后逃，难辞为从之条矣，应各拟流不枉。李汝刚、段国桢狡而滑，一则从汝兰之谋，假扮客人，扬声伏案以指陷汝祥，合比诬告，为从律拟以徒配，方足蔽辜。一则两次知情，俱匿不举，更复祖奸勾买报信，拟以知人谋害、杖百之惩，犹属宽政。李应海、李三龙立约屠族，均难从宽，特与谋毙人命无与，姑与受财抱状之乞登英、利金，妄报之段应变，捏供改口之段得耀、段国才、段灿，各从挟惩。乞氏奸情无据，而妄听唆使，诬告尊属，姑念夫死从宽赎杖。厅差王祯相奉差查尸，而乃受汝兰之银布，串通捏报，合依新例衙役受赃一两以上者，责肆拾板，流徙尚阳堡，情法允宜。至供词不确之李武安，年方孩提，似应免议。王祯相、乞登英等银追入官，李三尧身死，河水漂失，无凭检验。李应海收存议约，已经扯毁，无从查追。十月初八日申覆院司，蒙巡抚达批：据徐沟、交城两县申李汝尔等招由到院，据此除详批，仰按察司查照，另檄严讯确情，律拟招报外为照。此案变幻多端，疑情种种。初据乞氏词控，伊夫李三尧为叔李汝祥打死，因尸无着落，生死未明，驳行会讯。又称三尧遁匿大同，及两次关提，究无踪影。今两县覆审，乞氏乃供"小的丈夫系李汝兰唤去了。死也问他要，活也问他要"。段国桢方将孔家堡酒肆之言说出，李汝栋遂将师家庄推河情状供明。反复严讯，汝兰方始俯认。但汝兰推河是实，则前审李武安，又何供"伊父黑夜来看，早就走了。在窑内同李汝栋睡"之语？今虽称尸逐波流，仍无确据汝兰之杀三尧以陷汝祥，是否实情？若谋杀是实，李汝栋、李三虎供在仙台村庙上商量，且汝兰供有"小的与三虎、汝栋同李三尧到河边，都是商量就的"等语，后又供有"原是小的同李汝栋、李三虎推在河里了"，宁止商量告状，并不商量谋杀者？况汝兰杀命、陷命，其蓄谋谅非一日，两次去唤，俱系三虎偕往，岂谋杀之情三虎竟不与闻乎？据汝栋河边推水之供，历历如绘，而汝栋、三虎曾否与谋？尚须讯确再查。李汝兰与三尧既已无服，拟绞是否协律？至段国祯以局外之人，偏与闻谋杀之事，且独为敛银之中，甚至唤饮给银，嗾使首报，无一不经其手，杖拟岂足蔽辜？事关人命，务须严究真情，按律确拟，合行驳勘。为此，仰本司官吏即将李汝兰等一案查照、牌驳情节，逐一研审明白，确议妥招，报院以凭，核夺施行，慎勿推迟，速速。蒙此拟合确勘，为此仰交城县官吏查照宪驳情节，即会同徐沟县，即将犯人李汝兰等一干犯证行提到官，逐一研审明白，确拟妥招，连人解司，以凭覆审，转院施行。批行本司，牌仰到县。该交城县知县赵吉士会同徐沟县知县赵良璧，覆看得李汝兰之谋死其堂侄李三尧也，缘汝兰素恨李汝祥，常思报复。初则纠结李应海、李三龙等立约摊银，扛帮三尧，以启讼端。继而蓄谋愈毒，遂与李三虎、李汝栋三人商谋仙台村庙内，必欲致死三尧以遂毒谋。因于昨年之十月初十日，汝兰、三虎二人先至三尧之室，激其赴府告状，比登途而复有同谋之李汝栋肆人偕行。同宿孔家堡，次早路过师家庄。此庄在汾、介两邑界上，是日风高雪大，是地岸陡水深，汝兰乘其不备，手推三尧堕落汾水，三尧已登鬼簿。而拾二早汾府告状。犹是三尧姓名，又亲填李汝郎三字作拘告。今览府卷，天实先有以夺其魄也。虽河水湍急，广孩无着，群凶初尚展辨，今则隐微尽吐，无疑窦、无遁情矣。造谋下手者，汝兰也；与谋同行者，三虎、汝栋也；党同诬陷、假扮客人、设计妆点以捏段一灿之作证者，李汝刚也；饵之酒食、赂其报信以诱段应变之出首者，段国桢也；他如李应海、李三龙，则立约帮讼之恶党，乞登英则受财诬告之鹰犬，段应变、段得耀、段国才、段一灿随口附和，反复多端，遂至纷纭多事。设非宪台如神之见，愈驳愈明，不终成一不了之案耶？至李武安父亲告，后又来之言，则出自伊母乞氏安慰幼子之诡言，为之反复诘问，武安亦供"未见父形,未闻父声,但出自我母之口",斯言似为可信。乞氏妄信恶党之诬指,告无干之尊属,虽夫死情切,亦应薄惩。至李汝兰与李三尧,系同堂兄弟之子,的系小功服侄,李汝兰绚首允宜。李三尧、李汝栋拟流匪纵;李汝刚、段国桢拟徒不枉;李应海、李三龙、乞登英、段应变、段得耀、段国才、段一灿、乞氏杖足蔽辜;王祯相受贿情真,仍照前拟。李武安口供不实,念其年幼无知,所当与株累之余人俱为省释者也。其李三尧尸流急湍无踪,众犯供同似无别议。至若李三虎等之拟流,李汝刚等之拟配,律不言,皆应以从论。再查盗命重案例,有一年之限。此案虽查系十年十月发觉,而卑职等承奉,则在十一年七月十四日。且因供吐游移,隔属提犯,往逃耽延,相应一并呈明,以候宪夺。十一月初五日申覆本司,蒙按察司赛批:仰候转详,行缴。蒙巡抚达题:为不明人命、哭准急救全家姓命、不致冤蔽天日、苦陷不白事,据按察司呈,该臣看得李汝兰与李汝祥素有仇隙,每怀报复,乘李三尧与叔汝祥告争家产,遂纠李汝栋等立约摊银,邀段国桢作证,商谋帮告。乃于康熙十年十月初十日,汝兰、汝栋、李三虎往三尧之家,呼其赴府告状。次日行至汾河岸边,汝兰睎三尧不备,即将尧推入水中,尸漂无踪。随捏写尧词投府,复唆乞氏告汝祥谋杀伊夫。又多方设计,匿名捏首,局吓段一灿等诳称见尸,到官报信,陷害汝祥,希泄夙怨。至十一年三月内,汝祥将冤诬情由控告到臣,随批府审,汝兰诡计百出,致令承谳各官莫揣三尧生死,疑案未敢骤结,几经详臣复批县会审,驳司确勘,汝兰等方将挟仇图陷、同谋立约、推水漂尸、捏状教唆、设计诱吓始末各情供出。历审供证明确,自认情真。李汝兰按律拟斩监候,李汝栋、李三虎与同谋行审未加功,均应拟流;李汝刚、段国桢立约作证,党同诬陷,拟徒;李应海、李三龙共商写约,乞登英代告,扶同段应变、段得耀、段国才、段一灿听诱妄供,王明贞捏逃诳禀。乞氏依唆诬论,各分别杖赎革役;王祯相承差受贿,照例流徒,赃各照追入官。其汾州府同知郭一鹏,将谋死真情未经审出,滥刑无辜,纵役失察,相应查议,但本官被参革职,无容议。今经该司审拟,招解前来,臣复亲审无异。除全招咨送部、院、道外,相应俱题，伏乞敕下三法司核覆施行。奉旨：三法司核拟具奏。刑部题为"不明人命哭准急救全家性命不致冤蔽天日苦陷不白事"。刑科抄出晋抚达题：前事奉旨三法司核拟具奏，钦此。该臣等会同院寺会看得李汝兰等谋杀李三尧一案，据山西巡抚达将李汝兰等审拟斩、流、徒、杖，具题前来。查李汝兰与李汝祥素有仇隙，机乘李三尧与叔汝祥告争家产，先纠李汝栋等六人立约摊银，邀段国桢作中，商谋帮告，后汝兰、汝栋、李三虎三人在庙同谋，偕往三尧之家，呼其赴府告状，行至汾河岸边，汝兰将三尧推落水中，尸漂无踪。随捏写尧词投府，又唆尧妻乞氏告汝祥谋杀伊夫。多方设计，贿嘱衙役王祯相，并段应变等诳称见尸，到官报信，陷害汝祥，希泄夙忿。历审自认谋杀陷害情真，李汝兰除诬告人轻罪不坐外，合依谋杀人造意者斩监候律，应拟斩监候，秋后处决。李汝栋、李三虎与谋同行，审未加功，俱合依谋杀人从而不加功者律，应各杖一百，折责四十板，并妻流三千里。李汝刚局吓段一灿作证，段国桢唆使段应变等妄报见尸，党同诬陷，均合依诬告为从律，应各杖一百，折责四十板，徒三年。衙役王祯相受汝兰银四两，梭布二匹，值银六钱四分，合依衙役犯赃一两以上例，责四十板，并妻解部流徙尚阳堡。李应海、李三龙共商写约，乞登英代告，扶同伙证，段应变、段得耀、段国才、段一灿听诱诬供，王明贞诳禀李汝祥逃走，合依不应重律，应杖八十，各折责三十板。查王明贞系衙役，仍革役。乞氏依嗾诬证，应拟罪，但乞氏系妇人，不知其夫被兰谋杀，误听李汝兰谎言，指李汝祥杀死，因夫死控告，乞氏相应免罪。赃银各照追入官。其汾州府同知郭·鹏，将谋杀真情未经审出，滥刑无辜，纵役失察，应查议，但本官已经被参革职，无容议。奉旨李汝兰依拟应斩，着监候，秋后处决。余依议。

一件不明人命事

审得任天友贫困异常，不能相安于家室，复以奉母之故，责备伊妻，致王氏自缢救苏，六日而病毙。未死之先，既有生母王氏为之调治，既死之后，又有尸父王仲友、乡邻田逢隆等为之甘结。贫民无赖致此，盖亦可矜矣。至不能善处家室，致妻自缢，虽救而复苏，杖惩亦不为枉，任天友重责二十板，逐出。

盗案

一件杀死教官事

（阳曲、交城两县会审）

会看得李宗盛窝煽群凶，而为剧寇赵应龙统领伙党而杀命官，合后事与前谋，分杀官与行劫，而爰书定矣。夫盗莫重于窝主，而李宗盛者是；盗莫恶于杀人，而赵应龙、董三、李少林与未获之袁世虎者是；盗莫真于执持枪刀，伙行原野。而苏正明、阎录、张三、刘福、曹伏虎、张五、李三虎、刘遇祥、苏万遇与未获之段应者是；同行即为盗，而张朝忭者是；无线则无盗，而车登魁者是。前后口供历历，皆不待桁杨，而俯首服辜以求缓须叟死者也。按律，强盗、窝主共谋分赃而不行者斩。律宗盛以盗窝，则不惟共谋分赃，抑且授械赍粮，拟斩何辞？按例，强盗杀人不分曾否得财，奏请枭示。赵应龙五盗得财杀官，苏正明分枪首谋，阎录惊群党以行凶，刘福等七盗放鸟枪而助势，均枭请非枉。车登魁实系引线，而与苏正明、阎录前后同行，应照强盗议罪，然其所引者，乃南衽行劫之线，非半岭杀人之线，此一线者斩之非律意也，照强盗已行未得财之律拟流，法无枉纵矣。至若李延宁、李兴法为大窝宗盛之子，李中兴为大盗三虎之父，众贼一口，素不与闻，较之常情，似难曲信，第果系同类，即异姓合于漆胶，果不同情；即一气自分泾渭，必欲父子相及，似属深文，姑从宽宥。段南强系段应之子，合俟逸贼袁世虎与段应获日另议。生员贾良弼、程万里、孙献祀、王家英、郭之藩，借祭风之名，行请酒之实。门斗孙伏荣、啜林、张名臣虽称马步势殊，然既随本官同往，不行救护，均难免于杖惩。李七儿据应龙称为错供，应否保释，统候上裁。至贼供永宁、岚县失事缘由，俟本府查审统报，非卑职所敢擅者也。

前件

覆看得李宗盛负嵎于静乐县之周洪山，恃险作窝，交、岚、临、永各山积盗，皆其羽党，逋诛久矣。甫闻车线打劫温姓之谋，指麾苏正明，一招赵应龙等接踵而至，授兵器，赍盗粮，虽未行劫温囊，而中途围杀教官，劫衣乘马，贼之至剧者，业经卑职等审拟招详，分别斩枭无剩义矣。今遵宪台驳讯，其所持木棍，丢弃刀与鸟枪各械，非掷李宗盛之家，即分藏山沟各处。若再合伙，又复取用，所供甚确。但分擒诸盗在奔散之后，若必欲与原执器械并获无遗，此必不得之数也。查车登魁央刘际盛写书之时，车宗殷偶不在家，故假笔于他人。既不在家，当以未曾偕往刘家之供为确。况车宗殷寄语分财，亦已实认，是其情又不关于浼写书与未浼写书也。又当时踏探温家富厚，欲勾贼打劫者，此意实为车登魁造之，踏后告语于其叔，宗殷利欲熏心，互相许可，确是共谋而非造意。即登魁造意，亦不过造意勾引耳，非窝主之造意也。然其所勾引者乃南社行劫之线，非南堰杀官之线。究竟温家不果行劫，此造意同行者又有间矣。且强盗已行而不得财，律止流罪，勾引作线之罪，未必过于强盗。则因登魁造意，而拟之以流；因宗殷共谋裱其衿，而拟之以杖，亦均足蔽其辜矣。至于李中兴为李三虎之父，虽属至亲，但据其供分居已久，素不与闻，情似止于不能教子；若李延宁、李兴法俱李宗盛之子，各止一十九岁，据供一办纳钱粮，一读书他处，实为不知，固不足信；然父作非为，而子未举发，似亦人情之常，杖中兴而宽延宁等，似亦匪纵。续获三元儿与赵应龙等，实属伙盗，其坚供未入伙者，未入杀官之伙也。叚南强原因未获其父，因拿其子。今则三元儿又供，其为汾阳案内伙盗矣。李七儿前上供故买盗赃，今则袁世虎质，为近获大盗李六斤等同伙矣。此三犯者皆不得以此一伙论之。应候别案审结，余犯仍照原招。叚应严缉另结。伏候宪裁。

前件（申太原府，转报抚院。）

太原府交城县为详明事。窃查事关强盗重情，以首告到官之日为始，定限一年题结。若罪犯已获，证佐已齐，情事以真，至一年已满，承问官再为迟延，不行详结，应听该督抚查明题参，交该部议处，此遵行定例也。卑职于旧年十月初五日，奉本府转奉督宪备准，有剿杀净尽部咨。初九日，卑职统兵入山，不及一月，邻封伙贼全获。十一月初七日解省，十五日奉宪檄发交、汾两县会审。此卑职承问汾阳刘应熊家失盗一案之始也。犯多案大，逐一细讯。十二月初九日已成初招，申府转报在案。后虽屡奉驳覆，亦系随审随详，未敢刻缓。昨蒙抚宪面论，逾限有参。卑职等自宜静听，虽于太、于汾，抚宪本自无歧视，然承缉承问，下吏实各有分司。汾阳住俸缉贼有案，则应参者自是汾府承缉之官，卑职本无承缉之责，若议承问之条，则卑职所奉部文，系是"剿杀净尽"之部文，原非奉发审刘家盗案之部文。即蒙宪委，迄今尚未五月，亦不在一年逾限题参之例。卑职因剿获邻封，承缉各案之盗，反与邻封各官同受逾限之参，当亦抚宪之所心悯者，恳祈上台立赐详夺，庶卑职得免无辜之参罚矣，等缘由，于康熙十一年四月初十日详府，蒙太原府周：看得汾州府汾阳县刘应熊失事一案，原分承缉、承问二项，其失事在康熙十年三月十九日，于二十日首告到官。扣至康熙十一年三月二十日限满，此则承缉者之责也。其承问在康熙十年十一月十五日，扣至康熙十一年十一月十五日限满，此则承问者之责也。承缉有一定之官，则今日之汾军厅、汾阳县是也。承问无一定之官，则今日之太原府交城县是也。今承缉限满，当先查承缉职名，而承问限未逾，当免查承问职名。况卑府所审者，系兵部覆"刘应熊家失事，行令剿杀净尽"之文，并不系一刑部覆"刘应熊家失事，发审盗贼全获"之文。查参职名，自有分别，伏乞宪台先将汾军厅、汾阳县承缉限满职名查参，于宪台亦无迟延之事。若云盗贼全获，不妨将现在发审缘由具题明白，庶承问者不代承缉者受过，而此案之头绪清矣。十一日本府申详。

一件详明事

（原缺）

一件明火劫财杀伤二命事

（原缺）

一件执结文状事

（交城、汾阳两县会审）

会看得交山非一邑之山，交山之盗非一邑之盗。按名而稽，钟斗、惠孝文为交城两葫芦之盗，郭三法、周时花为静乐县细磨川之盗，郝成章为永宁之盗，杜召宇为临县之盗，弓进为文水之盗，其分处于交、静、永、临诸山，号召匪类为窝，而又兼盗者王武、李惠明、李旺、惠岐山、钟名节也，然皆推石楼之傅青山为盗首。今卑职等奉文会审，除投首惠首富等三十七名外，计生擒、缉获并被杀、自刎、自缢、病故，共盗四十三名，逐一细讯，总属汾阳张家庄刘应熊家一案之盗，而近经东村案内结正、枭首、毙狱者，不与焉。其傅青山、郭三法、王汝谏、刘正、郝成章、李六斤、杜召宁、尹三盛、申友，与投首惠运通，并半路逃回惠天德及与死贼惠艾安，盖强劫东村刘仁德后，迟至年余，因武之龙引线，又打劫张家庄者也。其赵应龙一名，盖杀清源教官后不及五日，复打劫张家庄者也。案内兵杀者惠天成，狱毙者冯开，自刎者惠艾安，自缢者任国辅，病死者李旺。除此五名，无庸议及。赵应龙已于清源案内，同大窝李宗盛分别枭斩定罪，惠运通投首免罪外，其傅青山等十名，均应与伙盗钟斗、惠孝文、周时花、任国海、任国疆、弓进、温国辅、温连云、阴景挌、安二、刘三、王武、惠岐山、钟名节、李惠明、李继实、李继福、小黄虫、李七、张法、段南强、孙贵、三元儿、武之龙、刘天正、刘成库，及先行劫刘仁德家，半路逃回，后又行劫刘应熊家惠天德二十七名，俱照强盗得财伤人律，斩枭示。研审范一虎，既非伙盗，系属妄扳；高自福随惠艾安避兵，而未尝随惠艾安上盗；李雅秋与郭三法共母，而未尝与郭三法同谋；申二小子系申友之弟，申店脚牛系申友之子，原未同盗。剿山之日，固当拿所当拿，审盗之时，又宜释所宜释者也。投首惠首富、钟名俊、钟名鼎、惠运通，并杜延桢五名，所供原分赃物俱已花费，自应照数追赔失主。至惠首富等带领投首张一龙等三十二名，坚供俱系在山农夫，为傅青山等威胁。除马登成、申堂、惠景洪、惠崇德、李正五、张一宁、惠巴和尚、惠珍黄、耿应宿、王汝昌、尚德、李天福等一十二名，审供系半路逃回，并未分赃外，其同行上盗张一龙等二十名，俱将原分赃物一一自供不讳，应与惠首富一例照数追赔，仍各遵见行例免死，俾令自新。其武之龙等前供惠保儿、任五儿等三名，严审之，龙坚供实无是人，委系畏刑妄招；及将冯开所供宁大、惠天育二人严讯，傅青山等确供，当日上盗伙内并无其人姓名，似难深究。逃盗欢虎儿之马寄养郭三知厩内，三知不行举首，依例惩责奚辞。若失主所开失赃累累，不惟见获无几，即备加刑讯，而各盗供吐寥寥，总因就擒在数月之后，而欲各盗留原赃以待起取，必不可得也。查例，原有变赔妻子之条，相应同赃产、贼属并无主赃物及所获马匹变价，与获赃统给失主。在刘应熊等亦所心甘而无过求矣。所获贼械查贮交城县库，以备城守。再查张家庄原案报盗八十名，今计已故、见获、投首及另案拟结者，适符前数。所有招内供出任国铉、冯养成逸贼二名，据青山等供，系强劫刘仁德家伙盗，且国铉赃物见经刘仁德认识，二犯应入东村案内，同原招照提欢虎儿等严缉另结。再照东村即系刘仁德住处，其劫刘仁德之王应夏等已经题结，此外并无失事，相应一并详明。

前件

覆会看得大盗傅青山等所供，行劫汾阳刘应熊家，赃仗既明，分别枭斩无疑窦矣。兹奉宪驳，伙益盗八十名，应分入内、把风、堵水等数。卑职按驳细讯，三月十六日聚齐大西沟时，确系八十人，当晚逃回马登成等五人，十八日黑岭山逃回张一宁等七人，其入寨者则傅青山、钟斗、惠孝文、王汝谏等三十三人也。把风者则弓进、钟名鼎等二十人也；堵水者则惠首富、钟名俊等一十五人也。又奉驳投首三十六名，有无在东村案内照提之数。今虽讯有把风、堵水各异之确情，皆系应熊家案内，并未往劫东村。至范一虎一名，各盗俱不供系同伙。终难以青山无稽之言即指之为真盗。李雅秋严刑夹讯，坚供非盗。申二小子等，原因申友逃走，惧累相随，研究并无同盗实迹。武之龙从汾阳来山入伙，故其所记贼之姓名必不如青山等之真确，况张家庄盗已全获，则任国铉等众盗俱不承认同劫张家庄，自应归入东村照提。又任五儿等原出武之龙等胡招。今盗已全获，似无庸吹求子虚乌有幻渺之名姓。惠天成、任国辅各俱分赃有据，国辅自应变追其家属。其天成被杀在途，各盗既不承认，营兵又无搜获，难以悬追。至失主供认赃物不符失单，反复椎讯，只钟斗、惠岐山二犯供出银钱、布匹，余盗俱坚供如前。若前招未供明之衣服等赃，俱经备悉供明。再若失主被劫赃物所报原多，前议将贼属、贼产尽行变抵，定以未开细数于照追之下。今遵驳注明，应按各盗确赃，系无主之赃并所获之马变抵外，仍应各变赔其产属结案。又招内虽有伤人情节，查惠首富等投首月日俱在，未奉新定例以前，应各照初详免罪，仍行责治。内仍有马登成等十二名查俱中途逃回，更与惠首富等上盗分赃者有间，应否免责？同审非真盗之范一虎等，概从省释，听候裁酌。其永宁州解到贼属冯养志，应押其速缉冯养成，以结东村之案可也。

前件

会看得盗犯傅青山等一案，覆奉驳勘而爰书莫定者，只因失主赃单甚多，前供尚有未符。今卑职严加细鞫，而青山等自料法网难逃，始将彼时劫分之赃一一罄吐在案，查与失单相符。但查未获赃多，恐有隐情，及再推敲，又据青山等各供得赃，至今为时已久，实俱花费无存。再将失单所开刀、铜、弓箭等械究之各盗，据钟斗、王汝谏、温国辅三犯供吐，拿出刀一口、弓二张、箭四十枝、鸟枪一杆，俱经丢毁，其余供系已死之惠艾安等所拿，但安等已毙，无从追究。至于刘仁德一案，各犯虽有口供，然犯未全获，终不能合于原单。青山等均照原拟，其赃应照前招于各犯产属变赔失主可也。

牧爱堂编

详文卷之八

剿抚

一件移汛地换营兵以严防守事

（牒呈太原协，转详总督、巡抚两院，批布政司议，复具咨兵部允行）

窃交城西比两山，从古萑苻所啸聚。故明天启间，原建营房于孔河都岔口等村，防兵二百余人，特立守备统之。嗣因流寇渡河，两山为贼众盘踞，岔口营房烧毁，防兵暂退文水之开栅镇，遂屯驻焉。崇祯十一年，本县复择中西都寨子村，建营房于静安堡，离县一百四十里，增兵三百名，坐镇交山，盗风稍戢。至我朝顺治五年，姜逆倡乱，全晋骚动。事平，止设把总，统兵百余，复驻开栅，相沿至今。静安堡毁，而营伍不入山乡矣。夫以交城守御之兵寄营文水，所驻非扼要地，缓急何济？此防守之汛地，不可不急移者也。且交城营半以本县山民而充官兵，当年遗孽多其族类，乡火情深，无复顾忌，未免藏奸豢寇矣。夫籍土兵以招徕群贼，固当用于变乱之时，而设官兵以弹压山顽，尤当更于太平之日，此防守之营兵，又不可不急换者也。县官既有守土之责，县官自深未雨之防。但事属贵协专掌，理应据实具闻，惟乞转详督、抚两宪，将交城营马步移汛静安古堡，乘高列哨，未驻山寨，则东西两葫芦可控制也。土军既编入伍籍，给月饷而领口粮，岂与官军有别？调彼换此，不但均营兵之劳逸，亦以肃山民之耳目，敢复有跳梁者乎？至于再建营房，重筑堡堞，此地方官之事，俟详允日，另有处置，不敢以兴造琐事渎及列宪也。康熙九年十二月十六日牒协镇山西节制太原等处署都督佥事官副将事刘转详两院。蒙巡抚达批，仰候督院详行缴。蒙总督山陕部院加一级莫批，仰山西布政司从长确议，通详报，本司移查太原协，照会到县，该本县覆看得交山古犷狁地，从不知王化者也。年来列宪恩威远播，山民罔不怀畏，安耕凿以穴山岩，输税粮而来城市，业已萑苻告靖，魑魅潜形矣。然防兵自当驻扼要之地，而戍卒不宜用土著之人，此本县移汛换兵之请，前看已悉，所谓处安思危，一劳永逸，实非无确见而建是议也。抑更有请者，本县守城城总六十四名，每夜城夫一百二十名，民自为守，可保无虞。本营因城守关系，拨有兵丁二十余人，散处四城，城内军民两相疑而不相安，合择附近城关处所，另立营房，守城兵丁应驻城外，内外相倚，兵民一心，斯文永固，城守之良图也。康熙十年二月十二日移覆本协，转司详院，蒙总督山陕部院莫批，据该司呈详，交城营兵移汛更兵缘由到部院，据此，查得详称，土著之兵既与昔年遗孽乡火情深，今遽行尽换，是否永无后患？既一年一更换兵，驻居日久，保无仍然交接匪类之虞？再查静安堡系原防故址，因毁废移驻于开栅镇，不知当日移驻之时曾否报部？今次移汛应否再行咨明？均未详晰，难以酌夺，合行驳议。为此仰司查照驳牌事理，文到即同太原副将俱行查议，明白具详，以凭酌夺施行，本司移查太原协，照会到县。该本县三看得静安堡系崇祯三年创建，我朝顺治五年姜逆倡乱，官兵退驻开栅，非移驻开栅也。既非移驻，安得达部？兵丁一年一换，实可经久通行，永免交接匪类之虞，议无有确于此者矣。十年四月十九日移覆本协去后，本日准署太原营参将署中军守备祖关移。前据交城营把总苏成甫回本协，蒙太原协刘批：前奉督宪行查，意非不欲换兵，止因原驻静安堡，后移驻开栅，曾否报部？该营岂无案卷可查？况一年一换，揆情度理，自无可虞。此事交城县备悉情形，该营即日会同该县从长酌议妥报，本协票行太原营，移关到县。该本县四查得移汛换兵之条议，实为地方绸缪未雨，以图经久无弊也。非确有所见，其可以牧民者谈兵耶？查季报等册，俱造驻札静安堡，是静安堡实系原防故址。彼时兵寡贼众，因而移营开栅，为退驻之地，以为权宜计，非移驻也。即无卷可考，亦未必有咨部之事。至于一年一换，兵丁之精力既专，山民之耳目俱肃，议无有确于此者。交城土著之兵既给月饷，宁复与官军有别乎？昨蒙协台移会本县，已如前议具覆。至于逯家岭，适中之地，可堡可营，苏把总职掌所关，自非无见。然不若驻札静安堡，而分兵巡缉逯家岭，彼此犄角，更为妥便也。本月二十日移覆去后，本协转司详院。蒙院咨部，康熙十年九月十五日准兵部咨职方清吏司案呈奉本部送准山陕总督罗咨前事等因到部，送司。准山陕总督罗咨称：山西交城县营官兵旧驻静安堡，后因姜逆变乱，将防兵移驻文水县地方开栅镇。今交山一带乃从古绿林啸聚之地，该营兵丁半系土著山民，与昔年余孽乡火情深，惟恐藏奸，将营汛仍移静安堡。至交城经制之兵更换太原营经制之兵，一年一换，营伍不动，照旧设官管理等因，查系咨明更调营兵防守事理，应无容议，仍咨该督知照可也。

一件守险分治事

（详督抚两院、藩臬二司、驿粮雁平两道、太原府）

太原府交城县为守险分治永靖交山以安晋省事。窃照治民犹治田也，治田者不去其蟊贼，则虽终岁勤劬，而其田必荒。去盗犹去痈也，去痈者不消之未形，则虽有万金良药，而其痈必溃。切晋省全疆，环亘恒霍太行之麓，地少山多，而交城、静乐一带丛峰邃谷，尤盗贼啸聚之薮，自古至今，久踞横行而未能绝其根株者，亦必有故矣。卑职令交四载，招抚者二，踏荒者一，曾深入穷山数百里，相其险阻，察其情形，又时召民之老于山中者，细心访问，绘成图势，后屡据各处关提，亲拿计缉，擒康如江四名于关头寺，擒杨芳清、杨芳林于惠家庄，擒李宗盛于刁窝，擒赵应龙于史家谷，擒阎六于静乐之青简皮，擒袁世虎于中西都之左演沟石崖窑，皆诱以酒食，按图势指示，究问其出入，乃知此山实天生贼窟，此山之安与乱，非特一郡一邑之利与害也。今夫神京以晋省为右臂，晋省以太原为腹心，而交、静诸山逼处太原右腋，南起交城、文水、汾阳，西极黄河，北逾偏老、宁、朔，盘亘千余里，其中若神师、羊肠、孝文、吕梁、刘王晖、管涔、芦芽、离石、石峡、鹿径两岭，周洪诸山，皆前古所称名区天险，是赵武灵王辟之以为强，刘渊都之以定霸者也。历考前代，交境西北，常列为雄镇，宿以重兵。唐于岢岚置岢岚军，于卢峪口立卢川县；宋于静乐置静乐军，于楼烦镇立金县，于岚县立节度使；金亦于岚县立节度使；元于静乐置河北都元帅府，又于交城西冶村置大通铁冶监，设都提举司、铁冶所巡检；明初静乐两岭关、婆娑岭隘皆以太原左卫兵分屯守险，崇祯三年特建营房于静安堡，设一守备，屯兵五百以镇西北两山。夫唐至明，往往加意于此数百里之内者，岂非以偏、雁之险尚在门庭，而此地之险近在堂户耶？今日环境，既无往者建军置帅、立县设检之逼，内之静安堡，又无重兵弹压，其间仅一把总，防兵百数，复退而驻于隔县之文水开栅，除分戍、摆站、传报外，实在官兵与弁相依为命者二十余人而已。夫险固之地虽数十里，犹足容贼，况列嶂连云莫知纪极，而以五里孤城僻处东南一隅，遥制此数百里天险不毛之地，窃恐龚遂有所难言抚，有虞诩有所难言剿者也。盖交山之盗与他境异：他境之盗非起于荒乱，必迫于罪死；非发于土著，必聚于流移；独交山之盗无所不有，时而放羊牧马，民也；时而揭竿制挺，盗也；时而散处峒窑，民也；时而千百成群，又盗也。言抚则阳顺而阴逆，言剿则此散而彼聚。而村民土戍，非其亲戚即其交知，官府动静朝发夕闻，兵少则不敢深入，兵多则不能久驻。其匿也，无迹其合也不测，旋灭旋兴，旋衰旋盛，是岂生而好乱人尽贼哉，地势使然也。且非独于此也，小寇不萌，大盗不兴，交、静诸山既雄峻四越，其民又生长崖谷，勇捷轻生，自米家沟、惠家庄、上下横岭、东西葫芦数之，习鸟枪打鸟兽为生活者约二千七百有奇，推之全境可知；又静乐石峡南北产良马，即《左传》所载"晋，屈地也"，当国家一统，海内垂三十载，复屡值年丰，而负嵎伏莽，终未革面。设遇一旦饥荒，或四方小警，切恐群山响应，出山阳则蹂躏及于平、汾，越两岭则太原震惊，而西北之道不通；据管涔、鹿径，则宣、太、河、保隔而为二，而偏头、宁武直拊其背而扼其吭。即如往者大同姜逆之变，相去尚八百余里，而山盗万余，首破交城，招引伪刘都督等，遂统领步骑逾山南下，越忻州，经静乐，连破汾州、文水、清源、徐沟、太原数城，后遇端重亲王督大兵至晋祠，群贼始散归匿故巢。然则贼氛之不靖，实因于交、静诸山之险。而诸山之险，顾不为朝廷有而为盗贼有者，实因于兵备之太少，而立治之太偏也。卑职深求其故，为弊有二：一曰盗扼险而我备之疎。交东南境近县治，与平原接，无足忧；其西北与临县永宁界，其山若孝文、吕梁、刘王崞皆绝险，凡临岚永宁等盗，皆由此出没，而东西两葫芦承其冲，右西峪、左文峪二水夹之，此守险者必据之地也。东北与静乐、阳曲界，其山若神师、羊肠、交山皆绝险，凡忻州、静乐、阳曲，盗皆由此出入，而河北都古交村当其奥，左汾、右孔二河夹之，此亦守险者必据之地也。至于外接县治，内接两葫芦，则静安堡实居中遥应之地，国初废弃。卑职具文详请，捐资修筑，已于本年七月初四日起工，建成之日另文申报，今纵未能如明时屯兵伍百，终当益兵二百，合见屯开栅百名，共成三百，进驻静安堡，而分兵巡守于河北古交、惠家庄、钟家沟、横岭、逯家岭等处，于以镇土著而静流移，可无意外之虑矣。然而兵数换则劳，而与地利不相谙；久驻则兵与民狎，兵之黠者，既不难养盗以殃民，而民之黠者，又且将勾兵而为盗。卑职移汛换兵一详业荷宪允咨部，一年一换，诚未雨绸缪至计也。一曰地辽阔而官难为治。隋开皇中始建县治，于汾、孔二河之交，因名交城，即今古交村也，去今治直北百里，较之四履颇为得中。自唐时移治于山南却波驿，去旧治太远，复于古交之卢峪口，分立卢川县，旋立复废。今统计本县四境之所及，自县城而南不过十里，东不过二十里，而东北则二百里，西北则二百二十里，且绵延连接，极河逾塞而不知所尽，无论鞭长不及，盗贼易生。即使太平无事，纳粮听理，民亦苦之。切计交邑地虽岩险，然民寡赋薄，一令一尉亦足以就理。况古交旧治，实形胜不可弃，莫若分移县丞立署于古交废址，凡山中词讼、税粮，使皆得就近听断征比，山民既无逾越之苦，而县令亦无耳目难周之患，汛兵往来其地，亦不敢恣肆以虐民，而民亦且积渐驯抚，因消其桀骜喜乱之心，境内之盗不生，他境之盗亦无山而入，所谓不用剿，不用抚，实则兼剿与抚而持之于无穷，计无善于此者矣。然犹有虑者，兵以卫民，而山中之民实不利于有兵；兵以除盗，而民在山中，实无恶于有盗。民既不恶盗，而又无利于有兵，少有抵牾，激而生乱，是所忧又不在贼而且在兵也。把总职微权小，既不能节制官兵，又何以制服山贼？非复设守备一员，不足以资弹压也。诚如卑职所请，良民无骚扰之忧，奸宄无挺走之虑，戍兵调换之日，正山寒水落、遁迹无所之候，乘机掩缉，凡屡叛屡服有名贼首不过十数人，何难束缚，请枭悬首两山，使历年负固山顽皆知朝廷之法制，从此根株永绝矣。卑职所请者，长治久安之计。若此日山中年称大有，山民各安耕凿，且巨魁计擒之后，余凶丧气敛迹，可保目前无窃发之忧，正不烦宪台顾虑者也。八月二十八日通详，蒙太原府周批：言终言始而不穷，且俱得之身历，非留心军国大计者，安能周详如此，仰候转达军门以为久安长治之计缴。蒙提督通省学政山西等处提刑按察使司佥事董批：险要形势，灿若指掌，足见良吏苦心，仰候院司详示缴。蒙整饬分守雁平道山西等处提刑按察使司佥事张批：览详及图，具见该县留心地方，其中山谷夷险、兵民维系，了如指掌，言言石画，果如此未雨绸缪，何患不久安长治哉？除本道虚心采择，仍候院司详行缴。蒙整饬山西通省驿传粮储道布政使司左蒙议谢批：该详于地势形胜，言之凿凿，洞若观火，至于增兵置官于要道，尤为扼隘批吭之至计，绸缪未雨之深思，计划地方巨细毕周，可谓无遗算矣。仍候布、按二司详行缴。蒙山西等处承宣布政使司带管按察司事穆批：仰候两院批示行缴。蒙布政司穆批：仰候两院批示行缴。蒙提督雁门等关兼巡抚山西太原等处地方都察院右副都御史达批：仰布政司查议妥确，通详报。蒙总督山西陕西文武事务兼理粮饷兵部左侍郎兼都察院右副都御史罗批：仰山西布政司会同太原副将查议，通详报。

前件（两院批布政司转府行交城县确议妥当申覆。）

覆看得本府属县二十，令、尉而外，仍设丞以为佐者，阳、太、交、文四邑耳。三邑丁粮倍于交，而交之不毛山地且数倍于三邑。古以汾、孔二水交流，因名交城，即今河北古交村，与中西静安堡相去一百八十里，西北两山遥相控制。而今之县治实处东南平地，以锁万山之口，山民来县，近亦百里，远或二三百里。算其本身差徭，大约以分钱计者为多。今俱自封上纳，奔走殊苦，且往回途费，竟有过于所纳者。夫设丞以佐县官之不及，阳、太、文三丞各有职掌，惟交丞一无所司，诚移粮署于古交适中之地，山中钱粮听其就近征催，关解本县，不特恤山民之劳，抑且省山民之费，是更冗官为要员也。至新筑之静安堡，逼近两葫芦盗窟，扼要守险，控御最捷，然非戍兵三百，山民又何恃以无恐？夫防兵可恃，不但良民是民，民亦可兵，虽梗化积贼，亦尽化而为民矣；防兵不可恃，不但积盗是盗，兵亦党盗，虽耕凿良民，亦尽胁之为盗矣。然使静安堡无戍兵三百，即令移丞古交，亦无以制盗之命。若屯驻如数，而不统以守备，又何以振兵之威？是添马步以备剿缉，伙盗先绝，不烦剿缉而盗风自息也。设守备以资弹压，土兵既换，有所弹压，而兵律愈严也。移县丞以主调协，民情大悦，无容调协，而民心已安也。三者相须为用，其杜之者微而待之者预矣。伏乞上台转请列宪，俯从末议，所用者经制之官，所调者经制之兵，一转移间而盗自将日销亡而至于尽，又何忧窃发哉？交山古称天险，虽数百里亦属朝廷疆土，岂可置之化外？列宪身任重寄，则凡所以图久远防未形者，自罔不周，又不俟下吏之呼吁者也。九月二十八日申覆本府，蒙太原府周批：仰候转详缴。

前件

康熙十年十月初一日蒙总督山陕部院罗宪牌：据该县申详，并呈交山图势到部院，除详批，仰山西布政司会同太原副将查议通详外，至该县所称图内计有七处俱称贼巢等语，合行密查，为此仰该县官吏照牌事理即将贼巢渠魁若干，羽党若干，确查姓名，曾否办纳徭粮，及此七村之内，或俱系贼党盘踞，或尚有良民杂处，又此贼起自何年，逐一查明，限文到三日内据实密报，毋得迟延等因到县。蒙此，该交城县知县赵吉士查看得交山盘亘千余里，辖交城者十之三，辖静乐者十之三，辖永宁、岢岚二州者十之二，辖临、岚二县者十之一，辖宁武者十之一，统名交山，非交城一县之山也。其中复岭重岩，从古大盗渊薮，而贼巢多在诸州县各界之间。明天启丙寅，山盗王宏才哨聚亡命，焚劫村堡。崇祯初年，贼首短毛子、王刚等盘踞本县西北两山，防兵不能制，嗣后特建营房于静安堡，驻兵五百，守备薛敏忠、张有名、李绅等相继镇守，群盗解散，民赖以安。本朝鼎定，裁去守备，止设把总一员，防兵百名，弁微兵少，两山复为山贼霸踞。顺治五年十二月二十三日，突至本县东关，焚毁一空。明年三月十四日由贼大至，兵尽为盗，县官被杀，连破汾、文、清徐数城，设有伪官。五月王师西来，山盗窜匿故巢，未经诛剿。从此负嵎伏莽，终未革面。历来上宪俱以化外置之，然亦不闻地方官敢拿交山一贼者，是以盗风愈炽，远迩播闻，无不知有交山之贼。康熙七年，秦晋督抚诸宪俱蒙特简，而卑职亦于是年四月新任，谁非王土，岂容化外？卑职即于是冬单骑入山，开诚劝谕山民向化，则恶党自孤，续据各处关提抚院严谕，卑职计擒亲缉共获有名盗首十六人，有已经疏请枭示者，有见在律拟具题者，渠魁既擒，则羽党自遁，不但数年交城无忧窃发，且喜近来邻邑亦俱安眠。今蒙宪牌行查贼起何年，虽远年者不可考，而自有明至今数十年，忽起忽散之故，兴旋灭之申，尚可据实具报也。至宪查据详七处俱称贼巢，卑职亦但就交城西山言之耳，夫东西两葫芦为群盗啸聚之统名，而横岭、钟家沟、惠家庄、小麦沟俱在两葫芦中，其最险一寨名曰三座崖，贼若分守葫芦口，而官兵不得进，贼若合驻三座崖，而官兵不能登，或大兵围剿必图扑灭，崖后有一小径，可由刁窝、刘王岬西走吕梁，而遁于黄河之畔。从来交山之贼未经诛剿，而官兵往往受其害者，以贼聚实有险可恃，贼散则无踪可寻，非是贼巢七处，属之七村而为贼党霸踞也。至奉宪查渠魁若干，党羽若干，曾否办纳徭粮，或尚有良民杂处，卑职又不敢不据实详报矣。夫交山渠魁以李宗圣即小黄毛者为首，其霸踞静乐周洪山也已非一日，群山之盗皆其羽党。如任国铉、任国海兄弟住横岭，是横岭一贼巢也；钟斗、钟名节父子及流来逃军傅青山俱住钟家沟，是钟家沟一贼巢也；惠首富、惠岐山、惠艾安、惠孝文住惠家庄，是惠家庄一贼巢也；申友住小麦沟，是小麦沟一贼巢也。其奔走临、岚、永宁界上，联络西山之贼线者有刘正、王汝谏两人；其奔走静乐、阳曲、宁武界上而联络北山之盗线者，有殷景阁、温国辅两人，是皆交山有名贼首，而称李宗圣之羽党者。今虽敛迹，终难逋诛。卑职初详乘机掩缉，不难束缚，请枭以儆山顽者，即此十数贼也。其余山民无知，实属胁从。兵威可恃，民亦可兵，何有于盗？贼风一炽，兵且是贼，何况乎民？山地多属不毛，山民相习打鸟兽为生，未可全责之以输纳粮徭。即虽与群凶杂处，然化顽归良者多，又未可概弃之为贼也。卑职入山三次，周历贼穴，备悉地形，是以绘图上请，无非为地方图久安之计。中西静安堡设一守备防御，则临岚、永宁山盗不相联络，而西山盗源绝矣；河北古交村移一县丞协理，则静、阳、宁武山盗不相联络，而北山盗源绝矣。两山一靖，交盗永除，交盗除而晋省安，是数十年不平之逋寇，宪台声教所及，无烦劳师动旅而已平之也。蒙宪台论令密报，卑职不敢欺瞒其实。交山逋诛贼首尽此有名十数人，宪台允详之日，卑职乘便用间，当即其党计获之，以尽职分之所当为不敢言功。若以卑职所报群盗姓名，勒令卑职全缉，万一一贼漏网，且增卑职之过，是卑职地方本无事而招此盗案也。非藉宪台恩覆，末吏下情又安敢上达哉？本年十月初三日申详，十一月初三日蒙总督山陕部院罗批：该县前后敷陈，殊见留心地方，现经太原协拨发官兵暂驻静安堡，会同该县相机行事，仰设法尽获真贼，不得安拿良善，致扰民生。至该县所称功过之言，本部院已悉之矣。此缴。

前件（申太原府，转报两院。）

太原府交城县为执结文状事。康熙十年十月初四日奉本府帖文，总督山陕部院罗宪牌：照得本年九月二十一日准兵部咨文题覆、本部院题参，汾阳县刘应熊家于三月十九日被八十余贼劫财杀人一案，议行酌差官兵剿杀尽净，奉旨依议钦遵备咨前来。随经转行太原协速行，酌量作何剿杀。去后，查得交山住贼地方系该府所属，合将部咨抄发。为此牌仰该府官吏速遵部覆，奉旨事理，即便会同该协并交城县将剿杀情事作何调度进剿，确议，飞详本部院，以凭定夺等因，备行到县。奉此，该交城县知县赵吉士看得交山环州带邑逾寒极河，本县以孤城处东南而紧锁山口，静乐北峙，永宁西绕，此中俱多盗窟。卑职熟悉贼情山势，用抚用缉，务绝根株，尚幸任内从无盗案。今年春，山盗披猖，不意清源教官李开秀被杀于三月十四，而汾阳监生刘应熊又被劫于三月十九，两邑失事，隔五日耳。探得交山逋寇横行四出，实静乐渠魁李宗圣即小黄毛者为坐主。职密禀抚院，蒙论管副将带兵三日，屯驻楼烦镇，显示围剿，算此贼必弃其所踞周洪山，而纠连两葫芦，料定葫芦群贼不敢应，必由刘王峥西走永宁、吕梁而奔黄河畔。是以卑职四月二十二日密关本县防弁苏成甫设伏要径，果于二十四日早束缚李宗圣及文水大盗弓进于刘王峥之刁窝，凡羽党之在静乐者，彼时亦被擒获矣。蒙臬司审明李宗圣系清源杀官案内大窝，弓进自认为打劫刘应熊案内剧盗，即将两贼分入二案题报。卑职又拿本县大盗赵应龙、阎禄、张朝忭，岚县大盗袁世虎，关送清源人杀李教官一案；又拿宁乡大盗武之龙、刘天正、刘成库三名，关送汾阳人劫刘应熊一案。至部咨，查武之龙所供，东村失事未报。夫东村即汾阳刘仁德失盗之处所也，此案疏请枭示者十五名，内有永宁大盗杨芳林、杨芳清兄弟，及惠文通、王朝友、蔚化凤五人，又俱系卑职入山亲拿关送者。所缉诸盗既属各县有名诸盗，所住地方岂属交城一县地方哉？窃幸渠魁擒而群贼获，卑职可无故纵之愆矣。惟是交山羽党十数人，赦无可赦；又念交山胁从皆百姓，诛不胜诛，是以旧冬有移汛换兵之详，今秋复呈守险分治之议，以图久安，俱蒙列宪采择，卑职亦可免不行预报之咎矣。兹蒙督宪抄发部咨，备行本府，会同本协，与卑职酌量，且有剿杀事情作何调度之宪票，卑职未奉之先，早已上陈，伏乞上台转覆，俯从末议，速行本协调兵三百，统以守备，卑职即同兵弁刻日入山屯驻。卑职新筑静安堡，山民安心不疑，羽党自难漏纲，再报获盗绿山，斯为妥确。若候上台详请调兵往返羁延，山中一闻剿杀净尽之部文，不但羽党多人亡命作贼，窃恐全山向化顽民亦且惧剿畏诛而其为之助，虽大兵一到，不[惟]玉石俱焚，而官兵为此受累有不忍言者。卑职不申说在先，真无所逃罪矣。本年十月初五日申详，初九日蒙太原府周批：据详，如隆中数语，可以起而见诸行，诸葛君真名士哉！即转达之制府，拭目听凯音矣。

前件

十月初八日，据交城县牒呈前事，该本协刘看得交山屯贼多人，该县历任年久，应否剿抚，情形熟悉在胸，故于未奉之前，具有条议转报矣。今蒙宪牌，本协即会同太原府并交城县共相商酌，兹据县文，竟请守备一员，统兵三百，同入交山，借设官添兵、移驻静安堡为名，就中或剿或抚，相机行事，山民相安，真贼可以尽擒，策甚善也。且有兵贵神速、不敢候详定夺等语，因此本协于本月初七日先差守备姚顺即同该县统兵三百进山讫，俟作何剿抚、获贼多寡，另文呈报。本月二十九日，蒙总督山陕部院罗批：据详，拨发官兵，会同交城县令相机行事，务期真贼全获，须严束兵丁，不得妄拿良民仍，将获过贼数不时驰报，缴。

前件

十月初八日，据交城县申覆前事，该本府周看得交山在太、汾二府之间，有分辖于太原之交、静、岚、武、岢岚诸地方者，有分辖于汾州之永宁、临县诸地方者，原不止交城一县也，为大盗渊薮，匪朝伊夕。兹奉部文剿杀尽净，卑府安敢养痈？今与协县密议，若止执剿杀之说，又恐玉石俱焚，莫如即借添兵移驻之名，发兵三百，以一守备领之，刻期随赵知县入山，使百姓不惊，大盗自可就擒。卑府已于本月初七日面谕赵知县，偕守备姚顺领兵起行，其必杀不赦之巨寇任国铉、任国海、钟斗、钟名节、傅青山、惠守富、惠岐山、惠艾安、惠孝文、申友等，贼线刘正、王汝谏、殷景阁、温国辅等，卑府已经密议擒拿，俟有情形另报。兵不厌诈，非卑府之敢于先发后闻也。至于部文山寨多贼聚集年月，备在该县初详，曾经预报，并无故纵之情。所谓东村，即刘仁德失盗之所，理合一并详明。十一月初二日，蒙总督山陕部院罗批：前据太原协、交城县详报，已经批示矣。该府仍移行该协、该县，务期真贼全获，不得妄拿良民，滋扰地方，并将获过贼数不时驰报，缴。

前件（申太原府，转报两院二司。）

太原府交城县为具报入山日期事。卑职于初九夜三更，同姚守备带领防兵，声言静安堡防守，行四十里，过文水峪口，至本县水泉滩、山岔口，即分兵三路，出其不意，竟进两葫芦，昼夜兼程一百六十里，屯驻东坡底，以此地系东西两葫芦要道也，我兵屯驻此地，而贼先失其所恃矣。盗魁惠岐山、刘正见我兵突至，假来投首，实时擒获，诸贼散走山崖，诚恐逃躲他山，非本县所辖之地，兵役不便搜寻，伏乞上台有票永宁、静乐二州县，永宁发兵役至王葫塔候缉，静乐调楼烦两巡检带兵并捕役至柴长村、窑沟村两处候缉，仍谕永、静、临、岚诸州邑大张声势，有交山逸贼经过，即便协拿。而数州县中，又以静乐为主，以静交两山之贼原属相联者也。其黄河畔必由之路，卑职已遣兵暗伏矣。十月十一日申府转报，十七日奉巡抚达宪牌：仰静乐县官吏照牌事理，速调楼烦两巡检带兵并捕役至柴长村、窑沟村两处，遇交山逸贼，协力擒拿，毋致免脱漏纲，如获真贼，飞报本府，立等转报。牌行静乐县，据故镇巡检王三锡申称，贼径甚多，弓兵已裁，止留十数人，何济于事。宪牌谕令巡检带兵，所带何兵，应请批示。据此该县详府移拨防兵。蒙太原府知府周看得交城请兵协拿贼犯，事关紧急，卑府已经批行静乐县径移该管防汛各兵协同巡检入山，伏乞宪批，庶弁兵不敢推诿也。蒙巡抚达批：据太原协呈报，已批令密会宁武协协拿矣。此缴。

前件（申太原府，转报两院二司。）

太原府交城县为申报擒盗情状事。窃照卑职于本月初九日夜三更，同姚守备、苏把总督领防兵三百，声言赴任静安堡，出其不意直入葫芦，屯驻东坡底，以破贼之所恃，已于十一日申报在案。大窝惠岐山同贼首刘正见我兵突至，投戈叩首，立刻拿下，即于初十晚，分兵三路至惠家庄、横岭、钟家沟三贼巢扑缉，业已灶冷窑空，不但贼首揣其必死，齐踞山崖，而山民惧难并生，皆为守险。卑职密傅弁兵，解鞍歇伍，以示不用。是夜大雪，山峰尽白，崖底积有五寸，木叶俱脱，势难露立。卑职示谕山民，宁家母从贼冻死？两日本县编审人丁不在家者，便以贼论。初报山寇满山，不能计数，兵欲退驻。卑职曰：是吾民也而非贼。再报山寇千余。卑职曰：仍是吾民也，而非贼。以次渐减，报至二百有余。卑职曰：贼矣，然系贼之眷属，而非真正贼首也。所云真正贼首者，不过报明此十数名耳。设此十数名尽无眷属以系其心、而累其身，吾又何以制其命？是可擒也。十二夜，着百总王国振统百兵守黄土沟，而贼不敢过静乐之白刃岭，一过白刃岭而走细磨川，愈难获矣。着把总苏成甫统百兵守韩九岭，而贼不敢入静乐之独石河，一入独石河而走和龙山，更难获矣。又谕中西约保率乡夫二百守永宁之王葫岭，而贼不敢渡吕梁，一渡吕梁而走黄河畔，必不获矣。又谕原瓶约保率乡夫二百守黑黑烟山洞，而贼不敢踰临、岚，一逾临、岚诸山，便是陕地，必不获矣。卑职同姚守备即于是晚统官兵家丁百余人进驻横岭贼巢，示谕两葫芦归民，许其拿贼赎罪，强盗拿盗立功，亦准投首，无不鼓舞踊跃，愿效死力。十三日盗首傅青山为乡夫马奥、惠崇生等擒矣，盗首任国铉弃其家属带数骑走白刃，伏兵突起擒盗任国海，惟国铉走山如飞，追拿无影，今见在探缉未获也。惠首富自来投首，愿拿钟斗、惠孝文等立功，以免其死，许之。数日之前，河北乡夫殷耀龙执县票，又获大盗殷景恪来报。除投首一名外，生擒大盗共五名，今俱押解到县监禁。讫至获贼之家属、马骡、器械，每日眼同姚守备注明，俟全获日另册呈验。是交山头目渐次全拿，山顽知戒，永无叛心，亦可以免于剿之、杀之矣。且交山盘亘千里，古称盗薮，原非剿杀所能净尽，若必事剿杀，正恐耕鉴山民，不免有无辜受害之家，而真正为贼者藏身山穴，反多漏网，非朝廷好生之大德也。伏乞上台为卑职通报，以慰宪怀，于本年十月十四日申详，十七日蒙太原府周批：仰候飞报两院，缴。

前件（申太原，转报两院二司。）

太原府交城县为再报擒盗情状事。窃查交山盘据数州邑，历称盗薮，而剿杀未加者，以交、静辖太原，而永宁又辖汾府，此两府文教之不相统摄者。交城属南协，而静乐又属北协，两协武威之不相统摄者也。其间若三座崖、烂团山、谷积岭，袤延环回六七百里，山径崎岖，石穴数千，贼藏其身，莫可踪迹。属交城者为三座崖，崖畔贼巢统名两葫芦，如上横岭、惠家庄、钟家沟、小麦沟等处是也。属静乐者为和龙山，即烂团山，山畔贼巢半在细磨川，此外若周洪山、窑沟里、潘家庄、图囵村、康家沟、池东沟、光塔村等处是也。属永宁者为吕梁，即谷积岭，岭底贼巢半在谷积沟，此外若狐突庙、马槽、冯家庄、羊圪台、薛家沟等处是也。其接临县若为紫金山，所有临县贼巢如挿家会、神沟里、周家沟、温家庄是也。卑职若不跋涉，而根极之诸山皆鸟道，惟有虎狼行走，悉兵马未到之地也。原着把总苏成甫守韩九岭，防贼走入独石河。十六日盗首钟斗、钟明节等尽弃眷属，果奔独石，官兵乡夫围捉，获其眷属及贼温国辅、任国疆二名。是夜将半，突有静乐十数贼骑接应钟斗等逃入烂团山，十七早，卑职同守备姚顺进驻独石河，四面围搜烂团山，不意又有永宁十数贼骑接应而走谷积岭，即于是午，官兵乡夫追上，贼尽弃所乘之马与所乘之械，分窜深岩，乡夫打死一虎，时天已黑，不敢搜山，获马十三匹，骡三头，鸟枪六杆，弓二张，箭袋二付，无鞘刀一把，捉贼二名，一系静乐贼首郭三法，一系临县贼首张二审。供汾阳刘仁德失事原系永宁大盗冯养成纠连交静、临、岚五州县之贼而行劫者，劫后各散各地，并无山寨。今接应钟斗、钟明节等走入谷积岭，即大盗冯养成也。卑职以地系汾府，不便统兵久驻，即于十八早收兵退驻独石河，当移关永宁州协拿讫。盖卑职此行，原系领兵驻防静安堡，意主于生擒而不敢擅杀，意主于抚绥而无所用剿。初惧山顽据险负嵎，不得不急袭以散群凶之势，今见盗首兽奔鸟散，又当用缓缉，以安众姓之心。卑职见在山内编审人丁，除逸贼任国铉、王汝谏、钟斗、钟明节、惠艾安、惠孝文、申友七名，一面设法审缉务获另报外，仍祈上台行文静、永、临、岚协缉诸贼，以免漏纲。今将大盗郭三法、任国疆、温国辅、张二四名发县监禁，先行具闻，以凭转报。于本年十月十八日申详，廿一日蒙太原府周批：仰候转报两院，仍檄行州县，缴。

前件（申太原府，转报两院二司。）

太原府交城县为三报擒盗情状事。窃卑职同姚守备十八日收兵屯驻独石河，着落贼之族属各带乡夫细缉，有惠艾安同手卒二人，带娼妇程二宁子走至临县君德沟，一乡夫追擒，被发鸟枪伤臂伏路，兵丁急救，又被艾安刀伤其额，练总杨时中连射二矢中之，艾安自刎身死，拿其手卒及马匹眷属。又于烂团山石穴搜出大盗惠灰葫芦，即惠天德。是夜三更，投首惠首富同共族属多人亦于谷积沟生擒，盗魁钟斗、惠孝文到案，共获贼马一十五匹，鸟枪五杆，刀二把。查钟斗之父钟名节下落，据钟斗供，三日前伊父缢死烂团山岩。除将二死贼抬回验明是实，县尸示众外，即将大盗钟斗、惠孝文、惠灰葫芦及死贼惠艾安、手卒孙贵、高自福伍名，押县监禁讫。所不即获者，止王汝谏、申友、任国铉三盗耳。谨闻上台以凭转报。于本年十月十九日申详，二十一日蒙太原府周批：候转报，缴。

前件（申太原府，转报两院二司。）

太原府交城县为交山渠魁既擒、永宁大盗宜缉、特详住址以绝根株事。窃照卑职所报交山有名盗首渐次全擒，逸盗王汝谏又为其家属王登先等二十二夜初更窑沟穴内搜拿到案，其未即获者止申友、任国铉二名耳。夫盗聚当用兵围拿，盗散宜用役密缉。交山数百里巉岩深穴，何隙不可藏贼之身？若不用贼拿贼，得其内应，预为指示，虽万兵徒滋扰耳，盗何能获？查得静乐有名大盗以尹三盛、李继实、李继福、李六斤、周时花五名为首，而李惠明是窝主，从之者小贼数十不足计也。永宁有名大盗以郝成章、冯养成、范一虎、曹豹子四名为首，而李旺是窝主，从之者小贼数十不足计也。卑职确探尹三盛躲在静乐龙门岭，即遣兵役密拿，家丁董友昆被伤一矢，追至细磨川，而大窝李惠明、大盗李六斤等执械放枪，拥接上堡，仅获空马二匹弓箭二付而归。又确探任国铉手卒欢虎儿，寄马于永宁段家皮郭三知家内，密遣逋役暗缉，而大盗冯养成等同欢虎儿骑马踞岩，役不敢近，及还独石，卑职增兵进剿，又藏山穴矣。使此等大盗不就今日擒到，兵役一退，将见散者不难复聚，异时别案事发，害及邻邑，又归其咎于交山，谁为之分别也？兹将两州县盗、窝姓名住址确查明白，另册开呈，伏乞上台密报抚宪，票谕各讯弁兵协拿，仍行交、永、静两州县，按名蹑缉，照数尽获，从此根株永绝，可保此山无窃发之虞矣。于本年十月廿三日申详，廿八蒙太原府周批：仰候密报抚院，仍通报督院批行，缴。二十七日蒙巡抚达批：据该府验报，前事蒙批，仰按察司密移协营，并行两府转饬，各照册内姓名住址作速协拿，务期尽获，以静（靖）地方，缴。册并发。蒙此，合亟密行。为此，牌仰该府官吏，照牌事理，文到即便密差能干谨慎员役，查照单开姓名、住址，会同协营官兵，相机密擒，务期尽获，星夜押解赴司转报，勿致疎虞。此系密擒渠党事理，靖盗安民，谅该府自有同心，慎切慎切，须至牌者。

前件（申太原府，转报两院二司。）

太原府交城县为贼首已擒，山顽就抚，特报旋师日期事。窃照卑职兵屯惠家庄，前月二十四日苏把总于背坡山沟内搜出静乐大盗李雅秋，二十八日本山乡夫虞钟家沟石穴中搜出静乐大盗刘三，即刘湖，二十九日投首惠首富率乡夫至静乐圪须沟、阵擒临县大盗杜召宇，各获器械马匹，此三名者皆积案候缉之真盗也。除未获逸贼任国铉、申友现在分路缉拿外，俱经押县监禁讫。查此山，兵分二协，地辖两府，历世相传，从无疆限，数州县愚民长子孙于其地，但畏贼令，而不知官法。卑职亲历穷山，马足所至，始直坊以定其界。计此不毛之地，属交城者约三百里，交之界定，而静乐、永宁各无混上矣。计此二百里中，穴居者一百二十五处。其从无粮徭、不编赤历、端以打鸟兽为生者，除妇女老幼不计外，共壮丁一千四百三十七名。访其耆旧，自顺治六年变乱以至今日，终其身不作贼且不为贼首所胁者止三十七人耳。卑职赏羊酒，给扁额，宣布宪谕，以旌良善，俾山顽知所效法，即举此三十七人，或十里，或十数里，或数里，就地远近立为约正，家喻户晓。取土穴百余处山民，具连名甘结，各自尽押存案，嗣后一人为贼，情愿剿杀净，可必其无越志矣。按其户口，有系别州县流来者，有系山中生长者，俟卑职回县另开花名清册呈报，编审在即，自当为之分都、定甲，造入新丁，再设社学四处，教以礼法，不难尽化山顽为良善也。今将擒获真盗姓名并盗之赃物、器械、马匹、粟米、眷属，每日眼同姚守备及兵役等查明汇册造呈，于民固秋毫无犯，于物亦丝忽不漏，恳祈上台转报以凭宪夺。卑职同姚守备于本月初二日移驻静安堡，仍谕苏把总暂带防兵百名分守山界。念诸兵役此行殊苦，初五日还县，初六日卑职犒军一日，初七日可以唱凯旋省矣。十一月初三日申详，初八日蒙太原府周批：仰候转报，缴。

前件（申太原府，转报两院二司。）

太原府交城县为续报擒贼事。窃照卑职差县快石大法、胡德同乡夫搜山，于本月初三夜又拿大盗二名于中圈沟，内一系温连云，即温良荣，交城县人；一系张法，文水县人，皆汾阳案内候缉有名之盗也。又获温连云青骡马一匹，鸟枪一杆，即将二贼押县监禁讫、前后节拿大盗共二十二名，理应续报，伏乞上台入卑职初三日详内统行申报，初四日申详，初八日蒙太原府周批，仰候续详，缴。

前件（详覆总督部院，并申验抚院二司及太原府。）

本年十月初三日申详，十一月初三日蒙总督山陕部院罗批：该县前后敷陈，殊见留心地方，现经太原协拨发官兵暂住静安堡，会同该县相机行事，仰设法尽获真贼，不得妄拿良善致扰民生，至该县所称功过之言本部院已悉之矣。此缴。蒙此，该交城县知县赵吉士案，查十月初三日卑职详报后，嗣奉太原府帖文为执结文状事，蒙宪台抄发部咨，行文本府，会同太原协并交城县剿杀情事，作何调度，飞报定夺等因到县，时卑职以公事赴省，初五日详覆府协，转报两院在案。即于初七日同太原左营守备姚顺统马步官兵三百进驻交城东关，休息一日，初九夜照会交城营把总苏成甫，带彼所领防兵百名，共兵四百直捣贼穴。票谕各处，乡夫分头围绕，除前后访实中详协缉各案大盗不另叙外，统计入山二十六日，节擒贼首二十二名，除自刎自缢二名，现在押解太原者共二十名。其擒贼情状，又投首贼伙三十六名，及新抚山民从不编徭入历者共一千四百三十七家，并节经申府转报讫，获贼之马匹、器械、赃物、眷属与贼所遗之骡、驴、牛、羊、粟、豆，确查明白，并无遗漏，俱经各另分别造册，申府转报在案，仍谕苏把总暂带防兵分守山界，已于十一月初三日卑职同姚守备旋师矣。前此申报者系真正盗首诸姓名，虽胁从山顽罪应同剿者，卑职尚准投首，冀欲保全其生，何敢妄拿良善？至于行间乡夫需用日食、兵役犒赏等费，悉系卑职捐资备办足用，山民鸡犬未惊，岂复致扰民生？是固无烦宪虑者也。惟是新抚山民土流不一，今应作何安插？所获贼马，卑职暂行喂养，今应作何归着？所获贼属，俱令贼之亲族保领在山，惟任国铉、申友二名未获，夫大盗既逸，家属岂容宽纵？卑职暂行羁仓今应作何发落？所获贼之器械、赃物，俱贮县库，而已经查报之牲口、粟豆与未经查报之山地、土窑皆盗产也，今应作何追给？恳祈宪台批示，以便遵行。所幸者，渠魁李小黄毛被拿之后，羽党逋诛多人，今兵未血刃，而应擒者擒，就抚者抚，千里穷山变为乐土，何一非宪台威灵所播，故能不战而屈也。下吏适逢其会，惟与晋民同其欢忭耳。十一月初六日申覆，十一日蒙巡抚达批：仰按察司速查通详，报。太原府知府周：据交城县申验前事，看得交山积寇盘踞多年，仰借宪威，先将李小黄毛拿获，各贼皆其羽党，次第就擒，兵不血刃而得贼首二十二名，虽有未获之二盗，终难免脱也。即太原所属之静乐，又拿积寇五名，从此交山一带可必太平。其马匹器械自应人官；新抚山民一千四百三十七家自应安插得所，编为保甲，互相稽察；所获赃属并牲口、粟豆、山地、土窑，查盗案与叛案不同，仍宜查例确议；逸贼家属自应羁禁。其有功文武官弁乡夫官兵作何奖励，伏候宪裁，十一月初七日本府申详，十二月蒙巡抚达批：仰按察司一并确议通详，报。十一年二月初八日蒙总督山陕部院罗批：据太原府呈详前事，蒙批，据详县备兵不血刃而得贼首二十二名，足见调度有方，其有功官弁夫兵应候本部院酌行。至所获各贼家属以及牲口粟豆等项，既称盗案与叛案不同例，应作何发落，其新抚山民作何安插得所？再查刘应熊失盗一案，原报强贼八十人，今获二十二名，未获二名，此贼是否打劫应熊之贼？如系此案之贼，则余党向往何处？仰山西按察司一并议妥确通详，报。仍候抚院详行，缴司，仰到府备行到县。奉此，该交城县知县赵吉士捧读督宪批详，温词奖励，策虑周详，为地方而培植，下吏敢有不矢心竭力以尽职掌者乎？盖擒贼方略本皆定算于事前，而静盗机宜尤当永杜于事后。向贼所恃者，丛山邃谷，若行势既悉，不难夺险据险以散其群。又贼所恃者，聚党胁众，使间谍得行，不难用贼功贼，以折其首。业经卑职递报详册在案，此所以侥幸于不血刃而获此群丑也。蒙宪查刘应熊失盗，原报强贼八十人，今获二十二名，余党向往何处。查卑职九年移讯换兵咨部详文，实在清源教官未杀、岚县决鸡村未抢、汾阳张家庄未劫之先，十年春夏之交，贼势方炽，卑职蒙抚宪严论，设谋用间，愿以身先，渠魁羽党大半就擒，于是复有守险分治、请俟山寒木落、乘机掩缉之条议查条议。时又在执结文状内"剿杀净尽"部文未下两月之前。幸而一如条议所算，永绝伏莽。在卑职任内本无盗案，则是历年经画身入不测，实欲为太、汾两府、南北二协去害而擒贼，非为清、岚、汾阳三县结案而擒贼也。然虽不为三县结案擒贼，而汾阳执结文状案内执部强贼原数实尽，于卑职前后所擒之中，初张家庄三月上盗时汾阳官兵追拿，今查被杀者系惠天成，现获者止一冯开耳。卑职四月内首捕贼线武之龙等三名，继缉赵应龙、袁世虎等十四名，又弓进一名；十月入山擒傅青山、钟斗等二十二名，续拿钟名节、安二、申友三名；据卑职册报，发静乐县拿解李惠明等七名，又段南强、李七儿、三元儿三名；据卑职册报，发永宁州拿解郝成章等三名，决鸡村案内攀出大窝王武一名，入山投首伙盗惠首富等三十六名，黄河畔大盗来太原府城投首被拿杜廷祯一名，通共九十六名。除审系无辜而释者，高自福、李雅秋、范一虎三人，因系贼属惧罪而投首者，王汝全等七人，通计打劫张家庄强贼共八十三名，大窝三名，以应熊案内计之已无余党遁诛矣。所云擒贼方略本皆定算于事前者，此也。又奉查议牲口、粟豆等项，及新抚山民安插缘由，除粟豆应俟变抵失主外，查所获器械应请贮本县以备城守，所获山马六十二匹，与贼之产属不同，皆卑职自备草料喂养，候详发落，自应遵例分发各驿行差。至新抚山民王登先等一千四百三十七家，正值编审，卑职已为分入山乡十都，散处每都各甲之后，愿纳下下则丁差以增户口，俱已得所乐业矣。夫筑堡屯兵，乃为交静弥已成之衅，而移丞分治，实为太汾消未萌之忧。以古交之形胜，必不可弃，而数百里辽阔未可以一隅遥制也。且以本县自有之丞，处本县旧治之地，理鞭长不及之民，不增一官，不添一役，因人情之便而转移之，非同勉疆难行者比。今交山一带，自刘王崞直通黄河畔，商贾往来如织，已成秦晋孔道。静安古堡卑职捐建一新，设一守备驻防，万不可缓。但静乐向属北协，如烂团、周洪两山，细磨一川，古今大盗啸聚，亦须责成静安守备分汛，庶无彼此牵制之忧，幸逢督抚两宪安内攘外，房谋杜断，兼而有之，卑职处此要害之区，欲有所建立，以兴利除害，若不就是时坚请奠此严疆，不惟失此有为之地，且失此有为之时矣。所云静盗机宜，尤当永杜于事后者此也。伏惟上台转报，务俾采择允行。

前件

太原府交城县为活贼方擒死贼乃显事。案查十月十八夜三更，投首贼犯惠首富等生擒盗魁钟斗、惠孝文于永宁之谷积岭，绑解来营，究问钟斗之父大盗钟名节下落，据钟斗供，三日前伊殁溢死静乐烂团山，立遣典吏郭景明驰至彼山查看果有缢死一尸，十九日辰刻将尸抬至营内验明，实时具报在案。卑职将尸悬挂树间示众，着本山土人认识，有云"小的认得"者，有云"小的不识面"者。夫钟名节出身交城营马兵，父子大盗，岂有名节自缢，山民不复识面之理，因唤其妻李氏认尸，坚供实是故夫。然听其哭而不哀，卑职早已心知其伪矣。因票谕乡夫惠重生等四山密缉，声言名节既报缢死，虽出山来不妨，本月十六日假死钟名节汲水入穴，山民看破踪迹，因被惠重生等搏获，方知缢死之尸原是案缉大盗任国辅惧杀自死，而钟斗乃冒之为父也。已取任国辅亲属甘结存案。本日又据苏把总关报，在山兵丁于后岭底缉到任国铉贴身手卒一名安二，除即票唤两贼犯押解本府听审外，理合先申，以凭转报。其强盗惠首富等自来投首，拿贼赎罪，作何发落。亦祈宪示。十一月二十六日奉本府帖文，蒙山西按察使司批：该本府呈报惠首富投首详由前事，蒙批据详，拿获盗犯钟名节、安二，诚天纲不疏，但投首贼犯，自应开明某某名数，为何混以惠首富等字，其缢死之尸，是否真系任国辅，果在何案缉拿，亲属具结何足为凭，有无勒死良民暗抵情由，仰府逐一严查速报，立等转详缴等因到府，帖仰本县遵行间，二十八日又奉本府帖文，蒙山西按察使司案验，蒙巡抚达批，该本府呈前事，蒙批，仰按察司审明确议通详报等因到司，案行到府，帖仰本县查照，前经驳查事理，即将自首之惠首富等开明某某姓名及获钟名节等原系何案有名伙盗，与缢死之任国辅果是本尸，确系何案所缉，立速分晰讯明，妥招报府等因到县，蒙此，除将钟名节、安二两贼犯于本月初一日解府另取口供一并叙详定招外，案查投首惠首富原系交城营逃兵，卑职确探其为山贼头目，不敢以各案无名而听其漏网，已经申报两院在案。十月十四日卑职统兵屯驻横岭，惠首富、惠运通、钟明俊、钟名鼎各领其胁从者总共三十六名，跪赴军营投首，具有首词在卷，卑职许其拿贼立功赎罪，即用贼党以拿贼，因此盗魁全擒，且与本年强盗自首之例相符，谨将姓名逐一开报，伏候上裁。至于任国辅一犯，乃大盗任国海、任国疆嫡亲兄弟，同行上盗是实，系张家庄案内候缉有名之盗。十月十四日见其兄弟被拿，惧杀自缢烂团山，官兵、乡夫未之知也。十八夜三更，投首惠首富等生擒钟斗到案，卑职细讯伊父钟名节下落，据钟斗供伊父三日前缢死烂团山，时兵屯独石，离烂团山二十余里，即谕典吏查勘明白，据报果有一尸挂在巉岩，一面谕乡夫抬回验实，一面具文申府转报，皆十九日巳刻事也。闻言可信，见欺以方，卑职又岂料其伪哉？及尸悬于树，人有异词，妻哭其夫，声无哀恸，卑职晓其故而不即明言者，诚虑钟名节远逃他属，一被别处擒解，卑职罔上之罪，百口难分也。今假死之钟名节以缓而获，即真缢之任国辅不查自明。任国辅幸保首岭而死，遗妻马氏，子大娃子，仍当变价给偿失主，正不仅据共族属任旺等一结为凭耳。卑职此翻剿抚，但有明首得生之真贼，确无暗抵屈死之良民，又不烦卑职之申辨者矣。十二月初二日申覆到府，蒙太原府知府周覆：详看得交城县报获大盗钟名节、安二，并自行投首之惠首富等，蒙宪恐有隐饰，批行确查。今据该县覆详前来，缢死任国辅乃任国海、任国疆嫡亲兄弟，系行劫张家庄案内有名之贼，而假死钟名节已经被获，缢毙任国辅愈查愈真，其投首贼犯惠首富、钟名鼎、惠运通、钟名俊，悉为戎首，率党投诚，情有可原，今据该县开具花名报府，拟合据实转报，统候宪裁等因呈详到司。该本司按察使赛看得，大盗钟名节借尸冒死，入山惟恐不深，本年十一月十六日忽出现身汲水，为山民惠重生等踪迹而搜获之，可谓恢恢之不漏矣。本日又据苏拿总报称，在山兵丁于后岭底缉获任国铉手卒一名安二，俱应听该府收审另报。惟贼首惠首富等自来投首，缉贼赎罪，作何发落，为请本司为投首未列全名后，难入招引例，树缢之尸恐系桃僵李代，批府确查明白，方敢转报。今据详称，缢死任国辅乃系大盗任国海、任国疆同行劫掠张家庄案内有名之贼，惧罪自缢，并无假捏情弊，至于投首贼犯惠首富、钟名鼎、惠运通、钟名俊率党三十二名来投，足见悔过向化，查与例符，自应开其一面，既据该府备开花名统叙详内前来，相应转请宪裁批示，以便遵行。呈详巡抚达蒙批：贼首惠首富率党投诚，缉贼赎罪，与自首之例相符，自应有免，予以自新，但某人系某案之贼，当日分得何赃，俱未审明，仰司逐一亲讯，并获盗钟名节、安二速即确审并招归结，仍候督院示行，缴。康熙十一年二月初四日蒙总督山陕部院罗批：据太原府呈前事，蒙批，投首贼犯惠首富等应作何发落，仰山西按察司查例妥议通详报，获贼钟名节等审明速报缴。康熙十一年三月十六日，又蒙总督山陕部院罗批：该本司呈投首贼犯惠首富等详由，蒙批，钟名节等前据太原府申报，已批，该司确审矣。仰速审明通报。惠首富等悔过向化，率党来投，既经该司查与例符，自应安顿得所，仍于此案审定之日查明，朱今定例，妥议通报，以凭酌夺，具题仍候抚院详行，缴。批司行府，备行到县。

一件执结文状事

太原府交城县为执结文状事。康熙十一年二月初一日蒙本府帖文，康熙十一年正月二十九日蒙山西等处提刑按察使司宪牌，康熙十年十月初一日蒙总督山陕部院罗案验等因，仰本县官吏查照原文内事理，即将交、静住贼情形并地方各官职名一并查叙明白妥详，即刻报府，立等转报，现今本司差人守催，万分紧急，毋得刻迟，未便立，速速。蒙此同日，又蒙本府帖文准，汾州府关，蒙按察使司宪票前事等因行县，蒙此，随该交城县知县赵吉士看得执结文状一案，大部复核伙贼确数若干，于是有聚集何年月日之查，且以往贼地方不行预报擒剿，于是有各官职名之取。又因贼窜山寨各有住址，于是有剿杀净尽之咨，此十年十月初四日奉督宪行府发县之部文也。卑职即于初五日具详本府、本协，转报两院，业蒙督宪批府协覆详及卑职前后条议在案。今蒙臬宪行票太、汾两府，坐取各官职名到县，立候转报题参，卑职不敢不细译部文以申前说。切思部咨聚集何年月日一查，盖欲复核伙贼确数若干也。卑职未奉此案之先，已查渠魁羽党姓名，一一具报，且将山贼忽起忽散旋与旋灭之有数十年来诛剿难加之故，业已详禀列宪矣。部咨查取各官职名，盖为住贼地方不行预报擒剿也。卑职未奉此案之先，九年冬，移汛换兵条议业蒙督宪咨部允行，十年秋守险分治详文，复荷两院发司确覆，不徒虚以预报塞责，而且实具擒剿机宜，故纵之罪可以幸免。查此山直通黄河之畔，地辖两府，文教难以兼施，兵分二协，武威不相统摄，岂但远逾关塞，抑且近逼延绥，贼非一县之贼，山非一府之山，其得以住贼地方端责之交静两县耶？部文有"剿杀净尽"之咨，盖为贼窜山寨各有住址也，夫贼伙一聚，无险不可恃；贼党一分，有踪亦难寻；散处千里穷山，又何曾踞有寨子哉？卑职未奉此案之先，已将擒贼方略呈报，入山两旬，渠魁尽缚，除投首以外，山民无不悉心向化，此固仰体檄行督宪确议之仁，未敢拘牵部议必尽行剿杀而后为快也。查督宪来文，止将部咨抄发，未曾另有查取职名字样，即督宪批卑职原详亦有"该县功过之言，本部院已悉"等语，卑职两番条议，实为地方图谋久安，原不因刘应熊执结文状一案而后有擒贼之举。且失事属汾阳，与交城全无干涉，在汾阳失盗，例有处分。今反因交城拿贼，而全销汾阳失盗之案。交城拿贼本出急公，今反因汾阳失盗而波及交城拿贼之官，部咨悬揣遥度，不得不严列宪灼见亲知，自当有别，伏乞上台转文臬宪，据实回详，以凭督宪题覆，庶下吏得免无妄之愆矣。申详到府，蒙太原府看得交山擒贼全案，皆交城县知县赵吉士功也。披阅该令前后条陈，慨然以擒贼为己任，原不徒以预报二字塞地方之责，本无故纵，安用隐讳？且移汛换兵之呈先经达部，守险分治之议复经详院，初不因奉有大部执结文状之查，然后奋而为擒贼之谋也。今幸不烦剿杀，诸贼就擒，而执结文状一案之伙盗，亦尽以此案全获，其在事有功文武，本府现在详明督宪，请叙在案。其在汾阳失盗一案，各官久已处分，兹既将贼全擒，既从前督缉接缉各官，尚欲邀恩以消案，岂有山贼尽平，盗案全结，反可追取地方拿贼各官职名转报题参乎？部文在诸贼未擒之先，督宪止抄部咨并无"查取职名"字样，本府不敢混开以灰有功文武之心，据实详报，伏候宪裁。呈详按察司，檄，驳到府，转行到县。该太原府交城县为执结文状事，本年二月初九日蒙本府信票，初七日奉按察司宪牌行府备驳到县。该交城县知县赵吉士谨按宪驳三段，备录原详，复申前说，若必待今日行查而始奉覆，下吏诚无所逃罪矣！奉宪驳，细绎部文行查者，谓山寨伙贼于何年月日聚集，确有若干，今该府不将伙贼聚集年月、盗贼数目，逐一分晰明白，混云"旋兴旋灭，数十年来"等语，大与部文有悖一段：查原详，看得交山盘亘千余里，辖交城者十之三，辖静乐者十之三云云，尚可据实具报也。是伙贼聚集年月以及盗贼数目，早已逐一分晰明白矣。奉宪驳，住贼地方在汾府，以贼鸟合，交静等山无凭开报，在该府与交令又称贼非一县之贼，山非一府之山，互相推诿，究竟住贼之山既非一府一县，亦应查明的系某府某县，其各贼地方官为何不行报剿，果否有无故纵一段：查原详看得交山盘据数州邑，历称盗薮，而剿杀未加者，以交静辖太原而永宁又辖汾府云云，悉兵马未到之地也。是住贼之山，卑职但身历者具报，业已查明在案矣。奉驳部咨明明显列"住贼地方官职名，该督均未查明指参"十五字，载在原行，均可覆按。今该府不行查明开报，反云院无"职名"字样，恐难葫芦混转一段。查兵部咨文，蒙总督于十年十月初四日钉封行府，而卑职开报伙贼姓名，查明聚集年月，以至住贼地方，既详且悉，俱在督宪未奉部文之先，是以部文显列"剿杀净尽"四字，督宪批详，但令卑职相机行事，尽获真贼，不得妄拿良善。部文显列"住贼地方官职名该督均未查明，据参"十五字，督宪票行到府，查得交山住贼地方系该府所属，合将部咨抄发，"亦未尝复载开报职名"等语，是伙贼、住贼、报贼、擒贼始末情形，卑职既详言之，列宪亦无不心悉之矣。不幸卑职所属名曰交城，而各州县伙贼聚散无常，难以防捕，均嫁其祸于交山，卑职绘图上献，形势备悉，一若预知有今日之事者。今贼党既擒，地方宁谧，交山两葫芦如惠家庄、钟家沟等处，已为山陕通衢、商贾经由之地，至于就抚山民悉安耕鉴，保无越志。万一邻封防御不严，别有窜窃交城之山，正不独任咎也。百年藋苻未平，不闻一矢加贼，今日根株尽绝，反蒙屡檄参官，责地方以住贼，历世传至于今，卑职诚无作逃，责地方官不行预报而罪以故纵，卑职实不任咎！至卑职与捕官职名应否开报，统惟上裁，而擒贼有功即注原职名之下，亦惟宪夺，皆非卑职所敢擅者也。缘系驳查事理，合应摘录原详申覆，伏候转报详府，蒙批：该县身冒不测之贼穴，生擒积贼数十人，本府现在具详督院，特请题叙在案。兹奉臬司遵照未擒贼之先部文查取职名，本府一面开报职名，仍将职名之下注明功次，本府奉督院面谕之事，安肯掩该县静尽山寇之奇功耶？候转详，缴。

题叙

一件遵例具呈事

太原府交城县为遵例具呈恳题议叙事。本年五月二十三日奉本府帖文，蒙按察使司赛，蒙巡抚达案验，五月十九日准吏部咨呈，奉本部送吏科抄出：该本部题为投诚复逃呈解拘收器械马匹等物事。议得先经刑部等衙门题覆，直隶巡抚金世德疏称，知县梁册等，把总梁永镇拿获别属窝隐之贼，或酌量奖叙，应交与吏、兵二部议，臣部覆合，臣顾豹文条议疏称，文职因获别处之贼，若行加级，不论俸满即升之例，恐有不肖之徒希图功绩，拿游行良民捏为盗贼，拷逼讯问滥充贼数，亦未可知。其文职不便与武职一体定例，奉旨依议钦遵在案，相应将知县梁舟等无庸议等因具题。奉旨据奏前顾豹文条陈，文职因获别处之贼，若行议叙，恐有不肖之徒，希图功绩，拿获良民捏为盗贼等语，诬良为盗，自有重处定例；若获别处之贼，不准议叙，则人皆推诿，盗贼愈多。这议叙之例，着再定议具奏。梁舟等仍着议叙，余依议，钦此。钦遵查兵部移咨内称：武职查缉拿获别属盗贼一二名、审出伙贼十五名者，端管官记录一次；拿获三十名者，兼辖官记录一次；查缉拿获十五名盗贼者，端管官加一级；查缉拿获三十名者，兼辖官加一级；查缉拿获三十名者，端管官不论俸满即升；查缉拿获五十名者，兼辖官不论俸沟即升等语，以后文职官员除自已承缉盗贼外，查缉拿获别属盗贼一二名，审出伙贼十五名者，将端管官记录一次；查缉拿获十五名者，加一级；查缉拿获三十名者，不论俸满即升；其兼辖官员查缉拿获一二名者，审出三十名者，记录一次；查缉拿获三十名者，加一级；查缉拿获五十名者，不论俸满即升。以后拿获贼犯与定数充及者，京内官员具呈刑部，在外官员具呈督抚，具题到日，俱俟刑部审明是实，于此例相符者，题送臣部议叙。俟命下之日，通行直隶各省，载添入例册内遵行。据兵部称，把总梁永镇止拿获候昌嗣等五名，未及议叙之数，无庸议叙等语具题，奉旨依议；今知县梁舟等拿获候昌嗣等五名，未及议叙之数，亦无庸议等因，五月初三日奉旨依议，钦此。钦遵抄部送司，案呈到部备咨，抚院，行司到府，帖仰到县，查照粘抄事理，一体钦遵施行。该交城县知县赵吉士看得文职缉获别属盗贼一例，向来未载令典，新奉特旨，添入例册遵行。在京具呈刑部，在外具呈督抚，题核照数议叙，无非严盗贼以安民生，录劳苦而励官吏也。卑职仰遵功令，不敢不据实具呈。切卑职于康熙七年四月初二日到任交城，迄今四载有余，自己属内从无承缉盗贼之案，而查缉拿获别属各案盗贼，有已经疏请枭示者，有见在律拟具疏者，有因其投诚拿贼免死者，皆经督抚两宪题准而核实于刑部者也。案查七年八月初一日擒获大盗康如江、康如海、康四、王有志等四名，乃直隶顺德府刑台县李世珍家失事案内盗也，已经递解邢台，审实具题正法，蒙总督白咨覆前院阿在案。八年十二月十三日，擒获大盗惠文通、蔚化凤、王朝友三名，九年二月初四日擒获大盗杨芳清、杨方林二名，乃汾州府汾阳县东村失事案内盗也，已经关解汾阳审实具题在案。十年四月十二日擒获大盗赵应龙一名，审出伙盗十五名，备开住址，申文分缉，后四月二十四日又擒获大盗李宗盛一名，四月二十八日又擒获伙盗阎六、张朝忭二名，七月二十八日又擒获伙盗袁世虎一名，其伙贼苏正明、苏万遇、曹伏虎、强三、刘福、刘遇祥、张五、董三、李少林、李三虎十名，蒙宪檄行静乐照册拿解审实招拟，皆清源县杀死教官李开秀案内盗也，已经宪台具题到部。四月初十日，擒获线盗武之龙、刘天正、刘成库三名，四月十二日擒获伙盗弓进一名，又照会静乐巡检擒获伙盗段南强、李七儿、三元儿三名。十月初九日同守备姚顺统兵入山，擒获各州县伙盗傅青山、钟斗、惠孝文、王汝谏、郭三法、杜召宇、刘正、惠天德、任国海、任国疆、温国辅、温连云、阴景格、孙贵、惠岐山、张二、惠艾安、张法、任国辅、刘三、李雅秋、高自福二十二名。又据卑职册报静乐伙贼居址，蒙宪檄该县擒解周时花、李六斤、李惠明、小黄虫、李继福、李继实、尹三盛七名。又据卑职册报永宁伙贼居址，蒙宪檄，该州擒解郝成章、李旺、范一虎三名。十月十三日军前投首山陕各州县伙贼愿擒贼赎罪惠首富、钟名俊、钟名鼎、惠运通、张一龙、张一宁、李二小子、马登成、惠珍吾、孙闹奇子、任二反城儿、王汝全、王万禄、胡仲福、任反城、任国祯、惠重德、张谋小子、王汝昌、尚德、李天福、李正五、惠巴和尚、申堂、任国元、钟名世、王万仲、刘应虎、惠珍黄、韩三八九、惠景洪、胡三奇、耿应宿、任国选、任国玉、覃奉云三十六名。十一月二十二日赴太原省投首贼犯杜廷祯一名，又搜钟明节于钟家沟之石穴，关王武于静乐之楼烦，获安二于临县之岭后底，擒申友于岚县之阁部村，共四名，又皆汾州府汾阳县张家庄案内盗也，办经抚台具题到部。以上共拿获　百四名，除李雅秋、高自福、范一虎三名审释外，其为卑职计缉、阵擒、投首者计七十八名，其为卑职审出伙盗、密行申宪檄拿者计二十三名，通共真盗一百一名。又拿获贼马陆十一匹，器械数十件，俱经册报两院咨部讫。窃念卑职一介书生，当兹岩邑，受事至今，强半与山盗相为终始。若使诬拿一贼，岂止不保功名，设或深入受伤，亦止空送性命。今卑职拿获者一但尽系别属之案，抑且多系别处之盗。在别属案缉者，且因卑职拿贼而消案矣，即兼辖降级者，亦且因卑职拿贼而复级矣。屡蒙抚台谕以供职大义，方媿致身无日，何敢告瘁言功？今值新例，许其在外自呈，恰与拿贼相符，又安可避嫌违令，所当据实呈明，以凭核夺者也。五月二十四日通详，蒙本府清军总捕盐法厅杨批：擒贼静盗，宁谧地方，具见良吏苦心，其功实不可泯。既符新例，优叙可期。仰候抚宪具题，并司道及本府批示，行缴。蒙太原府周批：仰候各宪批示到府，以便加看，转详，缴。蒙分巡凤平道山西等处提刑按察使司佥事张批：该县广施方略，屡擒逋寇。晋盗奔秦，逖兹经纬，朝歌渤海不得独擅美矣。遵例议叙，允符功令，仰候院司示行，缴。蒙督理山西粮屯驿传道布政使司参议谢批：查拿获贼犯与定数充及，许其自呈。今详内檄，拿真盗一百一名，恰与拿贼之例相符，仍候两司转详批示，行缴。蒙山西等处提刑按察使司按察使赛批：仰候抚院批示，缴。蒙山西等处承宣布政使司布政使穆批：仰候抚院详行，缴。蒙巡抚达仰按察司查报，司行到府，该太原府周议看得缉获别属盗贼一事，向无成例，今奉部文载入例册，凡在外官员，许其呈督抚，具题到日，俱俟刑部审明是实，于例相符，题送议叙在案。今据交城县知县赵吉士详称，缉获别属盗贼一百一名，委与端管官不论俸满即历之例相符，理合据实回覆。至于兼辖官拿获五十名者，亦有议叙之例，今除邢台宪四名、汾阳县东村案内五名在本府未任之先不计外，本府兼辖拿获别属盗贼似亦与例无违，伏乞本司核明转详，以信功令可也。六月初九日奉本府帖文，初七日蒙按察使司宪牌：据该府呈报交城县拿获别属盗贼详由到司，除详批仰照另牌确议报夺外，查得交城县缉获别属贼犯七十八名，又该县审出伙盗密行申拿者二十三名，通共缉获真贼一百一名，厥功自是难泯，但查擒获傅青山等并投首惠首富等系奉部酌差汛兵剿杀，该县方同守备姚顺统兵入山擒获，并致投首多盗，是否与该县自获者相同？且凡奉部文俱以准到之日为始，遵行已久，今阅"查缉拿获别属盗犯，照数记录，加级即升"部文，系康熙十一年五月初三日奉旨，本月十九日准到部咨内开，"以后文职官员查缉拿获别案盗犯，在外官员具呈督抚具题"等语，是部文明开"以后"二字。历查交城县所拿各盗俱在康熙七、八、九、十年，系未奉部文以前拿获者，今称与例相符，果否妥确？事关具题重案，不便率转，合驳确议。为此仰本府官吏，即将交城县同兵入山拿获盗犯是否与部文吻合，应否照例呈报，逐加确议明晰，妥详报司，以凭核转，万勿朦混率覆，致于违例驳诘，干系匪细，慎之，速速。蒙此，拟合就行确议。为此，仰本县官吏查照驳牌内事理，即将该县同兵入山拿获盗犯是否与部文吻合、应否照例申报，确议妥详报府，以凭核转，毋得违错，速速等因到县。奉此，该交城县知县赵吉士遵查得缉获别属盗贼之例，向无令典，新因直抚金题安肃知县梁舟等擒缉候昌嗣一案，致奉特旨议叙，载例通行，则虽符例，尚未有一人在题。而此例实有梁舟等可据，卑职遵例恳题一呈，蒙宪驳傅青山等系该县同守备姚顺入山擒获，是否与自获相同？切梁舟之获候昌嗣，实同保定营汛把总梁永镇缉获，而兵部自叙永镇之功，吏部自叙梁舟之功，止以不及数不叙，梁永镇未尝因梁舟见格，而梁舟亦未尝因梁永镇见格也。况姚守备虽随卑职入山，然设间运谋俱由县令，奸渠获丑尽出乡夫。营无血刃之兵，阵无折矢之卒，业将擒盗情状节次申报两院可查，是与例无不符者也。又宪驳议叙新例部文明开"以后"二字，今所拿各盗俱在未奉部文之先。卑职细绎"以后"云者，谓以后督抚题叙，当核其与新例相合，非谓止叙以后之功也。如谓止叙以后之功，则梁舟等拿贼在十年八九月，实新例未定之前。今查部覆，但称"今知县梁舟等拿获五名未及议叙之数，亦无庸议"。夫梁舟等止因获盗之数不及定例之数，故不议叙，未尝因获盗之期不在定例之后故不议叙也。然则使梁舟等获盗之数与例充及，必首膺仍着议叙之典矣。今卑职所擒之盗，既与例充及，而擒贼之期在去年十月，更在梁舟擒贼数月之后，又与例无不符者也。且直隶所拿候昌嗣等不过五名，而具题及于两县令一把总，当时无一例可比，尚邀特疏上闻，今卑职一身所获之盗且过百数，兼复有例可援，况清源、汾阳两案见在刑部审明，确与部文吻合，自应具呈请叙。初十日申府，蒙太原府周看得，拿获别处盗贼新奉特旨议叙，交城县知县赵吉士拿获别案别属盗贼一百零一名，遵例呈请转院具题。蒙本司驳查，该县同守备姚顺入山擒贼，是否与该县自获者相同，且部咨开"以后"二字，该县所擒各盗在未奉部咨之前，果否与例相符，随行该县确查去后。今据该县援比安肃知县梁舟缉获候昌嗣等原案情由前来，按文武二职共事立功，从来吏、兵二部各自议叙，初不必功出一人。安肃知县之擒候昌嗣，亦同把总梁永镇缉获，部覆止以不及数不叙，未尝问及安肃县之果否自获也。况该县于未奉剿杀净尽部文之前，业已密谋用计，具有成算，及姚守备随后入山，坐缚渠魁，兵不血刃。即使自获者方行议叙，亦功与例符，况功令原不必自获乎？又部文"以后"二字，原谓定例之后，各官合遵此例具呈，督抚合照此例具题，大部合用此例核叙，非谓止叙定例以后之功也。如止叙定例以后之功，则安肃一案原在未定例之前，不当仅以不及数无容议矣。以不及数而不叙，则及数者必当议叙可知。揆此，则该县拿获别处多盗之功，委与新例吻合。而本府到任之后，兼辖拿获别处盗贼及数，似亦与例无违。伏恳宪台仍赐转详，以沛新恩，以奖下吏可也。蒙按察使司赛批：仰候转详，行缴。二十日申司，该按察使司赛看得交城县赵令申报拿获别属盗贼一案，蒙宪批司，确查遵行，太原府确查去后，前据该府呈称，交令缉获阵杀投首别属到犯七十八名，审出伙盗密行申宪檄拿又二十三名，通共真盗一百一名。委与端管官不论俸满即升之例相符，即该府任后，兼辖拿获别属盗贼亦与定数充及等情呈详到司，本司再四思维，该令拿获别属盗犯如此之多，肤攻克奏，固称一时经纬之吏。第细绎部文，内开"以后文职官员查缉拿获别属盗贼与定数充及者，在外官员具呈督抚具题"之语，驳府确议。今据该府详称，部文"以后"二字，原令各官合遵此例具呈，非谓止叙以后之功也。复行详请议叙前来，然应否特疏题叙，用劝贤能，恩出宪裁，本司未可擅便。二十二日申院，蒙巡抚达批：该本司呈前事，蒙批，据详交令获盗数合定例，呈请题叙，第详绎部议"别属"字样，乃兼言别属盗犯与失事之地方也。该县所获各盗虽失事在于别县，而各贼实住交山。查住贼地方原有协缉之责，今所获者果否尽系别属之人？再查地方失事名列三处者，方为兼辖，该府并无三处责成，何亦称兼辖邀功也？仰再确查获过盗犯，某某系交山贼犯，某某系别境窜来，某系该县设法自擒，某系同兵入山搜捕，查对前招，分晰明白，妥议详夺，牌行本司，转发本府，备仰到县。该交城县知县赵吉士覆看得，交山非一县之山，所获各盗亦非一县之盗。今蒙宪查，某某系交山贼犯，某某系别境窜来，似将交山统归交城一县端管矣。切交山形势蔓连太、汾两郡，已经绘图条陈在案。各贼勾结，错综秦晋两省，已经历审口供在案。即系一县端管地方，而卑职为端管之官，亦当详明具呈，非因今日批查，始委之别属以邀题叙者也。今即统以交山言之，查卑职获过交山贼犯，则有康如江等四十四名；获过别境窜来贼犯，则有王有志等三十四名。此七十八名者尽系别属之内失事之贼，而大半皆别属之人，又大半拿获于别属之地。此七十八名之数内，为卑职自行设法擒获者六十一名，为卑职同兵入山搜捕者十六名。此外又有静乐、永宁两州县照卑职审实册报擒获贼犯苏正明等二十三名，不在目行擒获、同兵搜捕之中。此前报所获一百一名之数，俱经分晰清楚者也。以言乎失事地方，则杀官劫财，皆系汾阳、清、岚三县，参案可据，与卑职实无端绪之责；以言乎别属盗犯，则藏贼山穴擒贼处所，多系临、岚、永、静、汾、文各州县，报册可查，与卑职更无协缉之责。事关驳查，理合备细申覆，伏乞上裁酌转。十月十六日申详到府，该太原府知府周看得交城县知县赵吉士获盗请一案，本府奉宪批查分晰，交山别境与该县自获同兵搜捕确数去后，兹据该县申覆，并据册报，所获各盗数目、籍贯、月日前来，卑府覆查，该令深入不毛穷山者数百里，确获各属大盗者百余名，原其捐躯不顾，非因协缉而畏，题参核其引例不虚，委宜邀恩题叙，以彰功令，相应照转，仰候宪台俯赐转详议叙，以鼓劳吏，至蒙宪驳，名列参处者方为兼辖，此指承缉盗贼无辖之地方而言也。卑府无承缉之责，与兼辖拿获别处盗贼之例实符，非敢邀功，理合一并申覆。本年十一月初四日申详，蒙按察使司赛批：据详查，康如江、康如海、康四、王有志四名，该县详称于康熙七年递解直隶邢台县，审实具题正法，本司衙门查无卷案可考，且系远年之事，似应删去，其余诸盗有与原案拿获地方日期不投者，有系别属拿获者，且有册详互异者，难以备述，仰府行县，逐一查确更正，另造清册，具详报夺。本月十一日票行本府，备仰到县。该交城县知县赵吉士覆查，康如江、康如海、康四、王有志四名，乃直隶邢台县失事案内之大盗也，卑职于康熙七年七月二十六日准顺德府邢台县关文，即行密缉，于康熙七年八月初一日拿获，随经数次确审，确系邢台案内大盗，于本年八月十二日具文为失盗事申详抚院、按察司、本府中粮厅，此本县获贼申详之案卷历历可考也。康熙七年十一月初七日，三省总督白移咨山西巡抚、都察院加一级觉罗阿，院行按察司，司行本府，府行本县，县复申详各宪台，此又直隶移覆已经获有康如江等之案卷历历可考也。虽事在康熙七年，俱系卑职自行缉拿之巨盗，正合部文内所谓拿获别属盗贼之例，所当遵例据实具呈者也。至与原案拿获地方日期不投，及册详互异，如蔚化凤、王朝友等俱经改正；至有别属拿获者，则系卑职审出各贼姓名、住址，随即备细开列具呈抚宪，移关别属，别属照卑职所开姓名、住址循拿，果无差误，是拿获虽在别属，而审出姓名住址实系卑职，正合部文内所谓查缉拿获之例所当遵例据实具呈者也。至若杨芳清、杨芳林，实系卑职于康熙九年二月初四日亲自入山至惠家庄拿获，即于本月二十日递解汾阳县，转解永宁州，因此招内遂载永宁州拿解，而不知为交城拿获递解永宁也。当日卑职虽未经即为申报各宪，但现有移解州县牒呈关文并覆牒、覆关可据，是又正合部文内所为查缉拿获别属盗贼所当遵例具呈者也。至各属照卑职所开贼犯姓名、住址拿获者，在各属自有拿获之地方申详在案，既经宪驳，逐一查明，另造清册呈览，伏乞照册转详。十一月十八日申详本府，蒙太原府知府周覆查得，赵令遵例具呈一案，已经查明详报。兹因获贼地方、月日不符，致烦宪驳，遵批覆查，据详康如江等四名，系康熙七年该令自行拿获、解送直隶邢台县，有申详各宪台案卷可据，查系该令任内递年接续缉获盗贼之案，其有别属拿获如杨清芳等二名，查系该令拿获，解送汾阳，汾阳转解永宁，永宁复归结于汾阳失事案内，因该令当日虽有递解之案卷，而无申报之详文，遂以为永宁州之拿获也。更有该令审出贼犯姓名住址，一面申报抚宪，一面移关各属，照册擒拿，查拿获虽在别属，而查缉实在交令也。至地方日期册详互异，俱已查明改正，相应照转。十一月二十四日蒙按察使司赛批：据详查康如海等四盗，前因系移送直隶远年之案，杨芳林、杨芳清二盗，原招系永宁州拿解而不显交城，故行驳删。今该县必欲以大盗入册，一同请叙，覆查该县缉过盗犯，较定例业已倍之，若去此六名，无碍于叙功；若入此六盗，惟恐以远年及冒功驳查，反为不便；如照该县详称，谓拿获清林二盗，关送汾阳，转解永宁，故前招止言永宁而不显交城转详，则是该县前之不申与前之承问者均属失详，是又一不便也。本司之驳，原令从妥，非抑之也。仰府仍查明行县，删去大盗，另册详报，牌行本府，备仰到县。该交城县知县赵吉士覆查，康如江、康如海、康四、王有志等四盗，实系卑职未奉宪行首先缉拿、移送直隶，前蒙抚宪于荐举必不可停等事疏内，将拿获康如江等开列事实，钦奉谕旨，亦以微劳当励，创举难泯，业蒙睿鉴。且卑职于康熙七年到任以后，节年俱有缉获，各盗虽来年分，实系接续擒拿，况康如江等实为首先拿获各属之盗，似难删除；其杨芳清、杨芳林二盗，亦系卑职拿获移解，前册未蒙开列卑职职名，今应遵驳删去，伏候照转。本年十二月初五日申详，蒙太原府督粮厅署本府知府事蔡覆，查康如海等四盗，原系赵令于康熙七年拿获，曾经开列荐牍，虽非本年之事，但接续缉拿，节年未经断绝，似非竟属远年者比，又据称首先擒获之盗，似应仍为开列，其杨芳清、杨芳林二盗，则已遵驳删去，相应转呈。于本年十二月初五日申覆本司，蒙按察使司赛加看照转，具详本院，十二年正月十六日蒙巡抚达批：仰候具题，缴。本月二十四日蒙晋抚达题，为遵例具呈恳题议叙事，据按察司呈，该臣看得吏部题定文职查缉拿获别属盗贼及数议叙之例，交城县知县赵吉士遵照部行，将缉获别属盗贼九十九名中请议叙到，臣随批按察司确查去后，兹据详称，本官获过别属失事本县之贼，并别境窜来与自行投首及审实招拿之盗姓名、数目、获贼月日，备造清册，呈详前来。查部行新例，原以鼓励劳员，今知县赵吉士设法查缉，冒险擒拿，获盗溢于定数，但例系创行，作何议叙，听候部覆。除原册送部查核外，相应具题，伏乞敕部议覆施行，奉旨该部议奏。初八日发刻抄，本月二十四日蒙吏部题为遵例具呈恳题议叙事，吏科抄出，晋抚达题前事，奉旨该部议奏，钦此。该臣等议得，山西巡抚达疏称，交城县知县赵吉士将缉获别属盗贼九十九名，申请议叙。查知县赵吉士设法查缉，冒险擒拿，获盗溢于定数，但系创行，作何议叙，备造清册，听候部覆等因前来。查康熙十一年十二月内兵部等衙门覆科臣田六善条奏会议定例，嗣后二年之内，不论是否同伙，将别汛盗贼查缉拿获十五名者，将专管官加一级；拿获三十名者，兼辖官加一级，专管官查获三十名者，不论俸满即升；兼辖官查获五十名者，不论俸满即升。如借缉贼之端妄拿良民者，照诬拿良民例处分。所缉贼数与此例相符者，令该督抚提镇以文到之日算起，二年终查明具题，到部之日照例议叙等语，查交城县知县赵吉士所获盗贼，俱在未定此例以前之事，系康熙七、八、十等年内拿获者，与例不合，应无可议。奉旨，赵吉士拿获别属盗贼甚多，着照新例议叙具奏，后不为例。三月初四日发刻抄，六日吏部咨刑部，查得先经山西巡抚达疏称：交城县知县赵吉士将缉获别属盗贼九十九名，作何议叙，备造清册，听候部覆。本部查康熙十一年十二月内，兵部等衙门会议定例，将别汛盗贼查缉拿获与例相符者，令该督抚提镇以文到之日算起，二年终查明具题，到部之日照例议叙等语，交城县知县赵吉士所获盗贼俱在未定此例以前之事，系康熙七八十等年内拿获者，与例不合，应无可议具题。奉旨，赵吉士拿获别属盗贼甚多，着照新例议叙具奏，后不为例，钦此。案查康熙十一年五月内，刑部题为投诚复逃等事一案，本部议覆，文职官员拿获别属盗贼与定数充及者，京内官员具呈刑部，在外官员具呈督抚，具题到日，俱俟刑部审明是实，于此例相符者，题送臣部议叙，奉有依议之旨，通行在案。今将知县赵吉士获盗九十九名原册一本，相应一并移咨刑部，逐一查明各案盗贼名数是否相符，速开过部以凭议叙。本月十六日刑部咨覆吏部，蒙吏部题为遵例具呈恳题议叙事，吏科抄出该臣部题前事，奉旨，赵吉士拿获别属盗贼甚多，着照新例议叙具奏，后不为例，钦此。该臣等再议得，先经山西巡抚达疏称：交城县知县赵吉士将缉获别属盗贼九十九名，作何议叙，备造清册，听候部覆。臣部查康熙十一年十二月内兵部等衙门会议定例，将别讯盗贼查获与例相符者，令该督抚提镇，以文到之日算起，二年终查明，具题到日照例议叙等语，知县赵吉士所获盗贼俱在未定例以前拿获者，与例不合，应无庸议，具题，奉旨，赵吉士拿获别属盗贼甚多，着照新例议叙具奏，后不为例，钦此。案查康熙十一年五月内刑部题为投诚覆逃等事一案，臣部议覆，文职官员拿获别属盗贼与定数充足及，在京官员具呈刑部，在外官员具呈督抚，具题到日，俱候刑部审明是实，于此例相符者，题送臣部议叙，通行在案。今将知县赵吉士获盗九十九名原册一本，应咨刑部查明各案盗贼名数是否相符，速开过部，以凭议叙。咨行去后，随准刑部咨称，交城县知县赵吉士所获盗贼苏正明等杀死清源县教官案内册上有名共一十四名，傅青山等行劫刘应熊家案内册上有名共七十八名，又王朝友等行劫刘仁德家案内册上有名共三名，又康如江等行劫直隶顺德府邢台县李世珍家案内册上有名共四名，以上共九十九名，与原册查封名数相符等因，咨覆前来。定例内专官查获别讯盗贼三十名者，不论俸满即升等语，今交城县知县赵吉士拿获别属盗贼九十九名，既经刑部查明各案盗数相符，准其不论俸满即升，至臣部事件因京察已经题明，宽限在案，相应一并题明，恭候命下，臣部遵奉施行。奉旨依议，吏部题为补授主事事，户部山西司主事，于肖龙已经休致，所遗员缺应补主事。拟赵吉士，浙江举人，见任山西交城县知县，康熙七年四月内任，连闰历俸五年二个月十八日，康熙十二年四月内拿获别属盗贼，照新例准其不论俸满即升，荐一次，记录四次，今升户部山西司主事，照定例仍准带荐一次，记录四次于新任。奉旨，赵吉士依拟用。

牧爱堂编·告谕

自　叙

誓诰者，忠信之薄也。民未知义，不可与言亲上；民未知教，不可与言善俗。故临民庄敬诚信，其大也。居其室，出其言，善而千里之外应之，有善于言先者矣。夫民五方杂处，安能家至户说？定南北者视斗柄，一耳目者视旗帜，告谕又乌容已？虽然无谓民愚不受上欺，无谓民贱勿听吾谩，古之人犹胥训诫，民无或诪张为幻，噫！惧民之诪张，则感以庄敬诚信而已，敢轻言文告哉！恒夫赵吉士识。

牧爱堂编

告谕卷之九

兴除

为咨询地方利弊亟图兴革以洽舆情示

照得交邑为太汾之要道，秦晋之通衢。俗尚古称俭勤，今渐入于浮惰。民风向敦朴实，近且习为诈愚。况数年以来政务既垂，废弛愈甚。其间奔走供亿之烦，捍御招徕之计，所当熟悉而审处者非一端所能尽也。本县莅任伊始，闻见未周，若不广耳目为咨询，岂能悉闾阎之疾苦？如城堡山寨，编有民夫，设有器械，其所藉以为保障者，何以昔有而今无？如厢、坊、都、屯，下无隐田，上无科敛，其所赖以供输将者，何以昔完而今欠？土瘠民疲，备荒之术莫如积谷，社仓之设，甚善也，而六仓尽虚。山高地亢，利农之计莫如疏渠，文谷之水可导也，而二渠渐壅。驿递既协济徐沟矣。原额里马几何，岂能供无穷之来往？保甲向既有成画矣，山中草莽未戢，尤当深未雨之堤防。至若士子为四民之首，干戈久息，胡以弦诵无闻？人伦为百行之原，今古无殊，何以节孝罔着以至奸胥积蠹，凭依城社者有人，势恶豪奴武断乡曲者不乏？幽隐未达，困苦谁苏？官兹土者，其忍竟置罔闻乎？本县与尔民甚亲，亲则痛痒无不相关切。本县与尔民甚近，近则细碎亦曲为绸缪。即如父子兄弟相对而商门户之事岂复隐情？譬之手足腹心适然而有温饱之谋，必无遗力。为此示，仰阖属诸色人等知悉，凡有关系地方利弊当申说者，明白申说；当条陈者，痛切条陈。毋诳片言，无饰一字，毋借公以济私，无损人而利己，俱于本月十六日当堂投递。如果酌议可行，自当力为兴革。本县非有钩踞之心，无袭尔俗黑帖子之陋习。本县一片诚心，言无不尽，勿视为虚文故套可也。特此示谕通知。

为痛革到任陋规以杜滥派累民示

照得本县以李官截留，在部待铨者数载，无日不以厘奸剔蠹为念。今改授交令，益喜作牧亲民。凡百利弊，不惮次第兴除，以与尔民休息。第兴利固有其渐，而除弊尤严其始。访得交城凤弊，新官未到任之先，谕帖一道，书役乘机科派坊里，其支应公家者，不过十得一二，而借端中饱者早已十去八九。官莫问所从来，民谁查其底里。其迎接也，则指称夫马工食及本官中途供应，与轿伞执事诸费。究竟夫马原有额设，执事何必更新？则兵房滥派之陋规，所宜痛革者一。其修理衙署也，则指称木植、砖瓦、工料及泥水、灰石与大督工日给诸费。究竟墙垣户牖略加涂画，糊窗纸张俱领官价，则工房滥派之陋规，所宜痛革者一。其莅任铺设也，则指称被褥、门帘、镶银茶杯、铜锡铁器及椅桌床架诸费。究竟随身铺陈，何须新置？日用家伙岂无旧存，则礼房滥派之陋规，所宜痛革者一。总之，狼书虎役，借此为进身之路。从来蠹国病民莫如奸胥。奸胥进身，每于新官上任之始，微窥意旨，曲意逢迎，上败官守，下穷民膏。新官历任之初，往往姑息因仍，不思百姓祁寒暑雨，终岁勤劬，尚有短褐不完、半菽不饱者。为民父母即不敢自信已饥已溺，欲立欲达，亦何忍温饱自我，唾詈由人？本县未出都门，已传谕严禁。

281

诓料积习难除，合行查革，为此示仰该属坊都人等知悉：本县轿伞执事俱系自办，骡马皆是长雇，其一路供给，本县自发纹银，交付快手孙承荣、覃大兴，逐件开销，并不着支房供应。一切轿扛夫役，另有领给。其铺设等项，俱着各里领回。至留用椅桌碗盏物件，即照时值发价。其每里派银若干，每房承领若干，用过若干，侵过若干等弊，许尔民指名呈告，定行按律重处不贷。须至示者。

为照值平价以清陋习示

照得向来衙署供用，自应行户支值，每多相沿官价陋规，有给半价者，有毫不给价者，有官发价而胥役中饱者，有官买一而役买二者，有延捱扣索换换低银者，种种弊端，更难仆数。不思牙行、铺户、肩挑、小贩终日营营，权子母，博蝇头，以畜养父母妻子，一日失利，举家怨叹。为民司牧，不能使之仰事俯育，而顾以口腹累人，岂朝廷设官养民之意乎？本县设身处地，曲意深思，尽革从前陋弊。凡本县日逐薪蔬之类，用之肩挑小贩者，立有循环二簿，先发制钱，买办人役执簿照值平买，即刻给付，不许短少分文。其需用布匹、纸张等件，用之牙行铺户者，另刻有照值平买信票，公同估填。每月定于初二日，行户当堂执票领价，如有衙役借勒，铺户高抬，查出定行枷示，以为立心不良者戒。本县言无不实，法在必行，尔等其谅之。须至示者。

为晓谕事

照得本县到任之日，即誓之神明：倘有纳贿枉法，神谴及身，纵彻骨奇穷，终不染尔民一指。即多方赔累，亦不取尔民一文。迄今半载，茹苦为甘，习劳忘逸，所带家丁、马匹尽行散遣，仅留服役小童二三人，一意保养尔地方元气。即有兴作，亦势不得已。捐资给饩，不过劳尔民数日之力，以图百年之安，非为一己私也。乃有工房焦生秀者，指称修理，吓诈乡愚，而尔民竟亦信为实，然不敢首告。本县密有访闻，业行仓禁，为此特谕：凡有受害人等实时具状申告，本县立行正法，追赃给还原主，断不累及首告之人。如本人不举，被旁人首出行贿受贿者，一并坐罪，其原银追给出首之人。本县一片爱民实心，尔民凡有一事受害，无不可对本县当堂告诉，慎勿安诓骗，徒令奸宄得志也。特谕。

为审定班匠银两事

照得交邑额设班匠银七十一两五钱五分，脚价银七钱七分二厘二丝四忽五微。查此项银两，原为贴解在京各匠工价，自应出诸阖县工匠分班完纳起解。顺治十六年以前，竟照人丁派之里甲，其间不无因公科敛，藉匠价为谋利之囮者。后至康熙年间，始派各匠纳课，然不论匠之众寡、工之大小，一任贿赂权其轻重，以致贫匠贱工，苦累万状，吞声忍气，控诉无门。本县莅任数载，厘剔颇多其实，未暇及此。着于本月十七日，唤集阖县各匠三十五行，当堂查点，细加研讯。察其生意获利，或丰或啬，必分计其工役粗细，明当独当有辨，照数分班，系毫不爽。减者本县不任德，增者本县亦不任怨。惟秉大公无私之见，酌定长久可守之规，知尔等亦必输心悦服也。今将审过班匠银两，除一面造册粘卷存案外，拟合开列晓谕，为此示，仰各匠人等知悉，尔等各照派定银数，未远遵行，速措完纳，以凭应解。自今后，决无有二三其数以愚诸匠者矣。

为疏通盐引事

照得招商销引，遵旨通行。派课累民，奉宪屡饬太原所属州县，引额多寡不同，如榆次、太谷，俱系招到新商办课；文水、太原又属本地土商行盐；清、祁、徐三邑仍是小贩煎盐纳引；惟交城尚复摊销如旧。本县不欲烦苦地方，是以止新商之不来，又不肯重累里甲，是以严禁陋例之无派。院司催提引课甚急，不得已照数赔垫，合县亦相忘以为当然。不知越境贩无引之盐，即是私贩。贩私者，轻重军流。合邑食无引之盐，即是私食。食私者，分别徒杖。是本县为庇罪之官，合县皆负罪之人，念交城凡卖盐买盐者，谁无身家，乃甘心犯法，而不思变计以图万全乎？与其摊派累民，何若垫赔累之矣。然可以行之今年，而不可行之明岁；可以暂安下土，而不可申闻上司。是以本月朔日，会集绅士吏民于公所，共商可从之法也。为此晓谕合县人等知悉：不拘本县邻县，准即报名注册为官贩，许其行土盐以销额引。如以交山啸聚无常，部颁盐引不便携带在身，即执所给年貌号签为验，本县按月遣民壮入山巡查，不但稽查私盐，亦以盘诘匪类，其卖盐无引，入山无号签者，即系私贩，擅行买食之人即系食私，俱各按律审究，从此盐法行而盐课自足，摊里陋例不革自除，庶几上不违旨，中不累官，下不害民，一举而三善备。凡合邑人民俱当永遵行，无负本县苦心也。

为补给胙肉事

照得春秋大典，两行祭丁，俎豆方终，即时颁胙，凡列宫墙之中，均沾口腹之惠。何独尔邑陋弊相沿，恬不为怪。屠户掺刀固非陈平善割，书生攘臂皆学曼倩携归。以致县快门斗送给不敷，礼房学书影射中饱。首贡生空动食指，一脔未尝；五斋长徒观朵颐，片肝不得，空叨圣泽，虚邀国恩。礼既云亡，罪何可逭？除将各役重行责惩外，特行晓谕：凡未收胙诸生，俱着作奸各役按数赔送，如复仍前漏遗，定然加等究处。

为种柳事

照得本县莅任至今，从无罚赎。然有法之所不可纵者，量犯事之重轻，罚种柳之多寡。将以固城垣山水之冲，为往来行人之荫，岂仅饰耳目观瞻哉？当此春风动物、阳土滋生之候，急宜及时栽种，照数照地，不得缺少一株。本县欲为尔地树百年之人，先为此方蓄十年之木，他日浓阴夹道，绿影满城，本县行旌所拂之日少，尔民子孙蔽芾之年多。勿视为无心插柳也，见其遵行无忽。

为禁搭彩楼以省糜费事

照得交城山邑，每逢灯节，结彩为楼于城西，供士庶游玩，正不知始自何年，相沿至今而不废，徂春本县新任，尔民既以为旧例宜然，本县亦遂谓故事，应尔同诸乡老燕饮其间，缥缈长春之宇，留连不夜之天，甚乐也。今节届上元，又当新春，诚恐吾民踵事增华，必致劳民重费，其于节用时使之义有乖矣。为此示谕该坊人等知悉：城西彩楼永当禁止，省无益之费，正以裕民财，去多派之役，所以惜民力。至于迎春东郊，乐我升平，宜丰盛而不宜俭啬，任尔等好为之，本县不汝禁也。

为重修县志事

照得交城，三代旧都，晋阳西境也，其风俗淳朴，其人物多奇，其地有汾河、文谷之饶，羊肠、狐突、吕梁之险。自唐晋创业以来，历朝为形胜之区。夫考风俗，纪人物，述山川、志兴废，国之大事也。故内则职方有志，外则郡邑有志，其重一也。然职方之志，志九州之书也，其书大，大则举要而去繁；郡邑之志，志四境之书也，其书专，专则宁详而毋略。交邑志，自明万历乙未历山周君重修以迄今，兹于代则鼎命一新，于世则挠干七易。夫道有升降，政有因革，陵谷有变迁，忠臣、孝子、义夫、节妇何地无之？七十年以来，其间风俗、质文之不同，山川井里废兴之不一，得毋有昔是而今非者欤？嘉言奇行，得毋有轶其人而未轶其事，轶其事而未轶其传闻者欤？及今不修，亡者竟亡，而存者且渐及于亡，令之耻也，邑中贤士大夫之耻也。为此，今择于本月十二日开局于文昌祠，期与合邑缙绅、贤士、长者，旁搜确订，以补七十余年之事迹，以继周君之志。除缙绅别行帖启外，凡合邑士民家所有传闻、制作、纪述、行状，凡有涉于风俗、人物、山川、兴革之故者，悉送局中以备采取，事竣发还。其刊刷纸笔供给诸费，择于初八日齐集明伦堂公议，本县亦当勉捐微俸以为通邑倡。志之不修，令之耻也。修志而志不备，则非令之耻，而邑中贤士大夫之耻也。鉴之，鉴之！相助以有成，其在斯乎！

为禁约事

照得交城依山为邑，所少者水。城内东南隅离相寺圣母庙前，清流一曲，地属离震，实启文明。向为洗皮浸革之需，居民苦之。暮春初夏，秽气满城，见者伤心，行人掩鼻，遂使清净法坛终年龌龊，风雅胜地尽日腥膻，即虽习久不觉，安能涅而不淄？岂东门之池可以沤麻，此区区一泓水，任尔辈沤牛羊之皮革耶？本县莅任三日，阅历城垣，俯视澄泓，亟称此水，广植垂杨，题名"却月"，必欲澄澈此湖以永尔邑诗书之泽。未经申饬，不免因循。为此，合行晓谕湖上居民人等知悉：嗣后不许擅洗一羊皮，擅浸一牛革。城濠相近，听尔等浸洗自如，本县不汝禁也。传言下有海眼，故冬月冻谷无声，而水泉不涸，且产嘉鱼，尤宜珍惜。本县宁甘饮水，不欲悬鱼，尔居民亦不得私自打捕，致贻竭泽之讥。每俟春秋丁祭时，网取以荐，羹墙鼎俎，仍售多鱼，备修堤岸可也。如有因利乘便，浸皮盗鱼者，该庙寺僧人，协同本地方即刻锁拿禀报，以凭枷责重处。倘扶同容隐，一体治罪。呜呼，傍城风景，足供燕游。近水楼台，自沾利益。与其扬至浊之波，何如观潜鱼之乐？与其受不洁之气，曷若听柳浪之声？况关系一邑人文，阖县风气乎？本县又以此致劝吾民矣。谅之慎之，须至告示者。

为严禁樵牧事

照得卦岳形胜嵯峨，肃称西晋名山，实为交邑屏翰。扶峰直上，错节盘回，列城市于蹊谷之间，收烟云于帘阁之际，古庙残碑，虬松苍柏，历经有年。凡山有水则秀，秀则文才茂蔚，都人庥赖无穷也。近见樵夫牧子不问其为松、为柏，旦旦而伐，牛羊从牧焉。至正月灯节，各家俱取松柏，浮栽门前，移来陵上。不过片刻，青青砍之山中，已害千年郁郁。伤根祸烈，尤当永禁。为此示，仰该都乡保并本山住持知悉，嗣后如有向山樵牧致损松柏者，定行拿究不贷。

为禁约事

据石壁山永宁寺住持僧性存禀称，石壁山敕建永宁寺，自魏延兴二年创建善法殿五楹，环栽松柏，历世相传，近被无知小人乘空盗取，枝秃干枯，为祸最惨，伏乞赐示永禁等情。为此合行严禁，仰近寺乡村人等知悉：照得永宁寺松柏畅茂，掩映交翠，虽屡经兵燹，祸不延于林，木葱葱郁郁，永为佛寺藩篱。不但阖邑观瞻，亦便游人憩息。岂迩来邻寺奸民妄肆贪婪，擅行砍伐，剪叶当亭边之柳，折枝类爨下之桐，甚至壮者伐，强者负，或充栋梁以适己，或受金钱以售人。不幸而去者，但留屈曲盘根；犹幸而存者，徒见孤高老干。枝无可绕，林不成丛，当思汝稼汝禾尚防人芟薙，岂彼松彼柏任肆尔斧斤？除已往不究外，嗣后敢有盗取者，许本寺僧人密禀以凭，立拿重处，如地方村乡人等扶同作奸，一体治罪。

一件为黄册之攒造当宽等事

　　太原府交城县奉本府帖文，蒙山西等处承宣布政使司札付，蒙巡抚达案验，准户部咨前事等因到县奉此：照得五年审编一次，盖以审户口之消长而编人丁之上下也。若不按户稽查，照丁升擦，贫老者不为开除，富疆者不为顶补，徭役何由均平哉？查得交邑历来编审，俱属套行，县官既不留心料理，一任富民贿脱，蠹书作奸，有一世无差，终身不入版籍者，有一家父子老幼，不遗一人者；有昔贫今富、昔富今贫，而等则如故者；有百年故丁永不开除，苦累穷人赔纳者。六年新编诸丁，署篆拱手听命，一任武定邦高下其手，减富增贫，扯多补少，是以丁加数百而丁银反亏，以致部驳再三，受累非小。今本县莅任三载有余矣，爱吾民如爱吾子，办邑事如办家事，幸逢编审，定当竭吾心力之所及，务使数十年抑郁不平之气，一旦揭云雾而见青天，正不必矢天日而质鬼神，邑人早有以谅之于素也。但官防严密，大堂讯鞫闻见难周。凡历来积弊及贿漏隐报等情，许尔公正。弱甲受累诸人等，每日大堂投文时，具词首禀，诚恐畏势，不敢声说，但投匣内封进，本县寸心自明，不必指出投首者姓氏，以招尔一身之怨也。吾今乃奉劝尔富民矣：本县任内无词讼之拖累，无地棍之骗诈，无差提之需索，兼以时和年丰，生聚有日，自应隐饶。每岁不过为朝廷办纳数钱之丁差，又何须着意贿脱苦累贫民？且五年一过，另自编审。尔家破败，下轮又当开除算来一年数钱，十年数两，百年不过数十两，尔又安能保尔百年尽如今日乎？劝尔富民，不必过为之虑也。吾今又奉劝尔蠢书矣：尔邑士民，眼光最小，你得人一钱，便说你得人一两，无有不攻发出来者。一经攻发，身命难保，何不存心至正，尽改前非？如武定邦何等势焰，何等趁钱，今身毙财散，徒成话柄，尔等昔年作弊之人，即是今日除弊之人，一反掌间，合县之人无不视颂尔等。在局书役，又当猛省矣。为此，示仰合邑里老公正暨各人丁知悉：除挨都甲编审，月日另行示谕外，所有一应开注故、老、幼、壮丁册，已入籍未入籍，确应开除、顶差，备细开造，每都于公正之中，另报才行兼优者两人，充为都正。某甲公正，另造某甲丁册，先行呈验，以凭临审应用，定限九月三日汇送。如有指名科敛使费，或故为隐除，或朦胧混开，以及作奸贿漏种种不法者，查出，轻则枷惩，重必杖毙。幸无以身试法，悔无及也。慎之谅之，须至示者。

为一劳永逸事

　　照得本县哀痛迫切之余，正息肩卸责日也。复有不容己之营建，无乃多事乎？因思本县初任时，内署久颓，风雨不蔽，大堂尽倒，朽木难支。一经修理，用夫千百，富家有钱脱差，贫家无钱克役；大户车牛免差，小户车牛应役。或造一扁而用木若干，或补一墙而用，如许，愚民照票供应，甲长照数均摊，不过为工房作一番生活而已。馆以迎宾，宾何益于主而新其馆？营以安兵，兵何利于民而建其营？因循百年，恬不知怪。岂知内署为敷治之原，大堂乃行政之地，宾主相与以有成，兵民当各得其所。一之未备，终成缺典。今衰经视事，业已腼颜，但既服一日之官，自应尽一日之职。若不为一邑图久远之计，将所视者何事乎？本县耻为俗吏，今幸积谷颇多，贮材甚裕，不劳民力，不费民钱，不求捐助，不事摊派，从新整理，渐次落成。使继吾而令交者一无所营，而宁民息事自致康阜，是今日之劳攘，正为后来之安逸也。若以后来安逸之便，反咎今日劳攘之苦，亦任汝等笑予拙己。为此，仰各匠役人夫知悉，尔等工食无亏，心力当尽，务各昼夜经营，告阙成功，毋负本县始终存心为民至意。

为交代在即申禁指官私派事

照得新官到任，里长指铺设供应为名有派，工房指修理衙署为名有派，兵房指夫马长接为名有派，皂隶指伞扇执事为名有派。受苦在里甲，分肥在衙役，是官未接手，民先剥肤矣。本县初任，深悉此弊，各项俱系自备，不许擅派分毫。及入内署，破壁颓垣，风雨不蔽，屏风尽豕。当官领给颜料五钱，而各行为修署安置持署事尤经历票零碎具领者，约四十余两。奸书蠹里，既私派于民，又明蚀于官，心窃恨之。本县既不忍以前任之陋例累吾民，又岂肯以旧时之恶习累新任？为此，与吾书役、里民及三班衙役约：内署建造已固，一切器用俱全，本县一一开单注册，是衙署可不必修，器用可不必置也。至于伞扇执事，即移本县现任者用之。应拨夫役，本县一概给发工食，长行、头口亦不得擅动厂马，以干功令。定限二日开单呈阅，九月初四日，长行如敢故违，重处不贷。

为晓谕事

照得本县自春间闻讣，立请委署跌奔。岂料尔等合邑士民，赴省泣保，上台垂念交民久困，万一所委不得其人，即地方受累实多。谓宁忍一人之哀，以苏百家之苦，固天地覆载之公，本县何敢坚执私情，弃印走归？及屡恳委署，至再至三，终不听允。复默自思维，即使摄篆有人，所可卸担者薄书而已。若钱粮重务，必俟上下手亲为交代，断不肯听本县先去。是无补于寝苫枕块，而徒束手坐待斯公私两失矣。且自丁艰以来，形神毁瘠，方寸散乱，然关地方大利大害，靡不悉心料理，何敢虚鳏有位？即如编审丁徭，屡奉部驳，本县一力详请，不照通省例增，每年省合邑之费何止千余？又如山渠疏凿，事属创行，本县百计图维，必期无亩不灌，每年兴合邑之利何止万两？虽腼颜视事，不敢负上台付托之诚并尔等泣保之愿。故宁得罪于名教，而必求有益于地方。亦差足少慰先慈之灵于地下者也。为此，示谕合县诸色人等知悉：今新任限十月初旬到任，长接夫马已遣迎讫，本县即可安守先灵，不复更与他事，一应词讼除真正人命强盗外，概不准收，定限重阳后三日止，毋论已结未结各案，尽行注销。劝吾民不必终讼以安太平，至于加丁除徭，已蒙部允，具题可免将来苦累。尔等但端意龙门渠工，使旱地早成稻田，以享无穷乐利。官之所以为民，民之所以报官者，尽此矣。其各谅之。

训诫

为申严宪禁以端士习示

照得交城为太原文物之邑，夙称多士彬彬。近因鼓励无人，以致莠苗间植。兹于本月初八日，奉提学道徐发下循环簿禁约，内开生员包揽钱粮、犯上凌尊、结党诈害、武断乡曲、把持衙门五款，有一犯者，即将本生填注，毋许徇纵。本县恪遵宪示，理合奉行。但恐教戒未申于前，功令遂行于后，一时犯禁，永弃终身，深为诸生惜也。合行预饬。为此，示仰合县生员知悉：各当闭门诵读，凛遵宪示。至于钱粮国课，攸关诸生身列黉序，尤当守法奉公，早期一体完纳，为四民先，毋得仍扭故习。本县叨令兹邑，以弦歌为己任，俟公务稍清，即当与诸生共阐道德之休风，究文章之乐事。贤人雅彦，格外相期，必不齐民同视。间或有妄希由径，自蹈匪彝，以为吾士林之玷，本县之所深恶而痛绝者，功令煌煌，诸生其各吾爱吾鼎也。为此特示。

为录功纪过以彰激劝示

照得法度在乎严明，吏书贵于勤慎。交邑废弛之后，诸事塌茸，本县新莅，振作剔厘，渐有成规。第奸蠹虽去而愚拙仍存。诸务未娴，势难刑措。若概加棰楚，又罚不胜罚。特立功过簿一扇，诸吏书、门子一事勤慎，纪功一次；一事怠错，记过一次。功过相准，许其免责，有功无过，破格奖赏；有过无功，三次必责。若作弊玩法，立时枷责，不在将功折过之数。尔等各宜自爱，毋负本县激劝之意。特谕。

季考诸生示

照得交邑星连参井，境接河汾，称三晋之名区，服陶唐之雅化。万山定卦，列先后天之奇；二水成交，合东西流之胜。既地灵必生人杰，岂古往独异今来？本县治慕弦歌，情深教育。山余辉而川余媚，前贤人何其盛也；席有珍而怀有宝，诸君子宁多让乎？迩者晋谒学台，详承面谕，首及交庠之士，慨然文运之衰。夫何地无才？维山有美。顾丽水澄沙如雪，一炼成金。而荆阳抱璞连城，不砮同石。敢曰鼓之、舞之为作；或者朝斯、夕斯斯大成。当兹蒲月方圆，值我蒲鞭稍暇，愿集一时之秀，并陈什袭之藏。绿树红崖，伫望锦屏生锦；黄涛碧浪，旋看文谷回文。得而观焉，乐可知也。在本县汝南之月未旦，但下山觅路，偶先诸子过来；在多士冀北之野待鸣，试并驾追风，预卜他年捷取。拭目以俟，褰裳其来。特示。

季考改期示

照得本县季试已定五月之望，咏彼白驹，渴闻金玉。但行百里者必舂粮，行千里者必三月聚粮。诸生得无有迫于贫困，而伤夫羽钥之不遑；逸于富贵，而若于笔墨之久疏者乎？潦草一时，或失故步。使本县负目迷五色之讥，而大雅抱怀才不遇之叹，甚可惜也。为此，今将试期展于六月初九日。三旬之积，亦可以温其故而知其新矣。得失自有寸心，妍媸必无异目。逸群之士，破格以俟。倘有正科见遗、新进待录者，本县请以身任之，必不令命中之能，弯桃弧于蘡薁之外也。功名何常之有，气盛而志坚者得之。嗣后每月分题较业，摘其菁华，公之剞劂，日新月盛，务于大成。本县虽案牍劳形，而余习未忘，一追一琢，尚能为多士作他山之石。区区此心，谅之勉之，须至示者。

为起送应试生员事

照得槐黄桂赭首重宾兴，是全书额载起送花红银两，一听本县存留开销，不但光生几席，薄抒折柳之忱；抑且道在壶觞，预引食萃之唱也。近奉新纶，额载起送银九两一钱，康熙七年全裁，起解已尽。本县非不笃缟衣之好，而实苦无米之炊，业经关会邻邑，俱以办席无资，竟行停止。但本县莅任至今，一切季试月课，无非捐俸授餐；矧兹射策登场，岂不簪花奉饯？从龙从虎，愿以异日望君之成；爱礼爱羊，胡可今朝自我而废？虽调取帘中，应当回避；而公宴堂上，有何嫌疑？愧誉龙门，喜观鹏翅。敬择孟秋念七日，恭饯正科二十人，引之升堂，愿其入彀。良马四之五之六之，我厩匪盈，犹相择于牝牡骊黄之外，愿诸生空群而去。旨酒多矣嘉矣时矣，幸吾瓶未磬，预贮盐梅鼎鼐之用，尔多士不醉无归。

为起送武生应举示

照得文武虽有两途，将相本自无种。鹿鸣宴后，又见多士鹰扬；虎榜开时，请看诸生鹊起。必先较之骑射，然后看尔文章。进得头场、贰场，骑射精通自八彀；中了三矢、两矢，文章平妥亦登科。若欲驱策于临时，务期训练于暇日。谨择本月二十一日，阖学应试武生员俱于辰刻咸集，较射校场。桓桓壮士，各擅列戟之荣；矫矫材官，尽妙登云之选。诸子处囊，自当脱颖，不资纸上孙吴；本县观射，即能决科，预期今时郭狄。敢曰一朝酬士气，顾尔一剑答君恩。须至告示者。

为展期考试事

照得冬季季考定于仲冬六日，本县捐资备卷，减俸授餐，尔诸生果欲蜚声艺林，何可久疏笔阵？吾卜其来，已乃本县以公事留省，不免爽尔前期。为此，示谕阖学文武生童知悉：改于本月十三日齐赴明伦，吮墨含毫，务穷一日之力；尊经翼传，不负三冬之余。本县凭一已独是之胸臆，丹黄几席之上，与诸生甲可乙否，赏奇柝疑。庶几钱谷不污风雅，而案牍无扰神明也。愿与同志者共崇起乎斯文。须至告示者。

庚戌春季考诸生童示

照得月旦原有公评，日新贵乎自励。愿多士无为下士，而长人必先作人。尔交缙绅先生甲于太原，前辈功业昭垂史册，何为至今日而甘心沦落，保无有成材暴弃者乎？或亦耳目局于闻见，而学问荒于嬉游也。本县莅任两载，观士艺林已非一日。其由本县特拔者二三人，业已展翼，秋风不即，亦且副车误中。可见文童有定价，所见亦略相同也。今青阳布令，望尔菁莪，当如化雨。为此，与阖县诸生童约：择于二月望后，暂停薄书，一谈帖括，偕我退食，赏尔奇文，静扫卧琴之径，广延制锦之英。虽无满县春花，亦有猪肝一片，毋以吾一日之长，不妨以吏为师，将尽尔一日之长，聊日以文会友。敬订甲戌吉日，以作子丑先声。须至告示者。

为季试以鼓励人才事

照得精神以日用而日生，文章必屡作始屡进。无论三年转瞬大场，得失为荣辱所关，而一刻千金小试，前后亦妍媸有别。今学台初临，条例一新，尔诸生清夜自扪，果尽天才凤授乎？抑皆邃养有素乎？吾恐迫于贫而诵读未遑者有人；放于力而笔墨久旷者有人；以及周旋世故，伺察县事，而束时文于高阁者又有其人。当其摇摆坊都，夸耀乡邻，既优游于不学不思之地，及乎场近试迫，则目荧耳乱，手足匆忙，又不暇有可学可思之时，以致入试迷题，彷徨莫惜；出场挂案，愤恨已迟。幸而旧物尚存，依然故态复发。此实诛心至谕，莫作老生常谭。为此，仰阖学生员知悉：本县癖好评文，性偏爱士。谨择八月初六日会课，捐俸授餐，赏奇柝疑。殚一日之丹黄，定诸卷之高下。倘昔乙而今甲，应勉尔新图；或前录而后遗，益思还其故步。若有不踊跃赴试者，是秀而不秀，才实无才也。本县亦惟置之不议、不论而已。须至告示者。

为课士事

照得本县莅任将及三载，虽鞅掌簿书，实留心文教。迩者拔连茹于孤寒，兆澄清于泮水，大为尔多士幸也。前新生采芹执贽，乃遵向来成例。本县不愿以尔膏火醵金，改我冰蘗素操。因坚请至再，不得不俯顺人情，当即着典肆公同领去，每月生息数金，为合学诸生肄业常贮。今春风新布，化日长舒。东皋载酒，南闱问奇，正吾辈讲习之时也。萑苻告静，钱穀俱清，保障茧系，肃然无扰，又吾辈揣摩之暇也。夫业精于勤，而荒于嬉。本县窃为诸子缌缌虑矣。特择本月二十五日会诸子于则学堂中，无论府学、邻封，有志生童，悉来就试，惠我菁华，登之梨枣。今年蛰惊于二月，明岁龙跃于三秋。是本县深望于诸子者也。须至告示者。

为劝士事

照得四民之首曰士。招以旗，贽以雁，乘以车，凡以异于众也。故十中一人谓之士，而禾能特出称为秀。顾名思义，诸生其可自贱乎哉？今蒙督学道查取优劣，不拘名数申报，优者奖赏，劣者拿究，亦既严且切矣。夫衡文美丑，不过一日之短长，而论行优劣，实关毕生之淑慝。通计阖邑诸生数不过二百，其间守准绳、勤颂习、不忮不求、无德无怨者，固不乏人。其识面者，本县爱之、礼之；未识面而闻名者，本县亦莫不敬之、重之。至于辍诗书而躬商贾之行，借衣顶以为护身家之符，此其人或为贫所使，或为富所累，盖亦人情之常，本县但悲其无志，而不足责也。更有越礼犯分之辈，讦告官吏而无忌，毁詈前辈以为能，因而把持衙门，兴灭词讼，求其所欲不过数两数钱，竟不知其为名教罪人。本县痛恨之卜，又复怜之；劝诫之余，时更望之。凡人为不善有力，则为善亦有力。倘能顿改前非，自爱其鼎，本县当直详学宪，谓诸生悉守卧碑，奉条约。蔑检逾闲，他郡自有，平原独无，或亦上宪所首肯者。即屡奉驳查，本县宁受抗违徇庇之参处，不易化恶从善之本怀，诸生鉴此苦心，幸无相负。

为请广选拔以培人材事

照得本县录科生员，寒素者居其大半。即有一二乡绅子弟，实系好古能文，本足自立，又何藉乎父兄？乃每于未试之前，辄为诸生指名，毋乃夙习未除欤。兹奉部文，拔取文行兼优之士，咨送国子监读书，备行到县。此士人入官之始也。本府首重德行，而本县先较文艺。夫始进以正，罔有不正者。人但知情面钻营有干宪令，而不识文字摩揣亦近私情。诸生与本县相习数载，谁非本县意中属望之人？若必执成见，某也当拔，某也不当拔；某也可选，某也必不可选，是成见不除，吾之私尚未去也。其与受人嘱托者仅一间耳。本县自信不苟，敢复薄待诸生乎？为此，先行示谕礼房领价，每一生员备正副卷二册，俟本县会审事竣，回邑即入试局，汇考四书二题，增表一道。给烛以继短日，燃火以御严寒，授飧以免枵腹，务期静思、静气，得尽所长。仍传善书文童另誊副本，照式弥封。本县即于试局之内，就一日之长，细心评论，分定甲一，拔其尤者六名，选送申府。拆号之日，即将原文发阅，仍将已汇未汇正副卷一同解府申道，度彼此无毫发可议，而作者阅者两无愧于本心矣。须至告示者。

为奖善励恶事

照得本县亲莅四郊，申明六谕。将交邑通俗共知之善恶，引谕于六谕之中。使知善恶报应，捷如影响。欲使善者益趋于善，即恶者亦化而为善之意也。盖为民父母，岂不欲子民之皆出于善？无如本县一己之凉德，不足以表率世俗，以致我合属子民，或有偶蹈匪彝者，本县之过也，心窃耻之。所以凡事审究得情，实动哀矜之念。故士民多有犯法，法之所断不可假者，既难枉法以徇情，尤难徇情而不受惩。不得不详诸各宪，申明国法。若止一时小过，随即改悔者，本县嘉与维新，不复究其既往，并且即为奖励，亦历历有人，不可枚举。总之，善善、恶恶初无成见。昨因望日行学谒圣，有儒学生员申典告退衣顶，本县思之，申生年才逾壮，何故辄自告退？若因本县申明六谕之内，有引及申典"昔日为恶，通俗呼之曰申恶人，今既改悔，可保身家"等语，因之毅然自立，作绝人逃世之举焉？改过自新之路，是本县之所乐得而闻者，正合本县勉励之意。昔日见恶而恶恶之心，忽变为今日见善而好善之念；昔日一夫不获，乃本县之辜，今日一人向善实本县之幸。不觉欣欣有得以为天下不知耻者不可教训，知耻则近勇。勇于为恶之人，转而能勇于为善。为恶有力，为善亦有力者也。若此人者，乐得而育之于宫墙。仍复遍告我百姓曰：申生如此，猛然自省，翻然改过，推此一念，何不可移起灭之巧思，为制义之绝构？何不可移拿讹之妙手，作羽翼之名儒？谚云：放下屠刀，立地成佛者，此类是也。本县能感化一人，喜而不寐。诚恐本生未悉本县疾恶若仇、向善若渴之念，拟合出票谕知。为此，票仰门斗前去，速嗔本生到学，与明伦堂伺候。本县亲临奖励，并申文学宪，复其衣顶，且加褒美，并示谕通邑，使其知改过者即为无过，此则不失本县奖善励恶之初意也。若复顽冥暴弃，以为终无可自新也，而自甘化外，必欲以恶人终，本县不但摈之斥之，且将与直道之斯民公论之，学校共作鸣鼓之攻未已也。其自艾毋忽。

为谕止建祠播颂事

照得同好同恶，虽皆出三代之公，而实政实心，原不取一身之誉。本县莅任四载，无日不为地方兴利除害。然既受朝廷之爵，食朝廷之禄，自当为百姓去其所苦，予其所乐，皆职分之所当为，非于尔百姓别有所私也。昨谒城隍庙，见尔等恳词，欲为本县建祠。并见歌谣遍贴，甚且藏钩射覆，投匦呈堂，联篇缮本，过为铺张，殊非本县夙夜惓惓之意。且见任立祠，令典所禁。沿途播颂，薄俗所为。兼本县素性耿介，自未筮仕，见此等事，心窃耻鄙，岂肯身自蹈之？且人非圣人，谁能凡事尽善？本县与尔地方相沿日久，深愿尔等攻吾之失，不愿尔等扬吾之善。除德政歌谣速行谕止外，至建祠一举，不但有干功令，尤为劳民费财。若乃却波湖畔，本县素欲建立书院数椽，以为阖邑生儒讲学会文之所，俟编审一毕，本县当勉捐微俸，为邑之人倡。尔等倘有同心经之营之，将以不日之成，睹尔等子来之谊，胜于创祠多矣。

为丁祭事

窃照至圣先师，春秋释奠，祀典唯虔。今值二月丁祭，已经预派诸生执事，届期率多不到。典礼有缺，国宪当申。伏读本朝律令，凡大祀及庙享，所司不预先告示者，笞五十；因而失误，行事杖一百；其已承告示而失误者，罪坐失误之人，亦杖一百。中祀有犯，罪同。先师庙即中祀也。济济多士，各列宫墙，临时违误若此，平日亵慢可知。罔识法律，违习礼仪哉！本县若一遵国宪，概加决杖，殊伤大雅。特与诸生约：圣庙虽经重修，而册簏未施，牌额未立，终属缺典。诸生以不敬奉先师罹罪，姑容以敬奉先师赎罪。为此，示谕儒学门斗，即日挨传，执事不到，生员赴学，令其自填姓名，捐助文庙以三两为准，递减而至数钱。五斋汇贮开销，该学核明呈报。虽曰乐输，实由勉助。如敢故违，定行律究不贷。

为科岁并一事

照得今岁诸童鼓舞就试，较胜前科数倍。因一时命题显易，反致一律雷同。素怀抱负，无因颖露，本县暗中摸索，数见不鲜。概从摈落不得名列前行者甚多，深为尔等惜之。但尔诸童亦当以是痛惩抄袭时文之害，宜刻励自思，独出手眼。即如新取第九名白耀者，乃前年童子锁榜也，糊名拔前，原无成见。今阅其文，大有可观。夫士别三日，尚当刮目，何况三年乎？使尔诸童尽如白耀之愤发，则本县进之者固所以进之，即退之者亦所以进之也。其争濯磨自励，仰副学台作育广励之隆，毋忽。

为晓谕事

照得本县新经母丧，因原籍印结未到，不得脱然跋奔。且一县钱谷刑名，又难一概置之不理，不得已暂尔墨缞视事。昨本县谢孝出郊，见尔民俱穿戴白衣白帽，足见尔百姓为本县代为哀痛之情。本县在任五年，虽常有除暴安民之志，然未能尽登尔民于衽席，心窃念之，何忍以本县一身之私恫，致烦百姓之同伤？虽出自赤子之真心，本县又何堪当此厚德？用是心愈不安。为此，示仰县属居民及各役人等知悉：自示之后，尔民俱用照常服色，各役亦用缨帽青衣，不必穿戴白衣白帽，民各有亲，无令年老父母有所触而伤心也。其各遵行无违。

一件邑试童生示

（原缺）

招徕

招徕为招集流移复业示

照得交邑地少山多，较之他县人民凋瘵，至若河北一都，去县二百余里，西临静乐，北界兴、岚，非峻岭崇岗，即深溪险谷，耕种更艰于地利，饥荒屡厄于大灾。前官未及曲体情形，俯同忧患，既迫于功令，因重以催科。逃者方谋缓死于须臾，居者尚欲偷生于旦夕，兼以奸书蠹役鹿指桃僵。哀哉尔民，望岁不得，望父母又不得，以致民流土旷，岂尽尔百姓之过哉？本县叨选，兹邑即出示咨询利弊，亟为兴革。其于尔都，更切痌瘝。迨莅任之初，郝芳名、张朝地等不辞跋涉，布赤投怀，递有"吁天招抚以苏残喘"连名呈词，本县一憨尔等数载饥寒，流离莫保，罔识生民之乐；一喜尔等诚心向化，不忘故乡，益知前者尔都逋亡最多，真非得已。本县为尔等父母，尔等为本县赤子。子畏罪而逃，为父母者，有不恻怛哀怜招慰归室者乎？为此，示仰原呈郝芳名等传谕远近，安心乐业，已来者勤耕竭作，未来者急归故宇。至于钱粮关系国课，丝毫不清，难免追比。尔等当依限完纳，俟本县参谒交盘稍清，的示日期，亲历尔都，详商疾苦，不惮更张，务期弊革利兴，与尔等共乐太平之化。本县誓之神明，发之肝胆，言无不实，知无不行。尔等各宅尔宅，畋尔田，无甘作盛世逋民，自罹大法，以贻后悔也。

谕河北都民示

照得交城一县，历年钱粮惟尔都逋欠最多。本县莅任一旬，细心访究，始知尔等征输之苦，剥削之累，非一日矣。正额之外，既加火耗；火耗之内复隐羡余。兼以不肖吏役，格外奇闻。至有国课未征，耗羡先比。以致民膏民脂日煎月尽，在各都已极不堪，况尔河北一都，尤为贫瘠，非峻岭崇岗，即深溪幽谷，耕种既独艰难，输纳尤勤跋涉。铤而走险，急何能择？积年逋粮，罄不畏死，岂可独责之尔民哉？本县痛心疾首，力革弊端，今与尔都约：凡尔都正额之外，一切火耗羡余等项，分毫尽行除革，果出自真心实意，勿视为虚文故套。至于正额钱粮，本县亦无点金之指，为尔等代偿，亟当奉法急公，如期完纳，以仰副本县体恤至意。在尔等耕朝廷土田，纳朝廷银米，固分所当然。在本县为尔等父母，代尔等征解，亦职所宜尽。我既一尘不染，尔亦百口何辞？明则王法，幽则鬼神，上则天理，下则人心，亦可谓至矣，尽矣。在本县反之于心，亦可为无负于尔都，在尔都百姓反之于心，亦可以无憾于本县矣。本县如此抚恤尔等，倘尔等仍前怠玩，藐若不闻，则是尔都百姓天性愚顽，自甘化外，明不有王法，幽不有鬼神，上不有天理，下不有人心，煌煌国典，断不轻假尔等。勿谓本县言之不蚤，毋望本县仍如前官之姑息也。

为清查户役示

　　照得河北一都，向称顽梗。本县下车抚慰，渐次招集。从中逃窜尚未尽复，逋欠仍尔未完。本县详查情弊，有各坊都寄籍河北，借名河北荒芜逋粮者；有本都人户，种植以后，即逃躲外县，俟成熟潜来收割复逃者。种种情弊，概难枚举。今本县清查户役，先着里长造册，逐户挨查，某人现住某处，房屋若干间，种地若干亩，该粮若干石，某人逃某处，遗房若干间，遗地若干亩，清查造册呈送后，俟本县亲诣巡查。在都当差者，催其完粮；别都寄籍者，改正治罪；逃躲无踪者，官招开垦。各里长老人等毋许隐匿、差误，如本县查出，重行大法，究治不贷。须至牌者。

牧爱堂编

告谕卷之十

守御

为公城守以固民心事

　　照得不安之患，由于不均，相猜之变，始于相凌。若以数百无赖贫民，不满三四日派其守城一夜，未常吃县官工食，又不受殷实帮贴，查点不到，鞭朴随之；而富足之家，高卧不出，视为当然。窃恐上慢下残，败亡立见。即虽贪夫殉利，若念子孙之忧，忽起萧墙，不能不惊心，祸至之无日而爽然自失者，乡之贤大夫以及识微之士，早已虑之，不待予言之毕矣。闻之城守之道有三败，亦有三全。何谓三败？一曰城大人杂，一曰粮寡而货外积，一曰豪强不用命。何谓三全？一曰器械俱，一曰人少粟多，一曰上下相亲。本县阅尔交城粟非不足也，货非外积也，人未常杂也，城隍修而器械具，确乎其为可守矣。何以鼎定至今，两番残破，虽幸免官兵之诛屠，鲜不遭山贼之蹂躏。无乃上下不亲，遂尔酿成倾覆之祸耶。及至事平之后，又复漫不加意，覆车可鉴，补牢未迟，或亦为之心动也。项因山寇窃发，前月十八日，集乡绅于明伦堂，会议城守一事，所列固守城垣一款，具悉利害。本县拜恳乡绅顿言，亦既首肯而称善矣。本县既深履霜之戒，国人安得不切未雨之防？宁得罪绅士大夫于平定之时，而不欲贻孤城以旦夕之忧；宁习惯登陴守垛于闲暇之日，而不敢纵人心以涣散之渐。此本县所以取从前积弊而更新之，俾大家小户俱以城守大事，不分贵贱贫富，一无可辞。众志端而人心一，从此永享太平无事之福。本县即侥幸脱离此地，乡之贤大夫以及识微之士，固当念我不置耳。至于守城而外，派夫轮役应优免者，照旧优免，不以一例论也。谨将编派城夫条款开后。

为城守事

照得本县向来以老髦贫民数百，每夜按藉而责以城守大事，莫知始自何年。五日一轮，终身不敢言苦，半世独役，富家罔恤其劳。其不应城夫者，非竟不应城夫也，地方索骗包折而已。本县甫任即欲更新，而积年陋习，牢不可破。问之乡地，即曰：传下旧例，必不能改；询之绅士，亦曰：通行已久，可不必改。本县以山贼尽化良民，城夫不役即可；如有事，役之必更端改正，岂宜独累老髦贫民哉？徂夏鼠辈窃发，城守加严，本县始为变计。自绅袍、贡监生员以至衙役、兵丁，不漏一户，不遗一人，挨门守城，按册填注，俱出亲手。于是向之五日一轮者，今且每月一轮矣；向之半世独役者，今且合城共役矣。行之一载，云便者十之七八，其云不便者，乃豪右奸党耳。本县以朝廷城守为重，从公起见，任劳任怨，又何能辞？择于本月二十日，会集合县绅士城总在城隍庙，将排门册，挨户推敲，某系壮丁，确可巡守；某系单寒，谕令相帮。复于二十二日，汇齐全册，再加查核，除老幼外共选城壮九百四十七名，其余应帮者另注一册，名曰帮夫。依然不漏一户，不遗一人。在本县大意，不过以城内之人守城上之垛，使劳逸既均，上下悦服，城壮不以守城为苦事，而后本县得而用之。今将选择城壮，分门开列，其有名人等，俱照派拨之日，早辰各执器械齐集大堂，听本县指授守城方略；是晚登城询巡守，以待查点，本县因得熟识其人。然后于十人之中选其一为十长，又于十长之中选其一为百长，注名城垛，各有汛地，以为长久通行之计。本县既倚尔等为干城之寄，又何啻腹心之于手足？必不薄待尔城壮也。其仰体此意无忽。须至告示者。

为团练乡勇以全山民身家性命事

照得交山向称盗薮，凡各州县失事为别处盗贼剽劫，亦必归咎于交山，是交城地方空受恶名也。本县抚绥三载，待尔山民恩施加厚。前岁入山，申请布政司复还本业，为尔山民兴利。去春为汾阳一案，本县亲至惠家庄拿获杨芳林、杨芳清兄弟，押解按察司拟斩在案，又为尔山民除害，此正山乡安享太平之日也。有积盗赵应龙等，本县令彼自新，全其性命，不意逃入静乐，勾伙匪类，大肆猖獗。邻邑事发，官兵一到，玉石难分，诚恐尔等良民横遭屠戮，本县心切伤之，尔等谁无身家，谁无性命，岂肯甘心为应龙等受累耶？为此，示谕山乡居民知悉：照本县所开乡村各立界限，除六十以上、十六以下老幼外，其壮丁悉编为乡勇，听练总团练，互相救援。如有匪类不悛，或邻境来此哨聚者，立刻协力擒拿解县，实时处死。方见尔等向化之诚心，再无归咎交山之恶名。本县便为尔山民一力担当，官兵不至入境，是转祸为福，起死回生之善计也。尔山民、尔练总，务在实力举行，毋得视为泛常，自取灭亡之惨也。慎之，慎之，特示。

为编立保甲团练乡勇固守城垣以弭盗贼以靖地方事

照得交城逼近交山，原为全晋萑苻所啸聚。本县擒彼渠魁，深入穷山，开诚劝谕，虽悻顽梗命之民，无不悔心改过者。即有一二遗孽，终难逋诛，窃谓此后可与吾地方求享太平之福矣。岂入夏至今，四邻亢旱，在在蠢动，至本县所辖山乡颇沾雨泽，夏麦秋苗较之往岁实加丰茂，宜其各安耕凿。乃有未化之狼心，仍半为鼠辈煽惑，初动穿窬之萌，自丧良心，渐起强横之念，甘为匪类，以生人而自寻死路，屠戮正不足惜。本县恐苦我山中父老，是以不即申闻，然亦断不肯养痈以贻患也。夫设法剿抚，本县悉属令长，自难诿之他人，而合力守防，绅士实切观瞻，固当尽其在我。敬列三款，务欲反虚文为实事，果能用人力行，且尔民安盗息，毋以老生常谈忽之。一曰编立保甲。夫保甲，亦既屡奉严纶申饬矣。从来以兵卫民，不若使民自卫之为切。凡境内城市坊都，以至深山乡鄙、寺观，不拘绅士、吏民、僧道，各挨户编入牌甲。以十家为一牌，每家户口生业各开注明白，不得遗漏一人。此牌十家轮递，牌到之家，即为牌长，周而复始。凡九家之人出，必问其所往，归必诘其从来。十甲编成一保，以便训练。立一人为连总。再相其地势，联络者或千家，或数百家，不论绅士吏民，中选其平日最有名望、老成持重、群推而乐服者主之，尊之曰乡督。如是绅士，相待固有常礼；若非绅士，亦以绅士之礼待之。本县虚心体访，以图协力保护地方。凡保甲中有犯禁约条款者，一家有事，九家申明；一户为非，九户联坐。俱听乡督申饬。练总察访申报，如地方兴除隐情，不妨时来条陈，本县决不厌听。其中耕读、贸易、迁舍、移居，听尔等择便自安，更无拘累。总以到处不能逃编户之外，为独立门户之人，虽有奸宄，终无躲闪处耳。小民难与虑始，可与乐成。尔等试思，必夜不安枕，惧抢防劫之为便乎？抑守望相助，何乡睦里之为便乎？则保甲不可不编者，此其一。一曰团练乡勇。夫团练与保甲相表里而行者也。牌有牌长,练有练总,乡有乡督,往时皆以市井无赖及乡民之豪猾者充之。此辈利于有事,不利于无事,且素以好勇疾贫为心,惟恐盗贼之不来,富贵资财之不尽,谁肯出其死力而为损己利人之事乎?若用此辈以靖地方,犹之招虎狼以自卫也。牌长每日轮当,练总必须有才,至其身家稍裕者充之。至于乡督,非才德兼优者不足以胜此任,又须择其身家稍裕者充之。夫身家既裕,自卫之心甚切,决无有不力者。今日省会,兵威非不甚震,然请来镇守此地,固可暂而不可以久,即藉以扑威群凶,亦行权而不可为经。何若团练成,而人人可以剿贼,户户可以御寇也。每门壮丁一员,利其器械,联其声势,家演而户习之,果能擒贼除奸,定受不次之赏;如闻呼不应,督救不前,是罢民也,民罢者责;责如幸灾乐祸,线索招摇,是乱民也,民乱者斩。则乡勇之不可不团练者又其一。一曰固守城垣。山城周围不过五里,城上数垛惟砖耳,城内林林聚居者,谁也?天下事贵当未至而图之。若其已至,必有不及图者矣。况城守大事,可不预为绸缪周到乎?按垛计人,大都以千计,而不以百计,若非平日早为编派,欲号召于临时,不惟涣散难齐,亦且仓皇失措矣。本县每城设立城总十六名,每夜编派城夫八十名。平时巡守,可以不烦顾虑,究之贫民多,而大户往往见遗。夫贫民孑然一身,何须护卫,正为有身家者言耳。乃富贵人有力而不自为卫,欲使贫贱人出其力以为富贵卫。揆之天理人情,得无有不合者乎?且城夫一名,每夜雇壮丁站立,所费不过分厘,合城输值每月不过一二夜,乡绅家家人如林,若挨门当值之日,着一家人在城,不愈于贫夫数人乎?乃有身家者曰:"我同贫民一样守城,便是没了体面。"是以百计求免。夫体面与身家孰轻孰重?乃惮此一二夜之劳,以与贫民争此分厘之利,而不与同城之人分其共苦,一旦有急,本县窃为危之。若合众力以守,开城又何惧山寇之披猖?愿此邑之乡老、大人以及青衿大户,首倡公道,一体均派,倘有警报,按册按名,一呼可集,而城守不患无人矣。则城垣不可不固者又其一。以上三款不过率由旧章,得其要领,恪遵功令,实在举行而已。若能点化鹰眼,杜其萌孽,是不怒之威,可使魑魅暗戢于雷霆，地方幸甚。须至告示者。

为挨门巡守以均劳逸事

照得拨派人夫昼巡夜守以杜奸也。富强之家勇往直前；贫懦者自不敢推委。尔交各村堡异是，保正既得钱卖纵，则奸民自恃势抗拨。任尔雪夜霜天，不过输着几个穷百姓值役，富户闭门，大家安枕，以为分所当然，恬不为怪，良心澌灭已尽，此尔交往年焚劫之惨所以甚于清、文诸邑乎？为此，示仰各坊都人等知悉：嗣后看守烟墩以及各村堡巡更夫役，不论贫富强懦，挨门输拨，从前不均者，尽为尔等均之。敢复有纵卖抗拨等弊，立刻锁拿重处。本县言出法随，决不少宽。豪富苦累良善，尔等幸无以身试法。

为建造营房事

照得交邑向无营房，驻防兵丁借住民居，彼此未便。本县久欲鸠工建造，无如钦宪事件审理不遑，以致因循至今。本县思兴造之事，既无益于官，而又费民力，恐将来官吏未必究心，终使兵无定居，民无宁宇，本县心窃念之，合行卜地建造。为此，仰县人等知悉：本县审拟于县城西关外建造营房二十间，其木石、夫匠、工食等项，俱现给银榖，其督工人役务，听粮衙提调选择，城总督率夫匠早作晚息，建造坚固，限一月完工。如敢懈怠并抗违误事，定行法处不贷。

抚缉

为申严盗矿事

照得人无善恶畏法者，即为良民；家无贫穷务本者，自能成业。交邑虽地瘠山荒，生涯艰苦，然上者农商工贾，下者负担佣身，但患不勤，何处不可谋衣谋食？乃尔蘅家岩一带远近山民，罔知务本，憨不畏法，屡希盗矿，勾引愚顽，深可痛恨。夫利者，所以肥家，所以资生。本县亦何常禁尔等之不好利，然无害而有利，为之可也；或害少而利多，为之可也；若利极小而害极大，害则有而利则无，尔等亦何苦而为之？尔等虽至贫、至苦，然亦各有其父母、妻子与六尺之躯者也；尔等虽至下愚、不肖，然亦各知爱其父母、妻子与六尺之躯者也。今盗矿之律，重则斩绞，轻则军流。尔等即自谓白手求财，乃所得者不过锱铢，而上不得保其父母，下不得保其妻子，中不得保其六尺之躯。本以肥家，反以丧其家；本以资生，反以亡其生，尔等亦何忍而为之？呜呼！饥寒逼迫，且夕沟壑，犹曰等之死耳。乃本县细加查访，及现据呈报，更有家本素封，名非编户，自负为闾阎之望者，非惟不能劝诫禁止，顾乃身为之倡，上窥官府，下煽奸愚。愚民视其进止，奸党倚其声势，以至远近闻风，蜂围蝇集，彼自以发纵指示，吾安坐而得利也。究之以利聚者，必以利争；争于私而不胜者，必至争于官，而俱伤两败。于是得利盗矿者，失利亦盗矿者也；被首盗矿者，出首亦盗矿者也；干证盗矿者，保领亦盗矿者也。当此功令森然，使本县一执法，则纷纷堂下者，不论富贵贫穷，尽入军流绞斩矣。利乎？害乎？父母妻子与六尺之躯其可保乎？且夕沟壑者等死耳，自负为闾阎之望者而亦为之乎？思之，思之，尔等亦何苦而为之，亦何忍而为之乎？本县告诫尔等已不啻一而再，而尔等□前不改，本当按律拟罪，申详各宪，重惩尔等。但本县为尔民父母，子即最不率为父母者，尚不忍遽致之死，姑再从宽，除将起衅奸顽示惩外，合行严禁。为此，示仰该地方山民人等知悉：尔等各速洗心涤虑，务本畏法，不得仍听信奸徒，妄希非分之财，买非常之祸。重斩绞，轻军流，本县访出，立拿正法。一而再，再而三，是时虽欲保全而尔等，不可得也。思之戒之，须至告示者。

为晓谕事

照得山乡东西两葫芦连年秋收，家颇殷足，正安亨太平之日也。近有一二奸顽，日事啸聚，虽未伤本县地方一草一木，然邻邑失事，无不归怨于交山。本县岂肯能容？是以申请官兵千名，入山屠戮，斩绝根株，诚恐扰我良民，用是遣人安辑，乃首恶任国铉等，投戈叩头，鸣誓改过，本县不忍加诛，援本月初六日皇恩大赦，概为宽释，是尔地方千载一时也。夫人情所最可耻者，莫若盗贼之名，人虽至愚，下贱骂他是盗、是贼，未有不大怒者，尔等颇有身家，甘心为此，不知是何肺肠也？出则畏官避仇，入则防诛惧剿，头颅寄在肩上，妻子窜入山中，舍命一遭不能博得一饱，自谓山中好汉，问你好汉可敢明明至城市关厢与叫花子并坐片时否？是天下最苦而可怜者，莫若尔等作贼一辈人也。但念尔辈一时错起念头，误入其中，心怀疑畏，向善无门，非虑官长不容，即恐仇家报复，求为良民而不可得耳，岂真喜为之哉？昨尔山民匍匐公堂之上，谁好谁歹，是贼非贼，本县无不熟悉在胸，一一说破尔等山贼伎俩，又何能分毫瞒人？但本县既为尔父母，尔即是吾子弟，廿分教训不成，然后杀尔未迟。尔等具有血性，岂无良心？从今改头唤面，洗肝涤肠，一体编入保甲之中，永作盛世良民。本县亲身入山，尔等即来叩首，决不二视。倘别处游兵逃吾界上，尔等即行擒获，定然破格奖赏。本县一片血诚，从来不作违心语，要杀明明杀尔，要宽明明宽尔，首恶尚免，胁从者益可安心。此后若复破戒犯法，负我好心，彼时即拿尔等碎尸万段，于尔无怨，于我亦无恨耳。慎之，谅之。须至告示者。

为晓谕事

照得本县交山两葫芦地方素称贼薮，所行之事，所作之孽，无一不应屠戮者。但一经官兵进剿，在尔巨恶大憝，罪在当诛；其守法百姓，不无有玉石俱焚之痛。本县念尔赤子实有贤、不肖之分，然因不肖以累良善，为尔父母宁不恻然？近见任国铉等将杀官劫掠巨魁赵应龙捉拿到县，是不肖者亦有一线向化之诚。故叩谒抚宪，一力担承，许尔等改过自新，实抚宪网开一面之洪恩，本县慈悯群黎之本意，所当自怨自艾，焚香尸祝者也。但据赵应龙所招，孽党俱在静乐、永宁地方，确有可据。事关杀官抢劫，罪在难逭，为此，示谕交山两葫芦山民知悉：如有官兵在彼地方扑拿，尔等各安本业，不必疑畏惊惶。但连界之贼，势必潜逃。如有投匿交山者，尔居民实时协拿解县；如三五成群，故为隐匿，官兵势必入我疆界，彼时庐舍妻孥俱无燋类，本县欲为尔等请命，亦所不能矣。尔等各体本县曲全苦心。慎之，慎之，毋忽。须至告示者。

谕交山两葫芦山民

嗟乎，今日最苦者，是尔两葫芦做贼头数人，累了一家父子兄弟，如人无饭吃饿死，无衣穿冻死者，不如做贼，被拿杀了，亦是一死，若侥幸不拿，每日吃酒吃肉，落得快活几时，此是逼于饥寒，无可奈何，尔中圈、华林、惠家庄三处，如钟斗等，有屋可住，有田可耕，本县亲临尔家，劝尔等学好，若革面进城，谁人敢欺你。不料不改素行，将做贼一事竟如做买卖的一般，本县只为好百姓，不得不多方曲庇。岂知各贼全不晓事，反谓上司毕竟姑息，本县毕竟隐护，时而安静，时而窃发，本县既不可为尔隐护，上司岂肯为尔姑息乎？今日入山之兵不过是本处防守百人，其满兵及刘都督大队兵马俱是本县止了。尔等一闻此信，各家眷属躲在山林之中，岩底做了人家，草树当作炕床，若遇风雨，满身淋漓，烟火不敢起，田土不得耕，受饥受渴，你埋怨我，我埋怨你，是世间活地狱，皆尔不晓事，数个贼头贻累两葫芦良民受苦也。哀哉！哀哉！本县清夜念之，为尔辈泪下，是以着捕衙传本县之意，按所编保甲丁册，挨户招回，各自安居乐业，毋得惊疑。其尔有名贼首或来投首，或各寻生路，若复三五成群仍作山中遗孽，俾上司闻之，定行屠戮。本县必不能宽数贼首之诛，以全两葫芦好百姓也。言尽于此，慎之，思之。特此再谕。

为安良民以靖地方事

为照节准汾阳、清源、静乐各县关文，奉臬司宪牌，为申报劫掠杀官失盗等事，关提会剿纷纷到县。查得清源杀官一案，系静乐县积窝李宗盛、大盗苏正明等，业已调请大兵捣巢扑剿。昨准静乐檄文，大盗苏正明、苏万遇、曹伏虎、强三、段南强等俱已就获，巨窝李宗盛密困周红山，檄会协拿过县，除一面移兵会扑外，此杀官大盗就擒，清源盗案可结，静乐所属娄烦一带良民幸免林木之殃矣。惟是关准汾阳案内冯开等供，扳交山盗首傅青山、钟斗、钟名节、惠岐山、惠学文、任国铉等未经拿获。蒙抚宪面谕，调遣满兵入山，将两葫芦地方贼巢剿洗殆尽。本县实念大兵所到，鸡犬不宁，为尔几个贼首，蹂躏我山中良善，是以一力担当，止戈待捕。但恐尔等愚顽无知，尚谓可以偷安旦夕，不识此时催提火急，本县断不能容尔等做贼之人明住交山。为此，示仰两葫芦山民人等知悉：初次奉宪，欲将东西两葫芦搜缴，本县具详，为尔数千生灵请命矣。既欲抄惠家庄、横岭、钟家沟三处，本县又以奸良不等，玉石遭焚，再四哀恳，是尔两葫芦山村良民复邀天幸矣。但招扳之贼，行提绎络，如钟斗等万无复生之理，本县犹念其曾擒赵应龙，少有微劳，姑宽一线。尔各山民即行严谕钟斗等速行投首，虽奉宪拿盗犯，本县力能保以不死，从此回头，犹不失为耕凿山民；或斗等疑畏不定，即改行他窜，亦可保全首领。尔村保人等即同盗首各家父兄，具各盗远徙甘结，本县据以申覆，兄不至累其弟，子不至累其父，亦无负本县三年曲全良善之心。倘钟斗等执迷不悟，不首不徙，仍复聚党抗拒，尔等各山民即同见在官兵竟行剿杀，各将首级献功。每首一颗，赏银十两；擒获一名，赏银三十两。若此时尚留遗孽，两月内发兵会剿。尔等皆遭屠毒之惨，岂不自作自受哉？兹特着捕衙入山传谕尔山民，其仰体此意，无忽。

征解

为严饬自封以杜侵没分限勒比以便督催示

　　照得征收钱粮一项，百弊丛生。为最者，莫如包收一节。乡下愚民，或畏入衙门交纳者有之；或亲行完纳，被人吓诈不敢复至者有之；或误听里长之言，图一时安逸者有之；或往返城市，恐妨农务者有之。岂知银入他人，侵纳从伊，多寡从伊，在尔等自谓高枕无忧，而门外追呼又至。苦于禁，迫于此，势必倍完。嗟嗟一兔之皮，能堪几剥？虽不欲逃亡，不可得已。交城河北等都人逃粮逋，岂俱系为上者疴瘵不切欤？亦由此耳。本县久知此弊，极力清剔，务期剔尽陋例，酌行新规，庶几弊去利兴，官民两便。总核阖邑岁额粮银二万二千六百有零，照旧分为四限，每限定为六比。查夏季银两除前官征收外，尚欠三千余两，限于四月内全完。定于大集后，按日轮流比较，在城平、下山乡等都坊，里长分别远近，挨日赴比。至于河北一都，特于朔望日单比。尔里长即照夏季应完银两，速行督催各户头花户遵限照比。按赤历本户下数目自行投柜，眼同收，头填注，日收流水簿及户头册，割给印票。每逢比日，查核各里完欠，完者奖赏，欠者责比，清头绪，革弊端，莫备于此。合行出示晓谕。为此，仰各里长、花户人等知悉：嗣后完纳钱粮，俱要亲行投柜，不许代纳包收。以交城所辖之地，近不过百余里，远者且数百里，欲清历来积弊，亦何惮此一行哉！本县愿系亲民之官，稍有不便于尔辈，何难当面陈情？敢有衙门人役吓诈乡愚，并花户银两仍付里长，致银空粮逋，里长包收，希图干没种种情弊，查出立刻重处。本县于此几费参酌，尔等务宜仰体遵行，若有输纳不前，许里长禀明，立拿户头花户重责枷号，仍以抗粮治罪，决不轻贷。

为严查飞诡以清国课示

照得钱粮一项，其弊多端。剔弊之方，首严飞诡。飞诡一清，则民输所当输，官比所当比，逋欠何由而积？交邑夙称风俗醇朴，守法急公。迩因火耗烦重，收纳侵肥，愚者既自顾不足以供饔餮，黠者遂相率招呼为隐射。于是有目不识丁而名班士子，身犹负耒而籍列簪缨者矣。染指之徒，既扪心而难问；盈囊之策，而弱肉以取偿。哀哉吾民，其不展转于沟壑者几何矣？本县盟心自矢，凡火耗羡余已经严革外，诚恐奸棍倚托绅衿名色，诡寄隐漏，希图延抗，合行严饬。为此，示仰总书人等知悉：速造绅衿册籍，一一查剔明白，除已往不究外，嗣后如有诡寄隐漏等弊，本人依律拟究，势豪照例详处，生员申请褫革。本县既冰心可表，亦铁面无情，毋谓言之不蚤也。

为严加收火耗以苏民困示

照得交城土少山多，民贫地瘠，兼以兵荒相继，正额亦属艰难，况复多加勒索以益民困乎？本县未出都门，已经遍访利弊。莅任伊始，即令百姓按历完粮，庶几包揽侵没等害可以永革。旬日以来，体访参酌，查得司行法马较之民间日用平戥业重数分，兼以尔百姓贸易，零星银两倾销成锞，又未免有减无增。一短平，一去耗，是粮银未纳之先，每两已去七分有余矣。及至上柜封纳，收头复加火耗勒索，陋规种种，剥削不一而足。此加三加二火耗之名所由来也。嗟吾斯民膏血有几，谁为父母，能不恻然动心哉？本县洞瞩此弊，到任之日，已经申饬严禁。于四月初八日开征，于十二日午时拆封。得各里甲粮银三百五十二两零，除宁化等三屯及郑段一都粮银合数外，其六坊及阳渠等都每两多收银五分。因是日上台守催急饷，立刻将银凑解，复值本县征收一完，即日上省，一时起马，未遑查究。今于十六日回县，细查前项多收情弊，姑念从前积习难为不戒之诛，除复饬示痛禁将来外，其多收银两合行准抵正项钱粮。为此，示仰各里长花户人等知悉：各查初八日以后、十二日以前所完银两，每一两准算正银一两零五分，计完若干，照数加算，着收头增入日收流水并户头册本人名下，以便核算。嗣后凡百姓上柜完银，收头人等仍前多加火耗勒索陋规等弊，许即行喊禀，立拿重责枷示。尔完银人等亦不得借端短少，以滋赔累，如违，立拿花户重究不贷。

给还火耗示

照得严加火耗一示，并各里多收银数，已经晓谕各里长，既以增收申票不使销算来票，岂本县一片实心竟托之口惠乎？分毫丝忽，皆尔百姓祁寒暑雨、胼手胝足所致，在尔等或以些微，有所不计，在本县视之，则皆赤子脂膏也。展转思维，惟有扣折制钱，给还尔等。本县职在亲民，不惮琐碎，既假此得以遍见各都百姓咨其利弊，尔匹夫匹妇平日畏入公庭，亦可因此面见本县，陈其疾苦，俾知本县与尔等固蔼然如家人父子也。上下之情，何难通之？有从此可以亲行投柜完纳，将包揽收粮之弊亦可以少息矣。为此，特限于五月十八日，各坊都里长户头即行传知各里花户，凡初八日以后十二日以前纳户，至期俱要齐集，当堂点名，按数多寡，面给制钱，若有顶名冒领，及不到者，查出重处不贷。

为追还里长私派事

照得本县莅任渐近五载，合邑有大利大害，必殚吾心力，悉为兴除，尔民亦既信之矣。至于充里科敛诸事，如摊置盐引、协济徐沟、易买兵米、解兑钱粮、终年奏销、申送梨版、刊刻由单、奉上差票各杂费，公然算作正项征比，因此包揽愈多，一充现年，必然倒甲，谁应里长，立见破家。此钱粮拖累、盗贼繁兴之由乎？本县次第清厘，禁革俱尽，自谓从今应里不过为官役督催完纳而外无他费矣。岂意成村都奸里张锦、张镨等，逞其故智，吸尽民脂。村愚何知，任彼科算。尔等指官诈民，民受其害；而尔得其利，尔收其实；而官居其名，设非两奸互构，百弊俱呈，尔都与者、受者俱以为例在宜然，官亦无从觉察也。除将二奸重责枷示外，张养元私收银十九两九钱七分，武举张学孔私收银五两，张诘私收银三两三分，张业私收银一两四钱，张步友私收银九钱一分；各股存留领去马价银十二两五钱四分，立行追出，照各股派过花户姓名，按户清给，定限四月初一日齐集大堂亲领。如有已经派费而挂示未列姓名者，许其面禀，即于本户里长名下照数追还，各都花户尚有受私派之累而为控发者，速行控发，无坐失机会也。

为开征事

照得收解虽援旧例，而申饬更当加严。今择于本月二十四日封柜，该里老传知各花户，按赤历姓名自封投纳。该收粮书办眼看花户编号入柜，照司颁部法，一分止收一分。两衙查号拆封，该银匠验看明白，倾销足纹；该库吏眼同兑准，即日大堂钉鞘，尽数起解。定限月望前完春季三分之一。如里老包纳，书办包收，或有勒加火耗分厘，及需索纸张、酒食等陋弊，一经访实，按法重处。勿谓列宪远隔百余里，闻见难周，不知列宪之闻见最确；勿谓百姓散处千万家，心口不一，不知百姓之心口最灵。本县硁硁自守五载，至今自上至下颇为列宪、百姓所深谅。尔等各有身家，幸无以身家试法，其各凛遵无违。

为输将务在急公事

案查十一年本县开印后，赴省会审，比归邑，又因编户均甲，昼夜不遑者两月。然正月二十日开征，二月初六日即拆解三千五百两，至四月初三日报完一半矣。今岁开征如旧，其征而不比也亦如旧。何以拆解之日既迟而拆解之银反少，岂今年经催里长不如去年里长乎？抑县官政教不足以感乎合邑绅士吏民耶？今尔交盗贼已除，里甲以均，争讼已息，杂派已去，尔等若急公上纳，大家小户，不烦比较，无不输将恐后，列宪闻之必曰：交城绅士，何以慕义至此，交城吏民何以向风至此，必县官催科中能寓抚字也。本县即饮水茹蘗，心实甘之。是合邑之绅士吏民能谅本县不忍鞭扑之心，本县又何忍必事鞭扑乎？如该里长督催不力，该户头呼应不灵，该花户顽抗不纳，是自居于化外也。法所难宽，本县必不汝贷，其各自思毋悔。

田工

为劝农事

　　照得六府兼勤，播穀三时，首重春耕。交地山多平少，无江南松杉苇竹之饶。即山民倚木材为生，亦称最瘠，为田仅二十之一，大半苦于无水，安得尽成衍沃，故民多弃本逐末。其椎朴而为农者，胼胝焦劳，供租输税，终岁不得一饱。有田而贷人种田，利半入豪门；无田而贷人耕田，租尽归富室。是四民之中，惟吾农最苦。为之父母者，坐视其困而莫之省，何以劝焉？无怪乎离乡井，抛本业，冻饿所迫，遂流为盗贼也。本县伤心蒿目，曲思体恤，今特与诸父老约：立春以前，分四郊为四日，会集乡耆子弟于平畴原野间，略官民之分，敦家人之礼，话农桑，问疾苦，鉴本县一片诚心，讲一段真实说话，使晓然知官民一体，绝无间隔。尔民痌瘝，如本县身受；尔民疴痒，如本县亲尝，何嫌何惧，而上下之情有不相通者乎？古之孝弟力田，上之所求于下者，惟此；下之所以报上者，亦惟此。从兹父训其子，兄勉其弟，家力作而户躬耕，驱游惰不急之务以一之于田。虽未至家给人足、外户不闭，亦庶资以无困馁而杜非为耳。昔人望杏敦耕，瞻蒲劝稼，鸤鹉布谷，尽唤醒田家之助。况本县谆谆劝谕，谅尔民亦宜动心奋力矣。本县莅任渐近两载，饮水茹蘖，自愧无资可捐，特备果盒村醪，与尔父老共图一醉，以无负相劝至意。且开征在即，本县亲携司法，与尔民面较平戥，而包收之弊可除。如牛种无资，本县按数借贷。与尔民约，日给发而保歇之累可杜。是又借劝农一事，为尔父老代谋也。无以为迂而忽之，无以为套而笑之。

为祷雨事

照得本县因天气亢旱，已于初五日出示，诚求甘雨，严禁屠沽投牒。城隍、狐大夫二庙，斋戒三日，拜坛邀泽。初六早辰，山乡一带俱已沾足；初七日夜及初八午后，平下远近亦获滂沱。虽由夏入秋，倾注未深，于目下而五风十雨沾连，可卜乎将来。况当此长禾孕穗之时，尤不比仲夏耕耘之日，稍蒙化雨，即兆农年，此可跂足而俟也。为此，本县同诸绅士及里老、乡约、城总人等，拜坛三日，即于初九日献谢神之礼，并一应屠沽尽行开禁，以从民便。尔百姓感此上天仁爱，民视民听亦当倾心向善，仰副苍穹，庶几凿井耕田，共归皇极。本县将拭目以观尔等击壤鼓腹之乐也。

为劝农事

照得本县爱民心切，惟期日敦古道，力挽颓风。去年首行劝农之典，巡行四郊，已与尔民忘上下之分，亲如家人矣。但旷典初行，其深溪邃谷，或有鼓舞未遍者，本县一视同仁，愿与尔民击壤含哺，再话桑麻之乐。为此，择于本月十六日起，十九日止，本县自备豚蹄斗酒，次第行春，尔民播传远近，扶老携幼，望本县行旌所止而集焉，列坐传觞，欢然道故，永日盘桓。不但将孝弟力田之事谆谆为尔告诫，畅本县之所言。倘本县政事有缺，尔民亦不妨群相规谏，玉我于成。勿谓陶唐氏之遗风不可再见于今日也。青阳已转，赭鞭始行。不省春耕，焉观秋获。须至告示者。

为息夜巡以勤春耕事

照得尔交平地不过三十里，余皆深岩邃谷，大都野食穴居之民，未谙王化，安知国法，以至永宁、静乐诸处无籍作奸者，亦往往托名交山，而交山遂称全晋盗薮矣。先事堤防，愈宜严肃，用是巡更守夜，较之邻邑加勤，每日近城地方拨夫十名，同官役巡缉炯墩。冬月至今，幸保无虞。是劳尔正以逸尔，非本县故欲苦吾民也。本县前冬踏荒河北，亲历深山；今春劝农中西，身登绝巘，不惮殚瘁，思巩疆圉。且近恩赦，谁无更生之心？本县入山旬日，家喻户晓，即从来梗化顽民无不感泣改过。可见人虽无良，未有不可以诚动者。远山既静，城郭内稍可粗宁。为此，晓谕城外各村知悉：自二月初八日起，凡昼夜守墩更夫，概行免拨。尔乡保亦即传谕居民，各守尔宅，各耕尔田，无得怠惰恣肆，以启疏虞，自贻身家之累也。特示。

为劝农讲武事

照得瘠土最重农功，岩疆莫忘武备，况去冬少雪兆旱，急宜尽地利于人工，寇戢兵销，尤宜绸缪于进取。本县莅交五载，劝农讲武者屡矣。第往岁户口凋残，逃亡未复，或有可耕之地而少可耕之人。今逋户俱归复业，顽区尽作编氓。饮食生于耕凿，非尔农民乘时稼穑之候乎？往岁荣辱迫于道试，得失切于冬闱，不无一人求拾而百夫致奋者。今考试无期，山林颇称宁谧，怠惰生于燕安，非尔习武诸生作新操练之日乎？方春气暖风和，土膏发润，耕耘弛逐无如此时。为此，示谕各村堡人等知悉：仍分四日巡行四郊以劝农事，并传新中武举及诸武生等，各备弓马，同本县遍历都屯，演习骑射，凫肩斗酒，本县且将以观春搜之乐焉。

水利

为规画堤防示

照得修筑河堤，一以御害，一以兴利。凡志切民生者，未有不以此为亟亟者也。然或利于此而害于彼，或随筑随坏，或稍享成功而不及数十年、或不及数年、或稍久远，而民苦其劳，财苦其糜，非工之难也。地利不审，人工不均，调度失宜，规画之未得也。本县南瓦窑河一水，时防泛涨侵坏关城，今值盛夏，尤防霖雨亟注，而堤防久废，水不归壑，为患最深。本县已于本月十二日，会同缙绅士民亲到安定都，规度地势，丈量堤堰，尤恐利此害彼，复往成村审视高下，已得方略，诚恐尔民尚未周知。为此示，仰平下十都保正地方人等：俱于本月二十日赴县，听候指授机宜，分派工役，整备一应锹锸等物，定日兴作，委捕衙及城守、乡约人等督工，务有利无害，民不困，财不糜，一劳而能永逸。实心实政，总为尔民，切勿视为泛常虚应故事而已也。至期如有参差不齐，定行拘拿，枷责不贷。

为乞示挑渠以苏民困示

切照本县辛北村买家寨士民田秀、胡好古等前事连名具呈前来，本县为一邑主，则一邑之事犹一家之事，岂有见利而不为之兴，见害而不为之除？既两村地土卑下，频经水患，自应亟为挑浚。但从来疏渠一事，利与害共之，必先审地形之高下，察水势之去来，公四邻之欣戚，或有有利而亦有害者，或有去害于此而迁害于彼者，或有利兴于此而并可利及于彼者，其中曲折，务宜详酌。尔等生长兹土，即明于地形水势，而未必有一视同仁之心。本县叨牧兹土，有一视同仁之心，而尚未明于地形水势。为此示仰两村人等：亟将两村中间地形最低为水道，去来必经无疑之地先行挑浚。其最上流接水及最下流归水之路，俟本县省回详视，倘有可迤逦曲引以利各都、堰闸停蓄以利无穷者，再行区画授程。特谕。

为永禁卖水积弊以平人心示

照得河曰官河，侵官河者有罪，利为水利，霸水利者犯条。近据阎奇柱等连名一呈，本县细勘渠水，详究河流，俯察民情，洞悉地势，此中弊窦业已周知。数日内绅士里民纷纷控告，或因尢而争，或因少而争多，或因出广而水不足者，务求增日以干泽，或因亩少而水有余，又冀仍旧以屯膏。本县观之，皆自私自便之见，而非至公至当之心也。为此，仰近河一带田家知悉：定限　日内将尔等本身田亩据实照式开呈，自行投匦，以凭分别注册。本县另示一期，将尔等所报之地履亩亲丈明白，然后照地亩，按时日，公审均分，勒石给帖，垂之永久，通行无弊，务期去私便以归于公当而止。如有以地少而报多，因水远而报近，希图朦混射利者，查出责究外，仍罚尔浚渠疏河，断不宽宥也。且尔等亦曾将"知县事"三字为本县一思乎？知即识也。一县之事而吾不能识，何以谓之知县？知犹主也，一县之事而吾不能主，又何以谓之知县？本县既识之，定为尔主之。当此公道大白之时，犹敢借端阻挠，是即从前卖水霸河者也。本县法之所可行者，不难断决于田间；本县法之所不能行者，亦必详申于院宪。正未可以情求势夺也。须至告示者。

为按亩分区永垂画一示

　　照得磁窑、坡底、奈林三处平田，俱待泽于神堂沟河渠一水。本县示谕各田家，将近渠地亩自行呈报到县，以凭按地均分，分日轮灌，奸豪卖水弊窦可以永革矣。及汇成全册，细加查核，有离渠弯远，灌溉之所难及者；有井在田傍，名曰小水可以汲引不穷者。贪心所使，混行呈报，希图沾泽。而近渠小户，或一二亩不等，自揣田少易让势弱难争，复不开列前来。岂尔交城积年陋习牢不可破耶？即度此河水，本非有源，当其洋溢，固不必争；若复涸竭，争亦无用。乃当亢旱之时，杯水俱属恩波，一滴亦成甘露，攘夺之心甫生，虽性命有所不顾矣。强者蓄其余波，发卖官渠之水；弱者失其本分，立视其苗之枯。不耕可以霸水利，有势又何怕天干？心田大坏，脚跟岂稳？身且不保，安望子孙昌盛乎？本县为各田主思之烂熟矣。为此，仰该地方里老、村主及书手解元良、武耀会等知悉：有井之地，不必望泽于天；无源之河，安能遍及乎远？确核明白，一概不许注册。斟酌亢旱之时，河水灌田，其力量可以沾润至某亩而止，爰立界以为之限。此中不论大家小户，备细载入，无许擅遗一亩。地各有塍，但计地亩之多寡，田无定主，不问田主之姓名。只就田地紧挨者，按百亩分为一区。如某渠地或三百几十几亩，即分为三区，每区亦不必执定百亩，就近形势，虽多数亩又何妨？但要凑成一片，不许间断耳。仍着酌呈渠长，承管一渠之地；更立区长，承管一区之地。然后将各渠分过区数报过渠长、区长，备细造册，呈县以凭，亲验立案。至于昼夜分水之期，确当不易，前此不均以至于争者，今为尔均之，可至于无争也。各田主静听处分无违。须至告示者。

为按亩分水事

照得本县凿山引水，原以灌田。今日平田每亩所值不过一两，且有数钱求售而不得者，以其无所收也。渠成之后，家家可种水稻，每亩价值二三十两，且有求卖而不得者，以其无不收也。是渠利之无穷，尔等童男少妇皆知之矣。从古至今，明知其利而观望不前者，无任事分事之人，无做工包工之费也。今有人、有费，何愁水利不兴？有田之家各捐其力，岂有吝惜？为此，示仰厢坊都屯人等及里书知悉：不论绅士、吏民、僧道以至别县寄庄者，除地亩高处，渠水未能灌溉，即注"不能灌溉、甘结存案"外，其余照各厢、各坊、各都、各屯开造受水地亩清册，呈县以凭，按亩分水，但以亩数为主，而地主姓名即填于亩数之下，以亩数有定而地主无定也。定限五日内报完。如有欺隐，查出一体法处。

为照区分水按日轮灌立案永遵以均河利事

照得磁窑霸河卖水一案，有钱买水尚不至焦枯，无力贫农殆难沾乎涓滴，此真交城百余年不平之锢习。本县一旦为吾民平之，若稍遗后人以可议之端，即在今日有难施之势。是以博采参稽，务求妥当，而后可长久通行也。至于各田所分之区，各区所立之长，俱经本县查勘明白，除河泛滥、雨泽调匀时无容置议外，今于大神堂沟河口筑成官坝以堵河水。坝分三门，用水板闸水。该渠挨水之日，启板放灌。今查磁窑头、底村、田家山、斜道、官道、中、东、边等处并柰林，共分九区，总计地五千一百三十五亩四分七厘，按亩分为四十七区。当滴水滴金之日，各区挨日输流灌溉。查磁窑村共地五区，分水一日一夜全灌；坡底村共地一十二区，今分为上下二区，不另报渠长，上六区分水一日一夜全灌，下六区分水一日一夜全灌；田家山共地二区，分水一日全灌；斜道渠共地一区，分水半夜全灌；中渠共地四区，分水半夜一日全灌；东渠共地八区，分水一夜一日一夜全灌；官道渠共地二区，分水一日全灌；边渠共地六区，分水一夜一日全灌；柰林村共地七区，分水一夜一日全灌，计九日八夜，各田俱已灌完。周而复始，各渠长、区长又将本区之小渠分开时刻，大渠按日，小渠计时，可谓至公至正无党无偏者矣。为此，仰各渠里书、村保、渠长、区长、花户人等知悉：各照派定日夜，刻期轮流分灌。该渠长将本渠分定小渠时刻及受水田亩，仍名另造清册，送县请印，永远定案。至于筑坝日期并夫役等项，听候本县票拨应用。莫谓本县加意贫民，其实为霸河卖水辈图一善后之计，示后敢有多占时日任意浇灌者，决行大法重究。该渠长、区长若不首明，一体治罪。须至告示者，九年七月二十日。

为凿山疏水期于必成严禁臆说以破群疑事

照得开渠为通邑百世之利，夫人而尽知之，前详既明且晰矣。乃有一种柔奸隐恶，询其姓名，显列奔走之中，推其心思，暗怀吹散之计：有云山远难开者，有云水淹难凿者，有云费至数万无用者，有云十年不成者，有云本县去任事必中止者，纷纷鄙识，竟尔讹传。殊不知辟岭穿山行之于古，而效者行之于今，而罔不效，但使力齐工久，即龙门可凿而蜀道可通，况尔邑挖矿打煤者，强半用心无益之地。今选其善用椎凿多人，厚其工资，需之岁月，一山可开，山山可开。若使胸无成竹，本县岂肯冒昧申详，尔邑乡绅岂肯孟浪破费，张太翁老成持重，物望攸归，又岂肯轻身任事乎？业于初一日祭水、祭山，迟至于今，尚未大兴工作者，开山之人工未齐，凿山之器具未备。亦必熟思审处，彻始彻终，以期必济。然后绘图呈报列宪。即本县未能观成，新任自当遵奉宪行，克终其事，非可以忽作忽止也。今起水出水之处，已粗有捷径。高离山即高山，全省《通志》所载独立高耸远离小山是也，属交城洪安都，与石壁、永宁寺、虎喊沟、永安寺并传不朽。顺治年间，文水俚人擅改高离山为天台山，思欲据而有之。今查确改正，亦龙门渠应开之一机也。惨淡经营，正在此际，日后渠成，既按亩以分水。目前渠开自照田而出力，决不借尔富民分文、贫家丝忽以滋浮议。愚民难与虑始，可与乐成。其鼓舞不倦，静听指挥无惑。至柔奸隐恶辈颇立体面，亦有身家，敢复如前流言惑众，本县以宅忧解职，即侯代不远，颇有不测，恩威素为尔等信从，立刻拿来处分，不必寄耳目于他人也。慎之，慎之。

牧爱堂编·参语

自　叙

　　古人明慎用刑，所以教祗德也。刑者，成也。一成而不可变，敢不敬与？两造具而群听，五辞惟贵简孚，足以取信于下，俾惕然返于正耳。交承纲纪荡废之余，率迪尤谨，余每讯鞫公庭，露布其罪，面与披读，令各首肯而去。讫威讫富，两无用也。《甫刑》曰："敬忌罔有，择言在身。"余一秉虚公无我，如鉴在悬，妍媸触而自辨，复何择焉？又曰："匪佞折狱。"夫不务得其情，而好淫辞以逞，不准伦要者，皆佞也，谊之所不敢出也。恒夫赵吉士识。

牧爱堂编

参语卷之十一

正名

一件灭父杀兄事

审得张闰、张奇,同胞兄也。父存之日,闰因私斗而费公资,奇固不能无憾。比父死分产,而奇稍居赢,情或有之。闰又忿忿不平,摊毁水道所自来也。奇遂以灭父杀兄控,闰以独吞杀弟应之。且两人俱株连其子,盖欲借伯叔之尊,取胜于名分间。世俗之故套代书之指使有然。本县视之,正复了了。若当堂质问,各有应拟之条。但念世间情莫亲于兄弟,恩莫重于父子,一经审明,便罗大法,本县心窃念之。尔等一家骨肉,何苦自相伤残?若子因父而受刑,子不免怨父;兄为弟取罪,弟未免累兄。一见胜负,便伤和气,本县宁杖惩于未审之先,以其不能和协之罪,重惩闰而薄责奇者,兄弟之名分固在也。今既发宗族处明,姑免拟究,再有阋墙,定申国法。

一件逆子杀母事

审得孙选之获罪母也，因妻李氏妇道未娴，晨昏餐飧，竟不之顾。选既不能训其妻，而复不赡养其母，致使李氏有逆子杀母之控。将审之日，孙步月等具状，盈廷百口顾保，俱谓若果系逆子，焉能守孀二十余载？此言近情近理。本县取而庭鞫之，先掳李氏，母李怡然；杖选而李盖不禁愀然矣，是母子之情尚未绝也。重责三十板，喻以大义，使善事伊母。如后再犯，一死不宥。

一件毒蛊霸杀等事

审得韩邦聘生子四人，长曰韩升，次曰韩壮，三曰韩丰，四曰韩顺。原有祖坟一处，四子共葬于上。四子之子孙，各依次序埋葬于下。历年已久，是以世宠为韩升之子，即葬于韩升之下，而韩金官为世宠之子，又葬于世宠之下；韩世荣为韩丰之子，则世荣之生穴自应与世宠同列，而立于韩丰之下。虽属祖茔而界限原自分别者也。何物韩佐国始以六岁夭儿，竟占埋于韩丰之东。越十数年，复立空穴于韩丰墓下。是忍令其堂叔世荣死无葬身之地也。乃因粮衔审断未结，复架毒蛊霸杀虚词，指韩晋之父文雅一契影射。究韩晋之地，原在韩氏祖坟之外。佐国欺叔占坟，反行诬告，重责三十板，未足尽其辜。夭儿先葬之坟，念年远免其起举。新占丰墓下空穴，准其眼同改正。日后世荣年终，即于此地埋葬，非他人所得而与也。逐出立案。

去蠹

一件访拿婪蠹事

审得焦生秀积蠹也,指官吓索蔚桂之八款非虚。修营折诈,任国学、郭茂之两词,足据当官轿伞作彼生涯。额设监仓,恣其渔畋。赃款累累,流徒未足蔽辜。夫盗一钱而齿剑,未免深文。若不教而服刑,亦云太虐。交城积弛之后,源既浊矣,安望流清?姑念俱系本县未任以前之款不究,枷责以儆,令其自新,或能化恶为良,仍留交城一户口也。

一件永除污玷以全士风事

审得犯奸淫妇,卖与娼家,虽曰涤不尽之污,正以重将来之戒也。不卖则属郭门妇,应须急拔眼中钉;既卖,即为乐户妻,何烦复顾覆后水?转此一手,再听三生。在耿氏偿未了之烟花，从此慈航渐渡，惟君族拼已飞之杨柳。自今孽障潜消，知郭生员变烦恼想作欢喜心也。

一件贪诈欺吓事

查得寺院半属藏奸之薮，僧众每多不法之徒。凡州县必推一护记为官，则其约束僧徒，肃清众寺也。奸秃浩福始进既不以正，乃使护记数年科敛各寺，金不布坛而布橐，官不庇僧而剥僧，以致山僧太学挺身出首，固激之使然矣。浩福漫不悔过，犹悻悻执簿对证，不知簿上所开与受之财，悉尔僧人妄肆苞苴之罪。汝以为登记分明，未尝干没，岂知种种皆罪案乎？追赃遣戍，夫复何辞？但念沙门托钵，故不绳以法律，碎其帽，裂其衣，以当髡钳。不责浩福而责太学者，僧以官名，原有上下之分，以卑凌尊，亦法所不得宽也。僧性定募修狐庙，因缘正复不浅，即于大堂之上选立为僧官，众僧咸服。仰原差押浩福将所派多金尽制袈裟、靴帽，跪进新护记。嗣后寺僧有不安分者，许尔护记竟行惩戒。若有奸顽不法者，申本县究处。勖哉性定，前车既覆，尔其鉴之。约束肃清之责，惟尔僧官望之矣。

一件斩蠹安民事

审得田福不待刀戮遽服缧诛，已经详在卷。助虐二十余凶，倘邀抚臬列宪法外之仁，得免遣戍，幸矣。本县虽痛恶其生前十年之积孽，亦不欲过绳其死后六尺之无知也。姑准领尸，免其拖洞。仰其生平密友康泰、李守初同其亲兄田富、亲侄田志德入狱妆尸，准与其老母妻子一面，然后入殓。即以本县大堂发还七年七月二十六日鹿茸一对，令其徇葬。彼以此棱棱血壳，当本县以暮夜之投；即以此俨然故物作地下之玉鱼金盌，福其可以瞑目矣。呜呼，象有齿，焚及其身，鹿有角，挺而安走。福如有知，泰等其以予言告之，尔等亦当猛然省矣。俟详久事毕，福棺掩埋后再来回报，亦全尔等一段生死交情也。

宗祀

一件公举继嗣事

审得已故李大品之祖一龙，父文现，三世单传，至品而绝。品因以义男李畅为子，其族李文蔚等徒惩螟蠃之教类我，不念若敖之鬼馁，而以畅非其种也，锄而去之。公议将李应元之子桂娃子为品后。顾大品之母与妻俱愿以畅为其嗣。夫异姓不得承祧，固律也；而孤子不得为人后，亦律也。应元仅一子，绝其胤以续他人之胤，岂有既为人后而复为己后耶？其学墨子之道者耶，不过利其有耳。本县查其世系，同祖次房李文星生有三子，应择其中子观灯儿出继，观灯于大品称雁行，弟不可以承兄，大品无子观灯儿之理，侄可以承伯，观灯儿未始不可以父文现也。今将家产除养生送死外，以十分之二给李畅，俾仍为大品之子，以慰二孀，以遂大品夙昔之爱，不妨曲法以伸情，其十之八给观灯儿，立为文现之子，以承大宗，实为仁至义尽。呜呼，文现父子三世，孤灯竟灭，赖有观灯儿一灯复得传，幸矣。倘异日子嗣番衍，念鬼神之不歆非其祀，别分一子以春秋祭享之人，是在尔后之人善继善述者矣。

一件乞救女命事

审得孝义县黜衿杨奇贵，顺治十八年腊月犯事逃交城阳渠村，村叟常国奎怜其无依，养为己子，锡名曰愈，娶张苗虎女为愈妻，生有男女，迎师教读，望其成名。及应试府县，被攻冒籍，国奎力为禀免。当年所批县照，国奎出之袖中。义虽继子，恩如亲生也。去年愈忽不辞而去，国奎跟寻至孝义，始知愈即劣衿杨奇贵，原有七旬老母孟氏、前妻白氏固在也。国奎无奈，具白前因。白氏声色俱厉，曰：急嫁张。即愈母亦劝国奎早嫁此妇。愈但泣对继父，禀称："儿实不能再容后妻矣。"国奎父子恩深，浼孙琴转为劝谕，而常愈绝无反顾之情，于是国奎始嫁其媳。呜呼，国奎空抱类我式谷之心，愈竟乖谓他人父之义。此亦事之无可如何者也。顾与张苗虎何与？而愈乃以生妻去帷控之乎？重责常愈，以为辜恩背德者之戒。所生子女二人，着国奎抚养为孙，以继后嗣。愈听其归宗，终养老母可也。立案。

一件妒妾逐嫡事

审得阎如金之父阎腾在日，娶白锁之母常氏为继妻，盖李闯僭号时也。常氏夫死子幼，意欲得人以抚遗孤，而存其故业，将前夫之子白锁产业家资尽属如金之父收管，俟白锁成立交还，验之婚约，固如是也。自后阎腾鬻产得二百五十金，金供偿白锁新逋，查卖契实系白姓起笔，则阎腾固可卸收管之任。而常氏孕不产男，阎腾复另娶妾李氏，生子如金。未期而阎腾死，两妇不睦。亲戚处分，常氏得产强半，俟常氏终日，尽归如金。此时常氏前夫之子白锁兄弟之子常大立俱乐为养瞻。今常氏存蓄无几，二人互相推诿，必欲归常氏于如金。如金本应迎养继嫡，以终天年，乃稚子无知，以常氏既有分产，又未得其内藏，未甘承值。此常大立所以有妒妾逐嫡之控也。本县庭鞫，按法则常、白欺吞，本应追究，高运、覃颖、白濯、张五圣等皆借处事为名，欺老妇孤子，以图酒食，亦应重惩，姑始施法外之仁，俾知自艾。常氏、李氏若使之同居，必不和睦，今断令白锁领常氏归家供奉，仍拨地八亩为赡养资。其余三十四亩八分并棺木二具，俱归阎如金。其拨养常氏地亩，俟常氏过后，交还如金。至常氏垂危之日，白锁以礼抬送阎家，殡埋诸费俱如金办备，不许菲薄，以忘根本，而滋别议；亦不许常、白二人借名欺诳，仍着高运覃颖、白濯、张五圣立议，送印备照，并取阎如金收领地亩文契、家伙、器皿、棺木领状并高运等结状存案。

一件吞霸杀命事

审得邢国兴之曾祖邢官生有四子，次子即国兴祖也。兴祖生三子，长邢正，次邢壮，即国兴父，又次邢元。孟季俱无后，虽均有养子，皆郭乳而邢者也。国兴身列黉序，贪残败检，尽吞伯叔家资，复凭陵其家室，致邢正养子之子邢右极等屡控告。本县庭鞫，查邢状止生国兴一人，埋难弃木生而继伯叔。邢正、邢元遗有厚赀，无人继祀，国兴思一纲打尽，不为立嗣，此正元之阴灵怨恫，以致人事乖张，家赀横废也。但查律内乞养异姓，不得乱其宗族。是邢正养子邢应节、邢元养子邢文存，应节、文存之子邢右极、邢已丑儿等，均应挈其眷属，复姓归宗，仍照例酌给财产。邢国与一身虽承三祀。据呈请将伊次子祚极为伯邢正后，季子重极为叔邢元后，是以孙而继祖，于理不顺，不便准从。且律开立嗣虽系同宗，尊卑失序者罪，其子亦归宗，改立应继之人。国兴之子例不应继。今查邢氏宗图，邢官之子四人。长邢进昌，仅守本支宗祀。次进举，生三子，惟壮生国与一人，而正、元俱无后。邢官之第三子进魁，孙颇蕃盛，而官之季子进罢则又零丁者也。今应魁有子五人，除一子承祧外，次子邢瑜生辅木、京佑二人，第三子邢伟生京祧、京祺、京禄三人，则邢正应京佑承嗣，而邢元应京祺承嗣，考之宗图，合之律例，尊卑得序，昭穆无紊，天伦当而人情安矣。但国兴横享伯叔遗赀，历有年所，一旦夺其所有，而归之应继之人，未免彷徨失意。殊不知数年以来父子横恣、欺寡凌弱，致孀妇哀号，屡次鸣冤，卒使毙命。积恶贯盈，未正典刑，徼幸多矣。着邢氏宗长人等查明邢正遗产，若于邢国兴名下，追给邢京佑承管，承值邢正祭祀、户役，永为正嗣，其家产十分之内分二分给与邢应节子右极等，仍令携其分给家产复姓归宗；查明邢元家产，若于邢国与名下，追给邢京祺承管，值邢元祭祀、户役，永为元嗣，其家产十分之内分二分给与邢文存子已丑儿等，亦令携其分给家产复姓归宗。仍着邢姓宗长、村保、里邻人等，开造遗产分给册籍，取具得产各领状，并族长、里保人等结状附卷，听候验明发落。

一件尸骨暴露不容入殓等事

审得李氏继申巧为妻者三十年，申福乃其户孙也。三月初九日，巧死，年老无子，所遗房产，申福争殓其祖，欲承其业。是借殓尸为名以妆殓产之实，其心已不可问矣。巧之亲甥秦效宝以理论之，而申福乃有不容入殓之控。不思效宝原无因以为利之心，即切责申福，亦不过为舅氏起见耳。着居间人秦效宝、田四等眼同李氏与申福亲查房产若干，合议一约。李氏在世一日，自应李氏经营一日。差粮等项，俱着申福经纳，不许李氏花销变卖。俟李氏故后，断与申福承业，为申巧继孙可也。薄责申福十板，以为犯上之戒，逐出。

一件势吞绝产等事

审得申尚万以交民而寄居文水,有子病故,娶妻郝氏,带有前夫之子梁毛串、二毛串、三毛串兄弟三人,及女银姐,到申家立为养子。未几,尚万身故,所有遗业尽皆梁毛串等同尚万之妻王氏、妾郝氏掌管,则尚万之门户丁差不问之梁毛串而谁问哉?但梁时云系已故屯丁,岂有三子一女尽继申门,反令其绝嗣者?申懋德势吞一控,诚虑毛串竟据尚万之所有,久之亡所自来,是以必欲梁毛串顶尚万之门户,而不愿二毛串、三毛串两幼丁应差也。梁毛串会改名申杰,又系王氏为之婚配,受申门之恩深矣。今见在尚万之室,遽忍自言回宗,又自改申杰之名为梁其裕,负心极矣。然以时云长子继申门,而绝梁氏,于例不合。断令二毛串改名申俊,三毛串改名申英,永为尚万顶差,以续后嗣。申杰仍准回宗,复名梁申杰,以承时云一脉。其申尚万所遗产业,俱着亲族查清注册,仍着申杰为两弟暂行总理,俟两弟成立,再凭亲族给付俊、英,以全终始。定限二日内查明回报。附卷梁申杰负恩、申懋德勒索帮贴,各责二十板,立案。

一件乞天斧断归宗等事

审得陆云有妹陆氏,原实士秀才为义女。史在公九子,因买之为妾。未蒲五月,妻妾不能相容,在公自立婚书,浼陆氏胞兄云另为改适。嫁文水姚州,七年而州死矣。再嫁武友,而武友又死。四嫁尹旺为妻,今又八年,是去史帷已十六载。询其胞兄陆云、本夫尹旺,从不闻此妇有生育之事。史在公年老无子,风传陆氏出嫁姚州时,业已怀胎四月,生子今已长成,不令之归宗。康熙二年具告,前任王县已经责逐。至陈都司署篆,乃顶差一丁,名曰狗不吃，以为具控，害人章柄，刁恶如此，令人发竖。及本县行阙文水，据其里地武周具结，并无武应龙、史扬善、乳名狗不吃之姓名。而在公之侄史扬威，坚供亲见应龙与扬善之面，严鞠之如说鬼梦，大都扶同作奸，指此莫须有之事，以累氏之姐夫王会而骗之耳。重责扬威三十大板，逐释。

一件霸妻霸子事

审得马成禹之以段希才之妻为妻也，盖在顺治五年腊月除前一日。此时不必问其是抢是霸，决非翁姑主婚、行媒嫁娶者矣。随子段小达长年二十五岁，小达谓他人父，忘其身为段姓之身。希才已故，妻子散离垂二十余载，谁向马成禹而根究所自哉？近因编审均甲，段希才遗粮四石五斗，累阙都赔纳。希才尚有老母郝氏，寄食女婿覃魁家。叶落归根，即欲不究小达之根由，累粮安所归，茕嫠安所寄乎？张时兴等霸妻霸子之控，殆天使之也。马成禹独享有其室，而今阖都赔累遗粮，罪胜诛乎？断令段小达改名段复宗，仍归二甲，养祖母郝氏。凡希才所遗粮，查地若干，尽归段复宗承业，办纳粮差，段姓不得而争，里长亦不得与焉。马成禹已生三子，复宗一继儿，使续段祀无疑窦矣。成禹近克练总，修堡有功，且能改行从善，本县姑不罪其既往之愆，但耕田凿井，永为中西良民可也。仰该里查明遗粮遗地，取结存案。

一件逐霸妻女事

审得魏友，临县人，不知谁氏子也。八岁随母王氏改嫁原瓶都人魏元，顶魏友小子差，而隶籍交城。顺治十三年，魏元殁，友年二十，复随王氏游食静乐，凭生员王令新立约，继与乐户石桃源为子，易魏为石，又顶静乐差，则桃源以王花儿妻之，迄今一十六载，前后有四女一子。一介孤踪，无家有家，室有室，此恩正自难报耳。乃桃源初得岚县李乐户价银百两，嫁其次女女子；再许客议价七十两，遗其长女杏仁子，而友毫不与焉，逐妻霸女控所自来矣。夫当友之未为桃源子也，泛同木梗，飘若萍踪，且不得有妻，安有其女？乃厚施未报而反控之，养虎得噬，种棘得刺，友之谓乎？桃源不以婿视友，并不以女视王花，惟利是图，其心谓免尔沟瘠，幸矣是百七十金固非友所得问，噫翁婿骨肉之谓，何尤可骇者？庭讯时，友之子四小子，丧心灭理，恣口伊父，岂天道好还，友以义子嫡甥而控父舅？四小子遂不难以亲子而诉所生，在世法为不孝，在友家法宝称克肖矣。责魏友以惩负恩，责四小子以惩不孝。夫父子以天合，义父、义子以义合者也。义则合，不义则离。魏友既不义于桃源，不得复为桃源后。四小子既义桃源，不得不为桃源后。揆情协理，四小子断与桃源，以延石家一脉。即不父其父，而弥其祖，权也而经矣。王花见、三女子五女子，仍断为魏友之妻。若女奉养王氏，以全魏氏一家，王花即人尽夫，而终不得不以友为夫；两女即人尽父，而终不得不以王花为母。既以王花为母，自不得不以魏为父。恩也，而义矣。至于长、次二女身价，仍听桃源收取，为魏友十六年翁、婿父子之情、送终之费。从此两县丁差。俱有着落，而葛藤斩矣。

婚姻

一件遗粮累害事

牒呈永宁州太原府交城县为遗粮累害事，准永宁州牒取犯人刘双梅、刘喜云并康科缘由到县。准此，随差快手李若云行拘康科、田明到县，当堂与薛强对质。娶妇婚书炳存，事非暧昧；受聘嫁约现在，情非逃躲。改娼从良已经十有余年，取有邻佑地方甘结。要见前此户役何人应值？又据薛强禀称：向系刘增有。今增有已死。已来拘纳粮，诘其增有何年亡故？据称康熙元年。则前此五载又系何人应值？但女代母家纳粮，本朝律例所无，况嫁配在前，户绝在后。娼改为良，亦属美政。薛强突告，恐非善意。十四年前从良之妇，必欲驱之为娼，完课事属骇闻，似难拘解。拟合回复。为此，合行牒呈前去，伏乞裁酌施行。

一件蔑法重略事

审得李麒、李彪同胞兄弟也，麒妻周氏、彪妻张氏，父母兄弟共居一室，原无相尤。彪生二女，长十一岁，次十岁。方在襁褓，彪即赴都佣工。康熙五年，彪寄银二两五钱，托任有富携回，付彪父收用，彪之母、兄与嫂及其妻固在室也。次年冬，彪之母死；明年春，彪父又死，其兄亦于康熙六年六月贩木关外，糊口不归。而父母殡葬之事，俱系周、张妯娌经营。有子如此，不如不生矣。八年，彪又寄银五钱，托胡金元携归，付张氏收。彪之父母已死，长兄他趁，彪尚未之知也。自此音问杳然，人皆传彪已死。张氏水性杨花，既不能待；周民［氏］米珠薪桂，复不相留。于是张氏之父张凤鸣欲女改适比邻王爱忠，愿为男，夏再婚焉。任五俨然操柯，而周氏亦甘得略卖弟媳之金钱，十年二月，竟嫁王姓矣。夫乡书频寄，非竟逐断梗飘蓬，而生妻去帷，遂不念连胸却月。今秋麒、彪不约同归，麒有室而彪无妻，控安能已？本县鞫得其情，固人伦之变而未可以国法相绳。断令张氏及两女给彪完娶，周氏所得财礼仍追与李彪。王爱忠为子娶有夫之妇，张鸣凤擅嫁适人之妻，及作枚之任五，分别杖警，周氏、张氏一拶逐出。

一件吞财霸妻事

审得吕鸣通即吕律，辞家远出，遗妻田氏，无食无儿。通父吕奏成不得已，立约将媳出嫁路生员之正为妻。此崇祯十年间事也。国门三十余载，并未生育。之正死康熙九年，三醮于李之昌为妻，至今垂五十载矣。王质之柯已烂，丁令之鹤未还。面目俱非，室家已改。鸣通忽自口外同弟吕鸣顺远归，而以吞财霸妻俱控。审讯田氏，但知原夫名吕律，问其音容，固茫然如隔世矣。及察其对质相构，当年情事宛然。田氏俯首何辞？其为鸣通发妻无疑也。但妇以夫为天，夫既不天，置妇何地？岂晋公子之醉逃怀嬴，更四十年而就木？抑贾直言之署帛董发，历三十载而待开？即使成奏不主婚，之正不再娶，田氏其能守尔至今白头如故乎？鸣通流浪忘家，自贻伊戚，田氏落花飞絮，情固可原。较之断臂截耳之贞，非无惭德。负此天荒地老之偶，应各悔心。据告安家衣五件，银五两，着李之昌如数给与鸣通，田仍归李终老可也。

一件毒女夺妻谋杀孤命事

审得常斌于康熙二年冬客赴河南，甫满一载，发妻杨氏竟为成变龙娶作继室，盖三年十一月十一日事也。斌祖母解氏主婚，受银二两，而命其婿侯度写婚书，其长子常道行为之居间，次子道立婚约，虽无名，但遭卖杨氏，道立实主其事。乘杨氏甫过成门，即以奸娶控变龙于官。前署篆陈都事止将侯度责逐，亦未结案。是卖侄媳者，道立也，故为不知。又复诈骗变龙者，亦道立也，识法犯法，受其播弄而不觉。使非道立阴阳其间，则髦姥痴叔又安敢公然主持是非哉？常斌羞归故里，流落中州者九年，怅同室之操戈，悔入官而不见，情足悲已。杨氏既归变龙，生有子女，宛然室家。迄斌归而妻久去帷，形影独吊，夺妻一控，又乌容已。可恨斌之妻党杨连捷、一俊、一选、正德、正魁等，不思背夫改嫁之非，反公举杨氏久在成门，已生男女，无乃败伦蔑法，希图与变龙完娶而弃其前夫耶？各罚种柳三十株，以代责变龙明知杨氏有夫行谋擅娶。行立兄弟略卖侄妇，各重责枷示。常斌弃家不顾，故令妻萌异念，亦应薄惩。杨氏断还原夫常斌，即着大堂领回，去留听便。成家所生子女，仍给成变龙收养，取供立案。

一件谋陷夫命事

审得本县屯兰都马汝谏生三子，长马秋，娶乔士官胞姊为妻，生一女二子。女配文水夏世威。马秋以当年屯兰役重，携妻乔氏并女与子移家文水南关，入籍异南都，盖倚婿夏世威以立门户。自此屯兰祖居渐疏，而异南寄籍愈密矣。然秋家虽迁文水，而差尚留交城。同祖叔马拱来索丁徭，辄与之无异。秋死后，拱又同张进宁索于其子马奇福，奇福亦与之无异。水源木本，乌能相忘。至奇福又死，其子文秀顶姑夫夏世威役，为文水皂隶。及马拱登其门，曰："非吾叔祖也。"舅祖乔士官见其面，曰"非吾祖母之弟也。"即嗔奇福亲弟奇禄询之，亦曰："非吾毋舅也"。弃祖宗而皆母党，良心灭绝矣。更可恨者，奇福继妻王氏，无媒自嫁洪泉都城国金，而婚书钤有文水县印，夏世威竟不署名。且问世威既主持岳家事，奇福、奇禄俱倚亲姊为家，安有福死妻嫁而世威绝不相闻者乎？阃门暧昧，欲盖弥彰。本县姑不深究奇禄不认母舅、文秀倚克县役忘祖事仇及世威之奸霸，分别责戒王氏自婚，一拶难辞；文秀徭银着即完纳，奇禄既系交民，下轮编审，仍应入交城丁册。均授热审例，逐释。

奸情

一件欺法和奸事

　　审得樊洛，富而蔑法者也；曹好，贫而无耻者也。曹好之妻郭氏，诲淫业非一日，迹未露而声已波矣。腊月十九日，关庙赛神，樊洛乘机诱曹好顾工而身窥其室，冀同梦焉。不虞好之胞兄曹洪猝至也，赤身脱去。彼以为捉奸无准，莫予毒已。然上衣下裳所以蔽体，郭氏之室非樊洛之室也。一旦委而去之，问君之涉我地也何故？岂马牛其风乎？洪以同气之耻，不顾家丑，报明乡保，公呈到官。曹好乃不愤樊洛之淫其妇，而顾惜其妻之刑于官，晓晓置辨，其谁信之？若彼三人，真伤风败俗者也。樊洛重责三十板，未蔽厥辜，罚于离相寺前沿河一带栽柳百株，姑以色空空色之区忏彼章台凤债，且使往来游息者，知满日长条，各有青青故主，不得妄希攀折也。郭氏、曹好，一板、一笞，以警淫愚，余犯免供。

一件举呈交状事

审得李靖，向年为李益庄农，其妻张氏，与益义结同梦之欢矣。李靖欲隐其事，迁居以谢绝之。李益思续旧好，乃于本月初九夜，乘该村赛神，偷入靖家。靖归已二更，惊起绥绥之狐，并折鹣鹣之翼，因扯益衣为据。乡保宋文明等遂有嚷奸之首，而靖以寅夜强奸具控矣。李益不能斩断藕之丝，张氏未必有投梭之拒。乃夫割袖为凭，冀掩前丑，不言和奸，而必架言强奸以重其罪。谁为而欺耶？李益贿求免告事实。据云登靖之门，索完三关米豆，岂有昏夜催征之理乎？枷责以儆。妇人姑不究，存其廉耻。从此拒人，尚不失为良家妇也。

一件奸霸杀命事

审得双付私通李相之妻阎氏，相死未一月，而贿嘱相之族兄李才，串媒任氏立婚书有永远为妻之语，则其先之为暂，为偷也明矣。付以为主婚说合有人，行聘兄证有人，遂入李姓之室而享有其妻女器物。李保离愚懦乡民，胞兄一死，兄嫂侄女房产家资尽为他人窃据，能无说乎？投控庭鞫已得真情，双付依和奸决杖，其侄女并房产家资尽行追给李保；阎氏虽奸通在前，始念曾有婚聘媒妁，免共杖离；李才安自主婚，重责以警，仍追原受聘银一两给孤贫；阎氏、任氏拶以惩之，余姑免究。

一件仇谋杀命事

审得奸僧海珠既犯淫色戒，又复狼戾性成，叠控求胜，不至败露。不止真合贪、嗔、痴为一身，包色、财、气为一胆者矣。始收王二小子为徒，遂奸通其母。二小子虽系童心，颇存血性，闻不洁而掩鼻，耻与作缘，知乱命之可遭，宁甘决绝，力辞还俗，固应愧死伊母矣。夫何痴迷不醒？系恋求欢。订桑濮于瓜园，赴通幽之曲径，弃衣伞于陇畔，避长子之帅师卦山口，撞摄魄之韦驮，应悟劈头棒喝，龙王庙假护身之衣钵，已依然结顶葫芦。乃王六斤半，一擒一纵，虑伤慈母之心。而海珠且愤且羞，愈肆鸩荼之毒。火蛾赴火，终扑油灯。沙鸟陶沙，难寻滋味。何乃叠控不已？必欲得六斤半而甘心焉。真可谓欲焰滔天，不烧身不休者也。除重责外，仍押付僧网司查原籍迁俗，取该里收管。吕祖洞另招主持道士，以守香火。王氏二子，其母失身丧志，致使俯首吞声，姑不深究，以存厚道。立案。

一件群奸谋害等事

审得孟崇福之妻游氏，真淫恶贯盈者也。崇福家开饭店，竟为河间淫妇聚尘之地。视懦夫崇福同敝屣，使之不得不龟，待老姑牛氏如赘瘤，令其不得不鸨。虽嫁崇福四年，而枕席之出入自由，姑不敢言，夫不忍见。纵横无忌，酿此淫威，已非一日。吾不知光天化日之中，乃有此公行狐泼也。房三、张五次弟成奸，两凶之与游氏，情逾伉俪，各欲据为己有，不复知为崇福之妻矣。正月四日，天夺其魄，两相妒杀，积年乐地，忽生战场，丑声震邻，聿兴众怒。以素不敢言之牛氏指，胡天宁、胡富等证，以群奸谋害告矣。素不忍见之崇福亦出而附和其母，以劈奸活命投矣。本县行拘一干犯证，当堂审鞫，殊堪发指。游氏淫威，鸨其姑而龟其夫，恬不知顾房三、张五递秉淫权，窥其户而披其帷，闵不畏死，此和奸之男王女霸者也。无法无伦，莫此为甚。本当按律从重究拟，姑念愚夫愚妇无知犯法，即将房、张二凶各重责三十板，游氏一拶枷示四门，以警淫风。奸妇听夫嫁卖可也。余犯无干，免议。

一件虎里奸杀事

审得游生彩、白明、白厚等同住水北都西沟村，白明居下坡，白厚等居上坡，游生彩父子居中间。望衡对宇，相处咫尺。三人皆赌饮莫逆。生彩因赌饮，而奸明妻许氏久矣。本年二月初五日，三人复赌饮青山湾，生彩有意先归，伊夕还村，早已入白明之室。二更，明归叩门，明以门内之人而在门外，生彩以门外汉而反在门中。捉奸嚷闹，惊起邻人。使白明果有血性，又何难斩奸夫奸妇之头，自首县堂，岂非快事？乃白厚奔告彩父文景，劝其出银九两求息。文景畏祸行财，必欲许氏出嫁以绝根芽。而厚与白通、崔良仨人展转机阱，嫁许氏于张楼，白明又得财礼一两五钱。明既借奸得利，索诈无休。何得竟归咎于族人，而以已奸杀具控乎？群供许氏犯奸之夜，既往游家。越三日归，又由游家还。白门改嫁，则知张楼来娶，实文景有以使之，白明所得财礼，实堕文景计中而不觉耳。生彩奸有夫之妇，致明夫妻生离，枷责未足尽辜；白明卖奸于人所不知，弃妻于人所共识，难辞杖惩，所得银已化乌有，姑免追；文景纵子为非，白厚等私和奸情，俱各责儆；许氏已经拶究，今既离异，仍着张楼领回，立案。

一件攒谋吓杀事

审得张士金向住新庄村，生子改门、二改门，均不得以良民目之。一女张氏早已不淑，既非窈窕，谁复肯缔丝萝？士金计无如何，嫁与瞽者萧应为妾，而移家交口。交口为乐户聚居之地，张氏父子佃乐户田而资衣食焉，固乐户所得而指挥者也。张氏久住母家，去腊祀灶之夕，乐户魏成虎龟质虎形，竟而披帷入室，盖居然以田主临之。况取衣食于我，我通其女又何惮焉。迟之又久，便欲引入烟花。利心所使，非淫心所使也。张氏拒而不纳，意别有在。本县必不以是嘉张氏之节，而为群鸨所笑。虽然改门无良，今已化为良民，张氏不淑，又何难变为淑女？许其一念坚贞，宽其既往可也。重惩魏成虎，仍行枷示。其武精、高玉、许辉、张佃等为乐户羽党，同谋截夺，各责以儆。

牧爱堂编

参语卷之十二

人命

一件打死人命事

审得吕结与张勋之父称莫逆交，因重以婚姻，为子吕五纳聘张氏。初不计其年相若否也，逮吕五合卺半载，而黄口无知，红颜饮恨矣。三月晦，勋特遣仆迎妹，在亲者，原无失其为亲，乃结以媳，既不睦于其子，而又与勋异母，力禁不许，亦曰：男有室，女有家，无相渎也。岂知匹妇轻生，始以怨，继以忿，于三月晦夜与子同衾，不与子同梦。系足之丝，旋移而系之颈。毋怪乎张勋有人命之控也。夫张氏虽素憎其夫，然吕五实不知慰其妻。勋虽痛其妹之死，然吕结断无杀其媳之事。勋控奸亲姊致死，亦太诳矣。夫吕五稚子情窦未开，勋与异母之妹死犹冤之，而谓五于同母之姊生则乱之，岂勋独人而五独禽兽乎？王应联、郭凤龙挺身作证，及严训打死情节，则曰闻之涂之人。夫殴死何等事，可云闻彼涂之人言，遂为证据乎？刁健成风，重责以警。姑念张勋妹死情真，均免究拟，吕结为子择配失宜，致酿人命，罪坐不应，追赎谷贮仓备赈。双方静候本府批详结案，无得妄行渎控，自取咎戾也。

一件缢死人命事

审得梁氏一泼悍妇人也。其婿张喜成，一赤贫之愚民也，其妻王氏去年十一月十二日产一女而病，梁氏来探女病，不离床箦，卧其婿于地下者四十余日。但知有子母之恩，竟绝其夫妇之好，喜成心不然而不敢言也。明知喜成无力延医，责以不愿延医；明知喜成无资买药，责以不肯买药，诟詈不绝，四邻厌闻。喜成忿不顾身，遂于新正初二夜雉经于梯上。嗟乎，六尺之躯，竟不能为三寸之舌少忍也。虽晋俗轻生愚民数尽，然非梁氏泼悍，非情知有女而不知有婿，谁为使之至于此极乎？惩之重挎有余恨焉。其喜成身尸，责令里邻乡保公同伊叔张碧殓埋外，所生之女仍令王氏乳哺，蒲后听其去留，余犯免议。

一件打死女命事

审得张忠以数月前已死之孙女诬控人命。查其未死之先，有米二、李伟为之医治；既死之后，张忠亲为视殓，入棺埋殡；而别质之乡约邻里，众口一词，其为诬控不问可知。使果有冤，抑何不告于临死之时？乃迟延数月，捏词诬控。临审而其子万良、万有、万财等虎视眈眈之状，见之辞色之间。至诘其干证张进盈，亦属张忠一家，言辞闪烁，从无实据。张忠等俱应律究。姑念孙女已死是实，逐出免供。

一件打死人命事

审得单万世命雇工人郭小娃子司户，顾小子无良，不遑守主人之宅，乃窃取赁房人之钱。虽十八文其事至微，充其为有不可问者矣。乃赁房人王凤杨夫妻诉之万世，搜诸驴圈而还之。万世之妻王氏内之室而责之，情也，理也，亦家法也。岂意缝裳之织手，竟作沤麻之老拳，而小娃子告毙矣。按律家长殴雇工人致死者，杖一百徒三年而已。乃万世无知罹罪，从而系之缢，若为自缢者；然复从而投之井，若为自溺者。然夫溺矣，何为而项有痕缢矣？何为而尸在水伤哉？茧茧而愈拙矣。及训万世妻王氏，供称打之数掌，不幸而身死。又据邻佑康荣、李尚仁等公呈，实因王氏家法教训而死。是小娃子不死于缢，不死于溺，确死于王氏之手，无烦检而已明也。小娃子盗钱，实应受杖，若照"雇工违犯教令致死毋论"之条，虽死者之目可瞑，而生者之心未甘。断王氏出银十两给与小娃子之父郭光玘，埋子之骨，以养余生。虽律例之所不载，亦以广法外之仁也。重责覃万世以惩其作伪。着即押埋取领，立案。

一件乞究人命事

审得路之成母梁氏，年八十五矣。母子为武黄门灌园，因住马厩之傍。四月十五，梁氏偶向槽中取火，骡忽噬其腕，拖跌扑地，以致重伤。人畜何仇，亦前生冤业也。之成妇即唤梁氏亲侄梁斗至，斗于十八日同妻看其姑，梁氏但唤苦死，更无他说。未及二旬，果死。骡虽无知，不斩此骡，谁偿梁氏之命？食其肉而寝其皮，八旬老妪目瞑私下矣。斗族梁承琦原欠黄门典银，声言上控，为抽约息讼之谋。武不遂其意，竟告之成殴死亲母，诬以凌迟重罪。噫，母党之亲恶甚，披毛之畜何狠且辣哉！据告检究，应歹坐，姑从宽枷责。所借武典之银，限五日内照纳追还。立案。

一件赌杀人事

审得吕庭开饭肆于水泉滩，去年腊月二日，有王一宁、王义忠、刘洪州、胡曰根四人勾同郝俊饮赌肆内。店窝客赌，因以网利久矣。是夜郝俊独负，一宁等逼索无偿，殴詈迭加，俊逃，赌伴追呼其后。俊急投崖，而追者奔山，当时绝不闻有跟寻俊迹而救之者。俊九死一生，匍匐敲客店张亭之门。门甫开，而俊仆地。适有胡成祯在内，烛之，始识为俊也。踏血寻踪，知在吕店赌殴，以致投崖。及查赌伴，鸟兽散矣。成祯不急为调理，乃同张亭移俊与吕店，庭出谷三石讲和，又复移俊归家。嗟乎！郝俊可以不死。抢身投崖，借住张亭，尚有一线，乃以重伤之人累迁而不息焉，万无生理矣。越五日身死。其胞兄郝省指命居奇，告者非仇，仇者不告。设非本县细焉推鞫，是真正致死诸赌伴反致漏网。而绝不相干之吕威、吕鸣凤、吕清、吕巧等乃无辜受累也。死者目其瞑乎？念郝省弟死是实，姑薄惩戒。王一宁等四犯合照威逼人致死律，各责四十板，共追埋葬银一十两给俊妻子。仍责吕庭窝赌，着买棺盛殓。胡成祯为死者妇翁，受贿忘亲，当官不质，难辞折责。任国槐等私息人命，立约过付。张贵、双明等连名保举，谓俊投崖与宁无干，若听尔辈偏辞，几令死者含冤，着各出木砖，重修水泉滩真武庙以当罚赎，限十日落成。俾尔居民，触目惊心，亦稍知所警也。准领厂具结，免申立案。

一件死尸不明等事

审得郭维玉病已十年，家无担石。端节后二日，向其族兄维邦乞贷升斗，以糊目前之口，麦熟偿还。维邦以田舍翁兼守财奴，岂肯缓急于乃弟？詈之而归。维玉老羞成怒，生不如死，遂投维邦井中。是死者本意，未尝不欲累害维邦，然以大公无我之心听断是讼，维邦亦无大罪，未可律以威逼之条者也。何意维玉之妻王氏，始以实情闻之村约者，继且以隐情求息于村约。村主郭珍等以死尸不明，呈县之后，而里老牛一进之结，保正牛一宰之呈，以及维玉之妻王氏、维玉之弟郭维高等俱称因病投井，并无争嚷等情具辨。是多此一辨，而本县愈不得不严其驳查者矣。捕衙解到犯证，细鞫始明。除维玉买棺殓埋诸事俱着维邦备办外，仍罚椽木二百根；里保三人及尸亲郭维高等，各罚砖五百块；邻佑张有法及十家牌郭谦等九人，各罚瓦一百五十片以为扶同具结，欺饰官长者之戒。援热例不忍概加以刑，薄罚以当责。共椽木砖瓦着付四城，城总经收以做小窝铺之用可也。妇人绝无忧色，惟代维邦分辨，良心绝矣，拶以儆之，免供。

一件雠害人命等事

审得游谷千父子五人，横行一乡，无不畏之如虎者也。春夏之交，游宗豆苗为羊践吃，究不知为谁家。宗指其族游保家内所养之畜，然无实证，亦两相忘矣。五月十八日，偶有卖酒人苏世详过石家岭，游保同父谷登及妻兄苏应德扯宗共五人，饮酒于其家，借数杯以释从前口角，亦实情也。宗归，索汤水于发妻冯氏，冯氏锁门不内，夫妻反目。其父谷千又骂之，谓此农忙时，何暇饮酒，而乃与妻相争？宗血气方刚，出而跳崖。其父唤子游春急追之，而宗悬身崖半，不上不下，同族多人亦畏祸而而不敢前。谷千复唤谷登："吾子与尔家饮酒起衅，尔安得坐视不救？"谷登不应，千同春竟归，宗攀崖复上，无颜回家，因自缢于游标场内杏树之上。夜幕，父子眼寻，无由泄恨，谷千同子游春、游会、游喜将已故身尸移至游保屋内，以图吓诈。次日，又令宗妻冯氏抄闹，而误登游谷科之屋，飘瓦数片，谷科之子游资以理劝谕，然后还室。山愚刁顽至此真不知有国法矣。本宜按移尸诈财律拟罪，姑念宗之死，实因与保父子饮酒；而保邀饮，又因食苗之口角，谷千父子之罪诚不可辞。而抬尸图赖，亦非绝无影响之事也。责春三十板，以惩其坐视弟死而不救；游会、游喜移尸是真，各责二十板，仍行枷示；俾尔山民知法之所在，未可全特汝横也。谷千念系子死，冯氏念系夫亡，姑免究处。宗与保饮酒是实，保正所买棺木、衣衾，着谷登偿还。谷千唤谷登救儿，谷登醉卧不理，虽畏势而实忍心，应责二十板，念年老，着游保代之。准尸亲眼同掩埋。结案。

一件淹死人命等事

审得王山关系合邑风水，向为取煤觅利之徒穿山凿石，积渐而崖崩殿倒，白塔将倾，竟成缺陷之场。本县以寺僧具禀，即出示严禁。劝人当于世上作生涯，岂必向泉壤开利路耶？未几，据报王山武宅窑内取煤发水，武正楼、郝完等十六人一齐淹死。嗟乎！山愚每日所得工值几何？乃遭此沉埋之惨耶？若以此水为邻窑之水，倘同邻窑概行停取，则今之十六人可以无死矣。令乡保等捞起群尸，另行验葬。兹据尸亲李大会等禀称，水流不穷，无法可以取尸。本县不必过为督责，姑准结件已死家属，窑主厚加存恤，亦仁人君子之用心也。

一件架命吓杀事

审得郭伟胞弟郭法，本年正月与同应奇、郭伦英合借本银二十两贩卖琉璃，往来燕赵间。九月，道出武安，病殁于儒教村。该村具结，当禀武安县批照为据。十月初旬，应奇、伦英归里，泣告法母张氏，亲族咸来吊唁。候郭伟还家，凭亲叔伦相等立墨，除搬柩银四两，所得本利三股均分，布花丝带一一领明。应奇、伦英于死生财帛之际，亦可谓不欺于心，无负于法矣。设非一人心存天理，合伙三家同居一处，知彼知此，又安能勉强张氏与郭伟共立议约乎？且伟赤手无资，以此断法，原无本领；而应奇、伦英实未尝利死者之所有也。郭孝何人，乃挺身具控奇、英于粮衙，未审，又勒取尸。虽未诈财入手，设非应奇架命一控，正不知毒纲弥空，作何等吓杀耳，重责以儆。应奇、伦英分取花布，着尽给付张氏，以尽尔等三人合伙生死之情。郭法尸棺已埋儒教村村外，伟若念手足之情，给文至武安县查明；若无力归柩，火化而回葬故土可也。

一件苦死人命事

审得白还秋有子白有福，雇与文水宋良遇佣工。今年三月十九日，良遇令其赴水泉滩载椽一车，行至峪口圪洞地方，有吕变龙适赶空车回，两相遇于隘道，重车自上而下，空车由下而上。变龙听得声呵避路，即止路傍，重车乘势落坡，挨撞轻车，而重车翻倒，有福压于车下。吕变龙退回数武，再过窄道，急呼耕夫刘应金、张两等搬椽扶救，有福已负重伤。此地距良遇家不远，其妻子奔赴翻车处，截回驾车之牛，变龙甘心为之调理。至四月初八日，有福身故。此不但与牛主张福、张禄无干，即吕变龙亦有何罪？而白还秋指命居奇，乃以人命控福等也。念子死非命，姑免究查。车马杀人律内"若于乡村旷野驰骋，因而伤人致死者，杖一百，追给埋葬"，今变龙闻喊声避让，未可绳以此律。而白还秋孤身又无力殡埋其儿，良遇既为有福主，着其棺殓。张福又为变龙主，有福之死，实由车撞，着张福照良遇助买棺殓之资，给付白还秋领埋可也。取结在案。

斗殴

一件窝赌打伤等事

审得郭廉乃任改瓜葛之亲，改住贺家寨，廉住郭家寨。去腊，廉与亲兄郭玉同殡父丧，借改白布二匹，屡讨不偿。本月五日，郭廉有事往贺家寨，改子任道宽向廉复索前布，廉在表兄家饮酒大醉，出言不逊，互相殴詈，此实情也。廉思报复无由，乃以诱赌控任改父子。而为落水拖人之计，奸且愚矣。及问郭廉之证郭皮，亦相打是实，窝赌情虚。以此断之，决无郭廉一人而同任改父子共赌，此外竟然无一人入局者。其为诬告无疑矣。本应律拟，姑念乡民，重责郭廉三十板，免枷，从宽典也。郭玉唆告，罚种柳五十株，任改父子以至亲借布，事属细微，而索之已甚，致酿讼端，各罚种柳三十株，余犯无干，免供。

一件欺神灭众等事

　　审得张天禄，于顺治五年间该本村观音堂给主银十八两，官追甚急，同弟天福将李家梁桃树间地五坰，立契卖与本户张天合，以偿前件。当时天合实未付出地价，众纠首张才等以地既归合，俟兴工之日，再索其债未迟。不意越数年，而天合、天福俱死，合妻再醮，天禄顿起不良，执其衣服，以挟卖地之契。彼出嫁妇又何吝片纸而不与之？天禄既得原契，众纠首亦无人出而与之争。延至今日，观音堂颓坏之极，众纠首复归怨天禄堂兄天兴。及兴理论，而禄反肆行殴詈。此天兴欺神盗霸之控所由来也。天禄又与张海龙口角相争，而暗移疯女于其家，诬以人命。种种不法，真无良之极者矣。重责三十板，未足蔽辜，仍将李家梁地五坰断入本村观音堂，每年取租利以为常住其庙，着合村纠首另行修理。张天兴不告于观音堂未修之日，至海龙二十一日相争，二十四日，然从出词，其告虽公亦私，各责十板，挟去原契，付众纠首收执，取领立案。

田宅

一件占产杀贫事

审得生员申铉之得孟三省地也，系三省之子称尧所立券也。孟称尧之卖地于申生也，系其父三省借申生之银无以偿而以地抵也。三省于康熙元年与申康伟借申铉银十两，缓急相周。在申生岂遂有割地之心哉？荏苒三年，子利相权，共及十八金。三省既赴都未归，申生自不得不索之于其子。称尧因以沙地十三亩抵银十四两，又外立四两一券以补之。乃三省归，一旦见己之地忽为申之有，且地契外复有欠约，申索之而无以偿，益滋之忿，遂有估产杀贫一控。夫今日申铉所业之地，固往日三省之地，顾不思往日三省所用之银，独非申生之银乎？贷以母而思息以子，在申铉本自常情。乃失其地而复索其金，在三省亦不无恨志，均无足怪。独以情论之，申生受业以遗子孙，即多费数金不足惜也。地契外四金之券退还三省，以平其气。子不得擅卖父产，而即以父之产偿父之负，又何议焉？其称尧所立地券，断令三省书押，永归申生。地税准即开拨，其七年钱粮虽俟三省代纳，既还其券，亦不必复问之申生。当亦彼此之所心折者乎？免供存案。

一件独霸里地事

审得郭龙变、张远，皆里长高氏甲手也。高氏绝而地存，甲手张、郭二家，轮耕轮课，历有年矣。至张远充里而赋且逋，郭厚而奸，张贫无行，于绝户之地何畏焉？龙变既饵以金，张远遂报以土。两姓公地，两人且私相受授矣。哀哉，高氏绝其子孙，九原之主难问。幸哉，龙变葬其父祖，一抔之土已干。郭贞为龙变之侄，不无觊心，独霸里地一控，何生存之叔不如他人既朽之骨也？龙变不应买而买，起其棺，法也，非情也。断令仍旧安葬，以安死者。更令垒高之土，修高之冢，俾春秋享龙变父祖之余，庶若敖之鬼尚不馁于西邻之一滴，目瞑地下矣。张远非高氏子孙也。其卖也，盗也，罪当笞，追原契价二两五钱修城郭。伦变杖以示警，除断给二亩五分与伦变外，绝地数垧，仍随里轮种完课。郭贞以侄首叔，识其不仁，而念其得实，释之。

一件乱甲殃民事

审得中西一都，惟三、四甲丁多，其一、二十甲逃亡者，甲编审时公议，各甲照现在人丁，均派轮管应役，此至公之法也。然各甲均派，比前此不均之时，未免贫者稍减其累，而富者同受其劳，是以奸徒群起，纷更阻挠，必思富甲仍得胜算，贫甲听其流难而后快。本县莅任以来，如张明、张贵、单敷文、覃王猷等兢相欺诳，皆以一定之见，执两端之词，假公济私，将谁欺乎？且谓分派外甲，亲戚父子，骨肉两分。不知分甲者，但分其当差之年分，而未常分其住居之田里。今甲更易，而庐舍、亲朋依然如昨。两分之说，其孰信之？着令照依编审旧册轮当，如敢再争，从重究拟，不恕逐出。

一件盗砍山林事

审得山民史清、史庭有蔓菁沟二区种植树木，历世相传，阳斩仲冬，阴斩仲夏，非一日矣。乃有李献珍无端而忽来盗砍山林一控。夫田产交易，上凭纳赋，下凭中证，官凭税尾，私凭文契。今两到官，史清则以天启三年县给帖文为据，崇祯六年阎时贵拼纳为据，且年纳粮可证，四山地邻可证。独献珍者，问其契，则曰"有"；问其粮则曰："山地无粮"；问其证，则曰："悉登鬼录"；问其管业几时，曰："尚未清理"。押其公同里保验明地界，则足迹不敢登山。阅其契价十二两五钱，而究其契上之四至，则周围数十里所包者，广不仅史氏一之产也。夫交城虽属山区，但闻有轻粮之地，不闻有无粮之地。献珍止崇祯三年印契一纸，距今不满四十年，中证五人，岂遂无一人存者？岂遂并其子若孙无一人存者？庭鞫及此，献珍情愿不得故地，但求还契。本县因而细察契纸，较之史清帖文纸色，则新旧不同；又细详契上县印，则刻文大小阔狭又过不相同。其为伪造，复何疑哉？夫捏契骗诈，律有明条，至私模县印，按之国典，李子余生尚复有几？本应通申各宪正法，献珍供伊故兄李献瑷所留，事在赦前，姑从宽典责戒外，张彦龙捶身为献珍作证，念其吐露真情，薄责十板。伪契注销，附卷。其蔓菁满山地仍属史清、史庭营掌，余犯免供。

一件欺粮霸产事

审得孙选，李邦正亲甥也。邦正之父于顺治元年曾代孙选充应夫役一年，以亲故也；邦正存而身居孙选之室，邦正之父死而柩停孙选之堂，亦以亲故也。荏苒数年，而亲亲之心穷矣。邦正则一年应役，历二十余年而不忘据其屋而不去；选则以为鹊有巢而鸠顾居之，且久假而不归，乌知其非有也，遂以此屋唯之生员申五品。谓甥固不可舅争，而转手申生。舅虽欲据为已有，不可得也。乃邦正挟父柩以居奇，历四载处之知。故于是申生则有欺良霸产一控，而苦肉于孙选。选遂有霸产杀命一控，而结穴于邦正，宛转推绛。官呈私议，申生因以十金为邦正移柩费，而邦正不得不迁矣。夫选之母俨然在也，选不念渭阳于母氏，而巧发同仇于路人，是可忍也，孰不可忍乎？重责三十。邦正虽代选应役一年，然身居其室，父停其堂，已数载矣。以母舅之亲，而唯利是视，必得金而后去，落花飞絮，何恝然陌路至此也？罚于离相寺前种柳五十株。呜呼，利来利往，罔顾亲亲。异日双方子孙，攀此长条，其泣然乎？余犯免供。

一件盗砍坟树事

审得张式孔、张三元与张自振同宗雁行也。祖坟三亩八分，三家之祖俱封骨焉。木本水源，利害祸福共之。乃本年正月，式孔之父明盛既倚青衿，又恃家长，欺压自振，吞噬无已。偶因索诈不遂，含羞成怒，因伐自振祖坟荫木以泄前愤。自振控县。而明盛父子声言，伐木以造祖像之匣，虽砍何妨。及取像匣呈验，计值不过数铢。夫所需方寸之木，又安用合抱焉？挟题构衅，情亦憯矣。且自振祖坟与明盛父坟尚此一块土，荫木相隔，谅不甚远。葛藟犹庇其本根，岂为人子孙，造一像匣，而必取之墓封之树耶？式孔无良，薄责以儆。仍量追明盛树价一两，祭伊祖父之坟。呜呼，明盛真不孝之尤者矣。逐出。

一件劈空诬吓事

审得张策生员，张明德之胞兄也。张策四契买王中福地二十六亩，俱写张明德名下，每亩计价四金，仍复利其未卖之四亩五分，而碍于前契，虽短其价，又借生员陈灼名，而以十五金得之。夫有则买产，不足则卖产，人之情也。陈生康熙二年二月买产，三月即转而之张生，何忽富而忽贫耶？田地交易，交契最重。王中福既立契而卖于陈，陈生自应立契而卖于张。乃验张生所得于陈之契，即陈生所得于王契，不过旁增一笔而已，巧矣哉。弟既借兄之名，张复转陈之乎？蠢尔愚虫，玩之股掌，而不觉所省几何，乃费如许曲折之思也？张策既借乃弟名，姑免其子元壁以诡寄之罪。着即追明德不敷价银三两给王中福。原契粘卷，着中福另立十八两印契，归张收执。俱行宽免，两生亦当猛省矣。

一件霸产毁冢事

审得城西康家十字地内，原有无主冢九堆，历世胡姓承管，相传为胡姓祖业。即胡姓亦不知置自谁氏，买自何年，遑问他家哉？突有廉福旺以霸产毁冢具控，其情甚迫而词甚哀，刻骨切齿，似不欲与胡命侯、胡好古等共此天地。问其买此地者何年、何人？无以应。问其葬此地者何祖、何代？又无以应。岂以地名康家，便应归之康姓耶？未闻柳州原属柳子世业也。重责福旺以儆刁民，其地照旧胡姓承管。但坟无主而人有主，清明祭扫时，胡姓不得以枯冢遗之。康福旺若以地名康家必有渊源，九堆具在，听尔挂钱吊纸不汝禁也。免供立案。

一件独吞杀弟事

审得杨氏兄弟四人，畅嫡出，茂、苠、藻皆庶出也。父故，所遗资产属畅掌理，逮茂等长成，畅为完娶，十数年家计经营，颇称竭力。若谓其间悉本至公，绝无染指，吾又不能为畅信也。然畅虽上不及薛孟尝之高风，下不逮郑浦江之孝义，设使无畅主持，所分田地尚不能保其固有，安问家财乎？功过相侔，姑不深究。着畅亲叔生员名声及戚李枝、候佐公将见在资产四股均开，即于大堂阅分照管。除茂娶妻用众银八十二两、苠娶妻用农银四十五两不算外，则藻未婚，及畅长子慎知未娶，公拨地二十亩赡之，亦非过分也。杨畅为兄不公，致骨肉争控，杨茂干名犯义，分别责儆。立案。

一件乞准扶弱以复祖业事

审得李之白胞弟之京，顺治十六年间曾将基地一段偿负于族兄侍御卦岚公。此地与孔绅住屋相联，在侍御视为弃物，而孔绅乃有意图之不可必得者也。孔李有通家之好，侍御以原契检付孔宅，未曾受分毫之价，而此地已属孔绅管业。此康熙九年正月事也。李生员意主回赎，恳刘必扬、燕国辅两生转为调停，孔绅未尝拂之。于是之白安厕置石于基上，以期必取。而孔绅亦未闻一语与之争。本县以是断其口许而心不然也。今孔绅故矣，之白欲复祖基，孔公子斯立亦思承父业。一则取，一则不允。其取发两生，处而不得其当。本县特为两断之：斯必欲承父业，照契找出，半价与之白，兄弟庶受此业无愧。不然契未尝价即转侍御一手，终无以服之白之心也。在之白何地不可建书屋，而必须读书处耶？若之白决意取回，亦照契仍我半价与孔公子。兴造之日，将基地留路一道，任其出入。斯立之心平，孔绅当亦首肯于地下矣。刘、燕两生即刻为之定议，无滋葛藤。立案。

一件捏契拨粮事

审得候永祚用价二两，典到李福金地三亩。照印契，则康熙五年十一月十三日事也。福金受价后远行未归，地属伊婶承管。以追乎无措，伊婶张氏即于是月二十九日推其业于族叔李世英等，福金名下户役，俱世英等承认，候永祚以应里之年，不敢出而与之争。比里役当完，乃暗嘱总书拨粮于永祚户内。是永祚巧于谋地，致李呈祥有契拨粮之控也。今将地仍断归张氏佃种，过一年后福金不归，故土令永祚找价二两与李世英等代应里役诸人，其业方归永祚承管可耳。以典而擅自拨粮，永祚、总书俱应法处，姑念乡愚，逐出免供。

一件欺法灭教横霸神产事

审得道士孙净乾，自顺治二年即为玄真观住持，末苏坊乡耆徐腾龙等举保之呈可据也。观中所遗山地共二十六坰，明季为工乾等霸占，净乾告县复业，节年得息颇多，兼之施舍地亩，共计六十余坰。为此观修埋殿宇、焚烧香币、日用供给，自不忧其不足矣。净乾盛壮时，原有霸娶发妻一案，已结。恶衿徐元弼等复唆原夫以奸占控净乾之署。县陈都事随纠群棍，勒写退约，竟改志书所载之玄真观为玉皇殿。而相传道会司即玄真观者，几灭没不传。净乾既安心避地，群棍亦逐轮流种田。巧借张国胤为名，而各分肥以利己。其实张国胤止耕园地一畦耳。神产自应归之观中，岂可擅指私社名色因而吞占？即住持亦不过看守香火，何得擅退产于人？而众棍又何得执其退约，竟将神产视为己物也？仰生员解道统、崔煜同历年开支神产诸人，将本观产业备造税亩字号并纳粮清册，逐一注明，送县查核定夺。孙净乾准令复为本观住持经，理道会司事。每年所收租利，会同善信及该坊乡耆清算支取，送县验簿，亦非孙净乾所得据为己有者也。姑念事在赦前，诛不胜诛，免究。

钱债

一件债磊吞霸等事

审得王库有地六十五亩，原买郭石伴等价银八十五两。因欠孙绅本利无偿，自浼至亲郭伟愿立死契，卖与李之魁，仅议价银三十六两，较之原数不偿其半。是之魁明讨贫民便宜而利其地，故买之也。乃之魁诉词以荒地寸草不收支饰。夫之魁积年放债兴家，滚折贫民田产，非一人非一日矣。算计筹谋，无微不周，又安肯舍三十六两血本，而买寸草不收之废壤哉？详讯居间及王库兄弟王仓、王益等，无不左袒之魁而咎库多事。交城财主可谓有权。本县亦不复为深究。但买卖须要两厢情愿，土库虽立死契，而王库之心终是不死。兼之累粮官债交集一身，实未尝须臾忘之魁也。薄责王库八板以戒谎告，量断之魁找银八两以斩葛藤可也。逐出免供。

一件恃财揩闪等事

审得孙明伦，家贫不能肄业，佣于覃大化铺中，亦寒士之常耳。乃迭控大化恨其负心。本县实悲明伦之无志也。士若子奋迹羊豕，何求不得？乃与贾人较锱铢耶？工资总不必计，断银三两，以为化子闹城儿讲书改文修脯之礼可也。定限次日回话，存案。

一件先当盗卖等事

审得韩国佐，于康熙五年间原借常淳本银二十两，六年之内二次还过银十六两七钱，结欠十九两，将城隍庙后瓦房为质。九年，国佐母死，愿将此屋凑卖常淳以为营丧之费。韩要九十两，淳止许五十两，守钱奴揩勒贫人故态，明恃国佐必无受主，落得讨便宜耳。岂料国佐与生员陈钰之父昔开酒房，原有陈债四十两，陈氏父子久已置之。国佐思此屋与陈珏之屋毗连，遂计同其侄韩孟儿立死契，卖与陈钰为业，且听其算去陈债四十两。是陈生以五十两见银，而买九十金凑锦之产，又何乐而不买？据诉道路挥拳，登门詈骂，威迫强买，无非陈钰父子惧人议其谋产，以杜常淳之口耳。断生员陈钰增价十两，当堂给与常淳，即将国佐所欠十九两一约付钰收执，以杜国佐叔侄找价章柄。着国佐另立五两一券，付孟儿。责国佐十五板以惩奸，罚常淳纸十刀以诲吝，而此案可以免争矣。立案。

一件骗欺势挟等事

审得安一元与李之香称好友。一元临终时，约之香至家，立券十四两，藉重陈贵、李兴昌居间，且戒其孙太宝、大万曰："之香实贫，此银缓索。"

居间者述是语，亦足见两人交情矣。一元死后，宝、万各执七两一券。越两月，而之香亦故。其义子生员李若渊，生前不闻父有一言，死时又不见安家一语相索，死后大宝、大万执二券坐取于若渊之门，渊竟推开不认，以致相争互控。何二人之子若孙俱不体乃父、乃祖幽魂于地下也？但若渊果偨贫生，实不能即偿，着之香亲弟生员李之馥查之香所遗产业，果足以完此逋者，即令大宝、大万两孙收去缴约，以结此案可也。

一件执结文状等事

审得张三元同田邦秀、赵成、常之福四人合伙共借郭班银一百两贩皮，折本未偿。至康熙九年，三元以前那未清，愿结来生之债为辞，而郭班望偿之心实切于中，于是又向李宅转揭本银百两，借与三元贩皮南卖，意冀归来，前后本利俱得楚结。此买人觅利之心，无怪其然。不意三元十年二月归家，郭班与之算结前帐，而三元复无以偿，谓今日之折本，犹夫前日之折本，南中带来回货，不过些须锡箔、衣布之类，又安能完尔之恩债？郭班无可奈何，收其梭布，作利二十五两，而前借一百二十两与脚价十四两二券，本银究竟分毫未楚。三元揭算之后，未几，节买生熟驴皮共六百零四张，贮靳成名饭店之后。田邦秀闻于郭班，班乃使邦秀索取前本，勒准货物。三元实系负心，无以自解，撞邦秀两头而投井自死，此实情也。君子可欺以其方，岂有为四百文钱相争而甘殒命之理？又岂有田、张二人原为四百义相争，而当日算帐，居间之杨林吐、常之福、赵成等恰好俱在左右，眼见三元投井而莫之救哉？以此断之，确为执货而死。威逼之条，不能为田邦秀、郭班宽也。更可异者，十九日，三元投井，尸尚在水中未捞。二十天明时，张式孔、张弟率同郭瑾等，竟将三元所置皮货及南回之锡箔，势挟销皮工人刘亮席卷，而至三元之妻武氏家内，货物到手，然后于二十一日以苦死人命控县，明系指尸诈骗，因以为利而不知害者也，贪而愚矣。田邦秀折责四十板，郭班责三十板，按律追埋葬银十两给付元妻武氏；张式孔、张第、郭瑾各责三十板，杨林旺、赵成、常之福各责三十板，刘亮所交驴皮、锡箔照单仍追贮靳成名店内，算时值若干，抵还债主，赎取前约。三元身尸即押掩埋，井主生员阎溥及一干证人均属无辜，逐出免议。取领立案。仍仰役押靳成名等九人，将已故张三元欠郭班、张乡绅、荀常两铺及杜氏五处其约六纸，计本银一百六十四两五钱，除张绅、杜氏二宗计本八两八钱，当时借银原无别情，着照数给还实银外，仍该债一百五十五两七钱，即将所余驴皮、锡箔高抬其价，照约偿还。仍将原约附卷，以斩葛藤。埋葬银十两，着田氏领去，将夫掩埋。至于赵成另借吕宅有银，赵成自还，毋得复累寡妇孤儿也。

偷窃

一件诬贼揣吓事

　　审得武朝贵、李海、张时运等，皆恶棍也。文水人阎举有一驴走失，为张时运获而鬻之于乐户魏贵，贵亦不问其从来。后李海识认为阎举之驴，构通武朝贵而谋吓魏贵，吓之不遂，因报知于失主阎举。贵因价买于张，而不知其为阎家物也，不甘心于失价还驴，投控本县。张时运复诉并未卖驴于魏贵，与李海、武朝贵结党排陷，必欲得志于乐户而始甘心。本县庭鞫得情，将驴给还阎举，追张时运所得原价一两九钱还魏贵。张时运、李海、武朝贵初则攘驴骗价，既则串党吓诈，俱应重究，姑念诈赃未经人手，分别责惩，逐出。

一件举火暗害获赃明盗事

　　审得郭连佻达无赖，树敌招尤，为郭家寨合村所恨。其深恶而痛绝之者，则李之魁、郭班两人。之魁住城中，置有庄所，与郭班住宅对门，班与之魁称甥舅，两家俱不贫，诚恐连利其所有而害之，又欲剪除之矣。去年十月二十日，之魁较令管庄人雷现台、外甥郝二八十儿转相教诱，令郭连盗麻放火。连深信不疑，二十六日夜将半，连盗麻于场楼，郝二八十儿接于墙上，而转运于郭连场内之黍楷中。之魁先时授计，已定盗贼藏处，即令看守，致连势难转移。二十七日，之魁亲至村中，密告杨林旺，令其报知甲头村主。二十八日，令王斌往视盗赃，二十九日令郭汝铳唤连写挟仇文约，然后送官。连宁受官法，不允立约。乡保首报到县，证佐、邻里众口一词，谓连非善类，且赃证俱获，似无可疑。而本县细察其情，实有不能遽信者。以六袋之麻，非一手可擎，一时可负，且无人见证，杨林旺又何以知麻在连场内？火甫息而天已明，遂有人在连场内看守也。本县备加研究，始得真情：郭连因贪受饵麻籽，同漏脯之救饥；轻听成偷，烧庄，出火攻之下策。岂料六袋真赃，遽遭看守，谁知三人伙窃，各自幸灾。雷现台、郝二十八儿虽听之魁教令，然和同共事，其能免故诱人犯法之条乎？郭连不觉黑风飘入鬼国，之魁暗腾毒焰，适足烧身。纵不望开棘制桥，施仁于肽箧，亦何至驱罳纳阱，浮恶于穿俞，设计用言，教诱犯法，其能宽之耶？郭班系连伯兄，另具一词，以实其事，显属同谋。本县怜尔辈一念之差，不忍按律申究，以致两命俱毙。除分别杖惩外，之魁愿造里长伙月房，郭班愿补葺县堂砖，究以赎已过，准尔甥舅悔过自新，须信天网恢恢，从此猛省可也。余犯逐释。

一件纵火残害事

审得武永清，士之非良；而武一进，士之无赖者也。本月十一日，永清柴场失火，绑一进以鸣官，曰："是放火人也。"问："谁见。"曰："火中黑影，当下张时元、成福兴目击也。"问："何故？"曰："赊酒不与，挟仇扬言，往日温有听耳闻也。"问："绑于何时、何地？"曰："放火、救火，去而复来，时元等众人共绑也。"吁，亦异矣。夫事莫恶于放火，罪莫大于斩流。灼见肆焰，何不立刻擒拿？纵彼脱逃，亦应当场喊破，岂有据小隙不情之言，指昏黑帽儿之影，遽缚口称救火之人，而控之以非斩即流之罪乎？本县亲踏火场，墙垣即周，村庄复密，一进纵有是心，岂肯对人声言，甘认重罪？况黄昏聚话，有成应举等也；坐久吃烟，有成喜、成见等也；起焚往救，有武三老汉等也。一进既无分身之奇，永清何得捕以风，时元更安得捉以影耶？据供被赶脱逃，幸离虎口，复来而投于阱，夫岂人情也哉？倘一进一去不返，被火者伤心之痛，肯听其凶脱鼠窜乎？律以反坐，永清应亦无辞。姑念稻草已焚，且尚未成谳，量罚泮宫石栏杆之修，俾诸子衿触目惊心，知城门之殃、原不得遽及池鱼也。时元枉证失实，业经刑讯，免其再惩。一进偶以赊酒小忿，遽肆放火凶言，虽无实据，然乡保指之，里邻指之，即亲如伊兄、伊侄亦指之，苟为善良，遂至乡人皆恶之如是耶？本当重责，以儆凶顽，既俯首白悔，愿洗涤前愆，姑予以自新，仍着自立结状，亲族保领，后有过犯，定加人法重绳。余犯免供。

朝议大夫户科给事中降补国子监学正赵君墓志铭

君讳吉士，字天羽，一字恒夫，姓赵氏，世居徽州之休宁。仕为光禄寺丞讳廷贤者，君曾祖考也。赠昭武将军讳完璧者，祖考也。封文林郎进阶奉直大夫赠朝议大夫讳时腴者，考也。妣汪氏，累封恭人，赠淑人。君入籍杭州，补府学生。顺治八年，举浙江乡贡进士。

康熙七年，谒选知太原交城县事。县居万山中，岩磴参错，孔河出塔莎谷东南流，会于汾，故水曰交水。山曰交山，县曰交城。地近屈产，畜马绝有力。又饶灌木，岁取其材以为利。君至日，民间牧马有禁，上官废南堡村木厂，许沿河市卖。由是利为文水商民所夺，交人重困，往往去为盗。依山负固，散则民，聚则寇，势方张，旁掠清源、汾阳、邢台三县。君思薾除之，首阅武于郭南。令下，士卒进退有序，捐万钱犒焉，还语宾从曰：民可用也。会年饥，君录饿者七十人，完廨舍垣墙，使家人与处，询群盗出没所在，多得其实。爰申明乘墉保甲团练之法，君乃言曰：凶岁良民易迫为盗，吾当抚之。遂诣河北都行荒政，谕山农毋为盗所胁。日暮留宿陶穴，诘朝相度蹊径通塞，村砦近远，知最险者三坐崖，东西两葫芦川绕其下。塞葫芦口则官军不得进，保三坐崖，则官军不克登，君默识之而还。

十年十月朔，总督檄县进剿，君行令山麓茸静安堡，期以月几望官兵进屯。先七日，置酒城隅却月湖，张乐于舫，许老稚夹岸纵观。越宿，复要昆山顾炎武、华亭陆庆臻、上海蔡湘蓺烛赋诗，密诫司夜者促更筹，于子刻打五鼓，君起送客出郭，则守备姚顺等已先受约统步骑兵四百集南关外矣。疾行四十里，飧士卒于水泉滩，别为三队，并进入两葫芦川，据三坐崖。贼鸟兽散，散复合，且战且奔，官军分搜巢窟，先后获魁渠二十二人，余或降或自到。君别淑慝，召山农终始不作贼者三十七家，赉以羊酒，其素不当夫徭者千四百三十家，编其籍入都图。入山旬有六日，交山之寇悉平。

382

君治交五载余，修图经，新横舍，立仓廒，定军营，折疑狱，罚赎锾，使种柳凿山，通龙门渠，溉田十万四千顷。又力请上官复南堡村木厂，秣善马于驿，士饱马肥，用降贼攻贼，故能成功。巡抚上其状，征入为户部山西司主事，居母忧，还籍。服除，补户部河南司主事。载丁父忧，起复补户部四川司主事。十四年，覃恩由文林郎进奉直大夫。二十年，奉使征扬州关钞。君宽以惠商，负贩乘舴艋出入者，暨免讥察；输税者，俾自封投椟中，胥吏科敛之弊尽革。复命监督通州中南仓，旋入会典馆，奉敕排纂、盐漕二书。

二十三年，诰授朝议大夫。明年，户部尚书科尔坤上言：赋役征解条目太繁，请更造简明全书。天子允其请，开局山西司，君充纂修官。时总裁光禄寺卿龚佳育持议，谓："州县催科，岁发由单，分壤地之则，使民知输纳之数，法至善也。惟因畿辅拨补地亩，岁有更易，而江浙税课起运存留，条目繁琐，近例有司必合计州县之田，刊入由单，尾数稍有不符，动行驳改，名为易知，在百姓实难知。请米数止升合勺，银数止分厘毫，自秒、撮、丝、忽以下，悉删除之，而升秒为合，升丝为毫，斯勘算易明，赋额仍无亏损。"乃更定由单式，式未定，而佳育卒。计部在官人胥动浮言，以畸零数不可除，古未有议删去者，朝士多惑其说。于是给事中杨周宪特疏请勿更，天子下公卿议。君作论一篇，援唐元稹当州所上状中云："斛止于合，钱成于文，在百姓纳数元无所加，于官司簿书永绝奸诈。是则昔人已昌言之，且米有圭粟粒黍，银有微尘纤沙，入之权量，莫辨其形；镂诸梨枣，徒繁其目。况会计凡析一为二者，悉数之不能终穷，佳育议是。"事虽不果行，盈庭莫能难也。

又明年，天子需争臣，试二十三人于保和殿，擢君户科给事中。君上言："会典与红本相表里，故事内外章奏付内阁典籍厅储藏，岁久无隙地，因贮科房，往往散佚。又各部司簿录，有第载国书未译汉文者，除二十五年前已经纂辑外，宜满汉对译，汇送内阁以为异日续修地。"天子允行，既而衔命勘河还，台班有与君忤者，劾君父子各占籍以仕，吏议落职。久之，补国子监学正。

君好学，善与人交，夙有知人之鉴。分校山西乡闱，拔冯给事云骕，又赏识钱府尹晋锡、汪编修灏于未遇时。每当赋诗酬和，衮衮不休，叠一韵至万首。所居寄园，考定为月张园故址。浚池累石，分布亭馆，种花木，海内名士入都，恒留连不忍去。君脱略礼数，过者不知何者是客也。所著书有《续表忠纪》、《寄园寄所寄录》、《音韵正讹》、《徽州府（志）》、《交城县志》，诗稿尤多，俱镂板行世。若《交山平寇本末》，则其友吴兴夏骃纪其事为一书。

君年七十有九，终于京师。卒之岁，康熙四十五年二月朏也。娶汪氏，诰封恭人，子三人：道敩，贡生，候选儒学教谕；景从，山东布政司参议，分守济宁道；景行，康熙丁卯举人，内阁辦事中书舍人。女一人，嫁国子监生戴嘉猷。孙男一十二人：继抡，岁贡生；继抃，康熙己卯举人；毕元，附学生；抗、继撰国子监生。余幼，未注士籍。女九人。曾孙四人。君之归丧也，景从先卒，景行卜地于某原，葬有期矣，来请铭。呜呼！君才杰也。宰百里之邑，积年未靖之寇，犯虎狼之穴，划除之，其智勇有不可及者。而又详于政典，使久居谏垣言天下事，誾誾恻恻，何必不如古人？乃以微罪去位，一官左谪，徒令仰屋梁著书以老，不亦可惜也夫。且徽州世族多流寓四方，寄籍取科第，即如先儒朱子，本婺源人而绍兴十八年同年小录注籍建州建阳县君玉乡三桂里。彼夫城阳炅横四子，炅守坟墓，昺居徐州，桂居幽州，炔居华阳，前史不以为非，由是推之，君之父子似乎可逭吏议也已。

铭曰：宰山城，枹鼓鸣。探赤丸，吏不惊。去剧贼，枹鼓息。陟考堂，誉超特。入谏垣，进谠言。官虽左，宾满筵。酒百船，诗万篇。留述作，通都传。伊人逝，孰谭艺。音徽亡，哀挽继。筮兆基，作铭诗。订君实，无谀辞。

《清史列传·赵吉士传》

赵吉士，安徽休宁人，寄籍杭州。顺治八年举人，康熙七年，选山西交城县知县。县居万山中，岩磴参错，孔河出塔莎谷，东南流，会于汾，故水曰交水，山曰交山，县曰交城。地近屈产畜马绝有力，饶灌水，岁取其材以为利。时禁民间养马，又废南堡村木厂，由是利为文水所夺，交人重困。武弁路时运以需索扰民，民杀时运作乱，邻邑诸盗亦并起，而大同总兵姜瓖反，盗遂与瓖党姜建雄合，陷交城、文水、汾州、清源、徐沟、太谷，官兵克之，瓖诛，建雄走。余贼潜山中，滋蔓不能制。吉士将之官，或问曰："若何靖盗？"吉士曰："其必先抚后剿乎？不先抚无以携其党，不终剿无以绝其根。"到官浃旬，有投抚者数十人，人给一示，令招其党，大阅南门外，分乡营兵列左右，士民愿与校者听，得技勇百人。是岁饥，录山中贫民七十人，使家人与杂处，得悉群盗阴事。遂申警备，令乡绅家出一丁，与民均役，分夜巡城，城中肃然。又行保甲团练法，犯者由甲长、练总、乡督以达于县。匿贼者连坐，不入甲者以奸民论。邻盗相戒不入境。交城赋额二万二千，山赋居大半，多抗不偿。有河北都赋倍诸都，吉士率数十骑至其地，为陈朝廷威德，勖以力耕，保妻子，慎勿为盗，取族灭，闻者悚息。日暮宿土窑中，有来讼者，平其曲直。左右多贼党，吉士若弗知。明日复深入，阴察其地势民情，至木厬窑，把总苏成民迎之，乃偕归。是岁，山民无逋赋者。八月，充乡试同考官，而苏家崖矿盗起，吉士还县，令广购粮草。贼谓官兵且大至，散去。捕得数人，置之法。

未几，交山贼杨芳林、芳清等复肆行焚劫，吉士入山劝农，有惠崇德者，故从姜瓖反，至是跪马前自首，吉士抚慰之，为易名重生。明日，宿其家，询二杨所在，得实，大犒山民，立擒二杨，杖二十，系之。密遣数卒从间道，械以入城，山民党贼者，愕视不知所为。吉士召山民，遍饮以酒，

385

度二杨去远，乃整伍出山。贼渠任国铉、钟斗等纠众尾其后，卒不敢发。会陕西叛弁黄某部众二百余踞葫芦川，与国铉等合。葫芦川有东西两川，最险要。吉士遣山民持书付斗与国铉，伪为误投黄弁者，黄弁惊疑，率众出山去。国铉等无所恃，乃就抚。静乐李宗盛踞出为盗主。九年春，遣其党赵应龙劫清源温氏，遇校官李开秀杀之，吉士遣惠重生入山说国铉等，谓官兵且剿葫芦川，若献赵应龙，可脱罪。国铉恐，致书李宗盛，绐应龙缚付重生。应龙恨为所卖，乃尽发诸盗阴谋，且为吉士画除宗盛策。吉士乃械应赵太原，自会营兵剿宗盛，别遣重生往说国铉等，俾毋动。群盗闻所购衹宗盛，率自保，莫为用。宗盛走，被擒，而两葫芦贼日夜为备，且谋劫县城。吉士从容治文书，行乡饮酒礼。贼闻，备少弛，近两葫芦口三十里有靖安废堡，吉士筑之。会总督欲调官兵尽诛交山盗，吉士曰："剧盗有名者，不过十余人。其他率乌合，一闻尽剿，恐山中向化之民，畏罪自疑，反为贼用。今靖安堡初复，但请协兵三百，以驻防为名，克期入山，贼可一战擒也。"从之。吉士自太原偕守备姚顺率兵至县，大阅享宾。夜半，席未散，吉士起，驰马出南门，则姚顺、苏成民已集兵门外，会师疾驱，未五鼓行四十里，至水泉滩饮犒毕，始语顺等曰："此行奉诏讨贼，非为驻防来，少迟且得罪。"遂令把总王国振由西冶川进袭东葫芦，苏成民进袭西葫芦，吉士偕姚顺进驻东坡底，语顺等曰："贼谓吾由堡进兵，近堡以东必设备。今由间道得至此，此地为两葫芦要道，据之则东西之援绝矣。"国铉等闻姚顺驻防靖安堡，伪就抚以饵顺，及至堡寂然，乃大惊，走还，群呼曰："官兵入山矣！"两葫芦贼皆走上三座崖，且语山中民，官兵将屠山，从者千余人。吉士率兵前进，令安营止宿。明日，遣人至崖下，谕之曰："官谓汝等皆良民，毋为贼胁。官且按户稽丁，不在者即以贼论。"众乃稍稍去，仅存二百余人。吉士曰："此真贼矣。"乃分兵为四，要贼去路，自收军驻横岭，已而崖上贼窜走，伏兵起，擒获甚众。吉士复益兵进独石河，入烂团山，永宁冯养成纠众来援，官兵大败之，余贼逃入邻境。吉士驰报太原府，发诸县兵夹击。而己收兵驻独石，纵诸降贼质其妻子，俾捕他盗以自赎，先后均就获。入山旬有六日，盗悉平。乃召山中民，始终不降贼者三十七家，赍以羊酒，立为约正，其素不与徭役者，编其籍入都图。自后交山无贼患。初，吉士患山路深阻，命山中民都具一图，鳞比为大图，日召山中父老询径途曲折，注明图间，次及永宁、静乐诸山，朗若列眉。每获贼，善遇之，询诸贼去来踪迹，而上官亦知吉士能办贼，不复拘以文法，故所向有功。

吉士居官廉，军中赏赉，皆自备。班师日，乡大夫敛金五百为犒，辞不受。治交城五年，百废具举。论平贼功，征入为户部主事，以母忧归。服除，旋丁父忧。起复，仍补原官。二十年，奉使征扬州关钞，吉士宽以惠商，负贩乘小舟，概免讥察。轮税者自封投椟，胥吏苛敛之弊尽革。二十五年，擢户科给事中。有忌之者，劾其父子异籍，吏议被黜。旋补国子监学正。四十五年，卒。交城祀之名宦祠。著有《万青阁集》。

《清史稿·赵吉士传》

　　赵吉士，字天羽，安徽休宁人，寄籍杭州。顺治八年举人。康熙七年，授山西交城知县。县居万山中，地产马，饶灌木，时禁民间牧马，停南堡村木厂，民困，往往去为盗。武弁路时运贪而扰民，民杀时运作乱，与大同叛将姜瓖合，连破诸邑。及瓖诛，余盗匿山中。吉士到官，定先抚后剿之策，有投抚者，给示令招其党。诇知群盗阴事，选乡兵，得技优者百人。令绅户家出一丁，与民均役。分夕巡城，行保甲法，匿贼者连坐，邻盗相戒不入境。

　　时交城多抗赋，河北都者赋倍他都。吉士往谕朝廷德意，勖以力耕勿为盗，众悚息。日暮寝陶穴中听讼，左右多贼党，吉士阳若勿知，诘朝深入，察其形势。最险者曰三坐崖，东西两葫芦川绕其下。塞葫芦口，则官军不得登。吉士默识之而还。交山贼杨芳林、芳清等时出肆掠，九年春，吉士入山劝农，抚姜瓖旧卒惠崇德，询得二杨所在，命二卒立擒至，杖系之。贼渠任国铉、锤斗等纠众尾之不敢发。会有陕西叛弁黄某入葫芦川与国铉合，吉士谋间之，遣山民持书付国铉等，伪误投黄所，黄得书疑国铉等，率众去。国铉等既失黄弁，无所恃，有投诚意。静乐盗李宗盛踞周洪山，遣其党赵应龙劫清源，吉士遣惠崇德入山说国铉等，令献赵应龙可免罪。国铉与宗盛绐应龙缚付崇德，应龙恨为所卖，尽发诸盗阴谋。吉士会兵剿宗盛，复遣崇德往说国铉等使无动，遂擒宗盛，贼党益涣。

　　十年，廷旨下总督治群盗，期尽剿绝。吉士曰："交山剧贼不过十余人，其它率乌合，一闻尽剿，恐山中向化之民畏罪自疑，反为贼用。今靖安堡初复，请协兵三百以驻防为名，克期入山，可一战擒也。"靖安堡者，近葫芦口三十里，昔以屯兵，吉士就废垒新筑之。守备姚顺率兵至县，吉士约期进屯。先期七日置酒大享客，夜半，席未散，吉士上马会师，疾驱四十里至水泉滩。分三队，一袭东葫芦，一袭西葫芦，自偕姚顺进驻东坡底，为两葫芦要道。东西贼援并绝，国铉等为内应，呼曰："官兵入山矣！"两葫芦贼皆走上三坐崖。吉士遣人至崖下语之曰："汝等良民，毋为贼胁，官且按户稽丁，不在即以贼论。"众乃稍稍去，仅存二百余人。分兵要贼去路，贼四窜，被获颇众。分搜巢穴，纵降贼，质其妻子，俾捕他贼以自赎。入山旬有六日，盗悉平。乃召山中民始终不附贼者三十七家，赉以羊酒，立为约正；其素不与徭役者千四百三十家，编其籍入都图。自后交山无贼患。吉士初患山路险阻，命每都具一图，鳞比为大图，召父老询径途曲折注之，以次及永宁、静乐邻县诸山。每获贼，善遇之，因得诸贼踪迹。上官知其能，不拘以文法，用卒成功。

治交城五年，百废俱举，内迁户部主事，监扬州钞关，擢户科给事中。忌者劾其父子异籍被黜，寻补国子监学正。四十五年，卒，祀交城名宦祠。

跋

窃尝读史而窥古今能臣伟略，以全才著者有几哉？优于绥柔，或语勘定则不足；饶于猷略，或于文章病未遑。即有勋名盖一世，智足利物，功足靖乱，未始不恢恢乎自异也。然一旦利害撄其前，得失形乎遇，鲜不色动神沮，顿丧生平，为有识所笑。举昔日之经营区画、雄视一切者，徒为矫情饰望焉耳，曷贵哉？辛亥秋，予随家仲执斋宦游昭余，访公于交署，抵掌纵横，论当日事，历历皆有底宿。及观其政治廉察，听断如流，邑有利害，必调剂委悉，如身受疴痒，必务释焉而后止。盖信公之擅吏能如此。居无何，竟传交山平寇事。余曰："嘻，异哉！兹寇蟠聚山谷，恣害三晋，近百年矣。公以何术而奏绩之易？且不闻调一兵，折一矢，不啻缚小儿而系之颈，抑何神哉？"及闻定谋尊俎、指麾笑谈，固知公胸有成画，非恒理所能测矣。予尝游卦山、却波诸胜，见公构设闲旷，吟咏流连，居然东山赌墅风流，而益信游刃之才无所不可。今春调审赴省，闻太夫人讣，徒跣奔署，昼夜哭不绝声。阖邑绅士以至妇女儿童，无不为公破涕。僻峤野人从不入城市者，皆以帛缠额，相顾泣曰："公丁艰去，吾等难存活也。"呜呼！非至德入人深，何以感孚至此？当事念地方重剧，坚檄候代，公废栉沐者两月。会晋秩司农，例宜入省谒当事，且谢吊。及更衣，虮虱满襥褶间。公年方壮，近以过哀，发为白。大中丞达公勉之曰："尔母亦不虚在世间为人矣，尔晋户曹，当保精神为朝廷异日办事。若毁伤灭性，亦非所以全孝。"公泣恳委篆。中丞曰："尔数载勤苦，何惜两月不以慰交人依戴之诚？"乃始墨衰视事。

哀稍节，然饭蔬饮水，面墨苫块，固不异曩闻讣时也。兹束装行矣，予过署言别，适河东蓝司印檄行厅，有交城县已经疏参"无得模糊离任"之语见诸省报。予时在座，不胜惊愕。公坦然曰："五载劳吏，自问无愧怍，可为指摘地。即或罣误报罢，得终身庐墓，求不忝为忠孝已耳，得失何容心耶？"徐起握予手，入室。予睨其裹橐，图书数卷而外无长物，内庭杂沓者惟门下士，惜公将去，治迹无所率循，共订《牧爱堂编》，汇付剞劂而已，以视公家清献琴鹤，其同异何如耶？予还署，家仲遣急走河东，探前檄谬妄，邮书慰之。公手书复云："原不惊心，何须折齿？"予兄弟窃讶公不近情，而未尝不愧服于心也。夫哀痛之久，且及息肩，忽罹意外，即少感愤，何遽为品望累。而公素帏独处，非大宾大吏群属耳目之际，倘嗛嗛怨怼，几微见于颜面。或营及家室一事，予虽偃蹇布衣，颇具冷眼，亦将持短长以议其后。而公之廉淡镇静，真有不愧古名臣者。公合循吏、良将、才人、孝子为一身，上下古今称全才如此者，其有几哉？予不暇述，述亦不足以尽其状，因书所见于卷末，亦以知公凤昔表著，果皆本于学问天性，而予之论人必窥隐微，不随声附会也如此。癸丑重阳后三日，浙江舜水逸士陈之溟雯若氏顿首跋。

后　记

《牧爱堂编》康熙癸丑年在山西刊刻，流传不广，嘉庆年间虽经王鸿文补修再印，仍然少为人知。山西大学图书馆藏有一部王鸿文补修本《牧爱堂编》，笔者偶然翻阅，即深感其在社会史、法制史等方面的重要价值。2008年，《牧爱堂编》被列为全国高校古籍整理委员会资助项目，整理点校的工作开始启动，由笔者总负其责。参与点校者还有马维强副教授、赵中亚博士、杨永康教授，此外，山西大学历史文化学院研究生张中伟、董海鹏、李志强、姚宗鹏等也参与了文字录入的工作，在此深表谢意。

值此书出版之际，我们衷心感谢全国高校古籍整理委员会将嘉庆本《牧爱堂编》列为资助项目，感谢商务印书馆对本书出版的大力支持，感谢责任编辑所付出的辛勤劳动。山西大学社科处对我们的点校工作给予了积极帮助，中国社会史研究中心师生也予以了积极的支持，山西大学图书馆为我们提供了资料借阅上的便利，在此一并表示感谢。

点校中若有错误与不足，欢迎批评指正。

郝平

2016年5月于山西大学主楼